权威·前沿·原创

皮书系列为
"十二五""十三五"国家重点图书出版规划项目

陕西蓝皮书
BLUE BOOK OF SHAANXI

陕西省社会科学院/编

陕西文化发展报告
（2017）

ANNUAL REPORT ON CULTURE OF SHAANXI
(2017)

主　编/任宗哲　白宽犁　王长寿

图书在版编目(CIP)数据

陕西文化发展报告.2017/任宗哲,白宽犁,王长寿主编.——北京:社会科学文献出版社,2017.1
（陕西蓝皮书）
ISBN 978－7－5201－0298－8

Ⅰ.①陕… Ⅱ.①任… ②白… ③王… Ⅲ.①文化发展－研究报告－陕西－2017 Ⅳ.①G127.41

中国版本图书馆CIP数据核字(2016)第323871号

陕西蓝皮书
陕西文化发展报告（2017）

主　　编／任宗哲　白宽犁　王长寿

出　版　人／谢寿光
项目统筹／高振华
责任编辑／高　启　王凤兰　丁　凡

出　　版／社会科学文献出版社·皮书出版分社（010）59367127
　　　　　地址：北京市北三环中路甲29号院华龙大厦　邮编：100029
　　　　　网址：www.ssap.com.cn

发　　行／市场营销中心（010）59367081　59367018
印　　装／北京季蜂印刷有限公司

规　　格／开　本：787mm×1092mm　1/16
　　　　　印　张：22.5　字　数：372千字

版　　次／2017年1月第1版　2017年1月第1次印刷

书　　号／ISBN 978－7－5201－0298－8
定　　价／69.00元

皮书序列号／PSN B－2009－137－3/5

本书如有印装质量问题，请与读者服务中心（010-59367028）联系

▲ 版权所有 翻印必究

陕西蓝皮书编委会

主　　　　任　任宗哲
副　主　　任　刘卫民　白宽犁　杨　辽　毛　斌
委　　　　员　（按姓氏笔画排列）
　　　　　　　于宁锴　王长寿　王建康　牛　昉　李继武
　　　　　　　吴敏霞　张艳茜　谷孟宾　郭兴全　唐　震
　　　　　　　裴成荣
主　　　　编　任宗哲　白宽犁　王长寿
本书执行主编　王长寿

主要编撰者简介

任宗哲 经济学博士,二级教授,博士生导师。现任陕西省社会科学院党组书记、院长,研究领域为公共管理、公共经济学。出版《中国地方政府研究》《公共服务城乡均等化供给》等多部著作。发表学术论文100余篇。曾荣获国家级教学成果奖二等奖、陕西省人民政府教学成果奖特等奖;陕西省政府哲学社会科学优秀成果一等奖2项、省部级三等奖4项。兼任陕西省社会科学界联合会第四届委员会副主席等。

白宽犁 陕西省社会科学院副院长,研究员。研究领域为马克思主义中国化、思想政治教育工作、宣传思想文化工作、社会治理等。在各类报刊上发表理论文章100余篇,编辑出版著作20余部,承担国家社科基金项目1项,其他项目20余项。兼任陕西省社会科学信息学会会长。

王长寿 管理学博士,陕西省社会科学院文化产业与现代传播研究所所长,研究员,西安工业大学硕士研究生导师,兼任陕西省城市经济文化研究会副会长。研究领域为文化产业、文化体制改革、现代公共文化服务等。在《人文杂志》《经济改革》《经济体制改革》等期刊上发表论文50余篇,编辑出版著作10部,主持和参与课题15项,获得陕西省哲学社会科学优秀成果奖3项。

摘　要

《陕西文化发展报告（2017）》是由陕西省社会科学院编撰的权威性研究报告，也是陕西省社会科学院编撰的第九本文化蓝皮书。

本书共分为六个部分：总报告、宏观视野、行业报告、公共文化、区域报告和大事记。

总报告全面总结了2016年陕西文化发展的整体状况及成就，就陕西主要文化行业及各地市文化发展的现状与趋势进行了梳理与探讨，并针对陕西文化事业与文化产业的发展提出了相应的对策和建议。

宏观视野部分围绕"十三五"时期陕西文化产业发展战略及路径、西安文化产业发展战略、川陕革命根据地文化资源开发、陕西现代公共文化服务体系建设等问题进行了深度探讨与阐发。

行业报告部分就陕西数字文化产业、文化制造业、新闻出版广电业、"文学陕军"作品改编、陕西周秦遗址文化资源保护与利用、陕西电视台全媒体转型、陕西县域旅游、陕西演艺产业、陕西民营文化企业、陕西动漫产业等问题进行了分析阐释与研究，并提出了相应的对策和建议。

公共文化部分对陕西传统曲艺、陕西历届柳青文学奖作品、新时期陕西作家农村改革小说、地域宗教文化遗产认知等问题进行了深度调查和研究。

区域报告部分对商洛市2016年公共文化服务体系的构建、延安文化产业发展等进行了翔实的考察研究。

Abstract

Annual Report on Culture of Shaanxi (2017), which is the authoritative and ninth report on the Shaanxi cultural development, complied by Shaanxi Academy of Social Sciences.

The book is divided into six sections: General Report, Macro-perspective, Industry Report, Public Culture, Regional Report and Chronicle Events.

The General Report comprehensively summarizes the overall condition and achievements of the Shaanxi's cultural development in 2016, and discusses the foremost cultural categories and the trend of cultural development in surrounding cities of Shaanxi Province. Meanwhile, the corresponding countermeasures and suggestions on the development of cultural undertakings and cultural industries in Shaanxi are also proposed.

The Macro-perspective report profoundly investigates and elucidates Shaanxi cultural industry development strategy and path in the Thirteenth Five-year Plan Period, the Xi'an cultural industry development strategy, the resources of red culture of the old revolutionary base area of sichuan-shannxi, and the construction of modern public cultural service system in shaanxi.

The part of Industry Report consists of the the development of digital cultural industries in Shaanxi, cultural manufacturing industry in shaanxi, the development of radio and television industry in shaanxi, the adaption condition of works created by the literature group called shanjun, study and protection of Zhou and Qin Dynasty relics, the omni-media transformation of Shaanxi TV, zhashui county tourism and zhashui service, Shaanxi entertainment industry, the development of private cultural enterprises, and theanimation industry development in shaanxi. The corresponding countermeasures and suggestions are also proposed.

The part of Public Culture mainly surveys and discusses the inheritance and protection of the Quyi, literary works Won "Liuqing" award in Shaanxi, the Shaanxi writers' rural reform novels in the new period, and the micro cultural enterprises in Shaanxi under the internet banking. The corresponding countermeasures and suggestions are also proposed.

The part of Regional Report selects the Shangluo's modern public cultural system and the development of Yan'an cultural industry as the research objects.

前　言

2016年是我国进入全面建成小康社会决胜阶段的开局之年，也是共建"一带一路"重大倡议提出三周年。中共中央关于制定"十三五"规划的建议明确提出：公共文化服务体系基本建成，文化产业成为国民经济的支柱性产业，中华文化影响持续扩大。陕西"十三五"规划纲要提出，积极推进文化强省建设，培育和践行社会主义核心价值观，牢牢把握正确的舆论引导，构建现代公共文化服务体系，做大做强文化产业。

2016年陕西省委、省政府采取有力举措，确保文化领域各项工作顺利开展。2月，陕西省人民政府办公厅专门下发了《关于支持秦腔等地方戏曲传承发展的实施意见》，培育有利于戏曲活起来、传下去、出精品、出名家的良好环境；2月，陕西省文化厅等部门出台《关于做好政府向社会力量购买公共文化服务工作的实施意见》，陕西省人民政府办公厅转发；4月，陕西省政府同意并印发了《基层综合性文化服务中心建设实施方案》，并附有《陕西省基层综合性文化服务中心建设指导标准》；8月，陕西省政府同意并印发《陕西省地方志事业发展规划（2016～2020年）》，努力开创地方志事业发展新局面。

2016年，陕西将发展文化产业作为文化建设的重要一环，继续做大做强文化产业。上半年，陕西省117家规模以上文化制造业企业实现总产值147.64亿元，较2015年同期增长9.7%。文化批发零售重点企业业绩稳步上升。全省169家限额以上文化批发零售业企业商品销售总额较2015年上半年增加了7.8%，达到96.97亿元。文化服务业营业收入有所增长。全省385家文化服务业企业营业收入71.8亿元，比2015年同期增长4.8%。同时2016年陕西积极开展全省文化产业发展专题调研活动，摸清家底、找准短板，放眼全国，学习先进经验，结合陕西实际，为发展把脉定位。

2016年陕西坚定文化自信，对外交流频繁，"丝绸之路经济带"新起点成为陕西开放的新名片。2016年1月，"2016国风秦韵——中国陕西丝绸之路新春音乐会澳洲交流巡演"在澳大利亚多个城市举办,受到欢迎。2月,陕西原创大型杂技剧《丝路彩虹》在台湾地区开展新春展,共演出36场次,每场次观众高达五六千人。7月开始,陕西原创杂技剧《丝路彩虹》开启了"从长安到罗马"的国际商演征程,从西安出发,途经西宁、兰州、银川、乌鲁木齐,通过中亚的哈萨克斯坦、吉尔吉斯斯坦等国,进入欧洲的波兰、德国、捷克、奥地利、瑞士、意大利六国,最终抵达目的地罗马。9月7日,第三届丝绸之路国际艺术节在西安隆重开幕,成为陕西呈现给世界的文化名片,弘扬丝路精神,展现陕西魅力。9月9日,以"改革·创新·融合·发展"为主题的第八届中国西部文化产业博览会在西安隆重开幕。9月19～23日,第三届丝绸之路国际电影节在西安举行,这已经成为我国第三个国际性的电影节。9月26～27日,"一带一路"国际研讨会在西安开幕,主题为"一带一路——共同的记忆和共赢的发展",包括智库分论坛、媒体分论坛及企业分论坛。

"十三五"时期,陕西将进一步充分挖掘和利用好文化资源的独特优势,坚持以人民为中心的导向,守望历史文化,传承红色基因,建设现代文化,着力激发文化创新创造活力,打造精神高地,增强文化自信,全方位提升陕西文化软实力。通过深化文化体制改革,推进文化与科技、文化与金融、文化与旅游、文化与互联网、传统媒体与新兴媒体等深度融合工作,加快发展"文化+"新兴业态,抓好30个省级重大文化项目建设等,打造一批在国内外具有影响力的文化企业,提高产业规模化、集约化、专业化水平,使文化产业产值年均增长25%以上。

《陕西文化发展报告(2017)》是陕西省社会科学院编撰的第九本文化蓝皮书,陕西省社会科学院文化产业与现代传播研究所是该书编撰工作的具体承担者。编撰过程中,笔者本着权威性、针对性、科学性及指导性原则选取文章。为了增强文化蓝皮书的可读性、原创性和资料性,笔者以陕西省社会科学院文化产业与现代传播研究所、宗教研究所、文学艺术研究所和古籍研究所的科研人员为核心,并与陕西学界、企业界、政界等各界人士紧密合作,共同打造好这一以陕西文化的理论研究、经验总结与前景展望等为主要内容的高端平台,为促进陕西文化大发展大繁荣和实现文化强省目标而努力。

编　者

2016年10月

目　录

Ⅰ　总报告

B.1 2016年陕西省文化发展现状与趋势
　　……………………………………… 陕西省社会科学院课题组 / 001
　　一　陕西文化发展整体状况与成就 ……………………………… / 002
　　二　陕西省主要文化行业发展状况 ……………………………… / 012
　　三　陕西省各地文化发展状况 …………………………………… / 021
　　四　陕西省文化发展前景分析与预测 …………………………… / 029

Ⅱ　宏观视野

B.2 "十三五"时期陕西文化产业发展战略及
　　路径研究 ………………………… 陕西省社会科学院课题组 / 032
B.3 西安文化产业发展战略研究报告
　　………………………………………… 程　圩　周　荣　郭昳岚 / 063
B.4 川陕革命根据地红色文化资源开发 ……………… 蔡云辉 / 076
B.5 陕西现代公共文化服务体系建设研究 …………… 曹　云 / 087

001

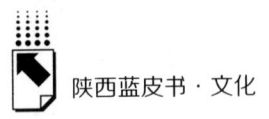
陕西蓝皮书·文化

Ⅲ 行业报告

B.6 陕西数字文化产业发展研究报告 …………………… 赵 东 / 098

B.7 陕西文化制造业发展研究 …………………… 颜 鹏 / 112

B.8 陕西新闻出版广电业发展研究报告 …………………… 郭艳娜 / 130

B.9 "文学陕军"作品改编现状分析及建议 …………………… 杨艳伶 / 146

B.10 陕西周秦遗址文化资源保护与利用研究报告 …………… 樊为之 / 156

B.11 以内容创意为中心——陕西电视台全媒体
转型路径与策略研究 …………………… 邓 娟 / 169

B.12 陕西县域旅游的崛起与转型
——以柞水旅游及"柞水服务"为例
…………………… 杜 睿 / 188

B.13 陕西演艺产业发展报告 …………… 陕西省文化厅课题组 / 199

B.14 陕西民营文化企业发展报告
…………………… 长安大学长安文化产业研究中心课题组 / 222

B.15 陕西动漫产业发展报告 …………… 陕西省文化厅课题组 / 236

Ⅳ 公共文化

B.16 陕西传统曲艺文化资源与传承保护研究报告
…………………… 陕西省社会科学院文化产业与现代传播所课题组 / 252

B.17 陕西历届柳青文学奖作品研究 …………………… 韩红艳 / 270

B.18 新时期陕西作家农村改革小说创作研究
——以贾平凹创作为例 …………………… 毋 燕 / 281

B.19 文化融合背景下地域宗教文化遗产认知 …………… 刘立云 / 296

Ⅴ 区域报告

B.20 2016年商洛构建现代公共文化服务体系研究报告 ……… 许定国 / 304
B.21 延安文化产业发展报告 …………………………………… 杨梦丹 / 316

Ⅵ 大事记

B.22 2016年陕西文化发展 ……………………………… 邓 娟 整理 / 328

CONTENTS

I General Report

B.1 The Status and Trends of the Cultural Development of Shaanxi Province in 2016
Project Group of Shaanxi Academy of Social Sciences / 001

    1. The Overall Situation and Achievements of Cultural Development in Shaanxi / 002

    2. The Development Situation in the Important Cultural Sectors in Shaanxi / 012

    3. The Situation in Cultural Development in All Cities of Shaanxi / 021

    4. The Forecast for the Cultural Development in Shaanxi / 029

II Macro-perspective

B.2 The Research on Shaanxi Cultural Industry Development Strategy and Path in Thirteenth Five-year Plan Period
Project Group of Shaanxi Academy of Social Sciences / 032

B.3 The Report on Xi'an Cultural Industry Development Strategy
Cheng Wei, Zhou Rong and Guo Yilan / 063

B.4 The Development of the Resources of Red Culture of the Old Revolutionary Base Area of SiChuan-ShaanXi
Cai Yunhui / 076

CONTENTS

B.5 The Research on the Construction of Modern Public Cultural Service System in Shaanxi *Cao Yun* / 087

III Regional Economy

B.6 The Research Report on the Development of Digital Cultural Industries in Shaanxi *Zhao Dong* / 098

B.7 The Research on Development of Cultural Manufacturing Industry in Shaanxi *Yan Peng* / 112

B.8 The Report on the Development of Radio and Television Industry in Shaanxi *Guo Yanna* / 130

B.9 The Analytical Report on the Adaption Condition of Works Created by the Literature Group Called Shanjun *Yang Yanling* / 146

B.10 The Report on Study and Protection of the Zhou and Qin Dynasty Relics in Shannxi *Fan Weizhi* / 156

B.11 The Research on the Omni-Media Transformation of Shaanxi TV *Deng Juan* / 169

B.12 The Research on Rising and Transformation of Shaanxi Tourism-Example of ZhaShui County Tourism and ZhaShui Service *Du Rui* / 188

B.13 The Report on Entertainment Industry Development in Shaanxi *Project Group of Shaanxi Provincial Department of Culture* / 199

B.14 The Report on Private Cultural Enterprises Development in Shaanxi *Project Group of Chang'an Cultural Industries Research Center* / 222

B.15 The Research on Animation Industry Development in Shaanxi *Project Group of Shaanxi Provincial Department of Culture* / 236

IV Public Culture

B.16 The Study Report on the Inheritance and Protection of the Quyi in Shaanxi *Project Group of Shaanxi Academy of Social Sciences* / 252

B.17 The Previous Research Works of Liuqing Prize for
　　　Literature in Shaanxi　　　　　　　　　　　　Han Hongyan / 270
B.18 The Research on the Shaanxi Writers' Rural Reform
　　　Novels in the New Period　　　　　　　　　　　　Wu Yan / 281
B.19 The Research on Micro Cultural Enterprises in Shaanxi
　　　Under the Internet Banking　　　　　　　　　　Liu Liyun / 296

V Regional Report

B.20 The Report on Modern Public Cultural Service System in
　　　Shangluo in 2016　　　　　　　　　　　　　　Xu Dingguo / 304
B.21 The Report on the Development of Yanan
　　　Cultural Industry　　　　　　　　　　　　Yang Mengdan / 316

VI Chronicle Events

B.22 Chronicle of Shaanxi's Cultural Events in 2016
　　　　　　　　　　　　　　　　　　　　Arranged by Deng Juan / 328

总报告

General Report

B.1
2016年陕西省文化发展现状与趋势

陕西省社会科学院课题组*

摘　要： 本报告回顾2015年陕西文化发展情况，重点研究2016年陕西省文化发展状况并提出陕西文化未来发展的方向和路径。全文以2016年陕西文化发展为中心，描述并解读陕西文化发展整体状况，肯定其成就。本报告还重点阐述了陕西文化发展的具体措施，着重研究了陕西新闻出版、广电部门、演艺事业、文博等文化重点行业，分析了全省十个地区文化发展状况和特点，将陕西文化放置于国际背景下进行讨论，探讨了全省文化发展前景。

关键词： 陕西　文化发展

---

* 课题组组长：王长寿，陕西省社会科学院文化产业与现代传播研究所所长、研究员。成员：樊为之，陕西省社会科学院文化产业与现代传播研究所副研究员。

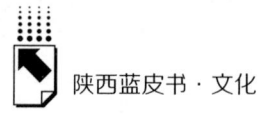

2016年，在省委、省政府的领导下，陕西文化建设进一步加强，取得了一个又一个的成果，对推动全省工作、坚持正确的价值导向、传递民族精神、丰富群众生活发挥了重要的作用。

一 陕西文化发展整体状况与成就

2016年，为促进全省文化工作又好又快发展，陕西省委、省政府采取有力举措，确保文化领域各项工作顺利开展。这一年，为促进哲学社会科学发展，陕西省人民政府表彰了第十二次哲学社会科学优秀成果；为推动非物质文化遗产的保护工作，陕西省人民政府公布了第五批非物质文化遗产名录；为促进地方志工作的顺利开展，陕西省人民政府办公厅制定了2016～2020年陕西省地方志事业发展规划；为发展公共文化事业，保障基层群众享受文化成果，陕西省人民政府办公厅发布了《陕西省基层综合性文化服务中心建设实施方案》，还转发省文化厅、省财政厅、省新闻出版广电局、省体育局联合出台的《关于做好政府向社会力量购买公共文化服务工作的实施意见》，要求各市、县、区人民政府，省人民政府各工作部门、各直属机构认真贯彻执行。为传承、保护和推动地方戏曲发展，陕西省人民政府办公厅发布了《关于支持秦腔等地方戏曲传承发展的实施意见》，以期更好地彰显文化软实力，服务"三个陕西"建设。

（一）宣传思想战线，大力弘扬主旋律，正确引领舆论导向

为全面推进"两学一做"教育工作的深入开展，陕西省文化宣传思想战线立足本职岗位，为巩固马克思主义在意识形态领域的指导地位，承担了十分重要的职责，做到了守土有责、守土负责、守土尽责。2016年3月2日，陕西省委组织部传达中共中央办公厅《关于在全体党员中开展"学党章党规、学系列讲话，做合格党员"学习教育方案》。4月15日，陕西省省委宣传部召开"两学一做"学习教育动员会，会上传达习近平总书记关于"两学一做"学习教育重要指示和4月12日召开的陕西省"两学一做"学习教育工作视频会议精神。《陕西日报》刊发了社论《开展"两学一做"学习教育 谱写追赶超越新篇章》等，评说"'两学一做'要把握好'四条线'"等。《陕西日报》大

量报道陕西"两学一做"学习教育中的典型事例,如报道陕西各地"两学一做"学习教育情况的《吴堡:用精准扶贫成果检验"两学一做"成效》《当好"小郎中" 开出"好处方"——白河县"晾晒创争"推进"两学一做"学习教育》《长武开展"两学一做"学习教育专题调研》《西乡开展"双找双亮"为"两学一做"做好准备》等;报道陕西各行各业"两学一做"学习教育情况的《省武警总队弘扬延安精神推进"两学一做"》《西安经开区国税局践行"两学一做"优化办税体验》《西安交大以"两学一做"领航大学科学发展》等。

为纪念长征胜利80周年,《陕西日报》专门举办了纪念长征胜利80周年特刊,推出了《东方既白——长征人物春秋》专号等,通过对与长征有关人物的描述,刊登《红军入陕声势大震》等文章来纪念长征胜利。

陕西新闻传媒大力报道全国"两会"。陕西广播电视台采取"广播、电视、西部网、陕西头条客户端"的方式,报道"两会"新闻,解读"两会"内容,调动受众的关注。节目方面专门推出了《两会动态》《杨静带您跑两会》《佳奇说两会》《问答两会》《2016北京 陕西广播电视台全国两会特别报道》《媒体重点看》等。表现形式方面,引入新媒体思维,采用SNG直播、微博、微信、陕西头条客户端等形式,实现会内会外互动,提高了报道的贴近性。

(二)出台文化建设重要政策,深入扎实推进文化工作

陕西省制定各项政策,有力地促进文化发展。2016年8月,陕西省政府批准《陕西省地方志事业发展规划(2016~2020年)》。《陕西省地方志事业发展规划(2016~2020年)》由指导思想与基本原则、总体目标与主要任务、保障措施、加强组织领导四部分构成。它提出到2020年,要全面完成陕西省第二轮修志规划任务,实现省、市、县综合年鉴全覆盖,加快建设市、县地方志馆和信息化工作。具体而言,《陕西省地方志事业发展规划(2016~2020年)》要求至2020年全部出版118部志书;致力于编纂《陕西通志》《陕西历代旧志文库》《西部大开发陕西志》等方志,做好《陕西省地情丛书》;加强人才队伍建设;对地方志质量评审、验收制度进行完善;加强对地方志资料的保障机制;做好陕西数字方志馆;等等。采取的经费保障措施包括将地方志工

作所需经费列入财政预算等。采取的队伍保障措施包括业务骨干的专项培训等。加强组织领导，建立健全省、市、县地方志编纂委员会。

陕西省政府制定了基层综合性文化服务中心的政策。2016年4月，陕西省政府同意并印发了《陕西省基层综合性文化服务中心建设实施方案》（以下简称《方案》），并附有《陕西省基层综合性文化服务中心建设指导标准》。该《方案》包括总体思路和工作目标、主要任务、实施步骤、保障措施四部分。陕西省基层综合性文化服务中心建设的主要任务包括加强基本设施建设、健全公共服务项目和内容，要求科学设立基本服务项目，丰富公共服务内容，组织引导群众文体活动，创新服务方式和手段；完善管理制度，提出了政府主导、社会参与、群众参与、广纳民意、建章立制、强化管理的目标。关于实施步骤，该《方案》要求各市、县（区）政府要制定落实方案和具体建设计划；动员部署，做好任务分工，落实工作责任；试点示范，全面推开建设工作；评估验收，并形成总结报告。关于保障措施，该《方案》提出了组织保障、资金保障（包括通过转移支付补助革命老区、贫困地区的文化服务中心设备购置和提供基本公共文化服务等）、人员保障和建立建设动态监测机制，将此纳入各市公共文化服务考核指标等。科学设立基本服务项目方面，该《方案》指出要按照有关标准，制定当地文化服务中心的基本服务项目目录，要采取"订单"服务方式；丰富公共服务内容方面，强调要运用阵地服务、流动服务、数字服务等形式，广泛开展宣传教育活动，并指出要加大政府向社会力量购买公共文化服务力度；组织引导群众文体活动方面，提出要建立读书社、书画社、乡村文艺俱乐部、演出团、健身团队等，开展读书征文、文艺演出等活动，并明确要引导群众跳广场舞等群众文体活动；创新服务方式和手段方面，明确提出要提供数字图书馆、数字文化馆和数字博物馆等文化服务，要整合农家书屋资源，为农村留守妇女儿童等群体提供针对性服务。

陕西省发布了政府向社会力量购买公共文化服务的政策。2016年2月，陕西省政府转发了《关于做好政府向社会力量购买公共文化服务工作的实施意见》，指出了政府向社会力量购买公共文化服务的购买主体、承接主体、购买内容、购买程序、工作要求等。其中陕西省文化厅、财政厅、新闻出版广电局、体育局向社会力量购买的公共文化服务包括五大类：公益性文化产品的创作与传播（公益性舞台艺术作品创作、演出与宣传，公益性出版物的编辑、印刷、复制与发行，公益性广播影视作品、数字文化产品、广告制作与宣传等）；公益性文化活动的组织与承办［公益性文化艺术活动（含戏曲）、电影放映活动、文化艺术培训和全民阅读活动的组织与承办等］；中华优秀传统文化保护、传承与展示［文化遗产保护、传承与展示（优秀民间文化艺术的普及推广与交流展示）民族民间传统体育项目的保护、传承与展示等］；公共文化设施的运营和管理［公共图书馆（室）、文化馆（站）、村（社区）综合文化服务中心（含农家书屋）等，公共美术馆、博物馆等，公共剧场（院）等，公共电子阅览室、数字农家书屋等，其他公共文化体育设施等的运营和管理］；民办文化机构提供免费或低收费服务［民办图书馆、美术馆、博物馆等，民办演艺机构，互联网上网服务场所，民办农村（社区）文化服务中心（含书屋）等，其他民办文化体育机构面向社会提供的免费或低收费服务］。

陕西省重视弘扬传统戏剧的各项工作。2016年2月陕西省人民政府办公厅专门下发了《关于支持秦腔等地方戏曲传承发展的实施意见》，强调支持秦腔等地方戏曲传承发展的意义和目标，指出支持秦腔等地方戏曲传承发展重点工作和任务是加强优秀剧本创作，提高秦腔音乐水平，强化人才队伍建设，完善戏曲档案资料，重视流派传承工作，建立健全培训机构，扩大展示平台，加强遗产保护，打造精品工程，推进普及交流，保护艺术品牌，整合优化资源，建立健全相关制度。另外，该意见还提出要加强组织保障，包括要加强组织领导和完善经费保障。

2015年，陕西省人民政府发布了《陕西省第五批非物质文化遗产名录》，将"刘海金蟾传说"等10大类79个项目纳入陕西省省级非物质文化遗产名录，加以保护。其中民间文学类7项、传统音乐类2项、传统舞蹈类6项、传统戏剧类3项、曲艺类2项、传统体育游艺与杂技类2项、传统美术类9项、传统技艺类30项、传统医药类9项、民俗类9项。这些项目丰富了陕西省非遗保护内容，有利于进一步开展陕西非物质文化遗产的保护工作。

为发展哲学社会科学，2016年陕西省人民政府表彰了陕西省第十二次哲学社会科学优秀成果，共表彰了246项优秀成果。

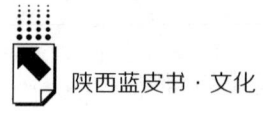

（三）举办重大文化节日，完善公共文化服务体系，确保群众享受高质量的文化成果

陕西省通过举办重大艺术节，促进文化事业发展。2016年9月7~21日西安举办了第三届丝绸之路国际艺术节，举办"第三届今日丝绸之路国际美术邀请展"等，举办舞台艺术、非遗保护等论坛，开展现代艺术周、儿童戏剧周、创意动漫周、长安诗歌周、青年汉学家培训等。第三届丝绸之路国际艺术节共有80个国家和地区参加了文艺演出、美术展览、文化论坛等活动，颁发参演奖牌、友谊奖、优秀组织奖等奖项35个。

陕西省采取各种措施推动文艺精品创作。2016年1月，陕西省文化厅专门组织召开全省第十一届中国艺术节精品创作推进会，部署精品剧目创排工作。成功申办第十一届中国艺术节后，陕西省排演了一批风格鲜明，涵盖歌剧、舞剧、话剧、杂技剧、儿童剧、秦腔、花鼓戏等门类的舞台艺术精品，全省原创剧目达到近100部，2015年遴选40余部进行重点提高，2016年又锁定其中20台备战第十一届中国艺术节。2015年着重推出《丝绸之路》（舞剧）、《传丝公主》（舞剧）、《大唐玄奘》（戏曲）、《白鹿原》（话剧）、《爱，不殊不忘》（话剧）等精品剧目。陕西省文化厅对这些剧目排演高度重视，40余部剧目中由省文化厅全资投入创排经费的占据了大半，另外，还有少部分剧目省文化厅投入60%的经费。管理上采用了项目制方式，通过与创演单位签订项目责任书，明确了他们的任务和目标。创演单位延聘国内著名导演、作曲家参加打造剧目，如歌剧《大汉苏武》摘取国家"五个一工程"大奖、中国歌剧节五项大奖。为推动舞台艺术创作，省文化厅不仅对2016年艺术创作进行了规划，而且制定了《陕西省艺术创作专项资金管理暂行办法》《剧作家签约制度和资助奖励办法》《艺术精品奖励办法》等，以确保陕西省精品创作达到新的高度。

陕西省高度重视群众阅读。2016年4月23日（世界读书日）至5月22日，陕西省举办了第七届"三秦书月"全民阅读活动。活动主题为"丝路新起点 阅读促腾飞"。为推进全省全民的阅读活动，陕西省各地、各部门开展近千项活动，包括在高铁西安北站设立"旅途中的阅读"书香候车室；举办"陕西青年读书示范活动"；上线陕西全民阅读网；举办纪念建党75周年、

"文学陕军进高校"系列活动;举办"众筹读书、分享快乐"活动;推进全民阅读进农村、社区、家庭、学校、机关、企业、军营的"七进"活动等。参与主办举办承办这些活动的单位包括陕西省省委宣传部、共青团陕西省省委、省新闻出版广电局、省文联、省作家协会、新华社陕西分社、西安铁路局、省电视台、太白文艺出版社等。2015年9~10月,陕西省文化厅等单位专门主办了"第三届陕西省阅读文化节"。这届阅读文化节聘请了王蒙担任"陕西省阅读文化形象大使"。

陕西省重视向群众提供高质量的公共文化成果。2016年,陕西省政府出台了政府购买新闻出版广电公共服务的政策。提出到2020年,陕西省基本建立较完善的政府向社会力量购买公共文化服务的体系等目标任务,指出对市、县剧团实行"以奖代补"等政策。省新闻出版广电局向社会购买的公共文化服务有公益性电视剧制作、播出;广播、电视公益广告制作;公益类的电视动画片、纪录片创作生产;城市广场、社区、大专院校公益电影放映;农家书屋(出版物补充)和数字农家书屋;向低保户、贫困户等提供政府购买有线电视基本节目服务;村级应急广播维护;丝绸之路文化外宣丛书;等等。

陕西省突出建设一批重点文化工程。2016年,在建的重要文化项目包括基本公共服务体系建设工程、广电基础设施建设工程(包括陕西广播电视发展基地、陕西宽带广电项目、陕西智慧政务项目、陕西广播电视台全媒体云平台建设项目等)、西部电影集团总部基地、西安美术学院长安国际艺术城、"市级文化体育中心及渭河沿岸运动健身长廊"(包括陕西大剧院、延安大剧院、陕西文化艺术博物院、咸阳大剧院、渭南文化艺术中心等)、"陕西省第二图书馆"、"咸阳市民文化活动中心"、"陕西省群众文化艺术中心"、"延安圣地河谷文化旅游中心"、宝鸡石鼓文化城、汉长安城遗址文化景区、商于古道文化景区、汉中两汉三国文化景区、秦始皇陵文化景区、汉唐帝陵旅游开发工程等。

为确保第十一届中国艺术节顺利召开,文化部和陕西省组织国内专家团队通过调研、论证、筛选,确定了51个拟使用场馆。其中"文华奖"和"群星奖"的比赛场馆分别为30个和1个,"群星奖"的巡演场馆15个,另外还有5个美术馆、展览馆。为了加强场馆管理、使用效率等,相关人员采集了全省场馆数据,建设数据库和微信数据平台。省发改委、省财政厅提供场馆建设和

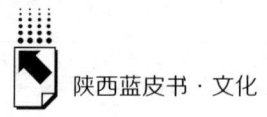

维修改造奖励补助资金2.26亿元。

2015年12月，中国艺术研究院和陕西省文化厅主办了首届陕西省现代文化艺术节。陕西省现代文化艺术节由文化部批准举办，是陕西继"丝绸之路国际艺术节"之后的又一个重大艺术节。这届艺术节参演的大型舞台节目有《哈姆雷特》（现代舞剧）、《明天》、《白鹿原》、《爱·不殊不忘》、《秦岭深处》、《梁生宝买种记》等10部，另外还有现代美术、刻字和摄影作品300多件。艺术节观众10万余人。艺术节还举办了包括《传统与现代的对话》主旨论坛和现代音乐、舞蹈、美术、摄影在内的"现代艺术论坛"。从2015年开始，陕西省文化厅将把这一重大艺术节坚持下去，每年举办一次。

"十二五"期间，陕西省电影公共服务体系进一步加强。陕西成立全国第一家省级校园院线，实现了中小学"爱国主义教育影片进校园"放映的全覆盖，五年中为中小学放映爱国主义教育影片25.2万场次，观影学生7951万人次。为保障进城务工人员和城市低收入人群观看电影，组建了城市广场院线，放映电影4.3万余场次，观影1566万人次。稳步推进农村电影放映工程，放映农村公益电影167万场次，有2.2亿人次观看电影。

（四）稳步推进全省文化产业，为经济发展做出更多贡献

陕西文化产业稳步发展。2016年上半年，陕西省117家规模以上文化制造业企业实现总产值147.64亿元，较2015年同期增长9.7%。其中，雕塑工艺品制造业、包装装潢及其他印刷业、珠宝首饰及有关物品制造业、焰火鞭炮产品制造业产值分别达到19.14亿元、48.20亿元、36.99亿元、8.82亿元，其中雕塑工艺品制造业、包装装潢及其他印刷业同比分别增长15.10%和12.64%，另外两个产业同比则出现了下降。2016年一季度文化制造业产值增速达到17%左右。2016年上半年，陕西文化批发零售重点企业稳步上升。全省169家限额以上文化批发零售业企业商品销售总额较2015年上半年增加了7.8%，达到96.97亿元。首饰、工艺品、收藏品批发业和图书批发业销售额分别达到7.94亿元与5.90亿元，前者同比增长17.7%，后者同比降低3.4%。2016年上半年，陕西文化服务业营收有所增长。全省385家文化服务业企业营收71.8亿元，比2015年同期增长4.8%。其中有线广播电视传输服务业、工程勘察设计业、专业化设计服务业、游览景区管理业、图书出版业、

广告业营收分别达到了5.9亿元、7.8亿元、7.5亿元、12.9亿元、7.6亿元、5.6亿元。前5个行业小类同比增长，后一个行业小类同比下降。其中工程勘察设计业和图书出版业营收同比分别增长50.8%和44.5%。①

2016年9月西安举办了以"改革·创新·融合·发展"为主题的第八届中国西部文化产业博览会。这次博览会展览面积5.5万平方米，专门设立了介绍少数民族文化的"藏羌彝文化产业走廊专题展"，"丝绸之路影视桥工程成果展"，"2016丝绸之路青年原创艺术设计美学展"，有关丝路题材绘画的"中国风·丝路魂"中国画邀请展。全国14个省、35个地市参加此次展会，其中中东部25个省市参展，另有俄罗斯、比利时、意大利等12国的展商参展。这届展会的参展商623家，特装参展86家。

2015年，一批陕西文化产业项目和单位获得"2015年度中央文化产业发展专项扶持资金"的支持，其中入选重大项目类文化金融扶持计划的有西安曲江大华文化商业运营管理有限公司的"大华1935"文化商业体验新地标项目（金融贴息）、宝鸡市石鼓文化产业投资发展有限公司的石鼓文化城（贷款贴息）项目。另外，陕西文化产业投资控股（集团）有限公司等陕西文化企业创新升级项目、陕西省5A级景区LED文化旅游信息联播网、大学生校园文化产业全媒体平台建设等项目亦获得了此次专项资金的支持。

近年来，陕西省文化产业发展较快。2014年，陕西文化产业增加值为646.11亿元，占全省GDP比重为3.65%。陕西文化产业增加值总量居全国第16位，其占GDP比重居全国第12位，陕西这两项均居西部第2位。但陕西省文化产业增加值占全国文化产业增加值比重低于陕西省GDP总量占全国GDP的比重。2014年，陕西文化制造业增加值142.59亿元，占文化产业增加值的22.1%，较全国平均水平（41.4%）低19.3个百分点。陕西文化服务业增加值413.09亿元，占文化产业增加值的63.9%，较全国平均水平（48.6%）高15.3个百分点；文化批发和零售业增加值90.43亿元，占文化产业增加值的14%，较全国平均水平（10%）高4个百分点。②

---

① 陕西省统计局：《我省上半年文化产业"两升一落"稳步增长》，陕西省统计局网，http://www.shaanxitj.gov.cn/site/1/html/126/131/138/13744.htm，最后访问日期：2016年9月5日。
② 陕西省统计局：《陕西文化产业与全国文化产业发展对比分析》，陕经网，http://www.sei.gov.cn/ShowArticle2008.asp?ArticleID=263702，最后访问日期：2016年6月2日。

陕西文化产业十大行业中,新闻出版发行服务产值达到50.67亿元,广播电视电影服务产值达到43.97亿元,文化艺术服务产值达到72.27亿元,文化信息传输服务产值达到44.06亿元,文化创意和设计服务产值达到144.11亿元,文化休闲娱乐服务产值达到71.84亿元,工艺美术品生产产值达到54.13亿元,文化产品生产的辅助生产产值达到95.77亿元,文化用品的生产产值达到61.76亿元,文化专用设备的生产产值达到7.53亿元。这十大行业中,新闻出版发行服务、广播电视电影服务、文化艺术服务、文化创意和设计服务、文化休闲娱乐服务、文化产品生产的辅助生产产值分别在文化产业产值中的占比,分别高于全国范围内相关行业在文化产业产值中的占比。文化艺术服务占全国此类行业产值的6.4%。但文化信息传输服务、工艺美术品的生产仅各占全国相关行业产值的1.8%,文化专用设备的生产仅占全国此类行业产值的0.9%。文化用品的生产仅占全国此类行业产值的1.1%,而该行业是我国文化产业增加值中产值最大的行业,占据了全国文化产业产值的23.2%,特别是在文化专用设备、视听设备、办公用品、玩具、文化用油墨颜料的制造领域,陕西与全国的差距较大。另外,乐器、游艺器材及娱乐用品制造领域与全国的差距亦较为明显。①

陕西省限额以上文化批发和零售企业中(总的主营业务收入189.21亿元),文化家电的销售、发行服务、舞台照明设备的批发、工艺美术品的销售数量较大。但从其销售额在整体文化批发和零售销售额中的占比分析,与全国平均水平比较,文化家电的销售、发行服务、舞台照明设备的批发销售额占比较大,前两者比全国平均水平高出近一倍,舞台照明设备的批发销售额占比接近全国平均水平的十倍。而工艺美术品的销售、文具乐器照相器材的销售、广播电视电影专用设备的批发销售额占比均较全国平均水平低。2014年,陕西省规模以上文化服务业企业289家,主营业务收入154.5亿元,其中景区游览服务(28.2亿元)、出版服务(20亿元)、广播电视服务(10.7亿元)、电影和影视录音服务(13.9亿元)、广播电视传输服务(16.9亿元)、专业设计服务(17.3亿元)、广告服务(15.4亿元)等是陕西文化服务企业中的主要分

---

① 陕西省统计局:《陕西文化产业与全国文化产业发展对比分析》,陕经网,http://www.sei.gov.cn/ShowArticle2008.asp?ArticleID=263702,最后访问日期:2016年6月2日。

支行业，在全省文化服务业中的营收占比较大。①

陕西重视对文化产业的投入。2014年陕西文化及相关产业固定资产投资总额为772.05亿元，文化产业投资数额总量居全国第13位，占全国的3.3%。陕西整个文化产业的投资中，对文化娱乐休闲服务业投资最多，占比高达55.4%，高于全国平均水平19.6个百分点。较之全国平均水平而言，陕西还需在文化用品的生产、文化产品生产的辅助生产等领域加大投资力度。陕西重视公共财政对文化体育与传媒的投入，2014年这方面的支出总量93.23亿元，居全国第7位。尽管文化服务业在陕西省的文化产业中占有主导地位，但文化服务业规模以上企业的盈利水平却低于全国平均值，需要进一步提高。②

截至2013年底，陕西省文化制造业法人单位数1571家，从业人员为5.2万人；文化批零业法人单位数2214家，从业人员为2.5万人；文化服务业法人单位数13333家，从业人员为20.2万人。陕西文化制造业、文化批零业和文化服务业法人单位数分别占文化产业法人单位总数的9.2%、12.9%和77.9%，从业人员分别占全省文化产业法人单位从业人员总数的18.7%、9%和72.3%。陕西省文化产业十大行业中，文化艺术服务有法人单位3119家，吸纳从业人员55817人；文化创意和设计服务有法人单位4905家，吸纳从业人员49586人；文化休闲娱乐服务有法人单位3449家，吸纳从业人员51792人。它们是全省文化产业发展的主要行业，吸纳了十大行业法人单位中56.4%的从业人员。全省文化产业法人单位17118个，从业人员278862人。③

2015年12月，陕西省文化厅命名了第五批陕西省文化产业示范基地。半坡国际艺术区、西安文化科技创业城、陕西照金文化旅游投资开发有限公司等12家单位成为新的产业示范基地。西安音乐学院乐器厂等26家单位成为陕西省文化产业示范单位。

---

① 陕西省统计局：《陕西文化产业与全国文化产业发展对比分析》，陕经网，http://www.sei.gov.cn/Show Article 2008.asp? Article ID=263702，最后访问日期：2016年6月2日。
② 陕西省统计局：《陕西文化产业与全国文化产业发展对比分析》，陕经网，http://www.sei.gov.cn/Show Article 2008.asp? Article ID=263702，最后访问日期：2016年6月2日。
③ 陕西省统计局：《陕西省文化产业结构探析》。

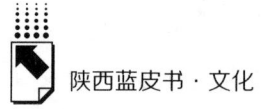
陕西蓝皮书·文化

二 陕西省主要文化行业发展状况

(一)陕西出版行业发展状况

新闻出版领域为推动全省文化发展、促进文化产业提升不断做出新贡献。2015年,图书出版领域取得新的成就,全年出版各类报纸、杂志和图书分别达到87种、267种、8987种;报纸、杂志、图书印数分别达到6.79亿份、5287万册和1.44亿册,印张分别达到43.56亿印张、3.82亿印张和15.23亿印张。① 2016年上半年,全省规模以上的图书出版企业营收同比增长44.5%。②

陕西省对外图书版权输出工作有了新突破。2016年8月,陕西省十多家出版单位组成陕西参展团,参加了第二十三届北京国际图书博览会。陕西新华出版传媒集团被本届图博会组委会授予"荣誉展商"。在此届博览会上,陕西参展团举办了《丝绸之路中国段文化遗产研究》《陕北经典民歌》《大闹天宫》新书发布会。陕西省出版单位与美国、英国、法国、意大利、西班牙等国家和我国港台地区签约输出图书版权2种(《热流体测量技术》《机械故障诊断》),达成图书版权输出意向17种(包括《陕北经典民歌(汉俄对照)》《大闹天宫》《漫画三国》等),同时引进海外图书版权达成意向34种,签约8种。

陕西省版权保护工作取得新进展。2016年4月,在陕西省版权局支持下,位于西安的国家级版权贸易机构——西部国家版权交易中心(2014年10月成立)打造并上线发布了陕西线上代理版权登记平台。它有助于创作者注册登录,委托该中心办理版权登记的事务。2015年,国家版权局授予陕西省的荣信教育文化产业发展股份有限公司"全国版权示范单位"称号。该公司长期以来致力于儿童图书的研发和海外推广。

---

① 《2015年陕西省国民经济和社会发展统计公报》,陕西省人民政府网,http://www.shaanxi.gov.cn/0/1/65/365/369/210097.htm,最后访问日期:2016年4月29日。
② 陕西省统计局:《我省上半年文化产业"两升一落"稳步增长》,陕西省统计局网,http://www.shaanxitj.gov.cn/site/1/html/126/131/138/13744.htm,最后访问日期:2016年9月5日。

陕西省出版成果获得一系列奖励。2016年，陕西画报社《陕西画报》的作品《回味那条古老的丝路》（王虹、温斌）和《东渡曙光》（陈宝生摄影），分别获得第四届中国画报协会"金睛奖"编辑二等奖和独幅作品三等奖。

陕西省重视全民阅读工作。2016年5月，陕西省在全国首创全民阅读银联卡——"三秦书月·全民阅读银联卡"。陕西举办的"2016·三秦书月"全民阅读活动，提出了全民阅读新模式——互联网+新闻出版+广电影视+科技+教育+文化+社会公共服务+金融+N。陕西省新闻出版广电局采取与金融行业合作的方法，与有关银行（中国建设银行和中国邮政储蓄银行的陕西省分行）一起推出了"三秦书月·全民阅读银联卡"，有利于读者开展阅读活动。该卡能够在陕西省的新华书店、汉唐、万邦等书店享受购书优惠，享受中国建设银行、中国邮政储蓄银行金融优惠服务，享受陕西广电网络公司产品增值优惠服务。

陕西部分重点图书受到重视。2015年，《符号中华》和《中国共产党强国战略的历史演进丛书》两本图书入选"2015年主题出版重点出版物"，它们分别由陕西未来出版社和陕西人民教育出版社出版。此外，陕西出版的《空巢：我的养老谁做主》、《唐诗百话》（最新修订版）、《中国新世纪写实文学经典——2000～2004》入选"2015年向全国老年人推荐优秀出版物"，它们分别由太白文艺出版社、陕西师范大学出版社和陕西人民教育出版社出版。

2015年陕西新华出版传媒集团有限责任公司的数字化转型升级系统工程项目、陕西盛唐传媒投资有限公司的移动数字出版管理平台得到中央文化产业发展专项扶持资金扶持。

（二）陕西广播电视电影业发展状况

陕西广播电视电影业不断取得进步。2016年3月国家新闻出版广电总局表彰2015年度全国广播电视创新创优节目，陕西广播电视台的《丝绸之路万里行》受到表彰。该节目是国家"丝绸之路影视桥"重点项目，通过四组嘉宾从意大利罗马到中国西安的"以物易物"经历，诠释交换、信任、合作、交流的丝路文化内涵。2015年，陕西共生产电视剧16部，产量大、质量佳。一批优秀的陕西制作生产的电视剧在国内外获奖。2016年4月，国家新闻出版广电总局公布潼关县广播电视台的广播节目《星星草》、西安维真视界影视文化传播股份有限公司生产的《红色延安》分获"2015年度少儿节目精品及国产动画发展专项资金项目"优秀少儿广播栏目、优秀国产动画片奖。

2016年9月19~23日，第三届丝绸之路国际电影节在西安举行，由国家新闻出版广电总局、陕西省人民政府、福建省人民政府联合主办的丝绸之路国际电影节已经成为我国第三个国际性的电影节（其他两个为上海、北京国际电影节）。本届电影节共有57个国家和地区的320部优秀电影放映，20多万观众观影。其中中文片145部，故事片、纪录片、动画片分别有90部、30部、25部；外语片97部，故事片、纪录片分别有80部和17部。

一批优秀电视剧获得了国内外奖励。2015年12月8日，第三十届中国电视剧"飞天奖"颁奖典礼上，《大秦帝国之纵横》一举摘得历史题材类优秀电视剧奖，《舰在亚丁湾》顺利拿下现实题材类优秀电视剧奖。此外，陕西出品的《聂荣臻》《历史永远铭记》《打狗棍》同样获得提名。2015年11月，电视剧《空巢姥爷》获得"第十一届中美电影节"电视剧"金天使"奖。电视剧《小麦进城》入选中国国际广播电台的中非影视合作工程——"1052"工程（译制10部电视剧、52部电影、5部动画片、4部纪录片，以向非洲国家主流媒体提供）。2015年《西安城墙》《钓鱼城》荣获全国优秀电视纪录片奖。

一批优秀的陕西出品的电视剧获得了国家扶持资金。2015年，西安曲江大秦帝国影业投资有限公司的《大秦帝国之崛起》和陕西广播电视台的《历史永远铭记》得到中央文化产业发展专项扶持资金1000万元。2015年12月，国家新闻出版广电总局公布了2015年优秀电视剧剧本扶持引导项目27项。《白鹿原》入选该项目，获得扶持资金350万元。

一批陕西出品的优秀影视作品在全国播映，为广大观众提供了优秀的文化产品。2016年4月18日，纪录片《中国安康抗战空中前哨》于中央电视台科教频道播出，这部片子由中央电视台和陕西省委宣传部联合摄制。此外，大型纪录片《秦岭主峰太白山》在央视纪录片频道播出，《陕商寻踪》在中央电视台科教频道播出。2016年4月，国家新闻出版广电总局儿童精品项目、陕西省委宣传部"2015年度重大文化精品工程"电影《平凡的足球》在西安首映，这部电影由陕西希望在线文化传播有限公司和陕西华源影视传播有限公司出品。2016年4月，入选陕西省新闻出版广电局"精品质量年电视剧重点项目"

库的40集情感剧《黄大妮》拍摄完成,该剧由陕西广电影视文化产业发展有限公司投资制作完成。2016年5月,西部电影集团公司与黄土情联谊会联合制作出品的《人民英雄刘志丹》(6集文献纪录片)在中央电视台综合频道(CCTV1)首播。5月西咸新区秦汉新城管理委员会投资的《从秦始皇到汉武帝》在央视纪录片频道播出。自2016年6月20日起西部电影集团有限公司等联合出品的《毛泽东三兄弟》,在中央电视台电视剧频道播放。这是一部重大革命历史题材电视剧,讲述了毛泽东、毛泽民、毛泽覃三兄弟从1921年到1936年的革命征程与情感故事。2016年6月29日,由中共陕西省省委、国防大学出品,陕西广电影视文化产业发展有限公司等承制的5集文献纪录片《重生》在中央电视台播出,受到专家学者、广大观众的肯定和称赞。2016年5月,西安曲江影视集团等出品、著名导演吴天明执导的《百鸟朝凤》在全国公映,首映在西安曲江国际影城——西北影城举办。2016年6月7日,《我们的纯真年代》在中央电视台电视剧频道黄金时段首播。这部43集年代情感励志剧由西安海润影视制作有限公司等单位制作完成。2015年在中央电视台一套黄金时段播放的包括《王大花的革命生涯》《历史永远铭记》等5部作品均来自陕西。由陕西制作的在央视热播的还有《东方帝王谷》《恒润长安》等8部电视纪录片。

2016年,陕西省制作、完成了一批影视剧作。4月,入选国家新闻出版广电总局儿童精品项目、陕西省委宣传部"2015年度重大文化精品工程"的电影《平凡的足球》在西安首映,这部电影由陕西希望在线文化传播有限公司和陕西华源影视传播有限公司出品。8月,陕西省委宣传部、西影集团开机录制广播剧《军魂》,以纪念红军长征胜利80周年。2016年,陕西加大了电影摄制的力度。西影集团以榆林市定边县石光银为原型人物,摄制了电影故事片《大漠雄心》,大力宣传治沙造林的工作。4月,电影《好人一生平安》开机,这部弘扬民警先进事迹的电影由陕西省委宣传部、公安部政治部宣传局、西安市公安局联合摄制,由陕西省公安厅等单位联合出品。4月,西安曲江丫丫影视文化股份有限公司投资拍摄抗战传奇大剧《李三枪》,经过3个多月的时间完成。同期,西安曲江丫丫影视还与其他单位合作拍摄电视剧《那刻的怦然心动》。

近年来一批优秀的电视剧题材得到国家新闻出版广电总局批准立项,其中

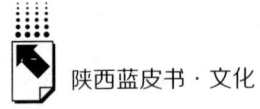

包括《长征大会师》《红旗漫卷西风》《一号文件》等。2016年，《长征大会师》《红旗漫卷西风》等已经开机制作。

陕西重视动漫的原创工作。2016年6月，西安市政府、中国电视艺术家协会卡通艺术委员会专门在西安举办了"新光奖中国西安第五届国际原创动漫大赛"，2015年这一原创动漫大赛被纳入丝绸之路国际艺术节。2015年，国家新闻出版广电总局将《大秦五行少年传》《红色延安》定为2015年度推荐播出的优秀国产电视动画片。

陕西认真开展了影视事业的国际交流工作。2016年6月，国家新闻出版广电总局和俄罗斯文化部联合举办的中国俄罗斯电影节，分别在北京和西安举行。这次电影节西安展映活动播放的影片包括俄罗斯电影《来去无踪》《绿色轿车》《翻译》《冠军》《幽灵》《挪威人》《发现》，展现了近年来俄罗斯电影的艺术与制作水平。2016年6月，"第十三届法国电影展映周——西安站"在卢米埃西安凯德影城开启。第十三届法国电影展是法国电影联盟联合法国驻华使馆在中国成都、重庆、武汉、西安、沈阳、济南举办的电影展览。第十三届法国电影展映周——西安站则由陕西省新闻出版广电局和法国电影协会、卢米埃影业有限公司联合主办，放映的法国电影包括《野马》《艾薇尔与虚构世界》《重返十七岁》《愿你被爱》《市场法律》《无罪可赦》《昂首挺胸》等10部。

"十二五"期间，陕西省电影事业喜获丰收。这段时期共出品电影92部，立项电影239部；西部电影集团出品的《古路坝灯火》等27部电影成功在中央电视台六套播出；12部电影获国内外重要奖项，其中西部电影集团的《白鹿原》、陕西文投（影视）银海投资有限公司的《推拿》获柏林国际电影节银熊奖，西部电影集团的《盲人电影院》获喀山国际穆斯林电影节最佳影片奖，西部电影集团的《钱学森》、西安曲江影视集团等出品的《百鸟朝凤》《冲锋号》获全国"五个一工程"奖等。

"十二五"期间，陕西省电影放映产业迅速发展。五年间，数字影院增加114座，现已有154座，银幕增加到800块，年均增幅30%以上；城市影院放映场次、观影人次、电影票房分别达到303万场次、8465万人次和28.75亿元，年均分别增长37%、34%和31%。2015年，陕西全省城市影院放映场次、观影人次、电影票房分别为118万场次、3222万人次和10.4亿元。

陕西广播电视领域科技创新成就突出,众多成果获得国家表彰。2016年,国家新闻出版广电总局公布2015年度科技创新奖,陕西广电网络传媒公司获得科技成果应用与技术革新类的2个一等奖和5个三等奖,其中基于TVOS的智能终端产品研发及生态系统建设、有线电视用户大数据采集、分析、挖掘和决策支持系统(合作)获得一等奖;陕西NGB接入网综合管理平台、广电双向接入网仿真应用系统、NGB接入网综合测试仪、基于TR-069的广电终端配置管理系统建设获得三等奖。

为促进陕西省广播电视事业的发展,由陕西省新闻出版广电局主办,省广播电影电视协会承办了2015年度陕西广播影视奖。该奖系陕西省广播电视节目最高奖,总共设立了播音主持、广播电视文艺、广播电视新闻三大类49个评选项目。此次广播影视奖共有194件作品获奖,其中一等奖35件,二等奖45件,三等奖114件。陕西省的县级广播电视播出机构共获奖34件,占全省获奖总量的17.53%。

(三)陕西戏剧演艺业等领域发展状况

为提升陕西"群星奖"创作水平,陕西精选了群舞《岁月拴马桩》《汉江妹子》、少儿舞蹈《面花花》,小戏《哎呀呀》,小品《情感营销》和《扫雪》等12件原创作品(音乐类、舞蹈类、小戏小品类、曲艺类各3个)参加文化部第十七届"群星奖"复赛。为促进这项活动,陕西省提出了"抓创作、出作品、创品牌"的总目标,制定规划、方案、政策,并成立省"群星奖"创作专家委员会,提供专项扶持奖励资金。对通过省群众文艺创作指导小组初评的每一件作品(4个门类100件),提供3万元进行扶持;对参加文化部第十七届"群星奖"复赛每一件作品,扶持5万元;对于在第十一届中国艺术节上获得"群星奖"的作品,每件扶持10万元。

2016年1月,陕西省歌舞剧院排演的原创大型舞剧《丝绸之路》成功首演。舞剧《丝绸之路》采用了"不分幕无场次"的结构,剧中人物包括行者、引者、使者、护者、市者、和者等角色,演绎了以长安为起点的古丝绸之路的雄壮历史,表现了和平、开放、包容、互信、互利的丝路精神。2016年5月,第一次由陈忠实先生巨著《白鹿原》改编而成的歌剧《白鹿原》在西安人民剧院首演。该剧融现代音乐技法、传统音乐技法和秦腔、碗碗腔等陕西民间音乐元素于一体，聘请当今国内外中国青年歌唱家出演该剧的主要角色。

2016年陕西的演艺节目在全国其他地方演出，好评如潮。2016年2月，陕西人民艺术剧院的话剧《你在灯火阑珊处》在国家大剧院上演，该剧展现了西北石油创业者艰苦奋斗的拼搏精神。2016年2月，陕西原创大型杂技剧《丝路彩虹》在台湾地区开展新春展演活动，共演出36场次，每场观众高达五六千人。得到多家传媒报道，受到民众高度评价。3月，陕西人民艺术剧院的话剧《白鹿原》则在中国剧院和天桥艺术中心演出。2016年6月，陕西艺术家参加了由中央党校出版社和陕西省文化厅共同主办的"国风·秦韵——中国传统音乐赏析"活动，演出了《咏长安》（配乐唐诗吟诵）、《阳关三叠》（古琴独奏）、《风竹》（埙独奏）、《昭陵六骏》（琵琶独奏）和《欢乐的夜晚》（丝弦五重奏）等。这场古典音乐表演活动在中央党校大有书局举办。

2016年，陕西省文艺表演出巡世界各地，不仅传播了中华文化，而且让许多国际观众认识了陕西。2016年1月，陕西省文化厅主办的"2016国风·秦韵——中国陕西丝绸之路新春音乐会澳洲交流巡演"在阿德莱德市、悉尼市、墨尔本等多个澳大利亚城市举办，受到欢迎。演出的节目除了中华民乐经典曲目《春节序曲》外，还包括《丝绸之路》《秦川情》《线戏》等。2016年8月，陕西演艺集团、陕西省杂技艺术的大型原创杂技剧《丝路彩虹》到中亚地区的吉尔吉斯斯坦首都比什凯克菲拉的莫尼亚大剧院进行演出。从2016年7月开始，陕西原创杂技剧《丝路彩虹》开启了"从长安到罗马"国际商演征程，演出团队从西安出发，途经国内的西宁、兰州、银川、乌鲁木齐，通过中亚的哈萨克斯坦、吉尔吉斯斯坦等国，进入欧洲的波兰、德国、捷克、奥地利、瑞士、意大利六国，最终抵达目的地罗马。

陕西文艺演出单位深入学校、机关单位和基层社区等，向群众提供演艺节目，受到欢迎。2016年5月陕西演艺集团京剧院在西北农林科技大学举办"京剧进校园"活动，演出了传统折子戏《拾玉镯》和现代京剧《风雨老腔》片断等，其间还邀请大学生扮演生旦净丑角色，妙趣横生。

陕西通过小戏小品展演形式推动演艺发展。2016年6月，陕西省文联和剧协主办的陕西省第六届小戏小品展演开场。这届小戏小品展演在全省11

个市区设分会场，并设立校园专场。各个分会场选拔出的优秀剧目参加主会场展演。

2015年陕西演艺集团有限公司的杂技剧《丝路彩虹》商业演出项目和麟游县人民剧团演出责任有限公司、陇县人民剧团演艺有限责任公司、白水县剧团有限责任公司、周至县剧团、蒲城县剧团有限责任公司、西安市临潼区人民剧团、淳化演艺有限公司、西安市豫剧团有限责任公司、兴平市文化演艺有限公司、宝鸡市金台区人民戏曲艺术团作为优秀基层戏曲院团获得了"2015年度中央文化产业发展专项扶持资金"奖励扶持。

（四）陕西省文博事业发展状况

陕西是国务院确定的"彰显华夏文明的历史文化基地"。大力发展文博事业是促进陕西文化工作的重要一环。陕西省的文物考古发现和科技保护成就有目共睹。"十二五"以来，进入全国十大考古发现的陕西文物考古项目有17个。目前，陕西省有国家文物局文物保护科研基地4个，另外还有全国唯一的科技部国际文物科技合作基地。他们制定了国家和行业标准16项。陕西注重文物保护领域的国际合作，与十多个国家和地区，开展11个国际科技合作项目。陕西的文物外宣工作在对外文化交流中占据着重要地位，在宣传中华文明方面发挥着难以替代的作用。秦兵马俑展览已经成为全球文物交流展览中最受青睐的四个展览品牌之一，有力地宣传了中华文明。

2016年5月，2015年度全国十大考古新发现揭晓，陕西周原遗址成为十大考古新发现之一。石峁遗址（神木县高家堡镇）考古调查与发掘项目和石鼓山墓地（宝鸡市渭滨区）、唐韩休墓（西安市大兆镇）考古发掘项目分别荣获2011~2015年度田野考古奖一等奖、三等奖、三等奖。

陕西省博物馆展览水平高。2016年5月，安康博物馆的《秦巴明珠——安康博物馆基本陈列》荣获第十三届（2015年度）"全国博物馆十大陈列展览精品"陈列奖。这是陕西省博物馆陈列展览项目连续九届获奖，证明了陕西博物馆在陈列展示方面具有相当高的水平。

2016年陕西省文物外宣工作继续凯歌高奏，在海外举办的文物交流展览广受欢迎。2016年3月4日，中国陕西秦始皇陵兵马俑展在芝加哥菲尔德博物馆开始举办，展出时间将持续至2017年1月8日。展出的120组170余件文物,均为秦始皇陵真品。此次展览为美国和加拿大地区规模最大的秦始皇陵兵马俑展览。由陕西省文物局主办,陕西省文物交流中心承办的"始皇和大兵马俑"展从2015年到2016年在日本展出,展览共分为三站,分别在东京国立博物馆、福冈九州国立博物馆和日本大阪国立国际美术馆展出。

陕西文物在台湾地区展出,受到欢迎。从2016年5月开始,陕西和甘肃文物部门在台北"故宫博物院"举办了《大秦文化特展》,展出了包括兵马俑在内的陶器、青铜器、金银器、甲骨文等,陕西省的参展博物馆包括秦始皇帝陵博物院、陕西省考古研究院、陕西历史博物馆、西安博物院等。

陕西省重视非物质文化遗产的传承、保护工作。目前陕西省非遗项目中有三项(西安鼓乐、中国剪纸、中国皮影)入选联合国教科文组织人类非物质文化遗产代表作名录;74项入选国家级非物质文化遗产名录。陕西还有520项省级非物质文化遗产名录;1415项市级非物质文化遗产名录;4150项县级非物质文化遗产名录。另外,陕西省国家级、省级、市级和县级非物质文化遗产项目代表性传承人分别有46人、385人、1281人、3977人;有两个国家级文化生态保护区(陕北和羌族);三个国家级非物质文化遗产生产性保护示范基地,25个省级非物质文化遗产生产性保护示范基地。

2016年6月8日,咸阳市举行非物质文化遗产项目代表性传承人培训讲座,颁发传承人证书;6月11日,是我国第十一个文化遗产日,在此前后陕西各地开展了文化遗产宣传活动。6月10~11日,陕西省文化厅主办了2016薪火相传·秦腔优秀剧目暨陕西传统戏曲音乐赏析晚会;西安鼓乐何家营传习所启用;西安举办非遗保护十年成果展;渭南市非遗展示传习馆开馆并举办非遗项目展演等活动;韩城市举办非遗展示等活动。

陕西非物质文化遗产在国外进行展出,让其他国家民众领略中华传统文化精品。2016年1~2月,"国风·秦韵——陕西传统文化罗马展"在意大利举办,陕西省剪纸制作艺人皮影雕刻艺人、社火脸谱绘制艺人、农民画绘画艺人、皮影戏和杖头木偶演出艺人、提线木偶演出艺人樊晓梅、汪天喜、胡新明、柳绪绪、梁军、窦晓宇、党妙侠、王勇参加了展演,让欧洲观众一睹中国剪纸、社火脸谱、木版年画、皮影、木偶等非物质文化遗产风采。2月,在澳大利亚举办了"2016欢乐春节——国风·秦韵陕西传统文化新年庙会",展演了皮影戏、布艺、剪纸等具有中国文化气息的节目。

三 陕西省各地文化发展状况

(一)西安文化发展状况

西安重视公共文化事业的发展。2015年西安全市拥有博物馆113座,公共图书馆13个;拥有群众艺术馆、文化馆、文化站分别为2个、14个、183个。①

西安文化产业在陕西省居于领先地位,其产值在全市GDP中所占比重较大,2014年达到7.49%。2013年西安文化产业法人单位和从业人员分别达到7682个和130671人,占全省比重分别达到44.9%和46.9%。2013年西安文化创意和设计服务企业法人单位、从业人员、主营业务收入分别达到了2956个、33944人和196亿元。

西安重视文艺创作演出。近年来,多部作品荣获"五个一工程"奖、文华奖等奖项。2016年西安文艺单位排演的交响音乐会《"黄河"辉煌之路》、话剧《麻醉师》、舞剧《传丝公主》登上了国家最高艺术殿堂——国家大剧院的舞台,在那里连续展演,受到全国文艺界人士的广泛关注。西安演艺集团歌舞剧院排演了描写唐代公主西行传播丝绸文明的故事的《传丝公主》;西安演艺集团话剧院创排的话剧《麻醉师》,则以西京医院麻醉医生陈绍洋的故事为题材,塑造了当代军医的感人形象;他们均入选陕西省重大文化精品资助项目、西安市宣传文化发展专项资金重点扶持项目,其中《传丝公主》入选国家艺术基金资助剧目。西安交响乐团演出的交响音乐会《"黄河"辉煌之路》纪念中国人民抗日战争胜利70周年,展现了西安文艺的精神风貌。

(二)榆林文化发展状况

榆林重视文化事业的发展,采取多种措施向群众提供文化产品。2015年,榆林拥有文化艺术馆、文化站分别为13个和226个,公共图书馆12

---

① 《2015年西安市国民经济和社会发展统计公报》,统计局综合处,http://www.xatj.gov.cn/websac/cat/2005865.html,最后访问日期:2016年4月29日。

个，博物馆、纪念馆20处，艺术学校1个。2015年政府购买公共文化演出881场次，向市级、县级演出团体分别购买350场次和531场次，补助资金共计1056万元。榆林还重点打造了剧目《大漠红柳》《统万雄风》《杨家城传奇》。

榆林拥有发展文化产业的良好基础，全市拥有艺术表演团体24个，影剧院13个；广播、电视转播台20座；广播和电视综合人口覆盖率分别为96.47%和96.41%。① 但榆林文化产业在全市经济发展中所占比重不高，2014年仅占GDP的0.99%。2013年榆林文化产业法人单位和从业人员分别达到1191个和18744人，占全省比重分别达到7.7%和5.4%。2013年榆林文化创意和设计服务企业法人单位、从业人员、主营业务收入分别达到332个、2172人和9.8亿元。

2016年，榆林大力发展旅游文化产业，重点保护、发掘石峁遗址，推进统万城国家考古遗址公园重点景区建设，抢救性保护明长城等。公共文化方面启动建设榆林群众艺术馆、文化艺术中心和镇北台长城博物馆。

（三）延安文化发展状况

延安重视发展文化艺术事业，2015年共有艺术表演团体、艺术表演场馆分别为12个、2个，从业人员分别有682人和31人；2015年创作的戏剧作品，曲艺小品，歌曲分别有16部，27个，24首。

延安关注公共文化设施的建设工作。2016年6月底，延安大剧院建成并投入使用。总建筑面积33134平方米的延安大剧院由大剧场、戏剧厅和音乐厅组成，剧场、戏剧厅、音乐厅分别能够容纳1211人、431人和474人。2015年，延安拥有公共图书馆、文化馆（站）13个和192个；从业人员分别为939人和185人。公共图书馆藏书达到了95.7万册。放映公益电影4.1万场次，行政村放映覆盖率100%。2016年，延安致力于北京知青文化展览馆、中国革命艺术家博物院、黄陵秦直道古城、黄帝文化中心主体工程和宝塔山、凤凰山、枣园旧址保护提升等重点文化项目建设工作。"十二五"期间，延安快速推进26

---

① 《2015年榆林市国民经济和社会发展统计公报》，榆林政府网，http://www.yl.gov.cn/site/1/html/0/5/7/38421.htm，最后访问日期：2016年5月14日。

个重大文化旅游项目,建成运营枣园文化广场、文安驿文化产业园区等;群众文化事业方面,安塞县获得了"中国曲艺之乡"的殊荣,"延安过大年"荣获全国群众文化活动"群星奖";文艺创作方面,成功首演了第四代歌剧《白毛女》,打造《延安颂》《延安保育院》等剧目并常态演出。"十三五"期间,延安确定了大力发展红色旅游、黄帝历史文化旅游等发展文化旅游的目标任务。

延安文化产业发展取得了新成就。2015年,《延安日报》发行347期、1249万份。广电网络县、乡镇覆盖率达100%。2015年新增有线电视用户46.18万户,总数达到87.58万户,数字电视用户达到81.51万户。延安全市电视、广播覆盖率分别达到99.92%和99.82%。[1] 文化产业在全市GDP中占有一定比例,2014年达到1.11%,还有很大的发展空间。2013年延安文化产业法人单位和从业人员分别达到993个和11789人,占全省比重分别达到5.8%和4.2%。延安2013年文化创意和设计服务企业法人单位、从业人员、主营业务收入分别达到了255个、1292人和2.9亿元。

(四)铜川文化发展状况

铜川文化事业蓬勃发展。2016年4~5月,铜川举办了第六届"三秦书月·书香铜川"读书月活动。这次活动进一步推动了九大书香工程(书香机关、书香校园、书香企业、书香村镇、书香社区、书香工地、书香家庭、书香军营、书香市区)。

2015年铜川拥有文化馆、文化站分别达到5个和33个;拥有公共图书馆5个,图书总藏量81.4万册。通过"唱响铜川""舞动铜川""书香铜川""诗画铜川"促进群众文化活动。市广播电视台和县级广播电台共3个。2015年铜川分别拥有艺术表演团体2个、影视传媒公司2家、3D影院3家。铜川还被批准为第三批国家公共文化服务体系示范区创建城市。[2]

铜川重视文化产业发展。文化产业在全市GDP中占有相当比例,2014年达到3.03%。2013年铜川文化产业法人单位和从业人员分别达到384个和5143

---

[1] 《2015年延安市国民经济和社会发展统计公报》,陕经网,http://www.sei.gov.cn/ShowArticle.asp?ArticleID=262450,最后访问日期:2016年5月14日。

[2] 《2015年铜川市国民经济和社会发展统计公报》,铜川市人力资源和社会保障局,http://www.tongchuanhrss.gov.cn/7/3748.jhtml,最后访问日期:2016年3月26日。

人，占全省比重分别达到2.2%和1.8%。2013年铜川文化创意和设计服务企业法人单位、从业人员、主营业务收入分别达到了83个、933人和3.6亿元。

（五）宝鸡文化发展状况

宝鸡公共文化事业发展取得新成效。2015年，宝鸡拥有的群众艺术馆文化馆、农村乡镇文化站及文化中心、文化活动室、农家书屋、数字农家书屋分别达到了14个、120个、1985个、1729个、130个。此外，宝鸡拥有公共图书馆和非物质文化遗产保护中心各13个。宝鸡一方面重视发展文化产业，另一方面关注贫困户享受有线电视公共服务。2016年5月，宝鸡专门召开全市推进政府购买广播电视公共服务工作会议，要求政府购买贫困户有线电视公共服务，以此作为脱贫攻坚的一项重要内容。

宝鸡文化产业奠定了良好的发展基础。截至2015年末，宝鸡共有文艺团体65个（专业文艺团体40个）和2处艺术表演场所，艺术科研机构1个。宝鸡文化产业示范基地（单位）有17个，其中国家级文化产业示范基地和省级文化产业示范基地（单位）分别达到2个和15个。全市拥有电影放映机构34个；市级广播电台、电视台各1座，县区级广播电视台10座；广播、电视覆盖率分别为99.92%和99.96%。[1] 文化产业在全市GDP中占有一定比例，2014年达到1.91%，还有很大的发展空间。2013年宝鸡文化产业法人单位和从业人员分别达到1525个和22687人，占全省比重分别达到8.9%和8.1%。2013年宝鸡文化创意和设计服务企业法人单位、从业人员、主营业务收入分别达到了481个、3977人和9亿元。

宝鸡重视文物保护工作。2015年宝鸡共有各类文物保护点3436处，其中国家重点文物保护单位和省级、县级文物保护单位分别为21处、97处、271处。全市馆藏文物5万多件（组），等级以上珍贵文物10719件，其中国家一级、二级、三级文物374件、1303件、9042件。[2]

---

[1] 《2015年宝鸡市国民经济和社会发展统计公报》，陕西省人民政府网，http://www.shaanxi.gov.cn/0/1/65/365/371/210201.htm，最后访问日期：2016年4月20日。

[2] 《2015年宝鸡市国民经济和社会发展统计公报》，陕西省人民政府网，http://www.shaanxi.gov.cn/0/1/65/365/371/210201.htm，最后访问日期：2016年4月20日。

（六）咸阳文化发展状况

咸阳文化产业发展进入新的阶段，2015年全市的广播节目综合人口和电视节目综合人口覆盖率分别达到99.47%和99.62%，有线电视入户率56.35%。咸阳的剧场、影剧院达到10个。① 咸阳明确了"十三五"文化产业的奋斗目标，提出到2020年，文化产业增加值突破200亿元，比重达到6%。而2014年咸阳文化产业增加值在全市GDP中所占比例仅达到2.65%。2013年咸阳的文化产业法人单位和从业人员分别达到1521个和34544人，占全省比重分别达到8.9%和12.4%。2013年咸阳文化创意和设计服务企业法人单位、从业人员、主营业务收入分别达到206个、2473人和7.5亿元。

咸阳文化事业稳步推进。2016年，咸阳将健全现代公共文化服务体系作为其工作重点任务。通过努力咸阳的公共图书馆图书总藏量122.9万册（件），为公众服务的能力得到进一步保障。咸阳重视精神领域建设工作，提出要进一步彰显秦风秦韵秦文化，发扬"崇德包容、尚法创新"的咸阳精神，让"大秦故都·德善咸阳"更加靓丽。将建设富强人文健康新咸阳作为"十三五"时期的奋斗目标。确定到2020年，基本建成公共文化服务体系。②

（七）渭南文化发展状况

渭南重视公共文化工作，通过文化扶贫促进社会发展。他们以"一元剧场"、"四进零距"、"青春之梦"为文化平台，通过"政府支持、企业联姻、院团服务、百姓受益"方式将优秀文化节目送到广场公园、城镇社区、园区企业、乡村院场，让偏远地区的农民群众享受高质量演出。2015年渭南一元剧场文化惠民演出1501场次。2015年渭南"四进零距"公共文化服务活动在全市的演出超过800场次，其中农村演出场次占了40%。演出的经典剧目包括秦腔剧团的《赶坡》《二进宫》《洪湖赤卫队》等。参与"四进零距"的文化团体有100多家，形成了"政府部门主导、三级馆站服务、社会各方参与、

---

① 《2015年咸阳市国民经济和社会发展统计公报》，陕西省统计局，http：//www.sei.gov.cn/printpag.asp？Article ID=263640，最后访问日期：2016年6月6日。
② 《2016年咸阳市政府工作报告》，学优网，http：//www.gkstk.com/article/WK-78500000563001.html，最后访问日期：2015年6月6日。

惠及城乡群众"的态势。

渭南公共文化事业发展成效显著。2016年四五月间，渭南举办了"三秦书月·书香渭南"的全民阅读活动。2015年渭南拥有文化馆12个，文化站129个。公共图书馆数量达到11个，藏书98.4万册（件）。过去六年，渭南市文化艺术中心、博物馆等设施建成投入使用，深入推进了国家公共文化服务体系示范区创建工作。非物质文化遗产保护和利用方面，华阴老腔、韩城行鼓登上了2016年中央电视台春节晚会舞台。2016年，渭南加快建设渭华起义纪念地和国家文物保护单位蒲城桥陵泰陵、白水仓颉庙、澄城尧头窑等项目①，推进历史文化资源和红色文化资源的保护与开发工作。

渭南重视文化产业的建设和发展。2016年7月，《花椒红了》在韩城正式开拍，这部电影由韩城市委、市政府等单位立项拍摄，讲述了中国花椒之乡——韩城市花椒与椒农的故事。2015年渭南全市拥有艺术表演团体13个，艺术表演场馆11个。渭南市级无线广播电台、电视台各1座，广播和电视节目各2套；全市电视和广播综合覆盖率分别为97.5%和95.9%，农村数字电影放映覆盖率100%。渭南文化产业在全市GDP中占有相当比例，2014年达到2.39%。2013年渭南文化产业法人单位和从业人员分别达到1150个和22997人，占全省比重分别达到6.7%和8.2%。2013年渭南文化创意和设计服务企业法人单位、从业人员、主营业务收入分别达到154个、1215人和2.2亿元。

（八）汉中文化发展状况

汉中重视文化与旅游相融合的工作。2016年5月，汉中举办了"2016中国石门栈道文化旅游月"，举办了汉服表演、文化峰会、书法交流等活动；其中文化峰会讨论了古栈道的历史文化价值。"2016中国石门栈道文化旅游月"还包括石门栈道摄影大赛、万人挥毫题写石门栈道、褒姒暨三国美女穿越石门等多项子活动。2016年，汉中重点致力于利用"两汉三国"、秦巴民俗、红色革命文化等资源。

汉中重视向公众提供公共文化服务。2016年四五月间，汉中市举办了第

---

① 《2016年渭南市政府工作报告》，渭南市人民政府网，http://www.weinan.gov.cn/gk/zfgzbg/fzfgzbg/508924.htm，最后访问日期：2016年5月12日。

七届"三秦书月·书香汉中"全民阅读活动,举办了陕西理工学院第四届"书香飘理工"系列活动。"三秦书月·书香汉中"中汉台区举办了"地方文献"展览,展出图书馆馆藏文献100种、102册;南郑县举办"三秦书月·书香南郑"经典诗文诵读比赛;城固县向留守儿童捐赠图书;勉县举办"'经典诵读'暨'文艺演出'"。为做好"三秦书目·书香汉中"活动,汉中市文化广电新闻出版局专门下发通知,要求有关部门建立完善长效机制,总结经验、宣传推广,保证全民阅读活动取得好的效果。非物质文化遗产保护方面,2016年汉中羌文化保护中心基本建成,进一步推动了国家级羌族文化生态保护实验区建设,努力推进工人文化宫、青少年宫等项目建设。文艺创作方面,2016年汉中倾力提升《汉颂》《韩信拜将》等精品剧目。[①]

汉中重视文化产业发展。文化产业在全市GDP中占有相当比例,2014年达到2.43%。2013年汉中文化产业法人单位和从业人员分别达到1323个和15131人,占全省比重分别达到7.7%和5.4%。2013年汉中文化创意和设计服务企业法人单位、从业人员、主营业务收入分别达到218个、1856人和5.3亿元。汉中广播电视基础设施建设颇具成效。2015年拥有广播及电视发射台11座,发射机62部,电视和广播人口覆盖率分别达到99.02%与98.16%。[②] 为推动文化产业发展,汉中文化传媒集团建成,这是一个跨多家企业的文化传媒集团。

(九)安康文化发展状况

安康公共文化事业有力发展。2015年全市群众艺术馆、文化馆分别为1个和10个;拥有图书馆和博物馆分别为11个、9个。为发展广播电视事业,安康建立了一批广电设施,分别拥有电视台、广播电台、县级广播电视台10座、19座和9座。[③] "十二五"期间,安康全国和省级文化工作先进县分别为2个和5个。"十三五"期间,安康将健全现代公共文化服务体系作为一项总

---

① 《汉中市人民政府工作报告(2016年2月26日)》,汉中市人民政府网,http://www.hanzhong.gov.cn/xxgk/gkml/zfgzbg/szfgzbg/201604/t20160401_321990.html,最后访问日期:2016年5月10日。
② 《2015年汉中市国民经济和社会发展统计公报》,汉中市汉台区人民政府门户网站:http://www.htq.gov.cn/xwzx/cxgz/63055.htm,最后访问日期:2016年6月18日。
③ 《2015年安康市国民经济和社会发展统计公报》,陕经网,http://www.sei.gov.cn/ShowArticle.asp?ArticleID=262780,最后访问日期:2016年7月8日。

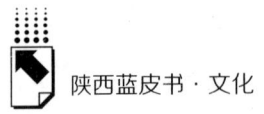

体要求和目标任务。2016年,安康致力于"振兴汉剧"工程,抓好第十六届汉江龙舟节;做好文化遗产保护与传承工作;进一步推进中心城市"文化大本营"工程,加强基层综合文化服务中心建设;努力加快汉江大剧院、移民和防洪博物馆、"藏一角"(安康历史博物馆)等公共文化设施的建设速度。

安康重视文艺精品创作。由石泉县文化馆和安康市群艺馆共同排演的,反映汉江边人民向往美好生活、热爱汉江、互帮互助的舞蹈《汉江妹子》,成为第十七届群星奖入围剧目。

安康重视文化产业发展。2015年,安康培育规模以上文化企业45家,文化产业增加值增长11%。"十二五"期间,安康文化产业增加值实现近10倍增长。① 文化产业增加值在全市GDP中占有相当比例,2014年达到2.99%。2013年安康文化产业法人单位和从业人员分别达到580个和7702人,占全省比重分别达到3.4%和2.8%。2013年安康文化创意和设计服务企业法人单位、从业人员、主营业务收入分别达到了115个、959人和3.5亿元。

(十)商洛文化发展状况

商洛重视公共文化设施的建设工作。2015年为30个社区、121个村文化活动室配送了文化器材;继续推进广播电视户户通工程,安装了32926套设备。

商洛文化产业工作顺利推进,建成城市数字影院3座。商洛广播人口、电视人口综合覆盖率分别达95.85%和99%。② 商洛文化产业增加值在全市GDP中占有一定比例,2014年达到1.88%。2013年商洛文化产业法人单位和从业人员分别达到665个和7958人,占全省比重分别达到3.9%和2.9%。2013年商洛文化创意和设计服务企业法人单位、从业人员、主营业务收入分别达到72个、435人和0.5亿元。

(十一)杨凌文化发展状况

作为中国唯一的农业高新技术产业示范区,杨凌重视开展公共文化工作。

---

① 《安康市2016年政府工作报告》,安康市人民代表大会常务委员会网,http://rd.ankang.gov.cn/news_info.asp?id=7553.html,最后访问日期:2016年6月28日。
② 《2015年商洛市国民经济和社会发展统计公报》,陕经网,http://www.sei.gov.cn/ShowArticle.asp?ArticleID=262914,最后访问日期:2016年7月2日。

2016年4~5月间,杨凌举办了第七届"三秦书月·陕西杨凌"全民阅读活动。这届阅读活动包括"我爱阅读·快乐生活""我眼中的好书""新农村·新文明"等主题读书征文、读物推荐优惠售书、农家书屋阅读等内容。杨凌关注其文化产业的发展。2013年杨凌文化产业法人单位和从业人员分别达到104个和1496人,占全省比重分别达到0.6%和0.5%。2013年杨凌文化创意和设计服务企业法人单位、从业人员、主营业务收入分别达到33个、270人和0.5亿元。

四 陕西省文化发展前景分析与预测

(一)陕西将紧扣"一带一路"战略,扩大文化影响力

陕西将通过广泛开展文化、人才交流和学术往来等活动,加强与"一带一路"沿线国家的合作。进一步加强与这些国家相互举办文化年、艺术节等,促进文艺交流;通过举办电影节、电视周,合作开展广播影视剧精品创作、翻译等,促进新闻广播电视领域交流;通过举办图书展等,促进出版领域的交流;通过联合申请世界文化遗产,开展世界遗产联合保护工作,促进文物考古与利用历史文化资源的交流;通过互办旅游推广周、宣传月,联合打造丝绸之路国际旅游线路和产品等,促进文化与旅游领域的进一步交流。陕西将继续发挥欧亚经济论坛、中国西部国际博览会等平台的建设性作用,办好丝绸之路国际电影节和图书展等,发挥陕西综合经济文化力量,打造西安内陆型改革开放新高地,挖掘"一带一路"历史文化遗产,推动"一带一路"战略实施。

具体而言,陕西要通过组建丝绸之路国际文化交易中心,办好丝绸之路国际电影节、国际艺术节、西部电影展映周、中国陕西传统文化周,推出相关文艺精品,促进陕西与"一带一路"地区影视和文艺联系;通过建立丝绸之路媒体联盟,出版一批有关丝绸之路的中外文出版物,持续加大丝绸之路新起点宣传力度,争取国家批准西安丝绸之路经济带卫视频道等,发挥好传媒在"一带一路"战略中的作用。陕西省要进一步加强与丝绸之路沿线国家的有关地区,开展文物保护与考古研究合作,对周原、丰镐、石峁遗址、黄帝陵、汉唐帝陵、汉传佛教六大祖庭等开展申报世界文化遗产的规划工作;进一步打造

国际文化贸易基地，拓展文化进出口业务；进一步加大建设"丝绸之路国际文化城"的力度，推动陕西文化保税园区各项工作等。

（二）陕西公共文化服务将更为高效，文化事业繁荣发展

"十三五"期间，陕西省的公共文化服务工作将进一步发展。2020年，具有陕西特色的现代公共文化服务体系将基本建成，它将具备覆盖城乡、便捷高效、保基本、促公平的特点，并于公共文化服务标准化、均等化、社会化、产品供给、保障力度等方面得到切实保障，有力加快现代公共文化服务体系的构建。陕西将更好地将公共文化服务体系建设列入省、市、县财政预算，进一步推进基层综合性文化服务中心建设，将戏台、篮球架、音响、服装、乐器等配备到每个行政村，并建设好室外活动文化广场。陕西将进一步致力于贫困地区公共文化服务设施建设。陕西将更好地依托传统文化优势，建设优秀传统文化传承体系，推动其创造性转化和创新性发展工作。

陕西将更好地建立起政府购买公共文化服务机制，这一制度方式灵活、程序规范、标准明确，且具备结果评价、动态调整的特点。陕西省制定的购买公共文化服务的指导性意见和目录在实践中会确保群众享受到高质量的文化产品。陕西将进一步推广渭南市"一元剧场"做法，以确保每个行政村每年看戏不低于一场，每月保证看一次免费电影。陕西将更有效地鼓励引导社会力量和各类市场主体参与公共文化服务。

陕西将在新形势下发挥好红色文化资源和红色基地的作用，大力弘扬延安精神，培育和践行社会主义核心价值观。陕西将采取更为行之有效的举措加强主流媒体传播力、公信力、影响力和舆论能力建设，唱响主旋律、传播正能量。陕西将进一步创新公共文化服务方式，推进数字化建设工作，提升现代传播能力。保护传统文化资源方面，陕西将更为有效地做好文物和大遗址保护、非物质文化遗产传承。陕西致力于加强文艺阵地建设工作，大力发展网络文艺，扶持文化精品的创作。

（三）陕西文化产业将有力提升，成为国民经济支柱产业

陕西将发展文化产业作为文化建设的重要一环，"十三五"期间将继续做大做强文化产业。通过深化文化体制改革，推进文化与科技、文化与金融、文

化与旅游、文化与互联网、传统媒体与新兴媒体等深度融合，加快发展"文化+"新兴业态，抓好30个省级重大文化项目建设等，打造一批在国内外具有影响力的文化企业，提高产业规模化、集约化、专业化水平，使文化产业产值年均增长25%以上。陕西不仅要做大做强陕文投、西部电影、陕西新华出版传媒等国有文化集团，而且要支持民营文化企业健康快速地发展。"十三五"期间，陕西将更好地优化文化产业整体布局，转化优势文化资源为产业优势和竞争优势，加快建设关中综合文化产业带、陕北民俗及红色文化产业带、陕南自然风光生态旅游产业带，着力打造好古城现代、延安红色、陕北历史、秦巴风情和蜀汉特色文化区等十大特色文化片区。

与全国文化产业发展较快的地区相比较，陕西文化产业具有较大的发展空间。陕西要进一步提高文化产业增加值占全省GDP的比重；提高全省文化产业增加值占全国文化产业增加值比重；要增加市场主体的数量和规模，特别是文化制造业法人单位的数量和规模，有力改变陕西文化制造业相对欠发达的局面，进一步增加文化制造业在文化产业中的比重。特别是应加强文化专用设备、文化用品生产、工艺美术品生产、文化信息传输服务的生产能力，扩大文化用纸、视听设备的制造企业规模，重点关注玩具的制造、视听设备的制造、文化用油墨颜料的制造、办公用品的制造等领域。陕西省的文化产业投资、公共财政文化体育传媒支出额度将进一步增加，投资收益率将得到提升。陕西省应大力发展文化服务业中的新兴产业，着重发展工艺美术品的销售、文具乐器照相器材的销售、广播电视电影专用设备的批发，以及互联网信息服务、文化软件服务等。陕西要提高城乡居民文化消费水平。陕西省应进一步提高文化服务业规模以上企业营业利润率，文化产业要进一步做到区域均衡发展。要增加文化产业中的知名品牌，做强龙头企业。要采取得力措施，促使优秀文化产品和文化创意产业链向下游延伸。

"一带一路"战略为陕西文化产业发展提供了广阔的市场，陕西要抓住这一机遇，大力拓展国内国外两个市场。根据陕西文化企业特点，利用其雄厚的科学技术水平和装备制造业能力，借助全国其他地方的人力、经验等条件，大力做好文化产业走出去的工作。要进一步研究国际文化市场的特点，研究特定文化区域文化产品的需求状况，结合陕西实际情况，确定文化产品对外销售的方向、路径和模式，为文化产业的发展闯出一片广阔天地。

宏观视野
Macro-perspective

B.2 "十三五"时期陕西文化产业发展战略及路径研究

陕西省社会科学院课题组*

摘　要： "十三五"时期是陕西深化改革开放、全面建成小康社会奋斗目标实现的冲刺期。作为文化资源大省的陕西，文化产业门类较为齐全，文化产业发展迅猛，但同时还存在诸多问题。本报告梳理了陕西文化产业发展现状、问题，提出了陕西文化产业发展战略构想和产业发展重点，最后提出陕西文化产业"追赶超越"保障举措，为文化体制改革的深化、文化氛围的提升提供参考。

关键词： 陕西　战略构想　转型升级　"追赶超越"

---

* 课题组组长：王长寿，陕西省社会科学院文化产业与现代传播研究所所长、研究员；课题主要执笔人：杨艳伶、颜鹏、赵东。

一 陕西文化产业发展现状

(一) 总体发展状况

2003年至今,经过十余年的发展,陕西文化产业发展成绩显著突出、态势良好。

1. 文化产业增加值不断加大,产业发展总体保持上升趋势

2004年,陕西文化产业实现增加值65.33亿元,占GDP比重为2.06%;2008年,全省文化产业实现增加值186.65亿元,占GDP比重为2.55%;2009年,文化产业实现增加值226.64亿元,占GDP的比重是2.77%,2009年比2008年增长21.4%,比2004年平均增长29.4%;2010年,文化产业实现增加值285.96亿元,占GDP比重为2.82%;2011年,全省文化产业增加值突破300亿元,达到374.86亿元,占GDP的比重是3.03%;2012年,陕西省文化产业增加值突破500亿元,为500.7亿元,占GDP比重为3.47%;2013年,文化产业增加值达到597.2亿元,占GDP比重是3.69%;2014年的文化产业增加值为646.11亿元,占GDP的比重为3.65%(见表1)。

表1 2004年、2009~2014年陕西文化产业发展情况

单位:亿元,%

年 份	文化产业增加值	占GDP比重	年 份	文化产业增加值	占GDP比重
2004	65.33	2.06	2012	500.70	3.47
2009	226.64	2.77	2013	597.20	3.69
2010	285.96	2.82	2014	646.11	3.65
2011	374.86	3.03			

资料来源:陕西省统计局。

2. 文化市场主体竞争力不断增强,骨干企业的引领作用日益彰显

发展文化产业需要一批具有市场竞争力的微观主体。近年来,陕西组建了以陕西文化产业投资(控股)有限公司、西安曲江文化产业投资(集团)有限公司等为代表的文化市场主体。陕西文投集团目前拥有21家全资和控股公

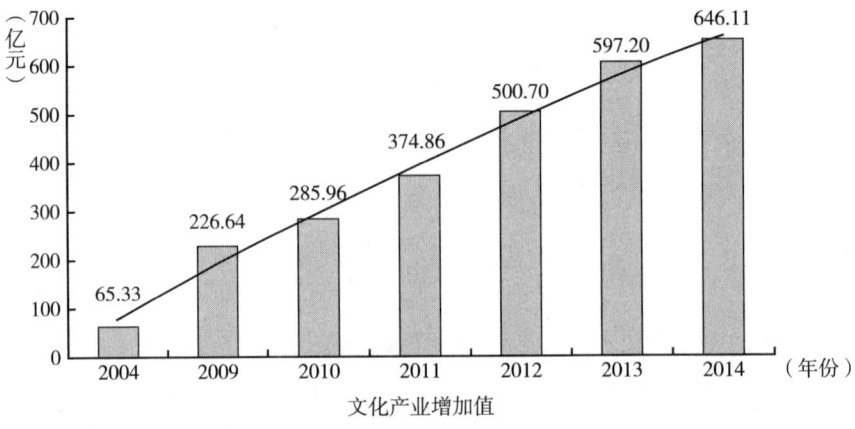

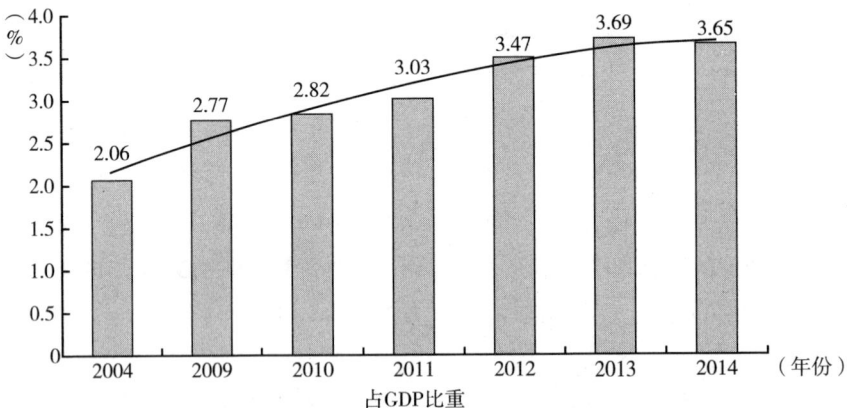

图1 2004年、2009~2014年全省文化产业增加值及占GDP比重变化情况

司,产业范围覆盖文化产业所有领域。陕西新华出版传媒集团下辖8家出版社、10家市级新华书店、88家县级新华书店、1家数字出版基地公司以及多家报刊等,全面提升了陕西出版发行产业的规模化、集约化、专业化水平。陕旅集团实施文化与旅游、旅游与科技融合发展模式,为提升陕西文化旅游产业水平和促进区域经济发展发挥着重要作用。2013年陕旅集团的净资产为98180万元,主营业务收入150565万元,纳税总额5300万元,从业人数4775万人;2014年的净资产是221918万元,主营业务收入190540万元,纳税总额8725万元,从业人数4907万人。

文化产业示范园区、基地对文化产业发展的重要性同样不言而喻,各类文化产业园区、基地对全省文化产业的引领带动作用日益彰显。遵循"高标准、严要求"准则，陕西涌现出了一批影响深远的文化产业园区和示范基地。全省现有 1 家曲江国家级文化产业示范园区、12 家国家级文化产业示范基地、10 家国家动漫认定企业、146 家省级文化产业示范基地（单位）。西安国家数字出版基地由国家新闻出版总署批准建立，是继上海张江、重庆等地之后的第八家国家数字出版基地。西安国家印刷包装产业基地被国家新闻出版总署正式批准建立，这是全国首个以印刷包装产业为主体的文化产业基地。2012 年 5 月 18 日，以西安曲江新区和高新区为承载区域的"西安国家级文化和科技融合示范基地"荣获首批"国家级文化和科技融合示范基地"，西安曲江文化产业投资（集团）有限公司则入选全国文化企业 30 强。

3. 积极实施项目带动战略，重点项目稳步推进

陕西省财政专门设立文化产业发展专项资金，支持各类文化产业项目，涵盖基础项目建设、业务项目发展以及品牌影响力提升等诸多方面。文化产业项目同时也被纳入各级政府对外招商引资工作中，通过搭建招商引资平台或积极参与各类文化交流活动，推动各类项目顺利实施。近几年，大批文化旅游项目开始对外开放运营，有西安临潼国家度假区大型文商旅城市综合体——大唐华清城、西安世园主题公园、铜川照金红色旅游名镇、宝鸡茵香河文化旅游区、宝鸡黄柏塬风景区等，这些项目都发挥着彰显地域文化特色、带动区域经济发展的重要作用。

4. 产业融合步伐加快，"文化+"新兴业态不断涌现

在产业融合的大背景下，以"文化+"为载体催生的各类新业态和新理念不断涌现。近年来，陕旅集团不仅建成了高科技的华清池文化旅游综合体验馆——玄境长生殿，还布局进军旅游电子商务领域。2014 年，陕旅集团成立陕西西游电商公司并创立"骏途网"，实现了与国内旅游电商龙头携程网的合作，将陕西旅游提升到与网络和大数据结合发展的新时代。与此同时，陕西新华出版传媒集团也获得传统出版产业转型升级的重要契机。通过管理上网、营销上网、产品上网、结算上网等"互联网+出版"、"文化+出版"的方式提升整个集团的信息化水平，促进传统媒体与新兴媒体的融合发展。通过推动 MPR 技术的产业应用，打造"公众数字阅读平台"和"数字教育平台"，推动数字阅读、手机游戏、动漫制作等产业的平稳发展。为加大出版资源的开发利用，争取做到一次研发多次使用、一次投入多次产出和一次产出多次增值，陕西新华出版传媒集团加快推进POD绿色印刷业务的投入生产，按需出版，避免了不必要的能量消耗和材料浪费，实现了绿色出版的目标。

（二）区域发展状况

随着经济发展方式的转变，文化产业对经济社会发展的贡献度不断提高，加快文化产业发展已成为各地共识。近年来，陕西各地市文化产业的发展规模和综合效益都得到了有效扩大和提升。以近两年为例，2013年西安市文化产业实现增加值381.6亿元，占GDP的比重为7.7%；2014年西安市文化产业增加值约为410.04亿元，占GDP的比重约为7.5%，文化产业单位达到9519个，年末从业人员达到13万人。2013年铜川市文化产业增加值9.7亿元，占GDP比重是3.0%；2014年文化产业增加值10.33亿元，占GDP比重为3.2%，文化产业法人单位429家，年末从业人员5515人。陕西各市（区）文化产业发展具体情况见表2、图2、表3和图3。

表2　2012~2014年陕西各市（区）文化产业发展情况一览

单位：亿元，%

地　市	2012年		2013年		2014年	
	增加值	占GDP比重	增加值	占GDP比重	增加值	占GDP比重
西安市	341.0	7.8	381.6	7.7	410.04	7.5
咸阳市	31.7	2.0	50.0	2.7	55.04	2.6
宝鸡市	27.8	2.0	29.2	1.9	31.61	1.9
铜川市	4.8	1.8	9.7	3.0	10.33	3.2
渭南市	27.4	2.4	32.4	2.5	34.89	2.5
榆林市	20.1	0.8	27.6	1.0	29.67	1.0
延安市	11.3	0.9	14.4	1.1	15.35	1.1
安康市	9.1	1.8	18.7	3.1	20.62	3.0
汉中市	11.4	1.5	22.2	2.5	24.05	2.4
商洛市	5.0	1.2	10.2	2.0	10.81	1.9
杨凌示范区	1.1	1.6	1.1	1.3	1.16	1.2

资料来源：历年陕西各地市文化产业统计数据。

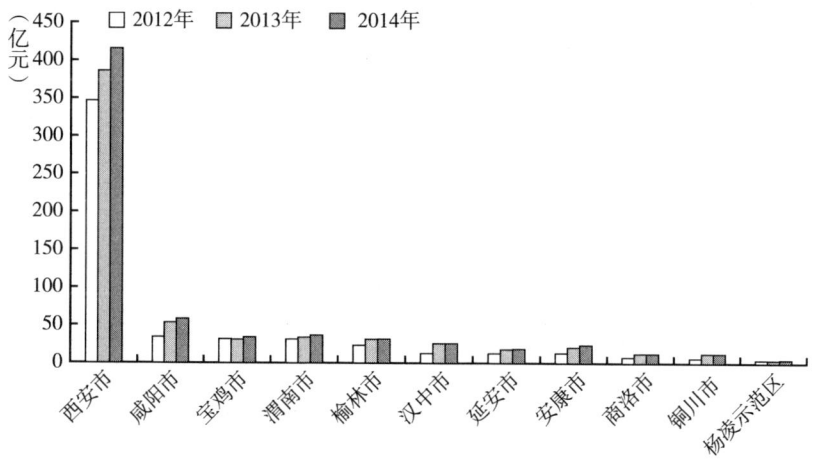

图2 2012~2014年陕西各市（区）文化产业增加值对比情况

表3 2014年陕西各市（区）文化产业法人单位及从业人员情况

地 区	法人单位数(个)	占比(%)	年末从业人员数(个)	占比(%)
全 省	20755	100	315641	100
西安市	9519	45.9	131614	41.7
宝鸡市	2170	10.5	31555	10.0
咸阳市	2075	10.0	47925	15.2
汉中市	1389	6.7	19453	6.2
榆林市	1307	6.3	20010	6.3
渭南市	1247	6.0	24280	7.7
延安市	998	4.8	12024	3.8
商洛市	873	4.2	11902	3.8
安康市	624	3.0	9519	3.0
铜川市	429	2.1	5515	1.7
杨凌示范区	124	0.6	1844	0.6

资料来源：陕西省统计局。

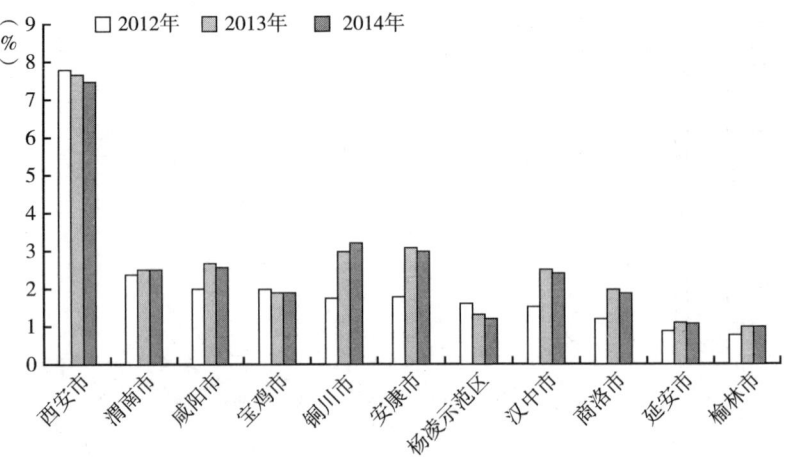

图3 2012~2014年陕西各市（区）文化产业增加值占GDP比重对比情况

（三）行业发展状况

1. 从全省发展形势来看，文化服务业占据主导地位

第三次全国经济普查数据显示，2013年末，全省共有文化及相关产业法人单位17118家，比2008年增长94.1%；从业人员27.9万人，比2008年末增长67.1%。文化艺术服务、文化创意和设计服务及文化休闲娱乐服务所拥有的法人单位数分别为3119家、4905家和3449家，这三类行业法人单位数占全省文化产业法人单位数总和的67%，规模以上法人单位也占全省文化产业法人单位数总和的26.6%。工艺美术品的生产、文化产品生产的辅助生产以及文化用品的生产的法人单位数则分别为1009家、1485家和1289家，三个行业法人单位数总和占全省文化产业法人单位总数的22.1%。从业人员方面，文化艺术服务、文化创意和设计服务、文化休闲娱乐服务三个行业吸纳了56.4%的从业人员，工艺美术品的生产、文化产品生产的辅助生产、文化用品的生产三个行业吸纳从业人员的比例为25.1%（见表4）。至2014年末，文化艺术服务、文化创意和设计服务、文化休闲娱乐服务的法人单位数分别是3620家、5960家和3748家，占全省文化产业法人单位数总和的64.22%，吸纳从业人员的比例53.83%（见表5）。

表4　2013年末全省文化产业法人单位及吸纳从业人员情况

行业分类	法人单位数(个)	占比(%)	规模以上法人单位数(个)	占比(%)	从业人员数(个)	占比(%)
新闻出版发行服务	599	3.5	96	26.1	17695	6.3
广播电视电影服务	602	3.5	18	4.9	17906	6.4
文化艺术服务	3119	18.2	17	4.6	55817	20.0
文化信息传输服务	547	3.2	10	2.7	11632	4.2
文化创意和设计服务	4905	28.7	31	8.4	49586	17.8
文化休闲娱乐服务	3449	20.1	50	13.6	51792	18.6
工艺美术品的生产	1009	5.9	47	12.8	18354	6.6
文化产品生产的辅助生产	1485	8.7	51	13.9	33803	12.1
文化用品的生产	1289	7.5	36	9.8	17904	6.4
文化专用设备的生产	114	0.7	12	3.3	4373	1.6
总计	17118	100	368	100	278862	100

资料来源：陕西省统计局。

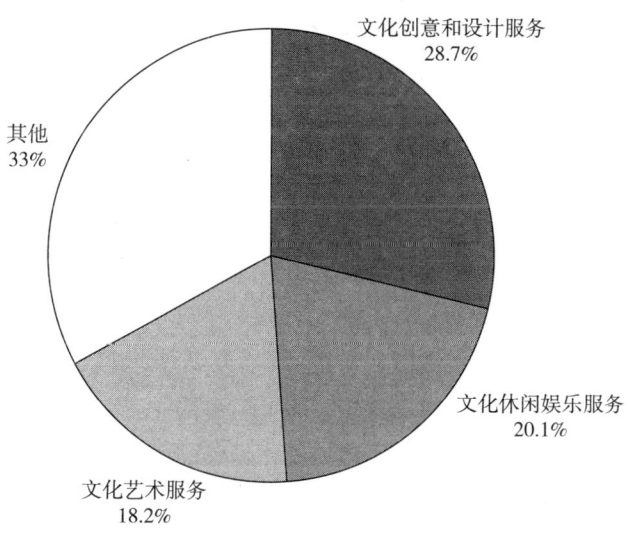

法人单位占比情况

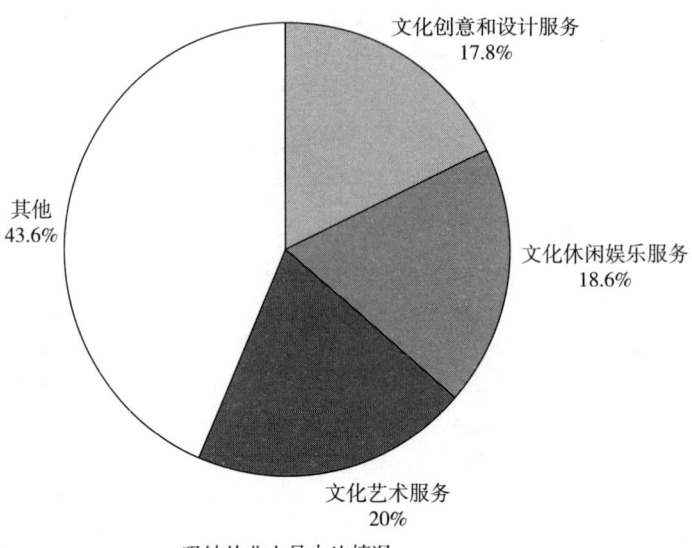

图 4　2013 年文化艺术服务等法人单位及吸纳从业人员占比情况

表 5　2014 年全省文化产业法人单位、吸纳从业人员情况

行业分类	法人单位数(个)	占比(%)	从业人员数(人)	占比(%)
新闻出版发行服务	788	3.80	17971	5.69
广播电视电影服务	734	3.54	17316	5.49
文化艺术服务	3620	17.44	60437	19.15
文化信息传输服务	820	3.95	15040	4.76
文化创意和设计服务	5960	28.72	55039	17.44
文化休闲娱乐服务	3748	18.06	54401	17.24
工艺美术品的生产	1294	6.23	20451	6.48
文化产品生产的辅助生产	1833	8.83	35780	11.34
文化用品的生产	1746	8.41	34131	10.81
文化专用设备的生产	212	1.02	5075	1.61
总计	20755	100	315641	100

资料来源：陕西省统计局。

2. 新闻出版发行服务、广播电影电视服务等重点行业稳步提升

"十二五"时期，全省新闻出版产业保持着不断上升的发展态势。2011

年，设立陕西出版资金并由财政每年列支2000万元。2011~2014年，共有40多种出版物入选全国重大主题出版和全国推荐项目，还有53个选题入选国家"十二五"重点出版物选题规划项目。审核上报了2015年度"经典中国国际出版工程"资助项目22种、"丝路书香工程"重点翻译资助项目14种，有12个项目获得国家出版基金资助，得到的资助金额为846万元，入选数量全国排名第四位。报纸期刊方面，《华商报》稳居中国最具竞争力报纸20强的前5名，《稀有金属材料与工程》等8种期刊入选2014年度"中国最具国际影响力学术期刊"和"中国国际影响力优秀期刊"，74种期刊入选"中文核心期刊"。

《大秦帝国》《永不消逝的电波》《保卫延安》《聂荣臻》《小麦进城》《胡杨女人》《我在北京·挺好的》等是陕西省近些年影视产业的重要收获。2014年，全省生产电影31部、电视剧16部562集，新增城市影院29座158厅，总量累计达到107座556厅，城市影院票房达到7.19亿元，比上年增长39%。为满足广大人民群众的基本文化需求，各类文化惠民措施和文化服务渐趋丰富和完善。农家书屋已经实现行政村全覆盖，城乡阅报屏建设工程也已启动，并以直播卫星覆盖方式同步完成了"村村通"和"户户通"193万户建设任务。2011年以来，"三秦书月"全民阅读活动已连续举办五届，效果良好。"十二五"以来，接入农村有线电视用户47.75万户。截至2014年底，农村有线电视共有177万户。2011年，放映农村电影340596场次，观影人次5318.68万。至2014年，全省农村公益电影放映328329场次，观影群众4127万人次，确保每村每月放映一场农村电影。同时，积极推进县级数字影院建设工作，目前已有43个县（区）建有县级数字影院，共有57座影院，205个放映厅。

3. 文化艺术服务日渐多样化，文化消费市场渐趋成熟

被喻为陕西"演艺航母"的陕西演艺集团不断探索市场经济条件下的发展之路，先后创排了歌剧《大汉苏武》、歌舞音画《金格灿灿彩》、话剧《灯火阑珊》、木偶皮影剧《太阳神鸟》等优秀剧目。为参加2014年"陕西省第七届艺术节"，陕西演艺集团就推出杂技剧《丝路彩虹》、京剧《铜牛记》以及儿童剧《和你在一起》等8部新作。近五年来，陕西演艺集团创排精品剧目近20部，小型剧（节）目50多部，引进优秀剧目20余部，荣获各类国家级以上重要奖项30多项，获得国内外各大赛事奖项100多个，等等。陕西演艺集团坚持送演艺到偏远地区和基层单位的同时，开放现有的"人艺小剧场"

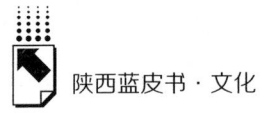

"民艺周末儿童剧院"等四个剧场,让老百姓能够以优惠票价享受到高品质的文化艺术服务。

二 陕西文化产业发展中存在的问题

陕西以其丰厚的历史文化、灿烂的革命文化、独具特色的民俗文化和相当具实力的现代文化而著称,周、秦、汉、唐等十四个王朝在陕西建都,留下丰富的历史文化遗产。党中央在陕北十三年,留下大量的革命旧址和精神财富,是其他省所不可比拟的。历史悠久、类型丰富的陕西文化资源,为陕西文化产业开发利用提供了得天独厚的优势。陕西文化产业门类较为齐全,文化人才集中度高。国家"一带一路"战略的实施有助于加强陕西与"一带一路"沿线国家的联系,增强经济的开放度,更有利于全面盘活陕西文化资源,加快陕西文化产业"走出去"的步伐。陕西可以其厚重的历史文化、丰富的人力资源以及承东启西的交通优势为依托,用文化交流和文化产品贸易方式在国际上扩大陕西文化的影响力,做大做强陕西文化产业。在具备上述优势的同时,陕西文化产业发展还存在以下问题。

(一)文化体制改革有待深化,现代企业制度有待完善

纵观近十年陕西省文化体制改革,已完成阶段改革任务,取得了很大成绩。但文化体制改革的后续工作或者说继续深化改革的任务还很繁重,制约文化产业发展的体制性障碍和结构性问题仍然存在。在体制方面,全省文化产业重大项目报批由省发改委负责,省级文化产业发展专项资金及省属文化企业国有资产监管由省国资委负责,全省文化产业发展规划、政策法规,指导、协调等职能由省文化厅负责,加上省新闻出版广电局、省文物局等行业管理部门同时也在行使着一些文化企业发展的管理权限,省委宣传部对文化产业发展的导向进行把关。故宣传部、国资委、主管部门等管理主体对国有文化企业的监管形成了新的多头管理和管理越位或缺位的现象,尤其在干部管理和政策资金扶持上对企业的影响比较大。这种文化产业多头管理的现状,严重阻碍了陕西省文化产业的发展。这一方面反映了文化体制改革的复杂性,另一方面说明了我们的思想还不够解放,体制创新的能力还不强,推进文化体制改革的决心和信

心还不足。在机制方面，个别国有文化企业的改制任务还没有完成，改制后的一些国有文化企业还没有真正成为文化市场的主体，现代企业制度还有待完善，"等、靠、要"的思想依旧存在，经营理念、管理模式滞后，部分企业甚至还没有建立起专业的宣传发行营销团队，管理经营类人才的极度匮乏更是制约企业长远发展的因素之一。另外，2009年改制的一些后续工作没有完全落地，改制时被封存的职称让一些人面临职级上升却无法真正落实的困惑。

（二）市场体系不够完善，企业外部环境亟待改善

陕西省文化体系建设还不完善，主要表现在：一是文化领域的法制化建设相对落后，因此与之相应的文化市场化程度也相对落后；二是政企不分、政府与市场中介组织不分、营利性机构与非营利性机构不分等都是阻碍市场机制发挥应有作用的障碍；三是按部门、行政层级分配文化资源的传统体制也在阻碍企业自主经营、公平竞争；四是存在文化垄断，一些国有文化企业对于适宜市场化的文化资源的垄断破坏了市场的公平竞争；五是文化市场各要素发展不够协调，产业链衔接不够。目前，陕西文化产品的生产能力不足，市场监管体系还不完善，同一产业链条在不同部门间游离发展，各种文化资源的产品链接和营销整合仍存在障碍，难以完全转化成产业资源优势。

（三）民营文化企业规模小、层次低，发展活力不足

虽然民营文化企业中西安关中民俗艺术博物院、西安大唐西市文化产业投资有限公司已获得不错的发展成绩，但也无法改变陕西民营文化企业面临的规模小、层次低、固定资产少、经营领域单一且发展活力不足的局面。以陕西文化制造业为例，2013年全省文化制造业企业仅有1571家，其中规模以上企业仅有78家，且规模普遍较小，实力不强，没有叫得响的龙头企业。这导致陕西文化产业链不够完整，产品附加值还不高，产业聚集度依然较低，规模效益难以实现。同比浙江，2013年浙江民营文化制造业26161家，文化批零业13007家，文化服务业36372家。同比湖南，2012年底湖南共有文化产业法人单位数25733个，其中经营性企业21605个，全省经营收入过亿元文化企业有110个，上市文化企业只有4家。由此可见，陕西与东部浙江、中部湖南在民营企业的培育方面差距很大。

调研中发现，文资局划归国资委后，在文化产业发展资金分配上削弱了对民营文化企业的扶持力度。其主要原因是针对民营文化企业的参股、控股政策，文化产业扶持资金在选择扶持对象上产生了较大变化，一定程度上限制了对民营文化企业的扶持力度。

表6 2012年陕西部分民营文化企业运营状况一览

单位：万元，个

企业名称	净资产	主营业务收入	税前利润	纳税总额（含减免税额）	2010年以来提供就业岗位
西安关中民俗艺术博物院	6594	1628.86	855	436	376
陕西关中印象旅游有限公司	5000	3500	2000	200	600
西安长风数字文化科技有限公司	2366.51	548.73	5.63	35	131
西安灵境科技有限公司	3054	7531	1490	745	210
陕西沙龙传媒有限公司	6069	12093	2740	1275	—
陕西富平陶艺村有限责任公司	8507	3371	473	185	180
西安曲江丫丫影视文化股份有限公司	8891	3073	657	381	31
陕西嘉汇汉唐图书发行有限责任公司	1953.33	18040.03	-20.26	173.67	1100

资料来源：2013年陕西文化产业"双十"评选企业所提供的材料。

（四）区域发展极不均衡，各市文化产业发展任重道远

陕西文化产业区域发展水平极不均衡，西安无论在发展规模还是发展速度方面都远远强于其他各地市。近年来，陕西全省文化产业增加值的60%以上由西安市创造和贡献。以2014年为例，西安市文化产业增加值约为410.04亿元（见表7），占GDP比重约为7.5%，其他地市文化产业增加值和占GDP比重都较低。比如渭南市文化产业增加值为34.89亿元，占GDP比重为2.5%；

延安市文化产业增加值为15.35亿元，占GDP比重1.1%；榆林市文化产业增加值29.67亿元，占GDP比重1.0%等，各地市文化产业增加值不高于3%的占比远远低于西安市7.5%的比重。

表7 2012~2014年西安市文化产业增加值占全省文化产业增加值情况

单位：亿元，%

年份	西安市文化产业增加值	全省文化产业增加值	占全省比例
2012	341.00	500.70	68.1
2013	381.60	597.20	63.9
2014	410.04	646.11	63.5

资料来源：陕西省统计局。

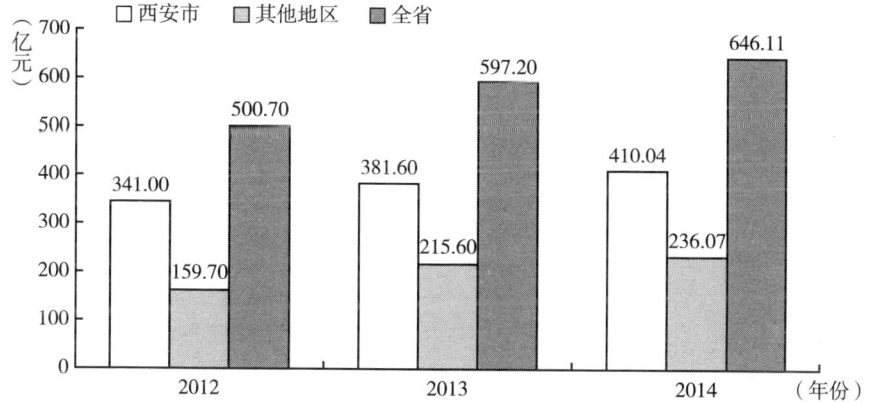

图5 2012~2014年全省和西安市及其他地区文化产业增加值变化情况

（五）专项资金增量不大，存量使用效率不高，扶持项目跟踪评估及奖惩措施有待加强

《陕西省人民政府关于支持文化大发展大繁荣若干财税政策的意见》（陕政发〔2012〕34号）提出，2012年省财政安排5亿元文化发展基金，以后逐年增加，用于重点支持文化基础设施建设、政府购买公共文化服务等，省级每年会安排1亿元的专项艺术基金，对列入省级重大文化精品项目的项目予以资助，

同时，每年还要筹措不少于5亿元的专项基金用以支持大遗址和重点文物保护、非物质文化遗产保护传承以及文化典籍保护整理出版等。①陕西省财政厅《关于印发〈陕西省省级文化产业发展专项资金管理暂行办法〉的通知》对文化产业发展专项资金的支持方向和方式、申报与评审程序等做出了明确说明。但总体来看，近年来，陕西文化产业发展专项资金增量不是很大，重点支持的领域和项目较为单一，更为重要的是，对已资助的项目缺乏有效的跟踪和评估，也没有出台明确的奖惩措施对项目实施情况、资金流向等进行有效考核及监管。

（六）区域文化资源整合力度不够，限制了有效开发

需要引起重视的是，陕西省文化资源无论是区域之间还是区域内部都缺乏有效的整合，这样的发展格局既不利于形成竞争合力，又会因同质化竞争而带来资源浪费。一些古建筑、古遗址、古墓葬、石窟寺、石刻等还存在荒置甚至破坏现象，政府相关部门更没有及时紧随社会热点或公众热议话题对独有的文化资源进行推介宣传。以最近受到高度关注的电视剧《芈月传》的热播为例，与该剧有关的各类话题都会引起人们的热议，而作为与电视剧有最直接最切近关系的陕西，仅在2015年12月8日发出了一条以《芈月甘泉宫诱杀义渠王解密咸阳甘泉宫遗址》为题的新闻报道，对媒体关注度高、网络讨论热烈的热点话题，陕西省并没有做出及时的回应与反馈。

（七）公共文化建设对文化产业的推动作用发挥不够

2015年初，国务院办公厅出台的《关于加快构建现代公共文化服务体系的意见》，提出鼓励有条件的公共文化机构挖掘特色资源，加强文化产业创新产品开发，创新文化产品和服务内容。②也就是说，公益性文化事业与经营性文化产业在特定条件下可以互相转换。但从陕西目前的发展情况来看，人们固有的概念定位尚未得到改变，公共文化与文化产业之间的关系尚未完全理顺，二者之间依然存在较大距离，公共文化建设对文化产业的推动作用发挥得不够。

---

① 《陕西省人民政府关于支持文化大发展大繁荣若干财税政策的意见》，《陕西省人民政府公报》2012年第18期。
② 《关于加快构建现代公共文化服务体系的意见》，中国记协网，http://news.xinhuanet.com/zgjx/2015-01/15/c_133920319.htm，最后访问日期：2016年9月3日。

三　陕西文化产业发展战略构想

"十三五"时期是陕西深化改革开放、全面建成小康社会奋斗目标实现的冲刺期。进一步深化文化体制改革，提高文化产业规模化、集约化、专业化水平，发挥文化产业撬动陕西区域产业结构转型升级的杠杆作用，对于陕西文化氛围的提升、文化产业转型升级以及经济社会的全面可持续发展具有重要的意义。

（一）战略目标

1. 指导思想

高举中国特色社会主义伟大旗帜，全面贯彻党的十八大和十八届三中、四中、五中全会精神，以邓小平理论、"三个代表"重要思想、科学发展观为指导，深入贯彻习近平总书记系列重要讲话精神，坚持"五位一体"的总体布局和"四个全面"的战略布局，立足追赶超越发展战略定位，树立"创新、协调、绿色、开放、共享"的发展理念，突出"创新驱动、转型升级"的主线，充分挖掘陕西文化资源优势，加快构建现代文化产业体系，努力把文化产业培育成全省经济社会发展的支柱产业和满足人民群众多层次精神文化需求的重要支撑，全力开创陕西文化强省建设的新局面。

2. 发展原则

——坚持科学发展原则。发展是硬道理，必须从实际出发，把握文化产业发展特征和规律，深化文化体制改革，加快转变陕西文化发展方式，实现更高质量、更有效率、更为持续的发展。

——坚持市场推动原则。文化产业的发展要把社会效益放在首位，同时应关注经济效益，坚持市场配置资源的基础性作用。政府以做好宏观调控、市场监管、基础设施建设和公共服务为抓手，培育最适宜陕西文化产业发展的新沃土。

——坚持创新驱动原则。紧抓国家双创发展重大机遇，大力推进产业支撑和项目带动发展，着力提高陕西文化科技自主创新能力，促进文化产业发展由要素驱动向创新驱动转变。大力推进陕西"互联网+"行动计划，提高科技进步对文化产业增长的贡献。

——坚持融合发展原则。促进旅游、科技、金融与文化产业的融合发展，培育壮大新文化业态。加快文化产业与农业、工业、商业、城镇化等项目的融合，以产业园区、重点行业和重大文化项目带动全省文化产业发展，促进产业转型升级。

——坚持错位发展原则。充分发挥比较优势，突出区域文化发展特色，形成各具特色、具有较强竞争力的优势文化产业门类。

——坚持产业集聚原则。进一步提高空间资源使用效率，引导不同类型、不同环节、不同发展阶段的文化业态集聚发展。以陕西国有文化企业为龙头，着力推进国有文化企业与小微文化企业的分工协作，形成关联互动、链式集聚的产业集群，提升陕西文化发展的质量和效益。

3. 发展战略

准确把握国内外文化产业发展的特点和总体趋势，依托陕西独具魅力的历史文化资源优势，围绕"西安带动引领、市县深入推进、信息装备支撑、国有民营齐飞"的总体目标，加强陕西顶层文化设计、优化区域文化布局、健全文化管理体制、增强文化创新活力、扩大文化产业规模、推动文化产业转型升级，尽快将文化产业打造成陕西名副其实的支柱产业，成为全省最具吸引力、竞争力、创新力和发展活力的朝阳产业，成为促进陕西产业转型升级的助推器、提升陕西文化软实力的主引擎、增强陕西综合竞争力的新抓手和提高人民生活品质的新载体。

——文化产业是促进陕西产业转型升级的助推器。加快发展文化产业，充分发挥文化产业整合、渗透、提升的功能，为促进陕西产业结构转型升级做出突出贡献。

——文化产业是提升陕西文化软实力的主引擎。陕西经济社会的发展不仅要关注经济硬实力，更要关注文化软实力。通过特色文化产业的发展提升陕西的文化品位，提高人民群众的整体文化素养，文化产业成为陕西文化软实力提升的主引擎。

——文化产业是增强陕西综合竞争力的新抓手。依托陕西文化优势、环境优势、人才优势、产业优势，集聚文化要素资源，通过大力发展文化产业，强化陕西创新型城市服务功能，加快西安国际化大都市建设进程，提高陕西整体的综合竞争力。

——文化产业是提高人民生活品质的新载体。坚持文化发展为了人民、依靠人民，文化发展成果由人民共享，使文化产业成为提高人民群众生活品质的新载体。

4. 发展目标

（1）总量规模目标。大力提升文化产业发展水平和增量规模效益，文化产业增加值日益加大，文化产业对全省经济增长的贡献能力稳步提升。到 2020 年，实现文化产业增加值力争超过 1500 亿元，年均增长 15% 以上，全省文化产业增加值增速高于 GDP 增速，文化产业增加值占 GDP 比重达到 5%，成为陕西国民经济重要的支柱性产业，全省文化产业主要经济指标在全国处于中上水平。

（2）产业结构目标。进一步统筹协调要素保障能力，发展壮大一批创新能力强、技术水平高、品牌影响力大的文化领军企业和重大项目。到 2020 年，文化产业结构进一步优化，文化装备制造业在全部文化产业增加值中的比重提升到 20%。文化信息传输服务业增加值占全部文化产业增加值的 10% 以上，民营文化企业增加值占全部文化产业增加值的 30% 以上。

（3）产业链培育目标。着力建设一批文化企业集聚度高、产业核心竞争力强的文化产业集群和小微文化企业集群，培育形成新闻出版、电影电视、文化创意和设计服务等优势产业集群。省级以上文化产业园区和基地文化产业增加值占全省文化产业增加值的 70% 以上；培育 1~2 家营业收入超过 200 亿元的文化产业园区，壮大发展 5~10 家营业收入过百亿元的大型龙头企业，引进和培育 10~20 家配套型中小型文化企业，建设中小企业创业基地和孵化器 100 个、众创服务平台 100 个。健全文化企业股改上市工作机制，推动培育、壮大一批核心竞争力强的省属国有或控股文化企业，以及一批综合实力强的民营文化企业在新三板、创业板上市。

（二）区域布局

以"一核三带"文化板块发展为基础，扩展形成十大特色文化产业片区，形成区域结构合理、优势门类突出、产业集中度高、自主创新能力显著和充满市场活力的陕西文化产业发展总体格局。进一步优化陕西文化产业区域布局，充分发挥特色文化产业集群的集聚效应。

一是以西安为全省文化产业发展的核心，突出西安（咸阳）国际化大都市优势特色文化的中心辐射和龙头带动作用，协助省内其他区域文化产业发展。立足于省会城市独特的经济、政治、文化中心地位，力争把西安发展成为全国文化产业中开放程度较高、发展活力较强、具备核心竞争力的城市之一。突出陕西文化资源与产品特色，推进西安国家级、省级文化产业示范园区基地建设。

二是按照陕西文化资源和文化产业发展初步形成的集聚态势、地域特色,积极发展区域特色文化产业,重点形成三条文化产业带——关中综合文化产业带、陕北民俗及红色文化产业带、陕南自然风光生态旅游产业带(见图6),科学调整空间战略布局,形成以关中为主轴,陕南、陕北为两翼的文化产业发展布局。

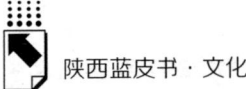

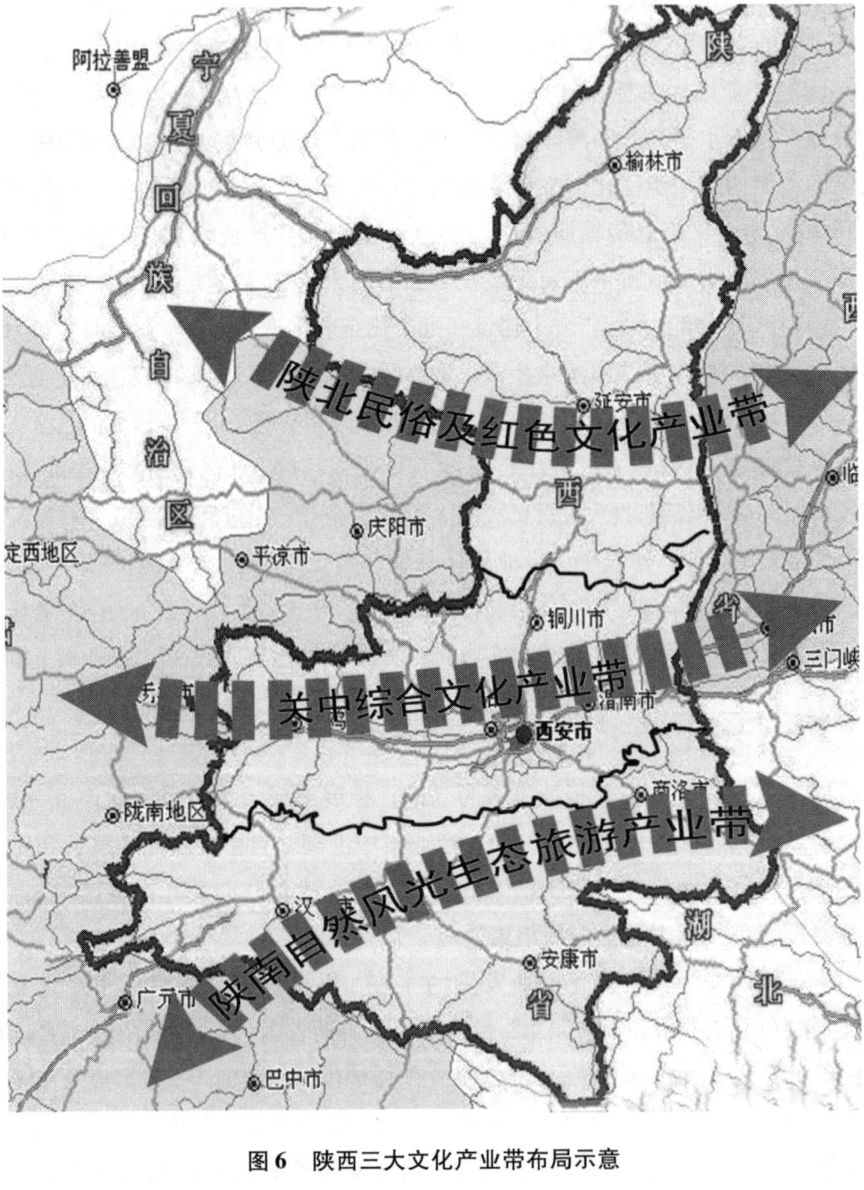

图6 陕西三大文化产业带布局示意

三是以区域文化为特色，充分发挥特色文化产业群的集聚效应，重点形成十大特色文化产业片区（古城现代文化区、宝鸡周秦历史文化区、延安红色文化区、陕北历史文化区、秦晋黄河文化区、渭北文化工业区、帝陵根祖文化区、关中民俗文化区、秦巴风情文化区和蜀汉特色文化区，见图7），进一步发挥陕西国家级文化产业示范园区、基地以及省级文化产业园区、基地的带动作用。

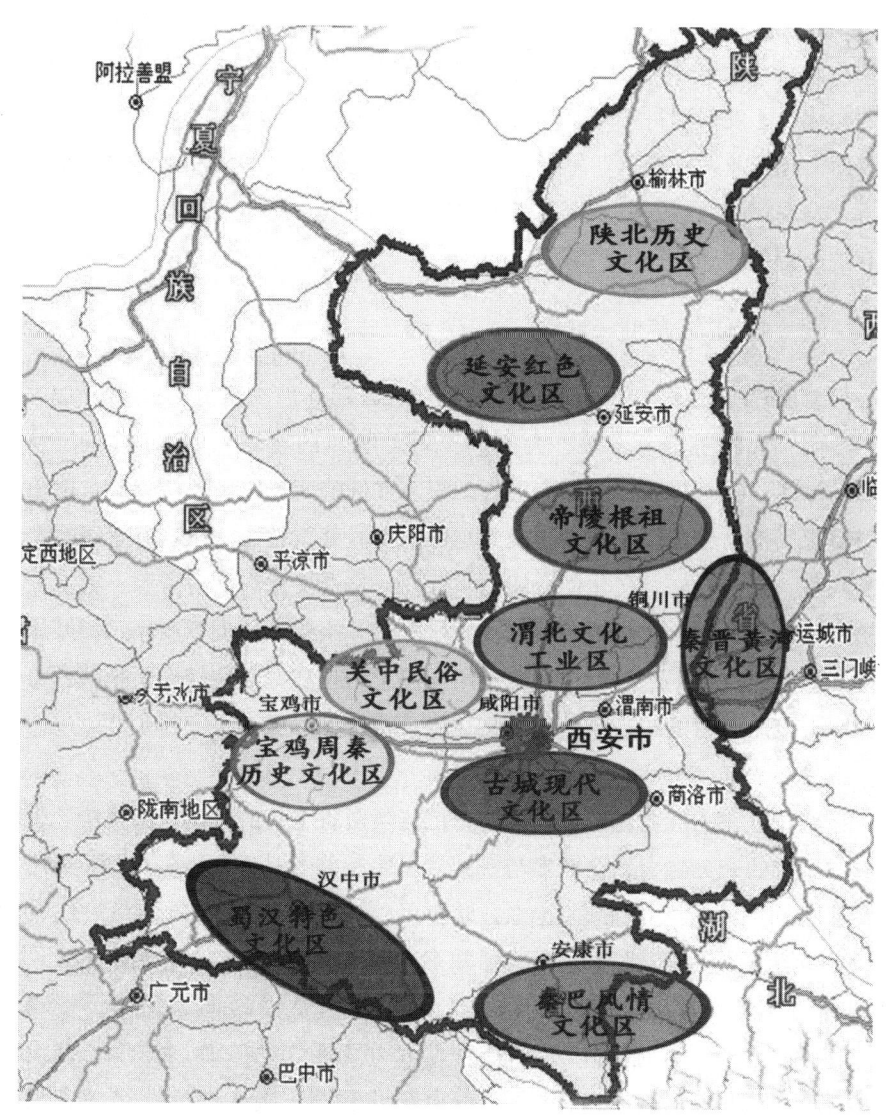

图7　陕西十大特色文化产业片区布局示意

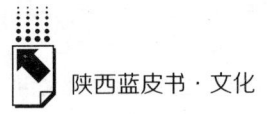

四 陕西文化产业发展重点

主导产业选择的成功,对于优化文化产业结构、获取较大竞争优势、推动文化产业整体发展具有重要意义。近年来,陕西文化产业实现较快速度的发展,产业规模持续扩大,对经济的贡献率明显提升。但在经济新常态、信息技术革命以及"大众创业、万众创新"等多重背景构成的文化发展新形势下,陕西文化产业发展亟待实现新的突破。基于现阶段国际国内文化产业发展趋势和陕西文化产业发展现状,笔者从文化产业门类中提取七大重点文化产业进行分析,发现陕西通过这些产业门类的辐射带动促进文化产业快速地发展,打造具有陕西特色的文化产业集群。

(一)文化旅游业

1. 发展方向

按照"大旅游、大市场、大产业、大发展"的要求,加强旅游与文化、旅游与城建、旅游与低碳的深度融合。深入挖掘陕西丰厚历史文化和自然山水旅游资源,推动旅游产品向文化观光与休闲度假并重转变。以现有景区改造升级为契机,以提升旅游文化创意能力为核心,整合文化与旅游资源,重点发展历史文化旅游、红色文化旅游、民俗乡村旅游等旅游文化创意产品。提升旅游管理和旅游服务水平,推动文化旅游产业向集约化和专业化转变,把陕西打造成国际一流旅游目的地,推动陕西文化旅游业转型升级。

2. 发展举措

按照特色化、产业化的发展思路,依托陕西省丰富的旅游资源优势,促进文化和旅游的充分融合,全面参与实施"一带一路"发展战略。发挥文化和旅游产业投资基金、丝路基金的引导作用,充分挖掘以丝绸之路为代表的历史文化旅游资源,建设一批国际知名、国内一流的5A级旅游景区。积极开展"大秦岭人文生态旅游度假圈建设",打造秦岭国家公园,带动全省自然生态休闲度假旅游产品的开发。大力发展红色旅游,把延安建设成举世闻名的世界红色旅游目的地。着力开发建设一批旅游文化名镇,大力开发乡村旅游,建成一批望得见山、看得见水、记得住乡愁的民俗类乡村旅游产品。

进一步培育以文化观光类旅游产品、休闲度假旅游产品、商务会展旅游产品为代表的旅游"拳头产品"。鼓励开发、设计、制作独具地方文化特色的文化旅游纪念品，挖掘文化旅游品牌形象价值，拓展产业链条。大力推动旅游公共服务设施体系建设，提供更加丰富、便捷、快速的公共服务产品，提升文化旅游服务质量。培育旅游新兴业态，打造旅游电子商务、旅游装备制造、科教旅游、乡村旅游等新兴业态。通过电子商务创新传统旅游企业经营模式，深化与国际、国内大型在线旅游供应商的合作。以乡村旅游为抓手，将旅游与新农村建设和城镇化相结合，优化乡村旅游环境，推动乡村旅游向市场化、产业化方向发展，重视现有乡村旅游景点的提档升级。

（二）文化艺术服务业

1. 发展方向

完成国有文艺院团转企改制，扶持多种所有制文艺院团，形成以国有文艺院团为骨干、民间演出团体共同发展的演艺市场格局。民营剧团和文化中介机构数量在"十二五"时期的基础上翻一番，演出场次、观众人次、票房收入在2015年基础上翻一番。加快陕西考古博物馆、延安历史博物馆等新建博物馆的建设步伐，保障建成数字展馆200家、智慧博物馆10家，加快博物馆的提档升级，构建非物质文化遗产传承保护机制。

2. 发展举措

实施演艺精品战略，以市场为导向，提升节目创意，推出一批长盛不衰的演艺精品。加大陕西地方特色剧种的宣传与推广，加强陕西演艺的整体策划、包装与宣传推介，鼓励有条件的院团和剧目"走出去"开展文化交流和商业性演出。推动影视、演艺、娱乐与旅游融合，打造优秀旅游演艺节目。支持演艺集团做大做强，积极发展多种所有制的演艺机构，培育一批有影响力的演艺经纪公司。完善演艺娱乐基础设施，按照国家标准新建、改建一批专业演出场馆。设立陕西演艺发展基金，大力扶持"十三五"时期重点剧目创作。

坚持博物馆减费或免费开放，不断提高服务质量和水平。充分发挥博物馆的文化载体功能，大力加强博物馆体系建设。充分发掘博物馆的展示功能和文化内涵，培育博物馆文化产品研发基地。积极鼓励支持文博单位设计研发文化创意产品，开发文化复仿制品和衍生品。加强文化遗产的保护与利用，加强十三朝文化资源进行保护、开发、整合和整体规划，彰显周丰镐、秦咸阳、汉长安、唐长安的历史文化风貌。推进大明宫国家遗址、汉长安城遗址、阿房宫考古遗址、昆明池遗址等重点保护项目的开发建设。

（三）文化创意和设计服务业

1. 发展方向

全面提升文化创意和设计服务业的品牌形象，培育形成一批创意策划、市场运作能力强的品牌会展企业，形成3~5家年营业收入过亿元的文化会展龙头企业。积极发展动漫游戏新业态，加大对新颖动漫题材的原创精品的扶持力度。大力发展平面设计、工艺美术设计、展览设计、动漫游戏软件设计、艺术教育软件设计、咨询策划、广告等创意设计产业。

2. 发展举措

加快广告会展行业结构调整，整合传统媒体资源，培育一批专业性强、服务水平高的文化会展龙头企业。加强陕西广告会展业的策划包装与营销推广，打造国际文化会展品牌。实施项目带动与品牌引领策略，充分发挥丝绸之路国际博览会、中国西部文化产业博览会等大型会展的带动作用，以项目带动产业发展。出台《关于扶持动漫游戏产业发展的指导意见》，成立陕西省动漫游戏产业专项基金，以西安高新区为依托，曲江新区、碑林科技产业园共同打造陕西动漫创意产业基地，建设集内容原创、技术研发、数字加工、版权运营、终端服务等功能为一体的产业聚集区。健全孵化培育、平台运营、人才培训、对外贸易、投融资服务体系，形成具有优势的动漫产业集群和产业链。做好丝绸之路西安国际动漫创意文化周和西安国际原创动漫大赛、陕西省手机原创动漫大赛等品牌活动，实现陕西动漫游戏产业的突破性发展。

依托西安高新区、曲江新区搭建文化创意和设计服务与相关产业融合发展基地，促进一批有影响力的设计企业和机构向国家级、省级文化产业园区聚集，重点培育自主创新能力强、具有较强国际影响力和市场竞争力的文化创意设计品牌企业。吸引和培育一批具有国际影响力的艺术设计大师，引领陕西省艺术创意设计业发展。推动艺术创意设计业与服务业融合发展，鼓励发展面向国际市场的艺术设计服务外包，支持具有民族和区域传统文化特色的设计产品的推广。

（四）新闻出版发行业

1. 发展方向

坚持以人民为中心的创作导向，牢固树立精品意识，提升新闻出版行业内容生产水平，推出更多艺术精湛、制作精良、体现陕西特色的精品力作。努力打造2~3家跨地区、跨行业、跨媒体经营的大型传媒集团，形成以西安为中心覆盖全省、有较强外延辐射能力的报刊出版产业集聚中心。

2. 发展举措

大力推进报网融合，深入实施数字报业战略，大力发展手机报纸、手机电视、手机书刊等移动媒体和数字化产品。壮大陕西新华出版传媒集团，围绕主业实现多元化投资，收购、兼并优质印刷企业，完善产业链。抓好版权产业集群建设，完善版权服务体系。

加快发展数字出版业，大力发展版权产业。把握"互联网+"带来的机遇，推进网络视听节目制作、传播、消费等各个环节的创新，构建全新的产业模式。整合网剧、电视剧、电影、动漫游戏、电商等领域资源，形成多方位联动格局，将网络视听产业打造成为综合性的服务载体。建设好西安国家数字出版基地、西安国家印刷包装基地、丝绸之路国际电影节、西部国家版权交易中心、西北出版物物流基地，以国家级文化产业园区基地引领整个行业发展。

（五）广播影视业

1. 发展方向

加快资源整合，推动陕西广电集团向现代文化传媒集团转型。依托陕西广播影视龙头企业的快速发展，全面提升陕西广播影视业的整体水平，力争实现产业综合实力跻身全国前10强，培育3~4个在国内乃至国际具有号召力和影响力的影视制作集团，力争使民营影视制作公司数量达到400家。

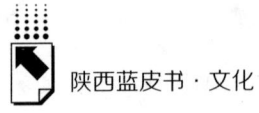

2. 发展举措

创新理念，实现宽带通信网、数字电视网、互联网"三网融合"目标，推动传统媒体与网络媒体以资源、资产、业务为纽带融合发展，创造"互联网+"时代经济发展新模式和产业发展新模式。开展跨媒体经营，推动广电传媒业与其他行业融合发展。加快推进制播分离，组建面向市场的节目制作公司。推出覆盖陕西的无线城域移动终端阅读平台，打造内容生产传输、集中播控、监测监管和全媒体平台，加快"陕西TV"和智慧广电、高清陕西、宽带广电等新媒体建设，完善全媒体产业链条。

充分发挥西影集团、陕文投集团等省属文化领军企业在影视领域的资源集聚优势，创新影视剧投资模式，形成一批影视精品，提升陕西影视的行业影响力，打造影视策划、融资、制作、宣传、发行、版权、广告代理、衍生产品开发、全媒体运营业务等一条龙的电影生产制作产业链，加快推进西部数字影视产业基地建设。设立50亿规模的陕西影视发展基金，积极引导扶持"十三五"时期的重点影视剧创作项目。积极推进电影院线建设以及电影周边衍生品开发，培育新的经济增长点。

（六）文化信息传输业

1. 发展方向

重点发展互联网信息服务、广播电视传输服务等信息传输服务，促进信息系统集成服务向产业链前后端延伸，推动系统集成、测试、数据处理等业务向高端化发展。推动传统媒体与新兴媒体融合，加快发展广播电视、出版发行、数字化传媒产业和文化内容服务，以及网络电视、数字音乐、数字影视和数字出版等以数字化内容、数字化生产和数字化传输为主要特征的出版新业态。到2020年，陕西承接软件服务外包业务达到10亿美元，把西安建成"国内一流、世界知名"的软件和服务外包示范城市。

2. 发展举措

加快完善"三网融合"，推进电信网和广播电视网基础设施共建共享，加快推进电信和广电业务双向进入。促进"三网融合"业务应用创新，加速IPTV数字化和双向化改造步伐。大力发展物联网、云计算、即时通信、搜索引擎等产业，推动动漫游戏、数字电视、电子商务服务等领域的发展。鼓励企业加大技术创新力度、增强创新能力。大力推动软件类公共技术服务平台建设，不断降低中小企业研发成本。加大人才培育和引进力度。继续保持软件行业在全国的比较优势，把陕西建设成为布局合理、功能齐全、最具创新能力的软件名城。

创新商业模式，依托互联网技术和电子商务，推动线上线下广泛合作。瞄准国际知名企业，大力引进阿里、百度、腾讯、新浪、京东360等互联网龙头企业来陕西发展，重点鼓励全国性互联网企业在陕西设立区域总部、数据中心。加快落实与阿里、腾讯等龙头企业的战略合作协议，推动龙头企业优先向陕西省开发平台接口、数据资源和市场渠道，优先在陕西省建立培训或创业基地。着力引进微软、谷歌、高通、西门子、苹果等世界级产业巨头来陕西投资发展，以形成集聚效应和规模效应。

（七）文化装备制造业

1. 发展方向

推进制造企业与文化创意和设计企业的战略合作、股权式联姻，建立产业链融合发展模式。到2020年，争取新成功申报国家级工业设计中心2个，省级工业设计中心20个。高端文化用品制造业相关制造工艺的智能化、低碳化水平显著提升，文化制造业品牌影响力在国内外市场全面提升，文化装备制造业增加值占全部文化产业增加值的比重达到20%以上。

2. 发展举措

在制造业转型升级中注入更多文化元素，引导电子电器、装备制造、汽车及零部件、高档服装、文具等领域的企业建立设计主导型制造企业，实现文化装备制造业的跨越式发展。建立健全文化装备创新体系，培育以骨干印刷装备企业为代表的创新能力强的行业。大力实施文化数字化建设工程，注重数字化的关键环节。深化国际合作，重构分工协作体系。加快与国内外企业展开深度合作，引进吸收先进技术。建设文化装备制造企业研发和交易的平台，打造文化装备制造业发展的引擎。

五　陕西文化产业"追赶超越"保障举措

当前，必须充分认识到陕西文化产业落后的局面。依托丰厚的文化资源，陕西省文化产业在全国排位本应处于前列，但事实上仅与经济排名持平。因此，应进一步大力发展文化产业，努力"追赶超越"，争取在"十三五"期末使文化产业增加值占到GDP的5%以上，成为陕西国民经济支柱性产业。为此，还应有专门的保障举措。

（一）高度重视，强化党和政府对文化产业领导指导

1. 切实把文化产业列为"一把手工程"

全省上下要高度重视文化产业发展，将文化产业作为经济社会发展的"重中之重"，特别是各级党委政府，应把文化产业列为"一把手工程"。湖南等文化产业发展相对先进的省份，即采取了这样的做法。陕西文化体制改革曾走在全国前列，在省委书记、省长的亲自推动下，各级党政"一把手"亲力亲为，取得巨大的成效。在新的历史发展时期，我们更应重视"一把手工程"这个抓手，以便实现陕西省文化产业领域的"追赶超越"。省市县各级党政领导要全盘部署，深入调研国有、民营文化产业发展情况，召集相关会议，协调部门、区域利益，确定责任划分，由各级政府"一把手"积极组织实施，宣传部门"一把手"加强协调指导，文化、文博、旅游、广电出版等文化产业核心主管部门"一把手"全力配合落实，全省所有涉及文化产业的部门"一把手"密切配合并具体落实。同时建立相关问责制，真正把文化产业"一把手工程"落到实处。

2. 健全创新文化产业管理体制

完善文化体制改革与文化产业发展领导小组领导指导职能。由省委书记、省长担任文化体制改革与文化产业发展领导小组顾问，领导小组成员单位应包括编办、发改委、教育厅、科技厅、工信厅、财政厅、人社厅、国土厅、住建厅、商务厅、文化厅、地税局、工商局、新广局、体育局、统计局、文物局、旅游局、法制办、政研室、中小企业局、知识产权局、省社科院、国税局、金融办等涉及文化产业的所有相关部门。在宣传部内分设文改办、文产办、文资办等文化产业机构，共同推进全省文化产业发展。

明确省委宣传部统筹全省文化体制改革与文化产业发展的领导职责。按照依法规范的要求，探索建立党委和政府监管有机结合、宣传部门有效主导的管理模式，推动实现管人管事管资产管导向相统一的管理模式。赋予省委宣传部

省属国有文化企业重大事项的决策权,省属国有文化企业国有资产配置的控制权,省属国有文化企业主要领导干部的提名、考察与管理权。同时明确市县宣传部统筹本地文化体制改革与文化产业发展的领导职责。

3. 建立健全文化产业发展工作目标责任制

建立健全两个效益相统一的评价考核机制。发挥陕西省社会科学院作为省委、省政府的智库作用,由陕西省社会科学院牵头整合省内外科研力量,加强对全省文化产业的理论指导,并针对重大政策实施情况、扶持资金使用情况、文化企业发展情况进行跟踪、评估、研究,并提出咨询意见。

突出强化省级涉及文化产业的部门、市县政府以及涉及文化产业的部门、各类国有文化企业的年度考核。2011年省上已将文化产业纳入年度考核,取得了一定效果,但结合当前文化产业发展现状来看,需要进一步明确突出强化文化产业考核。应将文化产业增加值专门归类,突出作为省委宣传部、省发改委、文化厅、旅游局等省级部门以及市县政府、涉文化部门的重要考核内容,同时逐步建立国有文化企业领导人员分类分层管理制度和评价考核制度。把年度文化产业发展工作目标考核情况,作为领导干部任用考核的重要依据之一。

(二)创新机制,加快国有文化企业建立现代企业制度

1. 用市场的手段和方法发展文化产业

继续深化国有经营性文化单位转企改制,加快公司化、股份制改造,用市场的手段和方法发展文化产业。对于已转制多年的企业,下决心逐步截断政府"输血"管道,增强其"造血"能力。除特殊领域外,应彻底打破资源部门隶属的体制障碍,实现资源自由流动和企业优胜劣汰,对缺乏发展前景的困难企业,应"腾笼换鸟"、盘活资源。对于按规定转制的重要国有传媒企业,积极推进特殊管理制度。

2. 加快国有文化企业建立现代企业制度

深化国有文化企业内部改革,进一步完善法人治理结构,以及用人、分配制度等内部管理机制。深化统筹企业负责人管理、关键岗位管理、社会化人才管理,建立健全国有文化企业负责人经营业绩考核和薪酬管理办法,开展省属文化企业职业经理人制度试点,不断探索市场化选聘人才的办法。

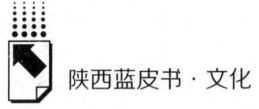

3. 大力推行文化产业混合所有制

积极推进国有文化企业投资主体多元化，大力推行混合所有制，引导非公有资本以投资、参股、兼并、收购等方式，参与国有文化企事业单位的改革和股份制改造。鼓励核心竞争力强的国有或国有控股大型文化企业或企业集团，运用市场机制，以资本为纽带，跨地区、跨行业、跨所有制兼并重组。同时，不断深入推进条件成熟的文化企业上市融资，形成一批规模大、实力强、效益好的文化领军企业。

（三）完善法规，加快推进现代文化市场建设

1. 加快制定出台陕西省《文化产业促进条例》

加快制定出台陕西省《文化产业促进条例》，放宽并鼓励企业打破地区、部门分割，尤其要支持鼓励国有文化企业和民营文化企业兼并重组。不断推动文化企业做大做强，扶持龙头企业，增强龙头企业带动作用。鼓励支持省内大型企业投资、控股或转型文化产业，省上给予各方面优惠支持。支持文化企业连锁化经营，鼓励放开经营，支持企业用活企业资本，支持投资人以知识产权等评估作价出资组建文化企业。

2. 继续加大财政投入力度

结合国家供给侧改革，大力推进资本、产权等文化生产要素市场的建设，建立健全文化市场中介和行业组织。尽快消除阻碍建立统一的文化市场的各种壁垒，降低文化市场准入门槛，通过多种经济成分间的竞争提升陕西文化产业竞争力。省财政每年拿出5亿元专项资金扶持文化产业发展。优化省级文化产业发展专项资金支出结构，继续加大对陕西文化产业投资基金、陕西旅游产业投资基金的支持力度，通过资金注入、贷款贴息、奖励等方式，保障重点文化产业项目顺利建设。

3. 加大扶持培育文化产业精品、品牌力度

文化产业精品、品牌是文化软实力的重要标志。省、市、县各级财政应加大文化产业精品、品牌扶持培育力度，积极吸引各类资金参与陕西各地文化产业品牌的建设和培育，鼓励媒体对品牌培育的环境创建、宣传与推广，完善品牌保护政策，推动文化产品质量、标准和计量体系不断完善。

(四)重用人才,大力实施文化产业人才发展战略

1. 建立规范的文化产业人才任用机制

陕西省人才规划中有一条重要的原则,就是重在用人。用人的主要标志就是要为人才提供相对优厚的福利待遇和发挥才能的平台。对于引进和培养的文化产业领军人才,应给予其充分的人、财、物调配权力。鼓励文化企业多渠道任用人才,诸如从文化产业科研院所引进各类高精尖人才,大胆提拔任用文化人才进入管理层,发挥其领导、管理、市场开拓等辐射带动作用。加强从高校、科研院所、省级机构中选派青年博士到区县挂职,主管文化产业,培养他们成为高级文化产业人才,推动文化产业发展。

2. 实施文化产业人才培养工程,建立和壮大文化产业人才队伍

着力引进一批文化创意新、信息技术精、管理能力强的复合型人才。对于急需的特殊专业人才,列入年度紧缺急需人才引进指导目录,不拘一格选拔人才。要充分利用陕西高校众多、科研实力雄厚的优势,加强高校文化产业人才培养。鼓励社会、政府、企业和高校共同培养文化产业人才,加快培养、培训文化创意研发设计、经营管理、营销经纪人才,创造有利于文化人才脱颖而出的优良环境。

(五)专项推动,加快文化制造业与文化信息产业发展

1. 出台系列政策措施,大力发展文化制造业与文化信息业

陕西省文化制造业总体规模小、基础薄弱,主管部门工信系统还很少涉足文化产业。为了使陕西省文化产业链条更加完善,必须补足这一短板,应出台一系列政策措施,大力发展文化制造业与文化信息业。一是要引导和布局陕西省文化工业园区和文化信息产业聚集区。二是要打造一批文化制造业与文化信息业重点企业、重点项目。三是要推动文化制造业、文化信息业与高科技产业、旅游业、商贸服务业等产业联动发展。

2. 建立专门机构,指导推动文化制造业与文化信息业发展

建议在工信厅组建专门文化产业机构,设置文化工业处,对全省文化制造业(文化工业)进行全盘部署规划,制定相关政策法规,进行资金扶持,并指导各市县工信(经信)部门建立文化产(工)业专门机构,大力推动陕西

省文化制造业发展。当前，通信产业中的文化信息内容创意制作等已日益成为文化产业的一种新兴业态，建议成立专门的内容产业指导管理机构，推动陕西省文化信息业发展。

3. 扶持一批通信产业链条中的文化创意企业

当前，围绕通信业而形成的文化信息业在陕西省也有零散出现，但还不具备产业形态。结合陕西省高校众多、创意人才不少的优势，有必要扶持一批通信产业链条中的文化创意企业，做强做精。一是鼓励引导省内通信运营商企业加强文化信息服务业务。二是鼓励支持现有小微企业坚持创新，增强实力，形成影响。三是借助"双创"形势，鼓励扶持大学生在此方面创新创业。

（六）打造平台，实施文化产品"走出去"战略

1. 积极打造对外文化交易平台，推进文化"走出去"

通过商务厅（局）、贸促会，扶持一批具有国际市场开拓能力的文化交流中介机构。利用丝博会、西部文博会、旅博会等文化会展平台，不断优化服务，提升办展水平，打造展会品牌，吸引更多专业采购商参展参会。发挥省会西安区域优势，加快文化产品对外营销网络建设，建设国家级对外文化贸易基地，打造对外文化交易平台。对列入国家及省文化出口重点企业的，鼓励金融机构结合企业融资需求，通过卖方信贷、买方信贷、贸易融资等方式支持企业开拓国外市场。依托西安高新综合保税区，建设对外文化贸易进出口基地，加快西安国际港务区、陕西文化产业保税园区建设。

2. 积极培育外向型文化企业

每两年发布陕西省文化出口重点企业和项目目录，培育一批出版发行、广播影视等外向型文化企业。拓展对外文化交流渠道，对符合开拓国际市场条件的文化产业示范园区（基地）和文化企业给予支持，着重提升陕西文化品牌的国际影响力和出口竞争力。

B.3
西安文化产业发展战略研究报告

程圩 周荣 郭昳岚*

摘 要： 本文通过资料收集、实地调研、重点访谈、数据分析等多种手段，对西安文化产业的发展情况做了深入的研究，分析了西安的比较优势和不足，对文化产业发展的战略目标、实施路径进行了思考，提出了相应的对策建议，以期为市委市政府制定西安文化产业"十三五"发展规划提供参考。

关键词： 西安 文化产业发展

一 西安文化产业发展现状分析

（一）文化产业在西安经济中的地位进一步提高

（1）西安文化产业整体呈现出快速发展的态势。以文化产业增加值为例，从2011年到2015年，西安文化产业增加值分别达到254.94亿元、334.68亿元、381.60亿元、410.40亿元、490.00亿元，增幅分别达到33.00%、30.60%、27.30%、10.60%、10.00%。虽然西安文化产业增加值增速逐年放缓，但是，增加值占西安GDP比重呈逐年上升趋势。西安文化产业增加值、第三产业、GDP三者增速逐渐达到均衡发展态势，文化产业对西安实现经济发展的推动作用更加明显。

---

* 程圩，博士，陕西省社会科学院副研究员，研究方向为文化遗产保护与旅游规划；周荣，西安市社会科学院历史文化与旅游研究所所长，副研究员，研究方向为文化产业；郭昳岚，西安外国语大学旅游学院旅游管理在读硕士，研究方向为旅游休闲。

(2) 西安文化单位数量逐年提高。从文化产业单位数量来看,"十二五"期间,西安文化事业机构和从业人数总体上呈现逐年稳步增加的势头,而艺术表演团体出现了下滑现象。艺术表演团体从 2011 年的 20 个降为 2014 年的 18 个,人员从 2439 人降为 2331 人,相应的影院放映单位和人员却呈上升趋势。2012 年、2013 年、2014 年电影票房收入分别达到 34600 万元、41950.9 万元、56599 万元[①]。从中可以看出,西安广播影视业和文化娱乐业所呈现出的繁荣景象。

(二)区县成为推动文化产业发展的重要力量

从区县发展情况来看,全市的文化企业主要分布在城六区。从横向来看,文化产业增加值排名靠前的三个行政区分别是雁塔区、莲湖区、碑林区;从纵向来看,2013~2014 年文化产业增加值都处于上升状态,尤其是周至县与未央区,分别以 10.96% 与 10.1% 的增速成为发展最为显著的行政区,2014 年各区县的平均增速为 7.5%,构成西安文化产业在"十二五"期间的整体上升态势。

(三)文化产业各大板块协调发展

从板块发展情况来看,"十二五"期间,各开发区主动适应经济发展新常态,突出自身特点,调整产业结构,成为西安市产业集群和经济结构调整的重要载体。开发区中,高新区、曲江新区和经开区处于第一梯队,文化产业保持良好增速。此外,曲江新区、高新区、经开区印包产业基地、浐灞生态园区和临潼文化旅游休闲度假区等重点文化产业聚集板块形成了各自不同的发展重点和特色,对于实现西安文化产业协调发展意义重大,为陕西文化强省战略的推进与西安国际化大都市建设起到了很好的带动作用。

(四)重点行业和领域实现较快增长

2013 年与 2014 年,西安市三大类文化产业(文化制造业、文化批零业、文化服务业)增加值均有增长,平均增幅 11.3%[②]。全市"三上"(规模以上

---

① 西安市文广新局。
② 西安市统计局。

工业企业、限额以上批发零售住宿餐饮企业、资质以内的建筑业企业和房地产开发企业）文化企业的增加值主要分布在文化服务业。从文化产业 10 个大类来看，增速位列前三的分别是广播电视电影服务、工艺美术品的生产与新闻出版发行服务业；其中，工艺美术品的生产与文化创意和设计服务的文化产业增加值最高。

（五）行业聚集区发展格局基本形成

从行业聚集区发展的情况来看，西安的广告、旅游、文化遗产保护和展示、广播影视等行业聚集性较好，呈集中连片分布态势，新闻出版和文化娱乐演出等行业分布较为分散。各个产业聚集情况是由它们的产业特点决定的。立足整个城市来看，文化产业形成了三条产业带，一是从书院门到湘子庙街东西产业聚集带，二是文艺路沿线南北产业聚集带，三是长安路沿线南北产业聚集带。以钟楼为中心，以西安东、西两条大街为界，西安文化产业呈现出城市南部文化产业分布密集，城市北部文化产业分布稀疏的发展格局，这与西安城市南北发展不平衡有极大的关系。

（六）文化产业专项投入成倍增加

西安文化产业财政预算逐年增加，且增长幅度较大。2011 年西安文化产业发展专项资金达 5000 万元，2012～2015 年一直维持在 1 亿元，增长达 100%。综合"十二五"政府资金扶持的情况来看，按照文化产业门类划分，广电影视、文化艺术和文化休闲娱乐等具有比较优势的产业得到了重点支持，此外具有辐射带动作用的曲江、高新、碑林、临潼等文化产业板块也获得了政府资金的倾斜。在文化产业财政资金的帮助下，西安文化产业的重点行业和板块得到了长足的发展，进而带动了相关区域文化产业聚集区的形成。

二 文化产业特点分析

（一）坚持政府引导，文化产业发展环境日趋成熟

就全国范围而言，西安较早成立了西安文化产业发展领导小组，下设办公

室。在领导小组的领导下，文化产业被确定为全市重点支持发展的产业，出台了一系列支持文化产业发展的政策。2012年西安市荣膺全国首批"国家级科技文化融合示范基地"称号；公共文化服务和公共文化基础设施建设取得了长足的发展；市财政用于文化投入占比增幅大，效果显著。目前，西安已初步建立起一套服务网络比较完备、活动样式比较多样、覆盖范围比较广泛、群众参与比较便利的公共文化服务体系，可以满足居民基本的公共文化服务需求。

（二）坚持板块承载，文化产业集群效应逐步显现

以盛唐文化为品牌的曲江新区板块、以文化创意产业为品牌的高新区板块、以印刷包装为品牌的经开区板块、以生态旅游为品牌的浐灞生态区，以及城墙景区、碑林动漫产业基地、临潼文化旅游区、秦岭北麓沿山文化旅游带等文化产业板块已经形成特色的产业聚集效应。

（三）坚持项目带动，文化产业的支柱产业地位确立

多年来，西安市坚持把发展文化产业作为全市产业结构调整的战略支点，大力实施项目带动战略，促进了区域经济结构的转型升级。"十二五"期间，西安文化产业的增速远远超出同时期城市国内生产总值的增速，西安文化产业增加值占国内生产总值的比重自2007年以来一直保持在5%以上，2014年文化产业增加值占比达到7.5%，其支柱性产业的地位进一步巩固。

（四）坚持两轮驱动，民营文化企业迅速发展壮大

目前，西安拥有各类文化企业6000余家，其中，西安曲江文化产业集团是佼佼者，截至2014年底，集团总资产达到427亿元，发挥了大型国有文化企业的龙头带动作用。另外，在西安文化产业增加值中民营经济占据了半数以上。2014年，规模以上的私营文化企业达到56家，经营额达68.33亿元；国营文化企业27家，营业额21.98亿元。此外，西安博物馆行业的发展也呈现出较好的态势。截至2015年5月，西安登记备案的博物馆数量已达到113座，种类众多、类型丰富的民办博物馆，更是成为西安文化传播的良好载体。

三 西安文化产业资源禀赋

（一）历史资源方面

西安作为世界四大文明古都之一，也是中华民族的发祥地之一，中华文化在此勃兴、发展。三千一百多年的建城史和一千一百多年的建都史为西安留下了星光灿烂的历史文化资源。周、秦、汉、唐等13个王朝在此建都，造就了西安中华民族文化殿堂的历史地位。西安有314处各级各类重点文物保护单位，其中84处为国家级和省级重点文物保护单位；西安分布着古墓葬、古遗址4000余处，现存出土文物12万余件；西安还有各级各类纪念馆、博物馆百余座。因此，西安被誉为"天然历史博物馆"。丰富灿烂的历史文化资源成为西安文化产业发展竞争力的基础和支撑。

（二）自然景观方面

西安地区自古有"八水绕长安"的水力资源优势，其中绝大多数属黄河流域的渭河水系。秦岭横跨西安东西，是陕西的重要生态屏障，也使得西安成为全国少有的自然博物馆。西安的野生植物资源丰富，为我国植物大自然基因库之一。

（三）基础设施方面

截至2012年，全市拥有博物馆94个，公共图书馆15个，艺术表演团体13个，文化馆15个，文化站181个。2012年全市开展的各级各类群众文化活动8000余场次。西安现有电视台1座、广播电台1座、广播电视台7座，电视人口覆盖率接近99%，广播人口覆盖率接近99.5%。

（四）经济资源方面

近年来，西安国民经济保持良好的快速增长势头，城市经济实力进一步增强；城市产业结构得到优化，形成了具有城市特色的优势产业体系；全市产业布局更加科学，"五区一港两基地"的城市产业聚集板块基本形成；城市综合服务功能进一步完善，城乡面貌日新月异；城市科教特色更加突出，教育事业进步巨大；社会环境更加和谐，社会事业迈上新台阶，人民生活水平明显提升；各项改革不断深化，市场化进程速度加快；金融体系完善，资本市场繁荣；招商引资成效明显，城市外向度不断提高。近年来的发展成绩都为西安文化产业发展奠定了良好的经济基础和社会基础。

（五）科教资源方面

西安科教资源优势比较突出，西安区域内有各类高校科研机构3000多个，其中独立开展科研工作的单位661个，国家级重点实验室近百个，国家技术研究和行业测试单位近30个。这些科研力量对西安文化产业发展提供巨大的技术支撑，有利于西安发展技术密集型、知识密集型的文化产业。西安现有普通高校80余所，在校学生80余万人，每年毕业大学生25万人，为文化产业发展提供了劳动力支持和人才积累。

（六）区位优势方面

西安作为全国最大的干线路网节点城市，是连接我国东西南北的交通枢纽，西安咸阳国际机场是我国重要的航空港和国际航班机场，是中国民用航空总局规划建设的八大区域性枢纽之一。西安国际港务区为西北最大内陆港。西安作为中心城市的地位为陕西文化交流和文化产业发展提供了良好的交通区位优势和巨大的发展空间和市场空间。

（七）政策支持方面

1999年6月17日，江泽民同志在西安发出"加快中西部地区发展"的号召，拉开了西部大开发的序幕。此后的十多年，西安经济增长连续保持13%以上的增幅。其间，国家又相继批复了《关中—天水经济区发展规划》，印发了《深入实施西部大开发战略的若干意见》，陕西省委、省政府也给予西安众多的政策支持。"一带一路"建设和国家"两个创新改革"示范区的命名，又为西安的发展带来了新的契机。国家战略部署和相关政策的叠加效应，极大地激活了西安文化产业发展的内在动力。

四 西安文化产业存在的主要问题

(一)文化产业整体实力不强,与先进城市差距较大

作为全国 15 个副省级城市之一,西安文化产业增加值总量较小,与深圳、杭州、青岛、武汉等部分城市仍有较大差距,西安文化产业增加值仅高于沈阳、大连、哈尔滨,这与其丰富的文化资源极不可相符。2014 年,杭州实现文化产业增加值 1607.3 亿元,是西安增加值的 3.9 倍;深圳紧追其后,是西安的 3.7 倍;与西安同样位于中西部的武汉实现文化产业增加值 708.6 亿元,高出西安 298.2 亿元①。

(二)文化消费水平低,文化品牌缺乏

文化产业的发展在很大程度上取决于文化市场的繁荣,而文化市场繁荣的核心是文化消费。但是,西安的文化消费市场还不成熟、不够稳定。一方面,文化观念滞后,产业意识淡薄,消费者在文化消费上的热情普遍不高。截至 2014 年末,全市城镇居民人均教育文化娱乐服务支出 2632.20 元,农村居民人均教育文化娱乐服务支出 894 元。另一方面,西安本土的文化品牌缺失,营销手段单一,对于国家级主流媒体和网络新媒体的利用不足,城市文化形象定位不清晰,缺乏具有核心竞争力的强势文化品牌。因此,西安在文化消费方面还需引导,在文化品牌塑造方面还要精雕细刻。

(三)行业发展不平衡,产业发展后劲不足

从全局来看,西安的文化产业体系尚不完备,文化领域条块分割、资源分散,从而导致了重复投资和资源浪费;资源整合不足,现有历史文化资源未能有效地挖掘和开发;文化企业规模效应和带动效应不足,龙头文化企业盈利能力较差。具有规模效益的文化产业龙头企业数量太少,没有能够发挥西安高校科教资源禀赋优势,使得西安在文化创意产业方面发展后劲不足。

---

① 西安数据来自西安市统计局,其他地区数据由宣传部门提供以及通过相关网站搜索整理获得。

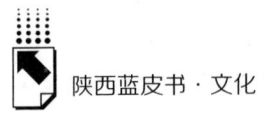

（四）人才制约问题凸显，自主创新亟待加强

西安的文化领军人才严重缺乏，西安文化企业从业人员以中低层次人才为主，使得整个产业中的专业技术人员构成不合理状况日趋严重。另外，西安文化企业中熟悉文化企业管理，熟练掌握企业运营规律的职业经理人数量较少，管理人才队伍尚未建立，企业管理经验缺乏，不熟悉国际国内行业惯例和规则，不擅长媒介市场和资本市场运作。人才问题制约了创新发展，因此西安丰厚的历史文化资源缺少挖掘和利用，直接造成西安文化产业的自主创新能力较弱。文化资源蕴含丰富与利用开发能力较弱之间的矛盾日益突出，导致整个产业核心竞争优势不强，也没有形成拳头产品。

（五）长期规划仍显薄弱，政策体制支持乏力

编制和实施文化产业规划是政府科学引导文化产业发展的一项重要内容和抓手。西安文化产业在规划方面仍显薄弱：一是缺少针对整个产业的中长期发展规划，二是部分重点行业专项规划少。西安文化产业重点行业的专项规划也呈现出发展不平衡的情况，一方面，旅游、会展等产业的相关规划体系较为完备；另一方面，文化创意、动漫、影视、演艺等产业的规划数量较少。

文化产业发展中等政策、靠政府的现象仍然较为突出，国有文化企业的发展活力不强、主动性不足。政企不分、事企不分等情况仍然存在。文化资源配置不够合理，文化企业经营管理科学性不足。这些问题暴露出西安文化产业发展与国家要求的文化体制改革的方向仍有一定的偏差。

五 西安文化产业的战略目标

（一）把文化产业作为西安未来的支柱产业

文化产业现在和将来必须作为西安的支柱产业优先发展。一是要做到文化产业增加值在全市 GDP 中所占的比重持续稳定增长，凸显文化产业的支柱地位；二是要保持文化服务业增加值持续增长与优化增长模式将是下一阶段西安支柱产业发展的重要特征；三是要有代表性的新兴文化业态领先全国，具有传

统优势的文化旅游、博物馆等文化业态完成升级转型,形成繁荣的文化市场与消费格局,并具有一批有竞争实力的文化产业代表品牌。

(二)把实现文化产业聚集作为发展的首要任务

文化产业在空间上的聚集有利于带动周边区域快速发展,增强区域经济活力,完善城市结构,强化城市文化服务功能。目前,西安的城市空间结构是多核心结构的演变,在这个演变过程中要始终坚持以文化产业发展为载体,以历史文化名城保护为主线,做到产业的空间格局与城市空间结构相一致、相统一,保护和恢复历史街区、人文遗存,提升文化空间的功能,进而不断优化城市内部空间结构,构建独具特色的古城风貌。

(三)把平衡经济效益与社会效益作为基本原则

由于商品性和精神性是文化产品的两个基本属性,而精神性往往在市场交易中不能得到很好的体现,因此会存在社会效益和经济效益倒挂的问题。发展文化产业必须处理好文化产品的社会效益和经济效益之间的关系,实现经济效益和社会效益的相互促进和平衡,彰显文化产业的社会价值,着力提升文化产品的人文内涵,以人为本陶冶性情、培养审美情趣,凝聚价值共识,提高社会公众的精神境界,推动整个社会文明进步。

(四)把深入挖掘历史资源的现代价值作为核心内容

西安悠久的历史和文化积淀,结合西安文化产业的优势门类,决定了西安能够在发掘历史文化资源的基础上,发展文化创意产业。通过创意的转化、产业化的运作手段将历史文化资源重新挖掘并根植于文化产业的不同领域,实现历史资源的文化价值、社会价值和经济价值的提升以及西安文化产业的整体发展。同时,发挥好文化产业带动性强的特点,进而带动相关产业的全面复兴,实现西安市经济增长方式的转变。

(五)把促进战略发展与文化+技术作为实现手段

文化+技术,能够实现文化与技术的相互促进与提高。首先,现代科技能够丰富文化产业业态,创新文化产品形式,促进新型产业形态的出现。其次,现代科技发展能够进一步优化文化产业管理，新的文化产业业态必然会推动新的管理体制和政策的出现，这必将加快文化产业的制度创新。最后，借助信息技术，开发新型文化项目，将新技术与文化产业相互融合。

（六）把创意创新作为西安文化产业发展的动力源泉

在资源环境约束和资本约束成为经济发展的瓶颈这一背景下，传统产业的硬驱动模式逐渐显现出很多弊端，需要通过创意资源的转化来推进经济的发展。创意的运用，能够将有形的或者无形的历史文化资源有效地转化为经济发展的资本，赋予历史文化资源以现代价值以满足当代消费者的精神需求，以产品创新推动产业的内涵式扩张。

六 西安文化产业的路径选择

（一）积极培育市场主体，加快文化产业园区建设

在构建现代文化产业体系时，一是要紧抓文化创意，把创意创新作为传统业态提档升级、新兴业态突破发展的主要抓手，有选择地做大、做强、做优主导文化产业集群，促进文化企业、资金、项目、人才等产业要素聚集，实现产业聚集。西安已有的文化产业聚集区的产业链条仍有待加强，政府应当继续强化规划和引导，实现产业聚集区的差异化发展，构建不同类型、不同规模、不同性质的文化企业紧密合作、共同成长的发展格局。

（二）加快优化产业结构，打造文化产业的创意集群

产业结构的优化调整过程本身就是产业竞争力的演进过程，而产业结构优化的行为本质是持续动态创新能力的推进。故而，借助产业内生机制的自发作用和外驱动力的人为作用，重新调配制度、战略、技术、人才等资源，以适应市场竞争与外界环境，从而达到提高产业核心竞争力的目的。产业规划和城市空间设计应结合西安所具有的文化特色，在打造文化产业的创意集群时，注意与区域资源分布相结合，特别是要挖掘和保护城市历史文脉、创新历史文化遗址保护体制机制，营造各具特色的城市文化街区。

(三)深入挖掘历史资源,打造区域特色的文化品牌

提升西安历史文化遗产类文化产业的竞争力,应当重点做好以下几个方面的工作:首先,应当形成文化品牌,以西安悠久丰富的历史文化资源为基底,发展壮大文化旅游产业,创新旅游项目,满足群众不断变化的旅游需求;其次,整理发掘文化资源,围绕周、秦、汉、唐等西安代表性文化遗产,打造一批兼具娱乐性和教育性的历史主题影视作品;再次,对西安宗教文化资源进行统一规划、维修和重建,适度开发利用,形成一批具有一定影响力的宗教文化产品和品牌;最后,围绕西安地方民俗艺术,可选取有代表性的地方戏曲、长安鼓乐、农民画等为主题,引入现代科技手段,策划实施一批代表性项目。

(四)提升区域创新能力,释放城市的文化创意能量

持续的动态创新能力是文化产业保持竞争优势的根本所在。在产业政策方面,吸引具有科技创新能力的高新技术企业和具有文化创意能力的文化企业到西安投资建厂,并且通过创新的投融资方式保障产业的持续发展;在市场机制方面,政府可以利用"有形的手"调控市场,通过大企业引进、奖项激励等方式激发市场活力,带动区域科技创新能力发展;对于区域内的文化企业而言,应当顺应"互联网+"的发展趋势,加强对信息通信技术的利用,积极推进文化企业商业模式创新。

七 西安文化产业发展的对策建议

(一)进一步解放思想,凝聚省市合力,共助文化产业发展

首先,要不断破除不合时宜的落后观念,实现文化及文化产业发展理念的创新,全面提升市民的文化素养,提高其对文化创造力和创新力的认识,进一步明确文化产业在西安经济发展中的重要地位和作用。其次,要加大对西安文化产业大项目的扶持力度。文化产业要实现跨越式发展,离不开文化大项目支撑。举省市合力,争取国家级文化产业项目落户西安,引领带动全省文化产业大发展、大繁荣。

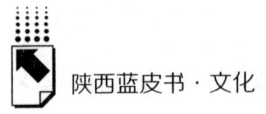

（二）完善产业政策环境，做好制度保障机制建设

从宏观政策环境来看，一方面，确保有法可依、有章可循，加快"西安文化产业促进条例"的立法进程，为西安文化产业快速稳定发展提供制度保障；另一方面，尽快完善西安文化产业政策体系，通过政策体系的完善和优化带动文化产业发展。从微观政策内容来看，一是完善文化产业投资政策，二是制定积极的税收政策，三是完善市场监督体系，不断强化文化管理机构建设和完善政府的文化管理职能，加强知识产权保护，保障文化市场健康发展。

（三）加快科技和金融创新，实现文化产业的融合发展

一是要优化载体建设，促进产业聚集发展。加快曲江国家级文化产业聚集区、陕西动漫产业园等载体的建设，把重大文化与科技融合产业项目纳入国家和省的相关发展规划，实现文化与科技资源及要素互动衔接、协同创新。二是要实施项目带动战略，创新合作模式。健全以市场为主体，企业为主导、产学研相结合的文化产业创新体系。加快与国内互联网领军企业建立战略合作关系，积极推动互联网与文化产业的融合发展。三是鼓励银行业加快与文化产业的合作创新，通过互联网平台推介西安各文化园区的精选企业及项目，搭建大数据联合平台。

（四）打破发展瓶颈，提升民营文化企业贡献力

一是要做好制度保障，营造支持和鼓励民营文化企业发展的政策、社会环境。政府要对不同性质的文化企业一视同仁，切实保护民营文化企业的合法权益，减轻企业负担。二是要尽快形成完整的民营文化企业政策法规体系。利用政府引导资金进一步扶持、带动和吸引社会与民间资本参与文化产业发展，加快实现民营文化企业投资主体的多元化步伐。三是要加速民营文化企业向品牌化、产业化、规模化方向迈进。

（五）创新融资方式，拓展多元化开发融资渠道

首先，政府需要投资进行文化产业基础设施的建设，用于大型文化企业的组建和大型项目的启动。其次，积极开拓社会融资渠道，根据不同企业发展情

况,建立多种投融资体系。同时,要加快本地文化企业"走出去"步伐,拓展海外融资渠道。总之,发展壮大西安文化产业,要逐步形成以财政资金为引导、以企业投入为基础、以国有资本和社会资本共有为主体、以股市融资和海外资金为补充的多元化文化产业投融资体系。

(六)重视人才培育和使用,建设优秀文化人才队伍

一是注重内外结合,培养文化产业专才。通过在国内高校设立文化产业管理学位,开展专业化和针对性的文化产业人才培养。二是营造良好的用人环境,吸引国际人才和高端复合型文化人才。营造包容和宽松的社会氛围,搭建国际化的人才交流平台和文化展示平台。三是整合西安现有文化人才队伍资源,激发其活力和凸显人才价值。打破传统的人才使用机制,加强产学研的合作交流,为优秀文化产业人才提供更加广阔的价值实现空间,真正让"学术圈"服务于"决策圈"的美好愿景早日落地。

B.4 川陕革命根据地红色文化资源开发

蔡云辉*

摘　要：《川陕革命老区振兴发展规划》的正式颁布实施，吹响了加快川陕革命老区振兴发展的号角。川陕革命老区有丰富的红色文化资源，是区域振兴发展的基础。资源所在地政府应站在大文化、大市场、大产业的基础上，打破行政区域的樊篱，多地联合进行资源的分类调查、整理、整合与研究，并根据川陕革命根据地红色文化资源的具体特点，通过政府统领、多方协调、科学规划、项目引领，借鉴与创新有机结合、多方融资、资金保障等具体措施，携手实现资源优势向产品优势、产业优势的转换，助推川陕革命老区的振兴发展。

关键词：川陕　红色文化　开发

地处川陕毗邻地区的秦巴山地，是国家连片扶贫开发攻坚区、川陕两省国家级贫困县集中区、国家主体功能区划中的限制开发区，更是革命老区。由于自然和历史的双重因素叠加，加之秦巴山地在空间距离上远离区域中心城市，中心城市对其辐射带动作用极为有限，自身发展基础条件较差。因此，这一自然地理区域长期处于所在省的边缘化状态，经济社会发展相对滞后。

2016年6月29日，李克强总理主持国务院常务会议，专题部署促进川陕革命老区振兴发展任务。李总理强调："川陕革命老区虽然分属三个省市，但

---

* 蔡云辉，陕西理工大学教授，博士后，现任陕西理工大学学科建设办公室主任，主要从事旅游经济、区域经济发展研究。

彼此之间联系度相对较高。希望你们根据当地实际，在不违反法律法规前提下，联合推进探索深化'放管服'等改革，打破行政分割，建设统一市场，营造公平竞争的环境，增强地区发展的内生动力。""川陕革命老区的各级政府要遵循市场规律，合理配置要素资源，通过深化改革加强区域合作，打造一支'联合舰队'，吸引东部绿色产业有序转移。"这既是要求，更是目标。2016年8月4日，国家发展和改革委员会正式颁布《关于印发川陕革命老区振兴发展规划的通知》（发改地区〔2016〕1644号），该文件的下发，标志着川陕革命老区的振兴发展进入一个新的历史机遇期。

从现代经济社会发展实践来看，一个国家或地区的发展主要依赖政治社会环境、经济环境、城市化水平、科学技术环境、资源丰度等基本要素。在政治社会环境与经济环境、城市化水平等客观因素一定的情况下，区域的经济发展则主要依赖区域市场条件、科学与文化发展的总体水平和创新能力以及资源的禀赋等。①

川陕毗邻地区山大沟深且地处偏远，没有区位上的优势，经济发展基础条件较差。区域内除自然生态上的绿水青山、淳朴的民风外，就是区域性特色文化资源了。在这些优势文化资源体系中，红色文化更是一枝独秀。如何将区域内的红色文化资源优势转变为产品优势、产业优势？这不仅是单一的资源开发问题，更关系川陕革命老区的振兴发展问题。

一 川陕革命根据地红色文化资源及其开发现状

（一）川陕革命根据地及其红色文化

1932年冬，中国工农红军第四方面军主力在张国焘、徐向前、陈昌浩等的率领下，战略转移到四川、陕西边界地区，在川陕边区党组织和广大劳动群众的配合支持下，建立了以南江、通江、巴中为中心，范围包括23个县，约600万人口的广大红色区域。1933年2月，中共川陕省委和省苏维埃政府成立，被毛泽东同志称为"中华苏维埃共和国的第二疆域"。川陕革命根据地在

---

① 周起业、刘再兴等：《区域经济学》，中国人民大学出版社，2002，第224~227页。

其创建及存续的两年多时间里，对当时中国革命的发展、红军长征的胜利及中国新民主主义革命的最后胜利都发挥了极其重要的作用。因此，川陕革命根据地的历史地位，以及围绕革命根据地所产生的红色文化资源价值都不容忽视。

红色文化是在革命战争年代，由中国共产党人、先进分子和人民群众共同创造并极具中国特色的先进文化，蕴含着丰富的革命精神和厚重的历史文化内涵。红色文化资源包括：遗址踪迹类红色文化资源、建筑与设施类红色文化资源、重要革命历史文物、重要文艺作品。① 红色旅游资源是指中国共产党领导人民在革命和战争时期建立丰功伟绩所形成的以革命历史、革命事迹和革命精神为内涵的纪念地、标志物，地域上主要包括革命老区和红军长征沿线。② 从以上两个资源界定来看，川陕革命根据地红色文化资源构成体系具有丰富的内容。

（二）川陕革命根据地红色文化研究与开发利用现状

笔者通过"中国知网"以"川陕革命根据地"为题，对1977年10月以来的研究情况进行查询，结果显示，相关研究成果仅有147条信息。内容主要涉及宣传思想政治工作、经济与金融工作、扩红、人才建设、苏维埃政权建设、领导人专题研究等。经过"中国知网"的模糊查询，结果显示，有关"川陕革命根据地红色文化资源开发研究"的信息仅有9条，基本为泛泛而谈，研究非常有限。③

川陕革命根据地在地理区位上呈现出显著的边缘性特征，属于国家连片扶贫开发攻坚区。比如陕西省内的宁强县、南郑县、洋县、西乡县、镇巴县、紫阳县等，四川省内的广安区、宣汉县、万源市、通江县、南江县、石渠县等均属国家级贫困县。④

受川陕红色文化资源的空间分布主要在偏远山区、经济发展整体水平相对滞后、特色文化资源开发利用的理念和认识有待提高、自主开发能力较低、基

---

① 迟海波：《红色文化资源》，吉林人民出版社，2011，第1页。
② 马进甫、宋振美：《简析红色旅游资源的特征及其开发策略》，《北京第二外国语学院学报》2006年第1期。
③ 根据"中国知网"数据查询所得。
④ 根据2016年国家级贫困县名单分省统计资料统计。

础设施条件较差以及文化资源和产品的市场平台没有搭建起来等主客观因素的制约,当地政府和企业无力开发,一些开发经验相对丰富、能力较强的开发公司不愿进驻,从而造成这一优质资源在价值利用上只能做一些浅表层的开发。具体表现为:局限于区域内红色文化资源的品牌宣传;在开发模式上基本处于初级阶段,即实物和文献结合的橱窗展示、静态观光为主,参与性体验型产品缺乏;资源开发过程中新技术运用几乎为零;创意创新产品严重缺乏。传统的文化旅游六要素"食住行游购娱"不配套,现代旅游产业新的六要素"商养学,闲情奇"更是遥不可及。比如位于四川省达州市万源市的"万源保卫战战史陈列馆"、宣汉王维舟纪念馆、通川区红军文化陈列室、巴中市巴州区的川陕革命根据地博物馆、通江县红四方面军总指挥部旧址纪念馆、南江县巴山游击队纪念馆、陕西省汉中市南郑县的"川陕革命根据地南郑纪念馆"、镇巴县的"红色标语镇巴陈列室"、洋县华阳的"红军烈士陵园"、华阳红二十五军司令部旧址、宁强县的"革命纪念馆"、汉台博物馆革命历史陈列室等,均属功能单一的橱窗陈列、展示型,属静态观光类的初级文化旅游产品,绝大部分属于免费性开放,文化价值主要体现在社会价值层面的爱国主义教育,在经济层面的红色文化资源延伸产品几乎为零,故附加值很低。

此外,川陕革命根据地红色文化资源在开发模式上的单一性、同质化也极为严重,创意创新严重不足,"千篇一律"的实物和文献结合的橱窗展示,使消费者"窥一斑而知全豹",产品被替代,区域被屏蔽的风险极高。[①] 像中国红色第一街——达县石桥古镇这样的将红色文化资源开发、古镇保护与新农村建设有机结合,打造出宜居宜游宜商综合体的案例,在川陕红色文化资源分布区可谓少之又少。

二 川陕革命根据地红色文化资源的特点

常言道:"巧妇难为无米之炊。"资源是产品开发的前提,产品是资源价值体现的载体,文化资源的产品开发也不例外。当然,在科学技术迅猛发展的今天,在倡导"智慧旅游""创意旅游"的前提下,毋庸讳言,人的智慧是最

---

① 蔡云辉:《区域旅游替代分析》,《改革与战略》2011年第6期。

优质的资源,创意可以无所不能、无所不在。但是,我们必须看到,成功的创意资源产品开发案例中,单纯的"创意+资本"开发模式,仅限于特定的地理区域,而非放之四海而皆准。①

红色文化资源开发要做大做强,要做到社会效益和经济效益的双赢,优质资源是前提,产品的创新创意是关键,但创新创意必须建立在资源地条件和资源本身的基础之上。要做到这一点,特定区域内的资源属性与特征分析就成为必要的前提。

(一)政治性决定的严肃性

红色文化作为一种特殊的文化资源形态,是在特定的历史条件下由中国共产党人、先进分子和人民群众共同创造的,是极具中国特色的先进文化,蕴涵着丰富的革命精神和厚重的历史文化内涵。习近平总书记强调:"要把红色资源利用好、把红色传统发扬好、把红色基因传承好。一寸山河一寸血,一抔热土一抔魂。红色基因是信仰的种子、精神的谱系。"② 习近平的红色文化基因论观点,明确了红色文化的基本属性,即红色文化是中国共产党人的基因,是信仰、是精神,更是政治。从这一高度理解,红色文化就具有政治上的高度严肃性特征。③ 关于这一点,习近平总书记还特别强调,在发掘和利用红色文化资源时,必须坚持严肃的政治态度,不能"搞得很洋气、很现代化,花很多钱,那就不是革命传统了,革命传统就变味了。可以通过传统教育带动旅游业,但不能失去红色旅游的底色"④。红色文化资源的严肃性特点为我们进行资源开发提出了一个政治性原则,即在资源开发过程中,资源价值的延伸和创意、创新等必须坚持严肃的政治态度和正确的政治方向。

---

① 作为创意旅游开发的成功典范"东部华侨城",如果离开了深圳这个特殊的地理区位优势,那么其能否成功还很难预测。北京的沃德兰游乐园项目、安徽颍上县天下第一农民公园项目均以失败告终,就是一个很好的警示。
② 史育祥:《传承红色基因 筑牢信念之魂》,中国共产党新闻网,http://dangjian.people.com.cn/n1/2016/0525/c117092-28378922.html,访问日期:2016年5月26日。
③ 政治上的严肃性特征警示我们,在资源的产品开发过程中,不能像俗文化那样"戏说"、毫无边际地"演绎",或为了博人眼球而表现"滑稽"和"荒诞"。
④ 《习近平为何强调"不能失去红色底色"?》,中国共产党新闻网,http://cpc.people.com.cn/pinglun/n1/2016/0720/c241220-28570549.html,访问日期:2016年7月11日。

（二）存在形式的多样性

红色文化作为现代中国一种特有的时代文化，一种革命文化、政党文化，同样具有一般中国传统文化的物态性与非物态性共生的基本特点，只是其具体内涵不同罢了。就红色文化而言，物态性文化资源主要包括革命历史遗迹（会址、战场、渡口、根据地、交通线等）、建筑体（医院、学校、兵工厂、被服厂、桥梁、舞台等）、实物（枪支弹药、货币、红军石刻、生产生活用品、医疗用品、通信工具、交通工具等）等遗存，而非物态性文化资源则主要包括：红色歌谣、政策制度、法规文件、书籍报刊、影像资料、革命戏剧、传奇故事、人物列传、当事人回忆录、会议类文字等。红色文化资源的多样性，为文化资源的开发提供了丰富的资源基础。所不同的是，在不同的地理区域，由于中国共产党人领导的中国革命的具体实践活动在时间上有长短之分，在地域范围上有广博与狭小之别，从而也就在客观上造成了不同区域间红色文化资源存量上的多寡有别。

（三）空间上的分散性

川陕红色文化资源地跨陕西南部和四川省东部的两个省多个市县（区），既有红四方面军主力革命实践活动，也有在红四方面军影响下诞生的地方革命武装的实践活动。主要的革命活动地区包括今天的达县、万源、宣汉、渠县、旺苍、城口、通江、南江、镇巴、西乡、南郑、洋县等。加之该区域大多为偏远山区腹地，它们虽在地域上相互毗邻，但分散性特征极为明显。当然，这种偏远山区腹地特征，在第二次国内革命战争时期，非常有利于革命之星火燎原，有利于革命根据地的政权建设。① 由于这种分散性特点，加之川陕革命根据地存续时间较短，与延安、井冈山、大别山等红色革命根据地相比，其文化资源的受关注度、社会知名度和吸引力都相对要低一些。这种资源分布上的地域分散性特点在客观上为资源的保护和开发带来了一定的难度。此外，由于历史的原因，川陕革命根据地红色文化的历史地位、历史价值、社会经济价值也没有受到应有的重视，其资源的产品开发也因此相对滞后。

---

① 《毛泽东选集》第1卷，人民出版社，1991，第95～99页。

（四）地域分布上的跨行政区性

川陕革命根据地主要分布在陕西省南部的汉中市镇巴、西乡、洋县、南郑、宁强及安康市的紫阳县等地和四川省东部的巴中、达州两市的宣汉、巴中、南江、通江、万源以及广元市的旺苍县等地。从资源的整体归属上讲，它们均属于川陕革命根据地这一整体板块，在资源属性上具有整体性的内在属性。但从今天的行政区划上讲，它们分属川、陕两省五市（巴中市、达州市、汉中市、广元市、安康市）及所属诸多县区。在我国，文化类资源实行分级管理加属地管理机制。由于资源的属地行政区划不同，即行政利益主体不同，使川陕革命根据地红色资源被行政区切割成不同的文化资源单元，从而为跨行政区的资源统筹、整合、开发带来了巨大的困难。从文化资源开发的典型案例来看，缺乏资源整体统筹、整合基础上的科学规划与开发，必然导致开发过程中的各自为政、项目重复、产品同质化等严重后果，并最终导致资源开发过程中的极大浪费和不同地区间的恶性竞争，人为增加了产品替代和区域替代的风险。

"中国省区既是经济区位，又是地方利益综合体，省区利益成为地方政府、企业与居民'地方观念'的凝聚点"。这种"行政—经济区"，在地方分权体制下，导致区域经济封闭性特点，从而对整体经济发展带来消极影响①。在川陕革命根据地红色文化资源开发过程中，如果我们不能很好地解决区域经济空间强调的统筹和行政经济区空间强调的分割这一对矛盾，将使该区域红色文化资源开发继续陷入低迷的重复开发陷阱。

三 川陕革命根据地红色文化资源开发的具体措施

川陕革命根据地红色文化是特定区域、特定历史时期形成的一种文化资源形态，属于不可再生资源。《文物保护法》《国务院关于加强文化遗产保护的通知》《2011~2015年全国红色旅游发展规划纲要》等法规、文件明确提出，对此类文化资源的开发利用，必须贯彻"保护为主、抢救第一、合理利用、

---

① 汪宇明：《中国省区经济研究》，华东师范大学出版社，2000，第3、5页。

加强管理"四项原则。但如何才能真正做到"合理利用"？这不仅是资源属地政府应该深思的问题，更是学界专家应该深入研究的问题。特别是《川陕革命老区振兴发展规划》已正式下发实施，中共中央、国务院《关于打赢脱贫攻坚战的决定》正在全力推进，如何让区域内的优质文化资源释放出应有的社会经济价值，使之由区域内的特色文化支撑，转变为区域发展的产品支撑和产业支撑呢？文化资源的科学开发就成为关键。

（一）政府统领，多方协调

"川陕革命根据地"是今天跨省、市、县（区）行政区的特定地理空间，因资源品牌的整体性与区域资源空间分散性同时共存，要避免因行政利益主体不同可能带来的各自为政、重复性开发问题，降低资源开发的产品替代乃至区域替代风险，相关的地方政府必须遵循联合开发的发展策略。因为市场经济条件下，资源只是基础，而产品，尤其是特色化、规模型的产品才有竞争力。为此，川陕两省政府，必须跳出行政利益主体的樊篱，组建跨省区的红色文化资源开发领导机构，并坚持政府统领、多方协调的基本原则，对现存资源展开协同调查研究，对开发活动进行整体的统筹，凝练统一主题，打造产品的特色、亮点，形成整体竞争力。鉴于川陕革命根据地红色文化资源的地域分布在空间上呈跨多个行政区的特点，以及部分资源分布所表现出的"点"状而非"面"状特色，单一的行政区块性开发几乎无法实现文化资源的价值增值和品牌竞争力，因此，在资源开发的具体实施过程中，可尝试通过各行政利益主体行政区域内的资源价值第三方评估，按资源评估价作价入股，按市场运行规则，组建资源开发股份有限责任公司，从而实现资源共享基础上的市场共享、风险共担、利益共享。

（二）资源的深层次系统挖掘、整理与研究

新中国成立以来，国家先后组织了三次全国性的文物普查工作，特别是第三次全国文物普查（2007年6月至2011年12月），规模大、涵盖面广，信息网络、数码相机、GPS卫星定位仪等现代科技手段都被运用其中。普查成果也更为丰富，为加强红色文化遗产的数字化保护创建了前提条件。但是，我们应该看到，这几次普查基本上是"拉大网"，且针对的是所有文化遗产，其关注

的重点主要集中在物态性文化遗产。对文化资源，尤其是对川陕革命根据地红色文化资源，由于其特殊的文化属性、构成体系的复杂性，加之历史缘故，资源的调查和研究都是很不够的，其成果也存在很大局限性。① 这种状况与资源的深层、系统开发的客观需求存在很大差距。资源的挖掘与整理，系统且科学的研究以及资源开发的价值评估、投资效益风险评估等是文化类资源开发的前提条件。为此，川陕两省，特别是相关市级政府应共同行动，针对"川陕革命根据地红色文化资源研究与开发"这一总课题，共同出资建立专项研究与开发基金，并根据项目实际需求，设计若干分类资源调查、资源研究与开发、产品营销、主题形象与目标市场宣传等专题，面向国内外高校系统、科研机构、专业团队等招标，力争在较短时间内，使该领域的综合性研究、专项研究水平得到显著提升。同时对非物态性资源进行创新、创意研究，以拓展文化资源的价值利用范围。

（三）科学规划，项目引领

文化资源开发是一种特殊资源开发，因资源构成体系的复杂性及资源特点的制约，其开发必须是系统性开发。要做到开发行为的系统性，就必须规划先行，用科学的规划来统领开发行为的实施。同时，由于在整个川陕革命根据地构成资源系统中，资源的存量，空间范围，与一、二级市场的距离，可进入性，价值权重，基础条件等，均存在一定差异性。开发活动是一种经济行为，受利益驱动，缺乏统一规划的开发必然导致地方政府"挑肥拣瘦""只要西瓜不要芝麻"的开发行为发生，从而对不可再生性资源造成开发性破坏。不仅

---

① 关于这一点，我们通过中国知网和国家图书馆馆藏图书资源目录查询就能够有基本的了解。以专著为例，除了2003年袁远福的《川陕革命根据地货币史》、2011年李敏的《川陕革命根据地思想整治工作研究》、2012年西华师范大学历史文化学院主编的《川陕革命根据地历史文献集成》等少数基本著作类成果外，大部分属于20世纪七八十年代一般性研究，诸如《川陕革命根据地》《川陕革命根据地资料汇编》《川陕革命根据地斗争史》《川陕革命根据地英烈传》《川陕革命根据地时刻标语选编》《川陕革命根据地红军故事》等。有关"川陕革命根据地红色文化"的研究性成果非常缺乏。笔者通过中国知网精确查询，发现从1979年1月至2016年9月，仅有胡利民、黄涓的《论政府在川陕革命根据地红色文化遗产旅游开发中的作用》、苏建坤的《川陕革命根据地红色文化的生成》2篇文章，另有7篇文章均为泛泛而谈。

如此，因市场条件下资源开发过程是一个经济行为的实施过程，除政府的公益性开发外，经济利益是资源开发活动主体的原始动力。但对红色文化资源的开发，不仅要追求资源开发的经济效益，同时还要追求资源开发的社会效益。对处于秦巴地区限制开发主体功能区而言，还有一个环境效益问题也必须予以高度关注。要做到市场条件下三个效益同时兼顾，使保护、抢救、开发利用和管理"四轮"得以良性驱动。此外，在科学规划的基础上，还必须坚持项目引领。只有坚持项目引领，才能使开发过程有抓手，落实责任有主体，工作实施有方向、有重点、有突破，绩效考核有目标，并最终使资源开发有效益，促进区域发展有动力。

（四）借鉴与创新有机结合

文化资源，特别是红色文化资源的开发既是资源的系统开发，更是资源产品的特色开发、市场开发。既要注重资源的一般性特征和价值体现，还必须高度关注文化资源的独特属性与经济社会价值提升。同时，因为红色文化资源的不可再生性，在开发过程中就必须采取科学、审慎的态度，着力将文化的灵魂与消费者的市场需求高度对接。要做到这一点，除了具备对资源的全面挖掘、整理、整合和研究的基础条件，遵循特种文化资源规划、开发基本规律之外，还应在借鉴和创新上下足功夫。广泛地借鉴国内红色文化资源开发的经典成功案例，将其思维模式、项目开发技法等为我所用。同时，在遵循红色文化资源严肃性的前提下，通过创新、创意和现代科技手段的应用，开发出具有市场竞争力的红色文化资源产品，并通过嫁接、融入其他地域文化、生态元素，努力走出单一的资源开发陷阱①，向资源开发综合体、系列化规模化迈进，以适应今天"商、养、学、闲、情、奇"新六要素的旅游消费市场需求。

（五）多方融资，资金保障

如前文所述，文化资源开发是一个经济投资行为，红色文化资源开发固然有其社会公益性成分，但我们不可否认，资源开发要做大做强，要做出品牌，并最终成为支撑区域经济社会发展的重要支撑板块，就必须走市场开发的路

---

① 蔡云辉：《旅游产品开发中的"拼景成团"问题》，《商场现代化》2006年第3期。

径。走市场开发之路，就必须充分考虑投资资金的来源和投资回报问题。由于川陕革命根据地及其红色文化资源所在地为国家连片扶贫开发攻坚区，绝大多数地方政府的财政为"吃饭财政"，能够拿出来用于资源开发的资金极其有限。同时，资源开发活动，特别是对具有特殊要求的红色文化资源综合体进行系列化、规模化开发，所需资金量巨大。这还不包括前期的区域内资源分类调查、整理、专题研究、项目规划、策划等所需资金。为此，川陕革命老区所在地的各级政府在资源开发过程中，必须首先要解决好开发资金的瓶颈制约问题。从文化资源开发实践来看，资金的解决通常采取三种具体措施：第一，积极争取上级政府、部门的相关项目资金支持；第二，地方政府自筹，包括成立文化资源开发投资公司进行社会融资，发行地方开发基金融资，金融企业入股注资；第三，项目招商，主要包括：BOT、BT、PPP、BOO、TOT、BOOT、BLT、BTO以及ABS等模式。具体何种模式，各地方政府应本着因地制宜、有利开发、降低风险、持续发展的基本原则科学实施。

红色文化资源是不可再生的文化资源，其开发是一个系统工程，资源所在地政府应本着积极而科学的态度，以创新的思维、发展的理念，因地制宜，坚持保护基础上的创新开发、综合开发、系统开发，让资源的社会价值、经济价值得以充分释放，实现资源优势向产品优势、产业优势的转换，使之成为助推川陕革命老区振兴发展的强劲动力源和新型产业支撑。这是全面落实国务院《关于川陕革命老区振兴发展规划》的战略选择，更是区域发展的路径选择。

B.5
陕西现代公共文化服务体系建设研究

曹 云*

摘 要： 满足人民基本文化需求是社会主义文化建设的基本任务，加强公共文化服务是保障人民群众基本文化权益的主要途径。构建现代公共文化服务体系是当前一个时期陕西省文化建设的重点任务。

关键词： 陕西 现代公共文化 服务体系

一 公共文化相关的政策论述

继大力发展文化产业、推进文化体制改革被提出之后，现代公共文化服务体系建设逐渐成为我国文化建设的又一重点领域。其中，十八届三中全会《中共中央关于全面深化改革若干重大问题的决定》中关于基本公共文化的论述正式开启了我国现代公共文化建设的新篇章，此前我国关于公共文化建设的探索为建设现代公共文化服务体系奠定了坚实的基础。自基本公共文化"标准化、均等化"理念提出后，我国现代公共文化服务体系建设进入全面实施阶段，中共中央办公厅、国务院办公厅、文化部等先后出台了一系列文件，包括《关于加快构建现代公共文化服务体系的意见》、《关于做好政府向社会力量购买公共文化服务工作的意见》以及"十三五"时期公共文化在贫困地区的建设规划等，由此来看，我国建设公共文化服务体系的建设目标、重要内涵、基本特征、发展路径、建设标准及侧重点逐渐明晰。

---

* 曹云，陕西省社会科学院文化产业与现代传播研究所副研究员。

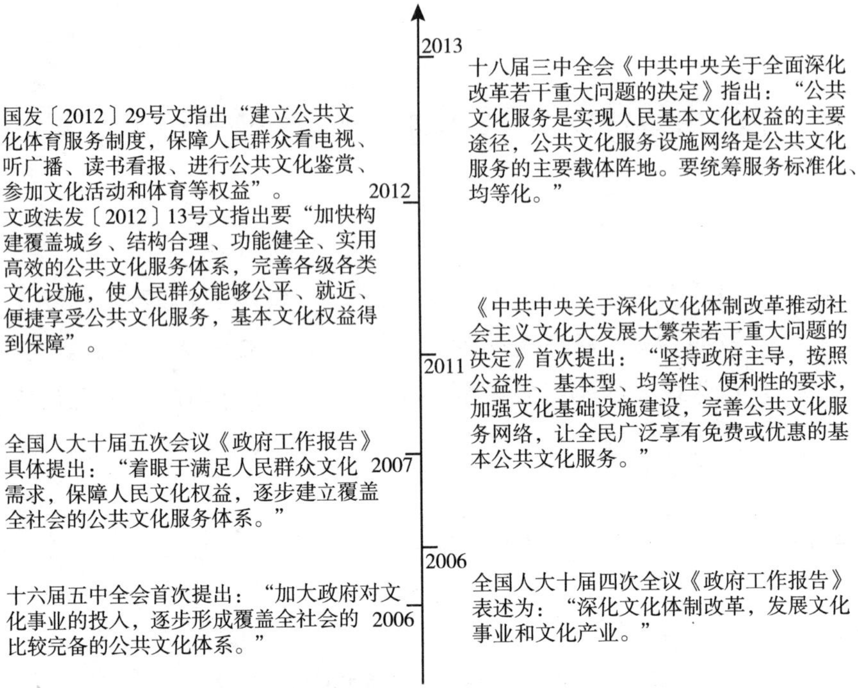

图1　近年来我国公共文化相关的重要论述及政策梳理

资料来源：笔者整理。

二　陕西公共文化体系建设情况

（一）总体成效

2011年以来，陕西省先后出台了一批公共文化服务相关的政策文件，初步构建起省、市、县、乡、村五级公共文化网络体系，公共文化的产品供给数量和质量、均等化、服务能力等方面显著改善。在公共财政投入方面，明确了公共文化财政投入的幅度，即用于文化建设的资金在各级财政年新增财力的2%以上。随着公共图书馆、美术馆和文化馆（站）向社会免费开放，中央和省里每年为市级、县级、乡镇级馆补助资金用于开展文化活动，其中市级馆补助50万元，县级馆补助20万元，乡镇级各补助5万元，每年还为村级开展文化活动补助 1 万元，主要用于农村电影放映、农村文体活动开展、农家书屋图书更新和共享工程运行维护等补助。经费投入的保障到位，有力地促进了文化事业的健康发展，为陕西省尽快实现西部"文化强省"目标奠定了坚实的基础。

在此基础上，陕西省公共文化各项指标开始赶超全国平均水平。其中，2012 年陕西人均文化事业费首次比全国平均水平高 5.41 元，达到 40.87 元，到 2015 年该项指标达到 54.08 元，在全国排名第 13 位；每万人公共文化设施建筑面积达到 574.28 平方米，全国排名第 11 位。

表1 2015 年陕西与全国主要公共文化指标比较

	人均文化事业经费(元)	人均拥有图书馆藏书量(册)	每万人公共文化设施建筑面积(平方米)
全国平均	49.68	0.61	523.6
陕西	54.08	0.4	574.28

资料来源：《陕西文化统计年鉴 2015》，中国统计出版社，2015；《中国统计年鉴 2015》，中国统计出版社，2015。

（二）存在的问题

陕西公共文化服务取得了显著成绩，但同时也必须看到，目前陕西省公共文化服务面临需求增长快、财政投入比重低、设施体系不健全、城乡差距大、保障机制不完善等突出问题，影响文化强省目标的实现。

第一，城乡基本公共文化需求增加。依据马斯洛的需求层次理论，居民基本物质生活达到一定水平后，会产生强烈的精神文化需求。当收入处于较低水平时，居民对于公共服务的需求以必需型产品为主，且需求总量较低；随着收入水平的逐步提高，居民对于公共服务中的发展型需求将开始增加。公共文化属于较高层次的公共服务需求，因此在教育、医疗、社保等迫切性的公共服务得到基本保障之后，广大社会公众对于公共文化的需求快速提升。

本文以恩格尔系数作为基本的衡量工具。恩格尔系数的变化可以直接体现出居民消费水平以及需求层次的变化。从图 2 可以看出，2006 年以来陕西省城镇居民和农村居民恩格尔系数总体保持在 30~40 之间，按联合国粮农组织的标准陕西已达到富裕水平，另外也显示出陕西城镇居民、农村居民的文化需求开始增长。从城镇与农村的比较来看，农村居民的恩格尔系数呈下降趋势，且大多低于城镇居民的恩格尔系数，由此说明陕西省农村居民在基本的物质生活得到满足后，文化需求开始增加，且增幅大于城镇居民，这对陕西省建立覆盖城乡、现阶段以农村为重点的公共文化服务体系指明了方向。

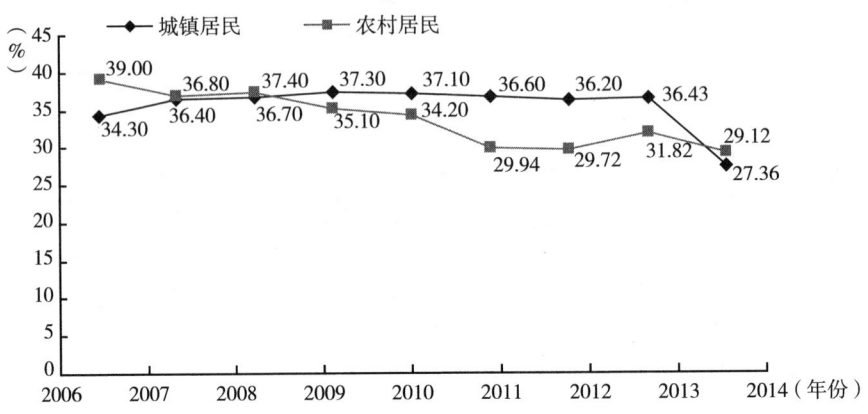

图2　2006年以来陕西城镇—农村恩格尔系数变化比较

资料来源：陕西调查总队《信息与决策研究》2016年第1期。

第二，公共文化服务财政投入总量少、比重低。由于基本公共文化服务属于公共产品的范畴，应当由政府提供，因此，政府的财政投入可以促进当地公共文化服务目标的实现，甚至决定基本公共服务均等化的程度。

从我国东部、中部、西部不同区域文化事业经费投入情况来看，如图3所示，从2010年到2015年，东部地区文化事业经费投入占全国的比例基本保持在42%～44%；中部地区占全国文化事业经费总额的比重一直保持在22%～24%；西部地区文化事业经费占全国的比重则徘徊在27%～29%。由此可以看出，东部地区对公共文化的重视程度、经费投入力度远强于中西部地区。

从西部省份内部的比较来看，如图4所示，2015年西藏的人均文化事业投入经费最高，为181.24元，其次青海为111.59元，陕西为54.08元，在10个省区市中排名第6，全国排名第13，与西部投入最高的西藏相比不足其1/3，因此陕西公共文化建设任务十分艰巨。

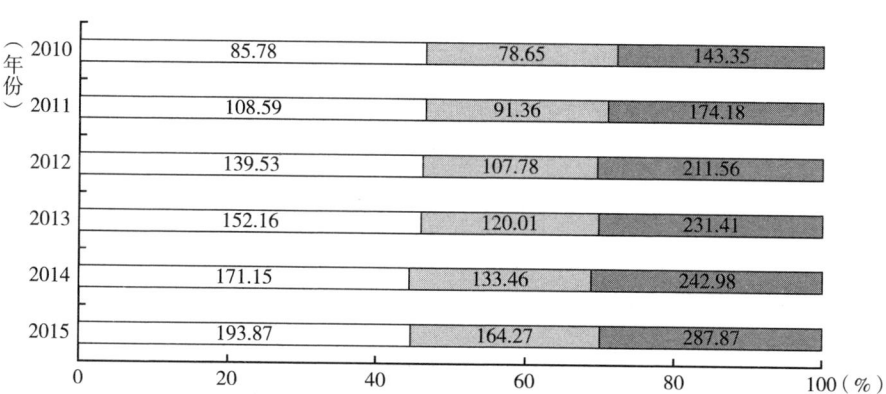

图 3　东、中、西部文化事业经费占全国的比重

资料来源：根据文化部网站公开数据绘制，数据均四舍五入到小数点后一位。

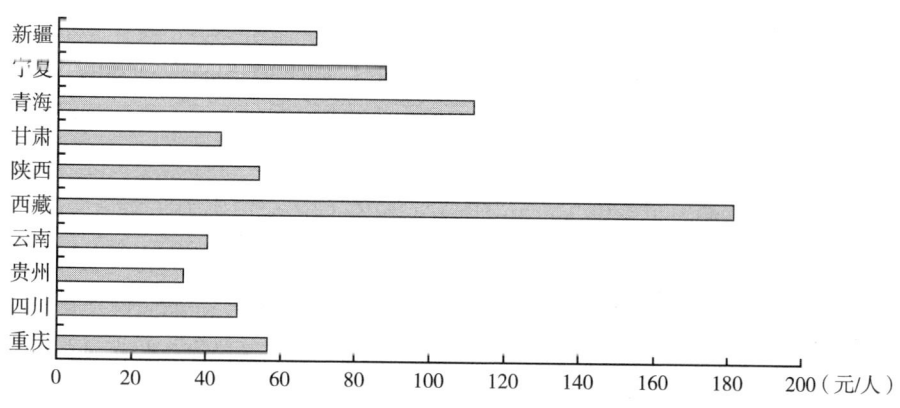

图 4　2015 年西部省区市文化事业经费人均投入

资料来源：2015 年文化部统计公报。

从陕西省自身投入来看，如图 5 所示，2013 年陕西省民生工程十大领域总计投入 1260 亿元，其中投入最高的依次是全民社保、教育提升领域，分别达到 443.95 亿元、250.93 亿元，分别占支出总额的 35.2% 和 19.9%。投入最少的领域是文化惠民领域，仅为 15.1 亿元，占十大领域支出总额比例仅为 1.2%，资金投入不足全民社保的 3%。

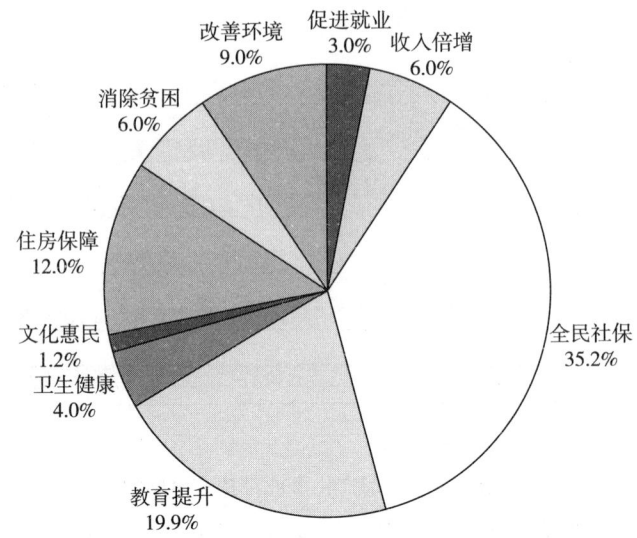

图5　2013年陕西省民生工程十大领域投入比例

资料来源：根据陕西省政府网站公开数据绘制。

第三，文化产品供给不足、分配不均衡。从陕西省的实际情况来看，基本公共文化产品供给不足与分配不均的问题同时存在，主要表现在三个方面。

首先，人均资源供给偏少。从与西部地区比较的情况来看，根据2012年《陕西文化年鉴》统计数据计算，陕西省在各级图书馆、文化馆、群众文化活动、从业人员等指标总数量上居第二位，仅次于四川省，但人均指标排名靠后，陕西省公共图书馆人均购书费为0.498元，每万人拥有群众文化设施建筑面积204.0平方米，在西部11省市中排名第九，为倒数第三位。

其次，基本公共文化服务种类单一。调查显示，电视、广播、上网是现阶段陕西省居民享有公共文化服务的主要形式，显示出陕西省公共服务供给品类仍比较单一。

最后，市县资源分布不均，基层文化服务能力较弱。以公共图书馆为例，从全国的情况来看，如图6所示，陕西县级图书馆馆均建筑面积、馆均藏量分别为0.142万平方米、6.14万册/件，全国排名分别为第23位、27位，相关的人均服务享有量（流通人次、书刊文献外借、活动参与等）均不足全国平均水平的1/2；从省内市、县两级比较的情况来看，2012年陕西市级图书馆共有6个，县级图书馆105个，馆均财政拨款分别为608.2万元、110.9万元，县级财政支持仅为市级的1/6左右，相关的人均服务享有量（流通人次、书刊文献外借、活动参与等）县级仅为市级的1/7左右（见图7）。

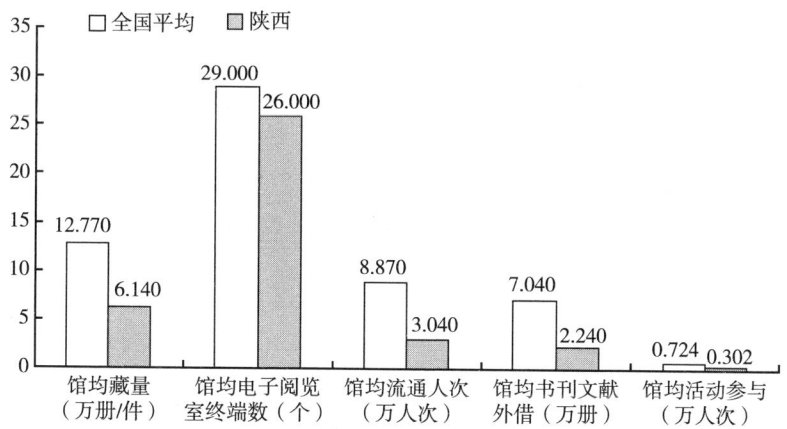

图6　陕西及全国县级图书馆比较

资料来源：《2012中国公共图书馆事业发展基础数据概览》。

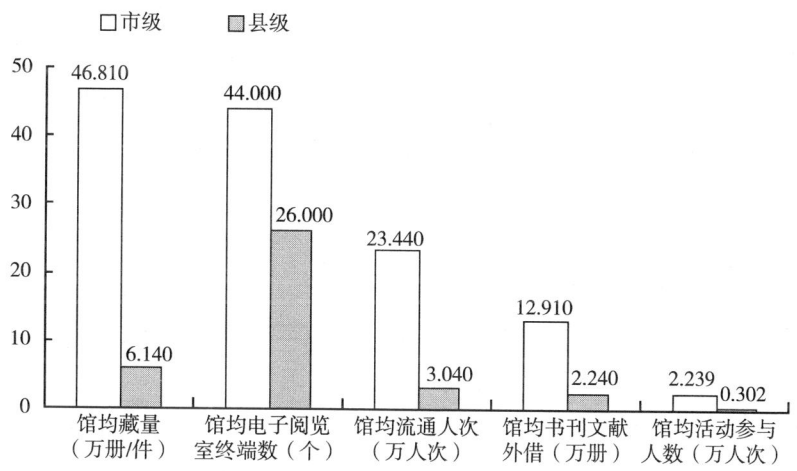

图7　2012年陕西市、县级图书馆指标比较

资料来源：《2012中国公共图书馆事业发展基础数据概览》。

第四，基本公共文化服务相关的政策体系有待完善。目前，广东、江苏、上海等多个省市制定了公共文化服务的政策条例，将公共文化服务体系建设的实施具体化、细则化，杭州、成都等也提出了城市15分钟、农村30分钟文化圈等的发展目标。尽管陕西省近年来高度重视公共文化服务体系建设，但相比之下成效仍不明显。2015年新颁布的《陕西省建设现代公共文化服务体系的实施意见》是未来陕西现代公共文化服务体系建设的指导性、纲领性文件，明确了未来陕西省公共文化服务体系建设的资金投入，提出了公共文化构建的路径、重点、标准，但问题在于重硬件投入、轻软件投入，财政投入资金中80%用于场馆建设，对于人才培养、引入社会资金、可持续发展方面未做更加系统性的阐述，公共文化相关的政策体系仍不完善。

三 陕西现代公共文化服务体系建设的对策建议

（一）增强地方政府的责任意识

实现"标准化、均等化"的公共文化服务是十八届三中全会通过的《中共中央关于全面深化改革若干重大问题的决定》提出的重要命题，继提出大力发展文化产业、推进文化体制改革之后，现代公共文化服务体系建设逐渐成为我国文化建设的又一重点领域。各级政府应高度重视，在此基础上，明确各级政府的主导责任，将公共文化建设纳入年终的责任考核。

（二）增加财政投入

公共财政是公共文化产品和服务的基本支撑，政府的公共财政投入力度将影响甚至决定基本公共服务均等化的程度。从目前陕西基本公共文化财政投入情况来看，基本公共文化投入严重不足。现阶段我国公共文化投入的总体格局是，东部逐年增加，2015年东部文化事业经费投入约占全国的50%，余下的50%西部、中部各占28%和22%，基本维持不变；而陕西在西部的人均文化事业经费排名是第6位，仅为54.08元/人；从陕西自身投入情况来看，文化惠民投入在民生工程十大领域的投入最少，仅占民生工程总额的1.2%，资金投入严重不足。因此，应加大基本公共文化财政投入以实现其均等化的建设目标。

（三）以农村、基层为重点推进标准化

农村、基层是当前陕西基本公共文化服务的重点。随着城乡居民收入的提升，民众的文化需求开始凸显。从陕西城市与乡村的比较来看，农村居民的恩格尔系数呈下降趋势，且总体低于城市的恩格尔系数，显示农村民众的公共文化需求大且增幅大于城市居民。因而农村、基层是陕西省公共文化服务的重点，应加大供给力度。这对于陕西省建立更加全面、完善的公共文化服务体系，提供更加丰富、便捷的公共文化产品供给提出极为迫切的要求。因此，要考虑公共文化服务城乡之间的均等化、"最后一公里"以及城市社区文化中心的开放等问题。

（四）完善法规体系

政策法规体系的完善程度是建设公共文化服务体系的框架性决定因素，应当从制度和法律的层面对社会公众基本的文化权利予以保障。通过保障城乡居民尤其是城市的困难群体、农村群众以及农民工等享有基本公共文化服务的权益，努力实现均等化、标准化的公共文化服务体系建设目标。尽管近年来陕西省高度重视公共文化服务体系建设，但建设成效无论是相对于东部地区还是西部兄弟省份仍明显不足。究其原因，除了资金投入不足，健全的政策体系也至关重要，未来陕西省需要从省级层面对基本公共文化服务的范围、标准、总体目标、阶段任务做出系统性的规划，对资金来源、财权事权分配、服务标准、人才建设、考核机制等保障措施做出明确规定。以 2015 年新颁布的《陕西省建设现代公共文化服务体系的实施意见》为例，作为落实中办、国办指导意见的地方纲领性文件，陕西的实施意见明确了未来陕西省公共文化服务体系建设的资金投入，提出了公共文化服务构建的路径、重点、标准，但问题在于重硬件投入、轻软件投入，财政投入资金中 80% 用于场馆建设，而对于人才培养、引入社会资金、可持续发展方面未做更加系统性的阐述。另外，笔者建议相关部门总结省内宝鸡市、高陵县等国家公共文化示范区、示范项目的探索经验，进一步向省内同类地区推广。

（五）引导社会资本积极参与

吸引社会资金参与公共文化设施的投资与建设，是为缓解公共财政投入压

力、弥补不足而提出的一项新的思路。社会资本参与的主要途径，包括企业/个人的慈善捐款、履行社会责任、营利性投资等，广东、北京等地在这方面实践较早，形成了一定的经验。吸引社会资本积极参与公共文化建设，有利于拓宽公共文化服务的资金来源，以及以市场化的方式提供多样化的产品和服务。

对于陕西省来说，现阶段应参考先行省、市经验，例如广东省《关于鼓励社会资本参与公共服务体系建设的暂行办法》等，由陕西省文化厅负责起草符合陕西实际的《鼓励社会资本参与公共文化服务体系建设的实施办法》，鼓励和引导社会资本参与陕西公共文化服务体系建设，确立相关参与主体的标准、范围，明确社会资本、政府双方的责任与权利，落实财政、税收、贷款、激励等方面的具体优惠政策，以政府财政投入为主、以社会资本参与为辅、以资源优化配置为目标，逐步形成新型的公共文化资金保障格局。其次，可考虑将企业赞助文化事业的款项，实行税前列支，计入成本；对于企业成立公益组织捐助文化事业的款项，在年度应纳税额中予以扣除。

（六）探索"政府+社会工作+志愿者"的提供方式

社会工作组织是提供专业社会服务的非营利性组织，具有公益性、基层性的特点，是社会公共服务的天然组成部分，对政府的公共服务具有丰富内容、扩大范围、拾遗补阙的作用。文化类社会工作组织能够根据老年人、未成年人、残疾人、农民工、农村留守妇女儿童、生活困难群众等不同群体的实际需求提供专业的社会服务，这些群体将成为未来政府购买服务的主要力量。这一模式具有以下优点：一是通过购买服务，实现政府从"办文化"向"管文化"的转型，是构建现代、高效政府管理体制的内在要求。二是社会工作组织是提供专业社会服务的非营利性组织，具有扎根社区、服务基层的优势，能够将政府公共文化服务的触角延伸至基层服务的"最后一公里"，从而填补目前公共文化基层服务主体的空白，具有拓宽范围、丰富内容、弥补不足的作用。三是通过志愿者的广泛参与，一方面可以降低公共文化财政投入成本，另一方面可以"自下而上"地拓展公共文化产品与服务的广度和深度。

建立"政府+社会工作+志愿者"的模式，建议现阶段主要从以下方面着手。第一，加快制定陕西省购买公共文化服务的指导性目录。建议省文化厅、财政厅、民政厅根据国务院办公厅《关于做好政府向社会力量购买公共文化服务工作的意见》，以陕西省群众的公共文化需求为基础结合财政预算和社会组织实际情况，进一步扩大、完善陕西省购买公共文化服务指导性目录的范围。第二，培育发展一批城乡服务类文化社会工作机构。建议培育一批文化类社工机构，通过在城市、农村社区开展多种形式的文体公益活动，尤其是针对留守儿童、老年人、残疾人、农民工、生活困难群众等定期开展量身定制的公共文化活动，实现公共文化产品的基层性、均等性和便利性。第三，建立多重的政府支持保障机制。建议政府购买公共文化服务的项目资金向文化类社会工作机构倾斜，同时进一步降低文化类社工机构登记门槛，实施场地、税收等政策减免优惠，扶持文化类社工机构发展。第四，探索建立社会工作者与志愿者的联合行动机制。建议发挥网络媒体的沟通、动员优势，以社区为平台，由相关部门及社工组织将文化类专家学者、艺术家、运动员、在校学生等群体和个人，凝聚到社会工作组织提供的志愿服务平台上，帮助社工和志愿者更加便捷地对接项目、整合资源，实现公共文化服务的专业化、制度化。

（七）突出陕西特色

就陕西省的文化资源禀赋而言，陕西的特色文化包括丝路文化、秦汉唐文化以及红色文化，三者也将是未来陕西省公共文化服务的主要特色。未来在引入社会力量参与公共文化服务的过程中，应突出挖掘丝路文化以呼应陕西"建立丝绸之路经济带新起点文化先行"的号召，使丝绸之路新起点的理念和认识渗透到基层群众的公共文化活动中；此外，应将陕西的传统优秀文化、红色文化作为引进社会资本参与的重要领域，突出培育和弘扬社会主义核心价值观。通过引入市场化的运作模式和社会化的服务方式，深入挖掘、系统整合这些红色文化资源，强力推进场馆建设、影视创作、旅游开发等工作，将这些具有陕西核心特色的优秀文化产品纳入公共文化服务的体系中，在公共文化服务社会化过程中突出陕西特色。

行业报告

Regional Economy

B.6 陕西数字文化产业发展研究报告[*]

赵 东[**]

摘　要： 数字文化产业是数字化时代文化产业极其重要的组成部分。近年来，陕西数字文化产业从起步到逐渐发展壮大，越来越受到重视。但是，陕西数字文化产业成绩还不够突出，特别是数字内容产业方面，仍然存在短板。面对数字化时代潮流，陕西必须大力深入发展数字文化产业，全面贯彻"五大"发展理念，加速陕西文化产业"追赶超越"，早日实现"文化强省"目标。

关键词： 陕西　数字文化产业　数字化

---

[*] 该成果系陕西省社会科学院2016年重点课题（项目编号：16ZD07）；民盟陕西省委委托课题。
[**] 赵东，陕西省社会科学院副研究员，文化产业博士，陕西文化产业发展研究中心主任，主要从事文化学、文化资源与文化产业研究。

随着数字化时代的到来,数字文化产业已日益成为当今文化经济舞台上的重要角色,引领着文化产业发展趋势。所谓数字文化产业,主要就是指将图像、文字、影像、语音等文化内容,通过数字化技术等手段进行研发生产、提供文化产品或服务而形成的文化产业集合。近年来,在数字化潮流冲击下,陕西数字文化产业从起步到逐渐发展壮大,越来越受到重视。但是,也正因为面对数字化时代潮流,陕西必须大力深入发展数字文化产业,全面贯彻五大发展理念,加速陕西文化产业"追赶超越",早日实现"文化强省"目标。

一 发展陕西数字文化产业的重要意义

数字文化产业是数字化时代文化产业极其重要的组成部分,是区域文化经济发展的重要动力、区域文化竞争力的重要表现与指标,是文化产业中最具活力的部分。因此,当前陕西文化产业要加快发展成为国民经济支柱性产业,而全面发展数字文化产业成为重中之重。

(一)顺应时代潮流,提升陕西文化产业增长点

十多年来,陕西省委、省政府通过一系列政策和措施,大力支持与促进文化产业发展,取得了很大成绩,基本形成了集文化旅游、新闻服务、出版发行和版权服务、广播影视、文化艺术、演艺娱乐、广告会展、动漫游戏、网络文化服务、文化产品和装备制造设计等门类比较齐全、产业链比较完整的文化产业体系。但是从整体上来看,时下陕西文化产业与成为国民经济支柱性产业的目标还有较大差距,与陕西省文化资源大省的地位还不相称,与先进省(市)相比还有差距,需要想方设法提升文化产业增长点。

21世纪以来,人们日益在进行着数字化生产与生活,数字文化产业成为当前社会经济文化发展的一个新趋势。国务院早在2009年的《文化产业振兴规划》中,就鼓励采用数字高新技术发展移动文化信息服务、数字内容、数字娱乐产品等数字文化产业。但是,数字文化产业属于信息产业与文化产业融合而形成的新业态,和传统文化产业相比,当前各地发展并不深入,在区域文化产业增加值中占比并不是很大。近些年为促进数字文化产业发展,陕西也采取了一些方式方法,但是成绩还不够突出,特别是数字内容产业方面,仍然存

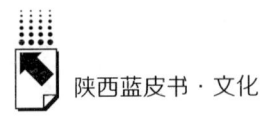

在着短板。数字文化产业作为一种新兴文化产业形态，将极其有利于陕西文化产业增长点的提升。

（二）加快陕西科技与文化深度融合，充分利用陕西文化资源

近年来，党和国家大力倡导文化与科技相互融合、相互促进，文化与科技融合发展成为当前社会经济文化发展的重要潮流趋势。基于此，陕西省深入研究部署推进文化与科技融合发展工作，于2013年出台了《关于加快推进文化与科技旅游金融融合发展的意见》等重要文件，规划了融合发展的总体思路和主要目标，以及重点任务和工作机制。加快陕西文化与科技深度融合，在当前很大程度上需要靠发展数字文化产业进行落实。

陕西是文化大省，也是科技大省，有着无比丰富的文化资源，同时科技实力十分雄厚。但是，长期以来陕西文化界与科技界往来较少，即使是面对文化与科技融合要求，其融合节点仍然不够突出，丰富的文化资源仍未充分利用并转化为文化生产力。在数字化时代，以数字化为核心的不断发展的数字文化产业成为文化与科技融合的最佳节点。在国家科技计划中，优先启动了《文化资源数字化关键技术及应用示范》，支持数字技术、网络技术在文化领域的集成应用。极其丰富的文化资源数字化是陕西文化与科技融合的明显体现，在此基础之上发展的陕西数字文化产业将最大限度地利用陕西丰富的文化资源。

（三）加速传统文化产业转型升级，增强陕西文化产业竞争力

多年来，陕西文化产业以出版发行、广播影视、文化艺术、文化旅游、演艺娱乐、广告会展、动漫游戏等传统产业为主。与东中部文化产业发达省份相比，由于创意不够充分等因素，传统的陕西文化产业竞争力较为落后，综合排名全国第16位，处于第三类地区。要真正实现陕西文化产业大发展，就必须大力增强陕西文化产业竞争力，这就要求大力发展新兴的数字文化产业。数字文化产业不仅本身能增强区域文化产业竞争力，也有利于加速传统文化产业转型升级从而增强竞争力。

党的十七届六中全会《中共中央关于深化文化体制改革、推动社会主义文化大发展大繁荣若干重大问题的决定》就曾指出，要加快发展文化创意、数字出版、移动多媒体、动漫游戏等新兴文化产业，推进文化科技创新，以先

进技术支撑文化装备、软件、系统研制和自主发展,增强文化产业核心竞争力。发展数字文化产业,可以进一步推进陕西出版产业和文化旅游业发展,搞好互联网发行、广播影视传播,加速文化艺术传播传承,增强演艺娱乐、动漫游戏感染力与广告会展传播效果。而且,可以进一步加强这些传统文化产业内容创新,为公众提供更为丰富的文化产品,以最小的投入获得最大的利益;有利于在国内和国际市场占据更大份额;有助于文化产业各种要素得到更为合理的有效组合。

(四)促进陕西文化产业创新创业,带动相关产业发展

2015年以来,国家大力号召"互联网+"下的各行各业"万众创新、大众创业",充分依托数字技术、信息技术与网络技术的数字文化产业成为陕西文化产业创新创业的强劲力量。从某种意义上说,今后一段时期陕西文化产业创新创业很大程度上要依赖于数字文化产业。因为相比于传统文化产业,数字文化产业更加依靠技术与创意而轻资本,更容易创新创业;同时,在数字化潮流以及数字文化产业发展带动下,陕西传统文化产业也将日趋数字化且不断创新,带来更多的创业机遇。

数字文化产业属于综合性很强的产业类型。通过大力发展陕西数字文化产业,相应的消费终端制造商、IT服务设备供应商、电信运营商、传媒企业、零售商等各业态都将从中获益。网络游戏运营商每年需要采购大批量的服务器和带宽,而视频分享网站每月带宽支出则非常高;移动音乐的大力发展则进一步为陕西传统的音乐市场提供新的盈利模式;数字动漫游戏蓬勃发展则还可极大地促进衍生产品生产。总之,围绕数字文化产业会形成一个不断膨胀的大型产业生态系统,数字文化产业的发展将会有效促进相关产业的进一步发展。

二 陕西数字文化产业发展的现状与趋势

数字文化产业实质上是以数字技术为支撑而提供内容产品的文化产业,包括网络新闻信息、网络动漫游戏、数字影视、IPTV、数字音乐、网络视频、网络文学、虚拟社区等多个领域。20世纪90年代末以来,陕西数字文化产业从开始起步到不断发展,形成了各种业态,有些已具产业规模,为进一步发展奠

定了良好的基础。随着人们数字化生存的日益加深以及陕西省的更加重视，数字文化产业必将成为陕西文化产业极为重要的组成部分，产业链将不断延伸，相关文化产品日益丰富。

（一）从中国互联网潮流前列到"西部网"

陕西人对新鲜事物的感觉似乎比较敏锐，对于数字文化产业同样如此。数字文化产业的发展与互联网紧密相关，以至于数字文化产业也被称为"互联网（网络）文化产业"。在中国互联网发展初期，数字文化产业崭露头角之时，依靠中国八大网络节点的优势，陕西西安占有重要地位。

1997年西安古城热线网站成立，是国内最早的一批ICP之一，下设二十多个频道，信息内容丰富，贴近民众生活，很快获得认可，迅速成为陕西及西北地区最有影响力的门户网站之一，一度进入Alexa排名前100。[①] 在古城热线带动下，西安网络文学、门户、社区等纷纷走在潮流前列。在数字文化产业中的网络文学代表性网站——起点中文网还是雏形的时候，当年网络文学"三驾马车"[②] 之一——陕西"网络文学"领军人物李寻欢早已是269家园网的知名版主。1999年，清韵书院、女友网、西安新闻网、西陆社区等网站陆续上线。2003年，曾经是玄幻小说十大网站之一的"玄幻书殿"在西安正式起步。但遗憾的是，由于内容创新不够，持续力不足，能够沉淀下来面向全国形成一定影响力的陕西网站较为缺乏。至今，陕西在国内有一定知名度的网站是2003年开通的华商网。在陕西华商网络传媒有限公司运营下，相继在长春、沈阳、重庆、北京等地成立子公司，形成了一定影响，多年来领跑西部地区。目前，《华商报》受数字时代冲击呈现衰落势头，但华商网在陕西华商传媒集团中的地位越来越重要。

随着陕西本土网络媒体的式微，国内大型门户网媒地方站纷纷落户陕西。2006年，腾讯直属地方网络媒体"西安腾讯网"开通，2009年更名为"腾讯·大秦网"。利用其自身强势，大秦网很快成为获取陕西新闻资讯和生活信息的有效网络平台。2010年，人民网陕西频道由人民网股份有限公司和人民

---

① Alexa排名是指网站的世界排名，多数人把它作为权威网站访问量评价重要指标。
② "三驾马车"分别为宁财神、邢育森和李寻欢。

日报社陕西分社倾力打造，在西安上线。2011年底新浪陕西上线，依托新浪网和新浪微博两大平台，立足陕西，提供最新、权威、丰富的陕西本土特色资讯和国内外重要资讯。在此期间，新华网、凤凰网等知名门户网站也纷纷设立陕西频道。新浪陕西作为国内重要的网络文化市场及其对西北、西部地区的辐射力，将会使得越来越多的门户网站以及大型数字网络企业争相在陕西设立分站（公司）。

2007年后，陕西确立"文化强省"战略，省委、省政府大力支持包括数字网络在内的文化产业发展，官媒纷纷成立网络运营公司，建成一批影响力十足的本土网站，积极推动陕西数字文化产业发展。2009年，在陕西省委宣传部领导下，陕西广播电视台投资成立陕西广电无线信息传播有限公司开通运营西部网，充分整合传统媒体及网络媒体资源，全方位开展手机等移动终端新媒体业务。据中文ALEXA数据，西部网平均在线时间310分钟，综合评分91分，各项指标排名紧随腾讯网。2012年，陕西日报传媒集团正式开通陕西传媒网。目前，陕西传媒网已形成以门户网站为依托，微博、微信等社交媒体为延伸，"掌中陕西"新闻客户端为移动传播平台的立体化新媒体传播格局。西部网、陕西传媒网等"国企"性质的网络媒体近年来强势崛起，和华商网等网络文化企业组成了陕西数字网络文化产业的主阵地，在西部地区占有越来越重要的地位，形成了独特的"西部网"，引领当前陕西数字网络文化产业的发展趋势。

（二）高新技术开发区、曲江新区、碑林科技产业园推动陕西数字动漫游戏产业聚集发展

动漫游戏产业是文化产业的重要组成部分，主要是通过创意设计为人们提供文化内容产品，很多国家和地区在发展文化产业过程中都非常重视这一产业。在以计算机、网络为载体的数字化大潮冲击下，动漫游戏业紧紧和数字化捆绑在一起，很大程度上动漫游戏即是数字动漫游戏。在当前发展数字文化产业过程中，数字动漫游戏业也成为必不可少的内容。在发展文化产业过程中，陕西省提出了"重点在影视、突破在动漫、创新在戏剧、做大在板块"的战略思路，陕西动漫游戏业"由散到聚""由弱到强"，不断取得成就，基本上形成了省会西安高新技术开发区、曲江新区、碑林科技

产业园"三足鼎立"的局面，不断从动漫游戏创意设计上推动陕西数字文化产业的发展。

在陕西动漫游戏产业发展过程中，西安高新区起到了重要的推动作用。高新区143家动漫游戏企业、单位共同成立了陕西动漫游戏行业协会，积极引导产业发展，共同促进陕西本土动漫游戏产业健康发展。高新区充分借助相关优惠政策与区内良好环境，吸引扶持了一大批动漫游戏企业，达到150多家。这些入区企业很多迅速发展壮大，目前形成文化部认定的国家级动漫企业5家，上市企业3家。高新区动漫游戏代表性企业——西安新昆信息科技有限公司原创动漫作品《昆哥的故事》累计下载已经超过30万次；西安乐游信息科技有限公司网络游戏《沧海》海外市场运作成功，西安乐境动漫创意有限公司SNS游戏《疯狂便利店》出口新加坡；陕西游久数码科技有限公司作为网络游戏领域为数不多的集媒体属性与游戏研发于一体的企业，迅速荣获中国游戏产业年会"十大游戏新锐企业"称号。西安高新区为陕西动漫游戏产业的快速发展起到强有力的带动作用。

发展动漫游戏产业是曲江文化产业门类全面布局的重要组成部分。和高新技术开发区相比，曲江动漫游戏产业起步较晚，但从一开始就呈现出集群发展态势，且直接上手网络动漫游戏产业。目前，曲江新区已聚集30多家动漫游戏企业。作为国家级文化产业示范区的曲江新区也呈现出了大手笔，遵循文化产业规律，由曲江文化产业投资集团于2010年投资控股曲江乐雅动漫有限公司，致力打造一个动漫产业巨型航母，该公司系西部地区首家专业从事动漫产业资源整合运营商。近年来，曲江乐雅动漫公司正在一步一步向"曲江动漫集团"发展。入区企业西安阳光天合科技有限公司也是一家大型动漫游戏企业，其动漫游戏双线高防绿色数据中心项目为西北首家双线路高防机房，面积约1万平方米，可容纳约500个机柜，阳光天和动漫产业园正在建设之中。曲江网络动漫产业，正成为中国网络动漫产业的重要生力军。

位于碑林区火炬路的陕西动漫产业平台，也是陕西动漫游戏产业发展的一片沃土。目前，聚集着来自日本、加拿大、法国、韩国等国外企业，以及全国各地的50多家动漫游戏企业。陕西动漫产业平台现有面积近两万平方米，入驻企业涵盖定格、二维、三维影视动画制作，3D技术的开发与应用，游戏开发，多媒体展示等多元化内容，产业发展不断走向成熟，原创动漫已形成一定的市场竞争力，网游、手游纷纷上线运营，动漫与计算机网络融合技术广泛运用于传统行业。2015年，陕西动漫产业平台动漫游戏总产值达3.5亿元。

（三）数字影视产业稳步推进

数字化时代，动漫游戏基本上就是数字化动漫游戏，电影和电视基本上也是数字化电影电视，即数字影视。影视内容制作以及表现形式呈现数字化，其传输渠道与播放端口也越来越数字化。由于当前影视产品与人民群众的文化生活密切相关，使得数字影视内容制作生产、传输与播放所形成的数字影视产业成为数字文化产业重要的基础组成部分。近年来，陕西省在影视产业迅猛发展的基础上稳步推进数字影视产业，成为当前陕西数字文化产业发展的重要亮点。

在陕西省"重点在影视"战略指导下以及坚实的影视资源基础上，近年来陕西影视产业迅猛发展，省内形成了西部电影集团、曲江影视集团、陕西文化产业（影视）集团等一批大型国有影视企业以及200多家民营影视企业，基本形成集研发、生产、营销于一体的内容产业链，投资拍摄了《大秦帝国》《永不消逝的电波》《保卫延安》《聂荣臻》《小麦进城》《胡杨女人》《我在北京·挺好的》《钱学森》《白鹿原》《大秦岭》《大鲁艺》等一大批社会效益和经济效益良好的影视产品。在影视内容制作过程中，陕西影视企业基本采用了数字化技术，为影视产品数字化传输、播放打下了基础。西影集团旗下的陕西西影数码制作有限责任公司于2007年成立，拥有世界一流的成体系的影视数字化加工技术设备，主要业务包括电影胶转磁、电影数字化修复、电影数字中间片、特技制作、调色、视频编辑、数字音频、三维动画、动漫制作、网络影视、广告及音像光盘等业务，并积极拓展与之相关的衍生服务和新媒体内容开发。目前，西影数码制作公司具备影视后期制作年均12部电影、160集电视剧的能力。

除制作生产外，传输与播放也是影视产业的重要组成部分。在影视产品数字化传输方面，陕西省的步子迈得较早，21世纪初即成立陕西广电网络传媒（集团）股份有限公司，并整合相关资源，借壳上市，进行集团化运作，是全国首家实现全省广电网络统一规划、统一建设、统一管理、统一运营的省级广电网络公司，也是陕西省最早实现上市的文化企业。数字电视是陕西广电网络传媒集团的重点业务，专门成立国家广电总局有线数字电视应用技术实验室。截至2016年6月，陕西广电网络传播集团在网数字电视主终端559.7万个，副终端90.9万个，高清终端185万个，在线个人宽带用户80万户，双向接入网建设覆盖用户656万户。

按照国家广电总局要求，陕西省已建立省级数字化集成播控分平台，以实现规范对接与网络视听的规范管理和商业运营，下一步将积极探索互联网电视等新媒体业务，实现跨网络、跨终端融合发展。随着数字化的深入推进，陕西电视新闻节目高清化播出进程不断加快，省台已初步完成高清系统建设集成，目前正在试播。各省、市、县电视台也在不断加大投入，纷纷引进数字化设备与技术，如榆林台已建成制作网、播出网、媒资网，实现了数字制作播出。在发展广电网络产业基础上，陕西积极推进数字传输播放产业多元化发展。2011年高清互动电视开播，2016年用户已超过100万户，付费电视用户200万户，广电互联网用户达到六十多万户。目前，IPTV播控平台已初步建成，不断加快"三网融合"，陕西IPTV用户已有300多万户，而且不断在增长。2016年，通信运营商IPTV发展更是迅猛，电信、联通、移动三箭齐发，上半年IPTV业务累计收入2.4亿元，同比增长60.8%。手机电视业务收入0.3亿元，同比增长34.9%。可以预见，陕西IPTV的全面发展期即将到来。

在数字院线方面，陕西省积极建设。2015年，陕西新增城市影院29座158厅，总量累计达到107座556厅，城市影院票房达到7.19亿元，比上年增长39%。

县级数字影院建设不断推进，全省已有63个县区建成县级数字影院91座、345厅。从2010年开始，陕西省数字院线影院不断由中心城市西安向中小城市辐射。全省除西安以外加入数字院线运营的市级城市影院达到19座，县级城市影院12座。目前，陕西省落地数字院线达到18条，加入院线的城市影院总数达到56座，影厅256个，座位数40124个。数字在不断刷新，陕西数字院线建设不断朝全覆盖、专业化方向努力。

（四）数字文化产业基地托起明天的太阳

文化产业基地在我国文化产业发展过程中起到了重要的推动作用，数字文化产业的发展也需要建设一批专门文化产业基地。为了迅速推进数字文化产业发展，在借鉴省内外文化产业发展经验的基础上，目前陕西规划建设了四大数字文化产业基地，积极推动陕西数字文化产业集约化、专业化和规模化发展，使数字文化产业成为陕西文化产业发展中的一轮新日。

2010年，陕西出版集团在浐灞生态区成立陕西数字出版基地——我国西部第一家国家级数字出版基地。该基地拥有网络学习、电子图书、数字会展、数字博物馆、移动阅读器、数字期刊、手机娱乐、数字视听、数字地图、数字动漫等十大板块；综合信息服务、策划创意与营销、研发与人才培训、多种媒体出版、数字出版结算等五大平台；数字版权交易中心、陕西数字动漫产业中心、陕西手机动漫技术联盟中心、数据转化中心等四大中心。目前，公司已实现年产值7000多万元，手机阅读进入全国出版集团系统前列；原创文学平台《书海小说网》成功跻身全球文学专业一流网站；国内首创手工制作角色场景动画纪录片《帝陵》成功登陆央视《探索与发现》栏目。

西安国家数字出版基地是2011年国家批准建立的第八家国家数字出版基地。该基地立足西安高新区科技优势，立足数字出版产业的发展趋势，秉承"国际化发展、差异化发展、特色突出"原则，致力于重点发展手机出版、电子书、传统出版数字化、数字动漫与网络游戏、网络教育、数据库出版六大业务板块，吸引和促进发展网络原创文学、数字地图、数字音乐三大板块和海量内容投送平台、基于版权保护交易的综合信息服务平台、数字出版人才培训平台、投融资服务平台、创新创业孵化平台、建设海外拓展与国际合作平台六大服务支撑平台。目前，西安国家数字出版基地已汇集300多家企业，年产值超过50亿元。

在陕西西影数码制作公司成功运营的基础上，西影集团在西咸新区沣西新城规划建设了西部地区最大的数字影视产业基地——西部数字影视产业基地，以大力推进陕西数字影视产业发展。西部数字影视产业基地拟打造一个集影视创作生产、数字技术服务、影视科技体验、传媒教育培训为一体的具有全国影响力的数字影视文化产业园区。基地建筑面积14万平方米，总投资10亿元，一期规划建设综合楼、影视创作楼、特效摄影棚，二期规划建设西部电影集团总部大楼、西部数字影视制作中心、电影频道编播中心及演播大厅、电影文化艺术资料馆、国际影视培训交流中心、影视服化道制作展览中心、国际影视体验馆。项目建成后预计年收益8.3亿元。

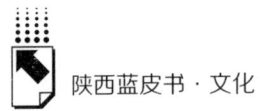

秦汉新丝路·数字文化创意（产业）基地由西咸新区秦汉新城集团公司与中国惠普合作建设，位于秦汉新丝路国际城，总投资约50亿元。该基地紧密围绕"一基地七中心"进行建设。"一基地"即秦汉新丝路·数字文化创意（产业）基地；"七中心"分别是数字媒体产业云计算中心、数字文化媒体制作中心、秦汉文化展示交易中心、数字文化人才实训中心、西北数字文化创业孵化中心、数字文化创意设计中心、数字文化产业投融资服务中心。基地项目立足秦汉新城，拟在区内所有历史遗存及旅游景点建立多媒体数据库和展示中心，以多媒体数字化的方式供旅游者查询并进行版权交易。

三 加快陕西数字文化产业发展的对策与建议

目前，陕西数字文化产业不断发展壮大，不断取得喜人成就。但是，面对人们数字化生存的日益深化，陕西文化产业也面临"追赶超越"的形势，陕西数字文化产业还得加快发展速度。基于此，本报告提出如下对策建议。

（一）设立专门数字文化产业机构，全面协调指导全省数字文化产业发展

文化产业属于跨部门、跨系统、跨行业的产业，其发展需要得到各个部门的大力支持，而且通常需要统一的组织机构进行协调指导以及监管等。在当前发展文化产业过程中，各省市纷纷成立由省（市）重要领导担任组长、相关部门领导作为成员的文化产业发展（或相关名称）领导小组，全面推进区域文化产业发展，不断取得成就。和一般文化产业相比，数字文化产业的发展更牵扯到工信、科技等相关部门，需要其密切参与配合支持，对数字文化产业相关资源统一调配，全面协调指导并监管全省数字文化产业发展。

为了加快陕西数字文化产业发展，可以成立陕西省数字文化产业发展领导小组，或者在陕西省文化体制改革与文化产业发展领导小组专门设置数字文化产业委员会，由省委宣传部领导担任组长（主任），由与文化产业相关的发改委、编办、教育厅、财政厅、人社厅、文化厅、新闻出版广电局、旅游局、文物局、住建厅、知识产权局、地税局、统计局、金融办、商务厅、工商局、中小企业局以及工信厅、科技厅、通信局、三大运营商陕西公司等数字化相关单

位负责人作为成员（委员），定期召集相关会议，加强沟通，协调部门、区域利益，共同指导推进陕西省数字文化产业全面迅速发展。

（二）以内容创新和人才培养为重点，以市场为主导，大力支持发展民营数字文化产业

尽管和一般文化产业相比，数字文化产业强调了技术性，凸显了渠道的重要性，但其说到底还是文化产业，最终提供的还是文化产品，因此，还必须以"内容为王"，还需要高度重视内容创新，要为用户提供更为精彩的数字文化内容。当前，文化产业竞争力较弱很大程度上限制了陕西文化产业的发展，而文化产业竞争力的核心要素则是文化内容创新。因此，在陕西数字文化产业发展过程中，除了要注重技术创新等要素外，更要以内容创新为重点，要注重把握时代脉搏、反映时代精神、贴近现实生活、研究分析用户消费需求。

文化产业发展靠人才，数字文化产业发展更要靠人才，必须培养、造就和凝聚一大批优秀人才，以做大做强陕西数字文化产业。着力培养一批文化创意新、数字技术精、管理能力强的复合型人才，构建数字文化产业人才高地。将数字文化产业人才列入年度紧缺急需人才引进指导目录，不拘一格选人才，扩大数字文化产业人才培养规模。实施数字文化产业人才培养工程，充分利用陕西高校众多、科研实力雄厚的优势，加强高校数字文化产业人才培养和相关学科建设。鼓励社会、政府、企业和高校共同培养人才，加快培养、培训数字文化产业研发设计、经营管理人才。

文化产业是市场经济的产物，数字文化产业同样是市场经济的产物，在发展数字文化产业过程中，在坚持社会效益首位的前提下，要坚决以市场为导向，遵循市场经济规律，主动适应市场需求，深化文化体制改革，加速文化资源整合，让资本、人才、技术、版权在市场上充分流动。结合数字文化产业特色，注重运用大数据分析，根据不同市场需求和消费喜好，研发个性化的文化产品和服务。坚持市场主导、政府引导，既要最大限度地发挥政策的激励和杠杆作用，又要充分发挥各类市场主体的主力军作用，形成良好的市场格局。

民营文化企业是文化产业发展中非常活跃的因素，我国文化产业发达省份的民营文化产业通常都占有很大份额。陕西省民营文化企业较弱，成为限制陕西文化产业发展的一个重要因素。由于在数字文化产业发展中民营文化企业更

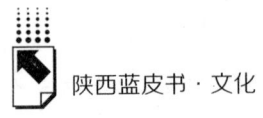

为活跃、更注重内容创新、更加市场化，在当前发展数字文化产业过程中，陕西一定要高度重视民营文化企业，通过政策、配套扶持资金等，大力支持其发展数字文化产业，使其成为陕西省数字文化产业发展的有生力量。

（三）多方搭建交流合作平台，助力各要素切入数字文化产业链各个环节

在社会经济发展过程中，行业协会组织等交流合作平台起到了很大作用。按照"小政府、大社会"的发展趋势，各类社会组织将在社会发展中起到越来越重要的作用。文化产业作为一种综合性新兴产业，非常需要各类社会组织联结各种力量，使人才、资本、技术、文化资源等产业要素充分交流利用，共同促进其发展，而数字文化产业更深入数字技术领域，和文化产业的核心要素文化隔阂较大，更需要一些相关社会组织搭建的交流合作平台将两者联姻，形成密切融合发展。

为了使正在蓬勃兴起的陕西数字文化产业良好有序快速发展，必须多方搭建交流合作平台，助力各种力量、各种要素切入数字文化产业链的各个环节，最大限度地促进其发展。尽管，陕西省广播电影电视协会、陕西省互联网协会、陕西省动漫游戏行业协会等一批专门性行业协会也能对数字文化产业发展起到一定促进作用，但是这些专门性行业机会毕竟大多带有专业性，在数字文化产业发展中仅仅拘囿于某一领域，并不能有效促进各种力量、各种要素交流合作，因此，还需多方携手搭建更多更为有效的尤其是全局性的陕西省数字文化产业协会，或者陕西数字文化产业联盟，以及陕西省数字文化产业研究会。通过这些社会组织，广泛吸纳各类数字文化企业、政府相关部门、园区、金融机构、研究团体等各层级力量，多方打造陕西数字文化产业交流合作平台，共同促进发展。

（四）充分借助"互联网＋"形势，利用好陕西省丰富的文化资源，同时实施高端项目带动战略，又快又好推进陕西数字文化产业发展

2015年以来，国内外兴起了"互联网＋"的巨大浪潮，这为以数字技术为关键的数字文化产业发展营造了良好的社会氛围。这就要求陕西数字文化产业在发展过程中，应充分依托大数据、物联网、云计算等科技成果，大力发展数字文化产业的相关产业，尤其是在多媒体、网络视听等新型文化业态方面还比较薄弱，必须狠下功夫。陕西省是名副其实的文化资源大省，特别是拥有丰富的珍贵文物资源，可以把数字文博创意产业作为重点，开放资源，广泛吸纳民营资本进入，做大做强。在此基础上，还要深入研发网络社区、网络文学、网络剧、数字媒体、数字音乐、框架媒体等文化产品，并积极促进网络剧本交易等，拓展数字文化产业发展空间。

当前兴起的VR（虚拟现实）和AR（增强虚拟现实）技术，维持了新的文化业态，其表现形式、表达方式与传统产业不同，是数字文化产业创新业态发展的一种重要体现，引领着数字文化产业发展的主要方向，也是陕西省数字文化产业发展的重要组成部分。结合陕西省数字文化产业发展现状以及巨大的科技资源优势，有必要以VR和AR技术为重点，实施高端项目带动，打造面向未来的基础性新兴文化产业业态，抢占数字文化产业新的制高点和增长点，以加快陕西省数字文化产业发展步伐。同时，要全力推进《丝绸之路经济带文化产业规划》确定的重点建设项目，重点扶持培育富有地方和民族特色、辐射带动力强的数字文化产业项目，打造一批文化精品和文化品牌。在此过程中，要注重用活技术专利政策，进行分层次奖励、阶段性奖励，调动技术工作者的积极性，研发出更多的数字高端项目。充分发挥各类示范基地和产业园区作用，有针对性地引导文化企业进一步向数字文化产业园区基地集中，大力推动园区基地集约化、规模化、专业化、品牌化发展，示范、辐射和全面带动数字文化产业发展。

B.7
陕西文化制造业发展研究[*]

颜 鹏[**]

摘　要： 信息技术、新能源、新材料等领域的革命性突破和交叉融合，使传统产业和新兴产业获得融合发展的有利条件，形成了产业多元化发展的格局，为产业转型升级和创新发展奠定了良好的基础。文化制造业是文化产业的重要组成部分，能创造出巨大的经济效益和社会效益，具有产业关联度高、带动作用强、产业链条长的重要特征。加快发展文化制造业是积极适应全球新一轮科技革命与产业变革、培育新兴产业增长点、推动陕西经济社会持续发展的战略选择。

关键词： 陕西　文化制造业　产业融合

当前信息技术、新能源、新材料等领域的革命性突破和交叉融合，使传统产业和新兴产业获得融合发展的有利条件，形成了产业多元化发展的格局，为产业转型升级和创新发展奠定了良好的条件。文化制造业是国民经济发展的战略性、基础性、支柱性产业，能创造出巨大的经济效益和社会效益，是衡量一个地区科技进步和产业发展水平的重要标志。加快发展文化制造业是积极适应全球新一轮科技革命与产业变革、培育新兴产业增长点、推动陕西经济社会持续发展的战略选择。

---

[*] 本文系陕西省社会科学基金项目（2015D049）的阶段性研究成果。
[**] 颜鹏，陕西省社会科学院文化产业与现代传播研究所助理研究员。

一 文化制造业概念阐释

（一）文化制造业的概念

2004年，国家统计局关于文化及相关产业的认定是指为社会公众提供文化、娱乐产品和服务的活动，以及与这些活动有关联的活动的集合。2011年，国家统计局重新修订了文化及相关产业行业分类标准，重新定义了文化及相关产业，并依据我国文化发展国情及文化产业价值链将文化及相关产业划分为文化制造业、文化批发零售业以及文化服务业，分为9大门类，24个大类，110个法人单位口径的行业小类和63个个体经营户口径的行业小类。文化制造业是文化产业的重要组成部分。

（二）文化制造业的分类

文化制造业主要包括文具、工艺美术、玩具、演艺娱乐设备、包装印刷等传统文化产品制造业，以及软件、工业设计等新兴文化产品制造业。按照国民经济行业分类方法和2012年国家统计局《文化及相关产业的类别名称和行业代码》，文化制造业涵盖工艺美术品的制造，园林、陈设艺术及其他陶瓷制品制造，印刷复制服务，办公用品的制造，乐器的制造，玩具的制造，游艺器材及娱乐用品的制造，视听设备的制造，焰火、鞭炮产品的制造，文化用纸的制造，文化用油墨颜料的制造，文化用化学品的制造，其他文化用品的制造，印刷专用设备的制造，广播电视电影专用设备的制造，其他文化专用设备的制造等16大类和45个小类（见表1）。

表1 文化制造业行业分类汇总

行业	包含大类	包含小类个数
文化制造业	工艺美术品的制造	9
	园林、陈设艺术及其他陶瓷制品的制造	1
	印刷复制服务	5
	办公用品的制造	3
	乐器的制造	4

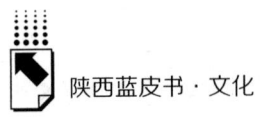

续表

行业	包含大类	包含小类个数
文化制造业	玩具的制造	1
	游艺器材及娱乐用品的制造	3
	视听设备的制造	3
	焰火、鞭炮产品的制造	1
	文化用纸的制造	2
	文化用油墨颜料的制造	2
	文化用化学品的制造	1
	其他文化用品的制造	2
	印刷专用设备的制造	1
	广播电视电影专用设备的制造	4
	其他文化专用设备的制造	3

二 发展文化制造业的重要意义

发达国家的文化创意产品已经吸引全世界人的眼球，掀起一股巨大的文化经济浪潮，其中，文化制造业功不可没。文化制造业形成新的产业链能够带动相关产业发展，促进经济的持续增长，是具有较高经济效益和社会效益的产业。加快发展文化制造业是满足人民群众多样化、多层次、多方面精神文化需求的重要保障，对加快产业结构转型升级和文化产业的发展具有十分重要的意义。

（一）发展文化制造业，有利于优化产业经济结构

据统计，我国文化制造业的总产值和增加值大约是文化服务业的3倍，从而成为文化产业发展的主要力量。文化制造业不仅能为经济社会发展创造客观的经济效益，还具有改变经济增长模式的强大功能。故发展文化制造业不仅能够促进文化产业的发展，还能强力支持制造业的转型升级，为制造业注入发展活力和强劲动力，成为产业经济转型的强大支撑。随着人们消费结构的升级，智能、精益、绿色、安全的文化产品受到消费者的青睐，智能制造的高端文化用品市场需求激增，具有广阔的发展空间。

（二）发展文化制造业，有利于增强综合竞争力

文化产业是将文化资源运用到经济活动领域的一种行业，具有产业关联度高、带动作用强、产业链条长的重要产业特征。文化制造业通过对文化产品进行技术创新、注入文化内涵、赋予象征意义，实现文化产品附加值的增长。文化制造业具备将文化产业发展与制造业升级融合的巨大优势。通过文化制造业树立国家的文化形象，会带动国家文化贸易与非文化产品出口贸易的大幅增长，大大增强国家综合竞争力。

（三）发展文化制造业，有利于提升制造业整体水平

随着产品价值链的演化，制造业的发展越来越趋向于横向融合和纵向分离。文化产业与制造业的融合发展就是将文化产业的理念、创意、价值观念逐渐融入制造业的研发、设计、品牌价值等环节。而文化制造业则通过改变制造业产品价值链的形成方式，将文化理念植入技术开发的路径中，成为推动制造业结构升级和价值提升的重要方式，能够促进制造业整体水平的提升。

三　我国文化制造业发展现状

制造业是国民经济的主体，是立国之本、兴国之器、强国之基，是我国国民经济的重要支柱，也是我国经济增长的主导部门。我国制造业的总体水平不高，主要优势体现于加工制造和产品组装环节，在产品研发和品牌设计方面不具有核心竞争优势，产品的文化附加值低。随着工业经济的发展，文化产业和制造业之间的界限已日益模糊。在产业转型升级、科学技术创新等因素的影响下，产业价值链原有的结构被打破并得以重建，实现了文化产业和制造业融合发展的新模式。

（一）国家文化制造业发展相关政策扶持

目前，国家对于文化制造业的扶持虽还不全面，但在各个行业发展政策中有所提及，对于文化制造业的进一步发展具有重要的指导意义。

第一，2014年2月，《国务院关于推进文化创意和设计服务与相关产业融合发展的若干意见》（国发〔2014〕10号）提出，支持消费类产品提升新产品设计和研发能力，创新管理经营模式，引导消费升级，增加消费品的文化内涵和附加值。加快数字内容产业发展，推动动漫游戏与虚拟仿真技术在设计、制造等产业领域中的集成应用；推进数字电视终端制造业和数字家庭产业与内容服务业融合发展，提升全产业链竞争力。[1]

第二，2015年7月，《国务院关于积极推进"互联网+"行动的指导意见》（国发〔2015〕40号）提出，坚持融合创新，推动互联网与制造业融合，提升制造业数字化、网络化、智能化水平，加强产业链协作，发展基于互联网的协同制造新模式。在重点领域推进智能制造、大规模个性化定制、网络化协同制造和服务型制造。推动互联网向经济社会各领域加速渗透，以融合促创新，推动融合性新兴产业成为经济发展新动力和新支柱。[2]

第三，2015年11月，《国务院关于积极发挥新消费引领作用 加快培育形成新供给新动力的指导意见》（国发〔2015〕66号）提出，实施企业技术改造提升行动计划改造提升传统产业，鼓励传统产业设施装备智能化改造。支持制造业由生产型向生产服务型转变，高度重视颠覆性技术创新与应用，更好满足智能化、个性化、时尚化消费需求。实施品牌价值提升工程，培育"中国制造"和"中国服务"优质形象的品牌与企业。[3]

近年来多项文化产业政策的密集出台，表明了国家对于文化产业发展的重视和决心，对于推动我国文化产业的发展具有重要意义和深远影响。

（二）我国文化制造业发展现状

改革开放以来，我国制造业获得了持续快速的发展，已经建成门类齐全的

---

[1] 《国务院关于推进文化创意和设计服务与相关产业融合发展的若干意见》，新华网，http://news.xinhuanet.com/politics/2014-03/14/c_119773597_2.htm，最后访问日期：2016年9月1日。

[2] 《国务院关于积极推进"互联网+"行动的指导意见》，中国共产党新闻网，http://cpc.people.com.cn/n/2015/0705/c64387-27255409.html，最后访问日期：2016年9月1日。

[3] 《国务院关于积极发挥新消费引领作用 加快培育形成新供给新动力的指导意见》，中华人民共和国中央人民政府网站，http://www.gov.cn/zhengce/content/2015-11/23/content_10340.htm，最后访问日期：2016年9月1日。

产业体系,有力地推动了我国工业化和现代化的发展进程,显著增强国家的综合实力。当前,我国文化产业发展迅速,文化制造业也获得显著的发展,但其也面临着规模效益不突出、产业结构不合理、区域发展不平衡等诸多问题。

1. 经济效益持续增长,发展规模逐步扩张

2012 年,我国文化产业增加值为 18071 亿元,占 GDP 的比重为 3.48%,文化制造业增加值 7253 亿元,占文化及相关产业增加值的 40.1%。文化制造业、文化服务业、文化批零业的增加值占比分别为 40.1%、53.3% 和 6.6%(见图 1),与上年 39.8%、53.2% 和 7% 相比无明显变化。2012 年,我国规模以上文化制造业企业 15940 家,年末从业人员数达到 46.04 万人,资产总计达到 2.16 亿元,主营业务收入达到 3.05 亿元,工业总产值(按当年价格计)是 3.07 亿元,工业销售产值(按当年价格计)是 3 亿元。

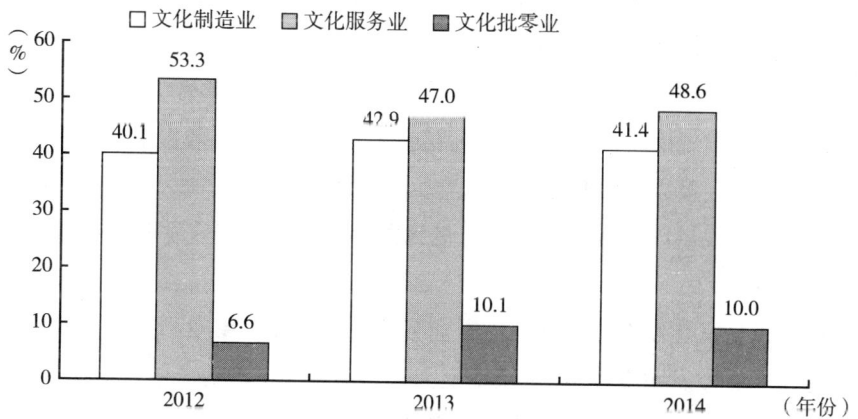

图 1 全国文化及相关产业增加值构成对比

资料来源:2013~2015 年《中国文化及相关产业统计年鉴》,中国统计出版社。

2013 年我国文化产业增加值为 21351 亿元,占 GDP 的比重为 3.63%。文化制造业增加值 9166 亿元,占文化及相关产业增加值的 42.9%,文化制造业、文化服务业、文化批零业的增加值占比分别为 42.9%、47%、10.1%。① 2013

---

① 《统计局最新统计数据:我国文化产业增加值超 2 万亿》,中国经济网,http://www.ce.cn/culture/gd/201501/23/t20150123_4417470.shtml,最后访问日期:2016 年 9 月 2 日。

年，我国规模以上文化制造业企业18076家，年末从业人员数达到49.83万人，资产总计达到2.48亿元，主营业务收入达到3.66亿元，工业总产值（按当年价格计）是3.69亿元，工业销售产值（按当年价格计）是3.61亿元。

2014年全国文化及相关产业增加值23940亿元，占GDP的比重为3.76%。2014年文化制造业增加值9913亿元，比上年增长8.2%，占文化及相关产业增加值的比重为41.4%。文化制造业、文化服务业、文化批零业的增加值占比分别为41.4%、48.6%、10%。[①] 2014年，我国规模以上文化制造业企业19048家，年末从业人员数达到51.97万人，资产总计达到2.84亿元，主营业务收入达到4.17亿元，工业总产值（当年价格）是4.25亿元，工业销售产值（当年价格）是4.17亿元。

2. 创新能力逐渐加强，科技支撑作用逐渐显现

2012年规模以上文化制造业研发经费内部支出占主营业务收入比重为0.87%，2013年规模以上文化制造业研发经费内部支出占主营业务收入比重为0.84%，2014年规模以上文化制造业研发经费内部支出占主营业务收入比重为0.90%。

2012年全国规模以上文化制造业每亿元主营业务收入有效发明专利数为0.46（件），2013年规模以上文化制造业每亿元主营业务收入有效发明专利数为0.39（件），2014年规模以上文化制造业每亿元主营业务收入有效发明专利数为0.43（件）。

规模以上文化制造业每亿元主营业务收入为有效发明专利数÷规模以上文化制造企业有效发明专利数/规模以上文化制造企业主营业务收入。

2012年规模以上文化制造业专利申请为29966件，2013年规模以上文化制造业专利申请为29264件，2014年规模以上文化制造业专利申请为33153件。

3. 内部结构逐步优化，产业效益逐步提高

从企业数量来看，2012年，按类别分规模以上文化制造业共计15940家，其中印刷复制服务、工艺美术品的制造、文化用纸的制造占全部文化制造业的比重最多，达到56.95%，三个门类企业数占比分别为24.96%、22.13%和9.86%。2013年，按类别分规模以上文化制造业共计18076家，比上年增长13.4%，其中

---

① 《国家统计局：2014年文化产业增加值占GDP比重为3.76%》，中国经济网，http://www.ce.cn/culture/gd/201511/26/t20151126_7145480.shtml，最后访问日期：2016年9月2日。

印刷复制服务、工艺美术品的制造、玩具的制造占全部文化制造业的比重最多，达到58.85%，三个门类占比分别为27.80%、23.35%和7.7%。2014年，按类别分规模以上文化制造业共计19048家，比上年增长5.38%，其中印刷复制服务、工艺美术品的制造、玩具的制造占全部文化制造业的比重最多，达到59.34%，三个门类占比分别为27.09%、24.59%和7.66%。2012年、2013年和2014年按类别分规模以上文化制造业占比最多的三个门类的对比情况见图2。

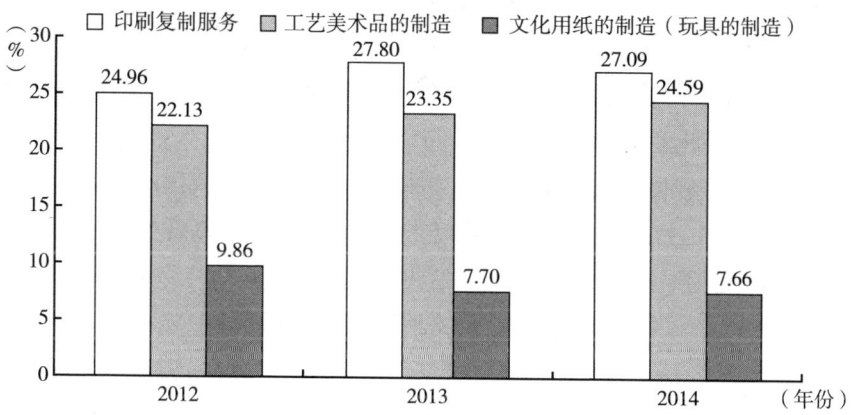

图2 按类别分规模以上文化制造业占比最多的三个门类的企业数量对比

资料来源：2013~2015年《中国文化及相关产业统计年鉴》，中国统计出版社。

从资产总计来看，2012年，按类别分规模以上文化制造业资产总计为2.17万亿元，其中文化用纸的制造、视听设备的制造、印刷复制服务占全部文化制造业的比重最多，达到59.37%，三个门类资产总计占比分别为26.55%、16.48%和16.34%。2013年，按类别分规模以上文化制造业资产总计为247962237万元，比上年增长14.51%，其中文化用纸的制造、印刷复制服务、视听设备的制造占全部文化制造业的比重最多，达到58.25%，三个门类资产总计占比分别为23.52%、18.43%和16.30%。2014年，按类别分规模以上文化制造业资产总计为284408177万元，比上年增长14.70%，其中文化用纸的制造、印刷复制服务、工艺美术品的制造占全部文化制造业的比重最多，达到56.83%，三个门类企业数占比分别为21.44%、17.75%和16.86%。

从营业收入来看，2012年，按类别分规模以上文化制造业营业收入为

309379016万元，其中工艺美术品的制造、视听设备的制造、文化用纸的制造占全部文化制造业的比重最多，合计达到56.83%，三个门类营业收入占比分别为20.87%、20.06%和15.90%。2013年，按类别分规模以上文化制造业营业收入为370933096万元，比上年增长19.90%，其中工艺美术品的制造、视听设备的制造、印刷复制服务占全部文化制造业的比重最多，合计达到57.89%，三个门类营业收入占比分别为22.08%、19.57%和16.24%。2014年，按类别分规模以上文化制造业营业收入为423090953万元，比上年增长14.04%，其中工艺美术品的制造、视听设备的制造、印刷复制服务占全部文化制造业的比重最多，合计达到57.03%，三个门类营业收入占比分别为23.31%、17.83%和15.89%。

整体看来，我国文化制造业发展势头较为迅猛，成为我国产业链价值链低端向高端跃升的主引擎，成为加快推动增长动力向创新驱动转变的关键环节。

四 陕西文化制造业发展现状

陕西省是中国制造业的重要基地之一，在"一五"、"二五"和"三线"建设时期中央在陕西布局了很多大的制造业项目，现已形成通用和专业设备、制造加工、国防、航空、航天等门类比较齐全的制造业体系。[①] 经济新常态下，以重化工为代表的传统产业集群发展日益放缓，而以高端制造业和现代服务业为代表的新兴主导产业快速成长。文化产业具有典型的知识经济的特征，是带动陕西经济增长的核心推手，也是陕西产业转型升级的重要抓手。目前，陕西对文化产业依赖程度还比较低，产品科技含量不高，产品附加值低，尤其是文化制造业的发展还处于初级阶段。随着工业4.0、《中国制造2025》等大规划的推出及相关政策的扶持，陕西文化制造业会迎来波澜壮阔的发展前景，文化制造业也会成为拉动陕西经济增长的主要力量。

（一）陕西文化制造业发展政策扶持

陕西对于文化制造业的政策扶持体现在多个方面，借助各相关产业的发

---

① 郭俊华：《陕西制造业如何走出困境》，《西安日报》2016年1月4日，第7版。

展，文化制造业的扶持主要体现在以下几个方面。

第一，2016年4月，陕西出台《关于积极推进"互联网+"行动的实施意见》，提出大力发展文化信息化应用。发展数字电视、移动多媒体、网络视听、数字出版等新兴媒体，推动文化产业创新发展。加快人工智能创新与应用，推动大数据与人工智能的协同发展，促进人工智能在智能家居、智能终端、智能汽车和机器人等领域的推广应用。[①]

第二，2016年7月，陕西出台的《〈中国制造2025〉陕西实施意见》对集成电路、智能终端、云计算、大数据和物联网等领域重点部署，强化工业基础，注重集成应用，加快陕西制造业结构调整和转型发展。同时，制定实施陕西制造业"走出去"方案，推动陕西特色消费品出口，着力将陕西打造成为丝绸之路经济带重要的工业基地。[②]

第三，2015年12月，西安市出台《西安市贯彻〈中国制造2025〉实施意见》提出，努力在增材制造（3D打印）、工业机器人、高端装备等领域取得突破，促进制造业关键核心技术逐步实现自主知识产权化。大力推进工业云计算、大数据和物联网等新一代信息产业发展，创新信息技术服务业态和模式。[③]

第四，陕西"十二五"装备制造业发展规划也提出，面向传统产业改造提升和国家战略性新兴产业发展需求，突破智能关键技术和环节，开发智能基础制造装备和重大智能制造成套装备，加快推进智能印刷设备及资源综合利用设备等产品。[④]

（二）发展现状

近年来，在国家和陕西振兴制造业尤其是装备制造业政策措施的强力推动

---

① 《国务院关于积极推进"互联网+"行动的指导意见》（全文），中国共产党新闻网，http://cpc.people.com.cn/n/2015/0705/c64387-27255409.html，最后访问日期：2016年9月5日。
② 《〈中国制造2025〉陕西实施意见》发布，陕西省人民政府网，http://www.shaanxi.gov.cn/0/1/9/39/215959.htm，最后访问日期：2016年9月5日。
③ 《西安市贯彻〈中国制造2025〉实施意见》，陕西省人民政府网，http://www.xagxw.gov.cn/websac/cat/1816302.html，最后访问日期：2016年9月5日。
④ 《陕西"十二五"装备制造业发展规划》，中西部投资网，http://www.zxbtz.cn/News2/14305.html，最后访问日期：2016年9月5日。

下,陕西文化制造业呈现快速发展的态势,产业结构调整进一步加快,重大技术装备水平快速提升,文化制造重点领域发展优势明显,龙头企业发展壮大,配套体系更加完善,整体实力跃上新台阶。

1. 增长态势明显趋好,经济效益逐步提高

2016年1~6月,陕西全省共有117家规模以上文化制造业企业,实现文化制造业总产值147.64亿元,较2015年同期增长9.7%,与全省规模以上工业总产值增速相比高出7.6个百分点。

再从2012~2014年的数据来看,陕西文化制造业的产业规模逐步扩大。2012年,陕西规模以上文化制造业企业77家,占全省规模以上制造业企业的2.27%,占规模以上工业企业总数的1.8%;2013年,陕西规模以上文化制造业企业78家,占全省规模以上制造业企业的2.19%,占规模以上工业企业总数的1.74%;2014年,陕西规模以上文化制造业企业103家,占全省规模以上制造业企业的2.52%,占规模以上工业企业总数的2.05%。2012年末文化制造业从业人员数22633人,占制造业从业人员数的1.92%;2013年末从业人员数18383人,占制造业从业人员数的1.64%;2014年末从业人员数26124人,占制造业从业人员数的2.46%。2012年规模以上文化制造业工业总产值达到1149242万元,2013年规模以上文化制造业工业总产值达到1318009万元,2014年规模以上文化制造业工业总产值达到2197636万元(见表3)。

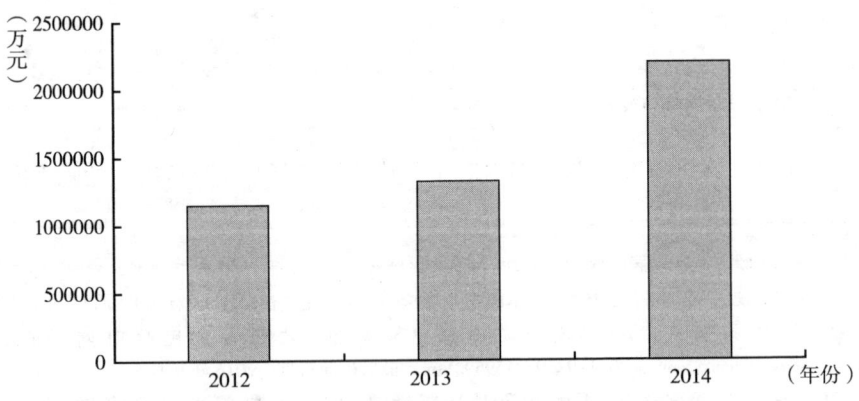

图3 2012~2014年陕西规模以上文化制造业工业总产值

资料来源:2013~2015年《中国文化及相关产业统计年鉴》,中国统计出版社。

2012～2014年陕西文化制造业的经济效益得到显著提高。2012年规模以上文化制造业实现营业收入1117290万元，2013年规模以上文化制造业实现营业收入1214828万元，2014年规模以上文化制造业实现营业收入1954375万元（见图4）。2012年规模以上文化制造业实现利润106671万元，2013年规模以上文化制造业实现利润121167万元，2014年规模以上文化制造业实现利润149715万元。

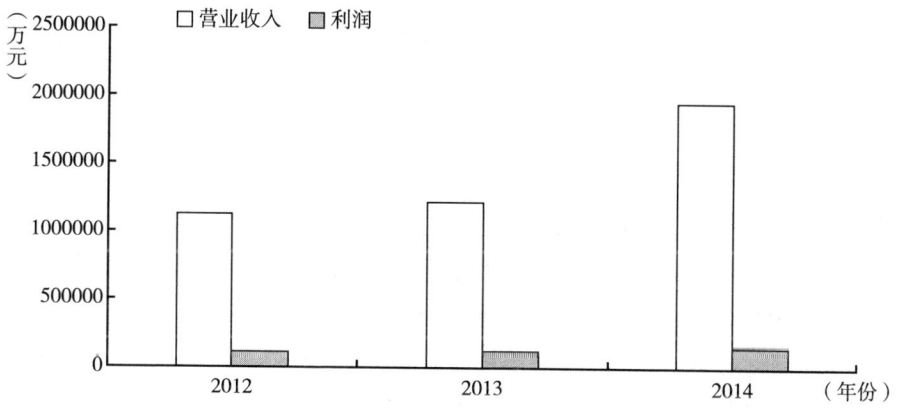

图4　2012～2014年陕西规模以上文化制造业营业收入和利润

资料来源：2013～2015年《中国文化及相关产业统计年鉴》，中国统计出版社。

2. 创新能力不断提高，新产品产量和收入大幅增长

企业研发投入力度加大。2012年规模以上文化制造业企业研发费用占营业收入比重为0.29%，2013年规模以上文化制造业企业研发费用占营业收入比重为0.54%，2014年规模以上文化制造业企业研发费用占营业收入比重为0.67%。新产品产量和收入大幅增长。2012年规模以上文化制造业企业新产品项目数为98个，2013年规模以上文化制造业企业新产品项目数为101个，2014年规模以上文化制造业企业新产品项目数为98个。2012年规模以上文化制造业企业新产品销售收入为31466万元，2013年规模以上文化制造业企业新产品销售收入为32302万元，比上年增长2.66%；2014年规模以上文化制造业企业新产品销售收入为39598万元，比上年增长22.59%。

3. 重点行业快速发展，结构调整成效较为显著

目前，陕西文化制造业产业增加值在整个文化产业增加值中的占比仅为

20%左右,但由于近年来陕西文化制造业获得了逆势而上的发展势头,文化制造业对全省文化产业的拉动作用非常明显,起到不可估量的作用。在具体行业门类中,2016年1~6月,雕塑工艺品制造业产值19.14亿元,同比增长15.10%;包装装潢及其他印刷业产值48.20亿元,同比增长12.64%;珠宝首饰及有关物品制造业产值36.99亿元,同比减少0.26%。另外,焰火、鞭炮产品制造业实现产值8.82亿元,虽然产值较大,但与上年同期相比减少12.86%,下降幅度较大。① 2016年1~3月,包装装潢及其他印刷,机制纸及纸板制造,园林、陈设艺术及其他陶瓷制品制造三大行业均呈快速增长趋势,其中,包装装潢及其他印刷业产值21.5亿元,增长24.5%;机制纸及纸板制造业产值20.2亿元,增长25.5%;园林、陈设艺术及其他陶瓷制品制造业产值3亿元,增长106.3%,增速最高,主要因素是陕西火凤凰艺术陶瓷有限责任公司产值同比增长两倍。包装装潢及其他印刷、机制纸及纸板制造全行业发展态势较好,除了少数企业经营不善有所亏损外,多数企业产值增速较高。②

4. 印刷、发射设备等优势产品表现突出

在印刷设备企业中,西安黑牛机械有限公司1996年开发的机组式柔版印刷机填补了国内空白,结构性能达到或超过国际先进水平,印品质量受到国内专家的好评,销量在国内同行业中遥遥领先,已获得16项国家专利。陕西北人印刷机械有限责任公司生产的高速凹版印刷机占据国内80%以上的市场份额,公司先后承担国家科技部"十一五"科技支撑计划高档凹版印刷机攻关项目;陕西省13115工程技术研究所建设及高档烟包装印刷机攻关;承担国家"十二五"科技支撑计划:环保型卷筒料凹版印刷机攻关与开发项目;陕西数控一代机械产品创新应用示范工程项目。2015年,该公司生产产值35795万元,成为全国优秀包装企业、中国包装龙头企业,中国机械行业竞争力之星,跻身中国包装200强。在发射设备企业中,陕西如意广电科技有限公司是该行业的杰出代表。早在20世纪90年代,其生产的如意牌彩电就曾在全国享有盛誉,如意广电(陕西如意广电科技有限公司)就以每年约3.9亿元的产值跻身全国500强企

---

① 《我省上半年文化产业"两升一落"稳步增长》,微讯啦网,http://www.weixinla.com/document/51789015.html,最后访问日期:2016年9月6日。
② 《开局呈现"两增一降"文化服务业盈利能力亟需重视》,陕经网,http://www.sei.gov.cn/ShowArticle2008.asp?ArticleID=264717,最后访问日期:2016年9月6日。

业，创造了一段辉煌的历史。目前，该公司是国家广电设备定点生产厂家，专业从事数字广播发射机、数字地面接收机等卫星接收设备产品的研究、开发与生产，产品遍及全国31个省区市，多项产品获省级、部级、国家级重点新产品奖。在"十二五"期间，卫星接收设备累计完成工业总产值49619万元。

总的来看，陕西文化制造业具备一定的发展基础，在国内文化制造业行业也占据一席之地。但随着国内企业竞争的日益激烈，文化制造业产品市场消费、技术创新体系等一系列问题导致陕西文化制造业面临产值下滑、产量递减，尚未成为陕西文化产业的支柱产业。

五　陕西文化制造业发展存在的问题

目前，陕西文化制造业发展滞后、行业覆盖面不全，主要是文化制造业增加值占比低、行业覆盖面不全造成的。陕西文化制造业发展滞后于全省文化产业发展水平，也远远落后于全国发展水平。

（一）陕西文化制造业与全国文化制造业水平相比差距较大

从文化企业单位数来看，2014年陕西文化制造业有103家，而全国文化制造业企业单位数为19048家，陕西仅占全国企业单位数的0.54%，是广东的1/33，江苏的1/26，与全国水平和其他发达省份相比差距较大。从文化产业增加值来看，2014年陕西文化制造业增加值为142.59亿元，占文化及相关产业的22.1%，比全国文化制造业增加值占比低19.3个百分点（2014年全国文化制造业增加值为41.4%）。从行业收入来看，2014年陕西文化制造业主营业务收入为1943455万元，而全国文化制造业主营业务收入为416967626万元，陕西在全国排名第19位，前五位城市是广东、江苏、山东、湖南、浙江。

（二）陕西文化制造业在陕西文化产业内部结构中优势不突出

2014年，陕西文化制造业增加值为142.59亿元，占文化产业增加值的比重为22.1%；陕西文化服务业增加值为413.09亿元，占文化产业增加值的63.9%；文化批发和零售业增加值为90.43亿元，占文化产业增加值的14%。由此可见，陕西文化制造业的增加值仅为文化服务业增加值的近1/3，尚未成为陕西文化产业的支柱产业。

再从文化及相关产业分类的十个行业来看,涉及文化制造业的行业有工艺美术品的生产、文化产品生产的辅助生产、文化用品的生产、文化专用设备的生产。其中前三者增加值在陕西文化及相关产业中所占的比重均为10%左右,文化专用设备的生产的产业增加值仅占文化及相关产业的1.2%,仅为全国同类数据的1/3。

表2 十大行业中涉及文化制造业的文化产业增加值对比分析

单位:亿元,%

十大行业中涉及文化制造业的行业门类	陕 西		全 国	
	产业增加值	占比	产业增加值	占比
工艺美术品的生产	54.13	8.4	3037	12.7
文化产品生产的辅助生产	95.77	14.8	2835	11.8
文化用品的生产	61.76	9.6	5564	23.2
文化专用设备的生产	7.53	1.2	869	3.6

资料来源:陕西省统计局。

(三)陕西文化制造业个别小行业的产值为0

2014年,陕西规模以上文化制造业总产值仅占全国规模以上文化制造业总产值的0.5%。陕西文化制造业主要分布在印刷复制服务、工艺美术品的制造、文化用纸的制造等三个行业,2014年,这三个行业工业总产值合计占到规模以上制造业企业总产值的80.6%。全国文化制造业主要分布在印刷复制服务、工艺美术品的制造、文化用纸的制造、视听设备的制造等四个行业,产值合计占比为67.9%。[1] 在文化制造业16个小行业中,陕西省有5个行业产值为0,分别是办公用品的制造、玩具的制造、视听设备的制造、文化用油墨颜料的制造和其他文化专用设备的制造。全国视听设备的制造业产值占比为17.2%,而陕西该行业却为0。

---

[1] 《陕西文化产业与全国文化产业发展对比分析》,陕西省发展和改革委员会,http://www.sndrc.gov.cn/newstyle/pub_newsshow.asp?id=1023233&chid=100061,最后访问日期:2016年9月6日。

六　发展对策与趋势展望

在产业升级、技术创新和融合发展的大背景下，文化产业的发展和制造业之间的边界日益模糊，原有产业价值链的结构被打破并且重构，产业融合趋势逐渐加强。在政府扶持、技术推动、网络创新的路径下，实现文化产业与制造业的融合发展无论对文化产业还是制造业都会产生无与伦比的叠加效应。由"陕西制造"向"陕西智造"转变，打造高端化、高质化的陕西文化制造业，运用先进技术发展文化装备制造业，培育壮大战略性新兴产业，打造未来发展新支柱。

（一）面临形势

当前，由新一代信息技术与制造业深度融合形成的新的生产方式、产业形态、商业模式逐渐兴起。国际金融危机后，重塑制造业竞争优势、积极参与全球产业再分工、加快实施"再工业化"战略成为各发达国家拓展市场空间的主要手段。不仅如此，各发达国家都在加大文化科技创新力度，推动三维（3D）打印、移动互联网、大数据等领域取得新突破，形成新的经济增长点，进一步推进全球贸易投资的变革。"十三五"时期，国内经济发展进入新常态，制造业发展面临新挑战。而新一轮科技革命和产业变革蓄势待发，文化消费升级市场潜力巨大，也为文化制造业带来新的发展机遇。

对于陕西来说，国家支持西部承接产业转移，深入推进西部大开发战略，为陕西培育发展特色优势产业，构建现代产业体系，实现赶超和可持续发展提供重大机遇。同时，陕西承担着统筹科技资源改革和服务业综合改革等一系列国家试点任务，抢抓先行先试机遇，为陕西率先实现创新驱动、重点产业融合跨越发展创造了良好的环境。

由此可见，着眼建设制造强国、制造强省，必须紧紧抓住当前难得的战略机遇，积极应对挑战，突出创新驱动，加强统筹规划，完成制造业由大变强的战略任务，抢占制造业新一轮竞争制高点。

（二）对策建议

1. 加快文化产业和制造业融合发展，着力提升文化制造业比重

推进制造企业与文化创意和设计企业的战略合作、股权式联盟，建立产业链融合发展模式，以创业创新为重点，以项目带动为支撑，以产业园区为载体，着力发挥文化产品制造业的基础优势，进一步促进产业转型升级，提升文化制造业对文化产业发展的支撑作用。推进文化产品制造业与创意设计等产业的融合发展，倡导研发设计—产品制造—供应链管理的协同创新，促进文化制造产业链向"微笑曲线"的两端延伸。鼓励和引导文化产品制造企业通过文化创意创新提高文化制造产品的内涵和价值，利用新型营销模式宣传推广陕西文化制造业品牌。

通过文化装备升级改造提升传统文化产业，实现文化装备制造业的跨越式发展。在制造业转型升级中注入更多文化元素，引导电子电器、装备制造、汽车及零部件、高档服装、文具生产等领域的企业建立设计主导型制造企业。加快材料、数字化设计、快速成型、关键部件等技术开发应用，面向航空航天、汽车、船舶、医疗、文化创意等重点行业，推进3D打印及智能制造新技术、新工艺、新装备、新产品研发和产业化。① 到"十三五"末期，高端文化用品制造业相关制造工艺的智能化、低碳化水平显著提升，文化制造业品牌影响力在国内外市场全面提升，文化装备制造业增加值占全部文化产业增加值的比重达20%以上。

2. 支持企业自主创新，建立健全文化装备创新体系

大力引进文化制造业企业落户陕西，加快培育文化制造业产业基地，补足陕西文化产业发展短板。坚持把创新摆在文化制造业发展全局的核心位置，使企业成为研发投入、技术创新、成果应用的主体。坚持自主开发与引进吸收相结合的方式，逐步由依赖引进技术向自主创新转变，逐步增强企业自主创新能力。支持企业参与国家科技计划和重大工程项目，支持和引导创新要素向文化制造企业集聚。支持骨干企业提升企业间协同创新能力，培育一批干劲十足、创新能力强的骨干印刷装备企业。在印刷装备的开发中注重数字化的关键环节，大力实施文化数字化建设工程，加快数字化设计等技术的开发应用，重点面向航空航天、汽车制造、文化创意等领域。通过参股、收购等方式与国内外企业深度合作，吸收借鉴国外先进管理经验，通过投资交易更好地引进先进技术。

---

① 郭俊华：《陕西制造业如何走出困境》，《西安日报》2016年1月4日，第7版。

3. 完善有利于创新的制度环境，打造要素资源整合平台

形成有利于文化制造业发展的体制机制，加强与各有关部门，尤其是主要文化管理部门和科技部门的沟通协作。加强对行业协会的指导和管理，支持协会协助承担组织企业参展、标准制定修订、技术攻关和协作、贸易救济、产业合作和人才培训等方面的工作。加强行业发展的调研以及行业标准、产业政策的制定，切实提升行业协会在服务行业发展方向的能力和作用。建立资源整合平台，完善文化制造业配套服务设施，整合资金、技术、人才等生产要素。支持文化制造业产学研战略联盟和公共服务平台建设，打造文化装备企业集中研发、演示和交易的平台，铸造文化制造业发展的引擎。支持装备制造业领域技术公共服务能力建设，开展标准化和质量改进咨询服务，为企业制定标准提供国内外相关标准分析研究、关键技术指标试验验证、质量咨询与诊断等专业化服务。

B.8 陕西新闻出版广电业发展研究报告

郭艳娜*

摘　要： 融合发展成为推动文化产业转型升级的主旋律。但是，在新闻出版广电业，如何实现跨要素融合，国内传统媒体业目前尚无成功路径，均在摸索阶段。本课题结合陕西新闻出版广电业现有资源，深入分析其在发展过程中遇到的问题，提出具有针对性和可操作性的建议探索传统陕西新闻出版广电业与相关要素的融合发展路径，提升陕西新闻出版广电业整体竞争力。

关键词： 新闻出版广电业　融合发展　陕西

随着"互联网+"时代的来临，融合发展成为推动文化产业转型升级的主动力。在新的时代背景下，我国文化产业亟须实现新突破，而"文化+"是我国文化产业发展的战略选择，也是陕西新闻出版广电业转型升级的战略选择。

但是，在新闻出版广电业，如何实现跨要素融合，国内传统媒体业目前尚无成功路径，均在摸索阶段。本课题结合陕西新闻出版广电业现有内容优势和资本优势，提出融合路径，以期推动陕西新闻出版广电业结构升级，提升陕西新闻出版广电业整体竞争力。

---

* 郭艳娜，陕西省社会科学院文化产业与现代传播研究所助理研究员。

一 陕西新闻出版广电业基本情况

(一)新闻出版业

1. 总体情况

全省现有图书出版社 18 家,音像电子出版社 15 家,互联网出版单位 14 家(出版社数量全国第四位)。报社 85 家,期刊 267 种(数量居全国前 10 位)。印刷企业 1441 家,出版物发行 1939 家,发行网点 3815 个,乡镇发行网点覆盖 40%。全省新闻出版行业直接就业人数 11.17 万人。据 2014 年国家新闻出版广电总局公布的统计数据,陕西省除图书出版社、报刊社的数量在全国排名进入前 10 名外,其他各项综合实力均居全国第 15 位左右(见表 1)。

表 1　2014 年陕西省新闻出版业主要经济指标在全国排名、占全国比重

单位:亿元,%

经济指标	金额	占全国比重	全国排名
行业总产出	326.58	1.92	15
行业增加值	97.37	2.13	16
资产总额	398.13	2.13	15
净资产(所有者权益)	212.75	2.23	15
营业总收入	321.08	1.94	15
利润总额	41.76	3.22	13
纳税总额	17.49	2.04	16

2. 图书报刊精品不断涌现

精品图书的策划和生产能力有较大进步,年均出版图书上万种,入选国家出版基金资助项目、国家"十二五"和"十三五"图书重点规划项目数量一直位居全国前五名;《鼎立南极:昆仑站建站纪实》《百年钟声——香港沉思录》《陕西金石文献汇集丛书》等 200 余种图书荣获全国"五个一工程"奖、中华优秀出版物奖、中国出版政府等重大奖项;以发行量 200 多万册的《杜拉拉升职记》为代表的畅销书生产也有了较大突破。《女友》《收藏》等多种期刊荣获国家各级别奖项 89 个,8 种期刊入选"中国最具国际影响力学术期刊"

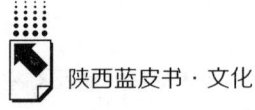

和"中国国际影响力优秀期刊"，74种期刊入选"中文核心期刊"，《华商报》稳居中国最具竞争力报纸20强前5名。华商网、女友网还入选"中国商业网站500强"。

3. 出版产业实力有新的提升

西安国家数字出版基地、西安国家印刷包装产业基地项目建设进展顺利，成长良好，数字出版基地在全国同类别21家产业基地（园区）中位居第六，2015年全省出版、印刷和发行服务实现营业收入353.26亿元，与2010年相比，增长90.96%；利润总额44.37亿元，增长91.11%。

4. 市场主体活力初步显现

陕西新华出版传媒集团重组运营，2015年底总产出将超过30亿元。非时政类报刊出版单位体制阶段性改革任务顺利完成。4家出版单位被评为国家数字出版转型示范单位，在绿色印刷、传统出版单位数字化转型方面获得较大成果。

（二）广播影视业

1. 影视创作生产持续繁荣，居全国前列

近年来，陕西影视产业不断创新，综合实力大大提升。据资料统计，陕西省电视剧产量位居全国前六名，全省拥有影视制作机构361家，2015年共生产电视剧并获许可发行16部621集，占全国总量的4%。电影发展势头良好，产量居全国第六位，电影立项84部，生产完成30部，影院规模总量达到179座904厅，影院放映119万场次，观影人次3222万，电影票房首破10亿元大关，同比增长44%。陕西电视台总资产65亿元，拥有一家上市公司——陕西广电网络传媒（集团）股份有限公司（广电网络，600831），拥有10套广播节目，9套电视频道节目。广播电视宣传有声有色，在中央"三台三网"发稿近4000条，始终位于全国省级台前列。新媒体新业态快速发展，基本实现了电视、PC、手机等渠道全方位打通，与西部网合作的《陕西头条》手机客户端用户已突破30万。

2. "影视陕军"精品迭出，优秀作品屡屡获奖，高平台持续热播

精品力作不断涌现。《大秦岭》获第二十五届"金鹰奖"、《望长安》获第二十二届中国电视文艺"星光奖"，《大鲁艺》和《陕北启示录》获得国家广电总局优秀国产纪录片中篇奖和编剧奖,获奖数量位居全国第二。

电影《白鹿原》《推拿》获柏林国际电影节"银熊奖",电影《钱学森》获中宣部第十二届精神文明建设"五个一工程"奖。刘云山、刘延东等中央领导高度重视并给予充分肯定。《盲人电影院》《团圆》《郎在对面唱山歌》分获国际和国内各类大奖。

2015年陕西电视剧在央视一套的黄金档播出占比27%,独占1/4强的央一黄金档播出份额,取得了陕西省电视剧央视播出的最好成绩。电视剧《小麦进城》荣获第二十九届中国电视剧"飞天奖"。《大秦帝国之纵横》《舰在亚丁湾》荣获第三十届中国电视剧"飞天奖"。《聂荣臻》荣获第十三届全国精神文明建设"五个一工程"奖。《大秦帝国之纵横》《聂荣臻》《打狗棍》荣获第二十七届中国电视剧金鹰奖。

3. 项目建设遍地开花,产业实力明显提升

积极推进陕西广电传媒中心、西咸新区广电产业园区、西部影视数码基地建设,有效带动影视产业的集聚发展和科技创新。全省广播电视行业总收入72.72亿元,较2010年增长45.7%;视听新媒体产业发展迅速,2015年广播节目综合人口覆盖率、电视节目综合人口覆盖率分别达到97.77%和98.49%。成功申报并主办丝绸之路国际电影节。

4. 整合资源,创新体制机制

2011年,陕西电视台、陕西人民广播电台挂牌整合为陕西广播电视台,同时组建陕西广电集团,分别拥有独立且平行的组织机构。2014年,稳步推进原新闻出版和广电两局合并,组建省新闻出版广电局,为陕广电的体制机制改革带来新的契机。

二 陕西新闻出版广电业问题分析

(一)综合排名靠后,市场化程度较低

2015年陕西新闻出版广电行业综合实力排名靠后,居第15位。现有新闻出版广电系统一直以来实行"条块分割、以块为主"的管理体制,而且多数企业脱胎转制于事业单位,与市场接轨的程度不高,不仅背负了沉重的转制包

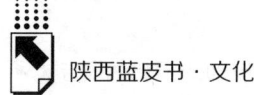

袄,而且面向市场的能力有限,难以独立发展并开展市场运作。

新闻出版由于教育类图书利润的保障,出版单位大多是"旱涝保收",图书出版三七开,三分是一般图书,七分是教材教辅,依靠教材教辅获利的现象依然很严重。出版单位仍然没有找到赢利发展的新模式,主要依靠体制内循环和政府资金资助,市场占有份额太低。一旦政府投入资金减少,势必造成生存困难。

陕西广电总收入72.72亿元,居全国第10位,处于国内第三梯队,与第1名北京市广电收入相比,相差5.6倍。陕西卫视收视率长期排名靠后,全国排名25位,处于第四梯队,是陕西广电业未来发展的短板。影视作品产量虽高,但产值太低。2015年陕西电影出品30部影片,只有4部影片面向部分院线发行,票房仅有2000万元左右。电视剧近三年生产57部,只瞄准央视,各大卫视极少,仅5部上一线卫视,占比不到1/10,还在走上央视、拿补助的路子;在新媒体发展上,外面风起云涌,而陕西省广电却仍然没有找到赢利发展的模式。

表2 2015年全国新闻出版广电业综合实力排名

单位:亿元

地区	经营收入	排名	地区	经营收入	排名
广东省	2397.39	1	江西省	731.07	9
江苏省	2018.73	2	安徽省	715.60	10
浙江省	1808.09	3	湖南省	652.06	11
山东省	1807.55	4	湖北省	651.28	12
北京市	1669.10	5	四川省	600.71	13
上海市	1489.07	6	河南省	446.02	14
河北省	852.72	7	陕西省	393.80	15
福建省	842.31	8			

(二)产业结构单一,区域发展不平衡

第一,新闻出版广电业主要集中在传统产业。陕西新闻出版主要集中在印刷复制、出版物发行和报纸出版,三者合计分别占全省新闻出版业总产值的95.1%,传统出版与数字出版、新业态融合发展水平较低;广播影视主要集中

于传统影视产业，缺乏新兴产业链条，仍依赖于传统广告、有线收视费、电视购物为主的单一收入结构。

第二，国有企业和民营企业在新闻出版广电业市场中的占比严重不均衡。比如民营影视公司虽然有近300家，但是只占市场份额的20%，其产值和影响力与国有企业相比还很薄弱。

第三，从区域聚集结构来看，陕西文化产业主要集中在省会西安，其他市县相对薄弱。2014年，西安文化产业增加值占全省GDP的64%，虽然相较于前三年略有下降，但仍占据主导地位。

（三）内容创意不足，缺少大手笔的精品力作

陕西新闻出版广电内容产业仍处于重产量、轻质量的阶段，产品有数量缺质量、有"高原"缺"高峰"。虽然全省年出版新书品种近5000种，但仍缺乏在全国乃至国际上叫得响的品牌。影视产业上，全省年播出节目时长61万小时，而自制节目只有11万小时，占比只有18%，全省现在还没有一档叫得响的综合文艺节目。近年来快速扩大的文化市场和文化消费需求更加凸显出陕西省文化产业原创内容的稀缺，内容原创能力不足、同质化现象突出、缺乏共同打造精品IP的协作意识，产品上制作技术和理念存在模仿、忽视用户体验等问题。许多具有地域特色的优秀文化资源未能得到充分的挖掘和创新，地域特色和品牌市场竞争力较弱，缺少具有核心竞争力的知名品牌产品。

（四）资金投入不足，融资渠道不畅

与发达地区相比，陕西新闻出版广电业资金投入不足，仍是以政府力量为主导，民间资本参与较少，还未形成多元化的投融资体系。《陕西省人民政府关于支持文化大发展大繁荣若干财税政策的意见》（陕政发〔2012〕34号）提出，陕西省级每年安排1亿元专项艺术基金，对列入省级重大文化精品项目的项目给予资助，影视作品资助金额一般不超过500万元，而湖南省文化产业发展专项资金资助达到1.6亿元，市州级文化产业专项资金总额达2.1亿元，均大于陕西省扶持力度。

（五）产业聚集度不高，产业链不健全

1. 制作主体多，但缺乏引领性的龙头企业

陕西新闻出版企业在数量上一直处在全国的前列，但是小而散、大而不强仍是需要解决的关键。按照2014年国家新闻出版广电总局公布的数据，陕西报业和期刊，仅有华商传媒集团才是真正意义上的报业集团。陕西图书出版的骨干企业的总体规模在全国500多家出版社中没有进入前50名的，排名最靠前的陕西人民教育出版社居第56位，其次是陕西人民出版社居第93位。原陕西出版集团和新华发行集团在全国集团综合实力排名均在下游靠后的位置。2015年底，陕西影视节目制作经营机构361家，但其产量超过3部的有7家（年产2部以上的仅有1家），产量为2部的有5家，且多数从事电影制作业务不超过3年，注册资本多在1000万元以下。总体来看，实力弱规模小，缺乏跨行业、跨地区的规模以上骨干企业。

2. 版权输出工作滞后

当前，引进好作品的竞争越来越激烈，国外出版机构更加注重国内出版社的实力、知名度和图书的预期销量，版税越来越高；寻找合适的、高水平的译者难度加大，出版社前期版税和翻译费的投入较大；版权输出作品不能很好地对接目标市场的实际需求，或者不能与读者直接对接，大多是出书后才进行图书宣传或版权输出工作。

3. 衍生产业链尚未形成

陕西图书和影视作品难以带动衍生品市场发展，衍生品的类型单一，缺乏规划，且整体偏重宣传性和纪念性，忽视了实用价值。以美国影视业为例，电影票房收入仅占其总收益的20%，80%的收入则由非银幕营销而来。

（六）影视队伍人才流动机制不畅

1. 各门类均缺乏领军人物

陕西新闻出版广电业人才引进、流动和对外开放合作互利共赢的大格局尚未形成，高、精、尖人才团队在数量和质量上还有欠缺。

2. 专业技术人员的梯队建设有待加强

目前，从业人员结构中，专业技术人才和高级管理人才数量不及就业总人

数的1/3，新闻出版广电人才在数量和高端性等方面有所欠缺。特别是青年骨干和团队的建设同企业快速创新发展的需要存在一定差距，亟须加大投入，拓展培养渠道。

3. 人才管理机制混乱

当前广电行业的用人结构非常复杂，有正式的、有聘用的，还有临时的等，人才管理机制不活，难以实现"人尽其才，才尽其用"，干部能上能下、人才能进能出、收入能高能低的局面没有形成。

三 陕西新闻出版广电业融合发展路径及对策建议

（一）坚持内容为王，创意制胜，增强产业核心竞争力

1. 坚持以人民为中心的创作导向，加强精品生产

牢牢把握正确的舆论导向，强化主流媒体的政治责任、社会责任，大力弘扬社会主义核心价值观，突出中华民族伟大复兴的中国梦、建设"三个陕西"、丝绸之路新起点宣传，营造浓厚的改革发展氛围。牢固树立精品意识，依托陕西丰富的文化资源，创作具有陕西特色的精品力作，努力形成新闻出版广播影视创作生产的高峰。从政策、资金、选题上进一步加大对弘扬中国梦主题、体现社会主义核心价值观的精品创作生产扶持力度。

2. 鼓励IP原创、优质IP开发、文本众筹、文本众创等新业态内容创作模式

对优质精品IP实现全方位全产业链开发。一方面是已有的IP作品，另一方面是IP原创。目前，优质IP资源主要源于影视剧"续集片"模式、网络文学、动漫、现场娱乐。基于优质IP点击率高、回报利润丰厚的特性，高品质网络小说、动漫IP的动画、影视、游戏和衍生品的授权基本被炒成高价并哄抢一空。但横向比较来看，上述IP的国际影响力还十分有限，我国还是优质IP的净输入国。

如何培育新IP，基于"互联网文创"，文本众筹、文本众创化成为一大趋势，极大地提升了创意与生产、消费之间的互动效率，进而提升了原创的效率和质量。通过聚焦生活方式，定位产品内容有三个特点：好玩、好看、好用，包括体验性和娱乐性。要真正能够吸引观众，成为现象级影视剧，必须具备故

事性、趣味性和话题性，把互联网思维融入创作与拍摄之中，尤其是利用网络双向互动、即时反馈的特点，让创作者与观众之间进行有效互动，使节目变得更有趣，更适合观众需求。

3. 做大做强"陕版图书"，实施"大报名刊"发展战略

扩大历史文化、红色文化品牌影响力。坚持以人民为中心的创作导向，牢固树立精品意识，引导出版单位强化一般图书的策划、编辑和生产，强化陕西图书的策划和出版，按照省上打造"大戏、大剧、大片、大作"的相关要求，及时总结和完善"陕西金版图书工程"的实施方案，加快打造一批具有核心竞争力的陕西精品图书和知名出版品牌。集中人力、物力、财力，重点围绕陕西的历史文化、红色文化资源，推出精品力作。

培育大型报刊企业集团。大力加强传播力和引导力建设，培育打造新产品新载体。以内容建设为根本，加快推进报刊业的创新、数字化转型和融合发展，尽快适应移动互联网和大数据时代发展要求，跟上时代发展步伐。继续推进"陕西大报名刊培育工程"，按照"全国知名、省内前茅、行业领先"的标准，着力培育20种在国内外有一定影响力的重点学术期刊，将"中文核心期刊"数量增至60种，充分发挥品牌报刊的引领示范作用。

4. 开发重点项目，依托"文学陕军"打造"影视陕军"品牌

开发一批精品生产重点项目。以电视剧、纪录片、电影、文学作品为龙头，推动广播电视栏目节目、动画片、广播剧、公益广告、网络文学、网络视听节目等精品创作，建立全省一百部（种）精品库，力争每年有15部以上作品选题进入国家"五个一百部"精品库。推出《陕西五千年》《纵横丝路》《红旗飘飘》等一批传承陕西优秀历史文化和弘扬陕西革命精神的栏目；抓好电视剧《红旗漫卷西部》《大秦帝国》系列作品、《西京故事》《东干陕西村》等重点作品的创作；抓好电影《长征》《炫舞丝路》《兵马俑欢乐东方》《西部歌王》等重点作品的创作；以陕西山川秀美、人杰地灵的题材，创作和拍摄《鸟瞰陕西》《陕西风云人物》等纪录片。

（二）发展新兴产业形态，促进陕西新闻出版广电业和科技融合

内容生产和渠道传播不可分离。随着时代的发展，新闻出版广电业与科技的融合业已成为该产业的重要发展趋势。一方面，在互联网、大数据、云计算

等技术支撑的基础上，传统新闻出版广电业出现了新业态，产生了数字出版、动漫游戏、移动互联网应用、视听新媒体、网络视频等一系列新的产业形态；另一方面，除了传统媒体渠道外，需要实现平台与渠道融合。传统媒体要抢占网络移动信息平台，充分利用网络技术的传播力，寻求与电商、网络商的合作，实现线上线下内容互动，占领终端，使渠道的读者变为线上的用户。同时，传统媒体也要加强自身技术研发、创新升级，开发新平台。

1. 应用大数据、云计算等新技术，搭建信息交流共享平台

利用新技术，开发新产品，发展新业态，加快传统出版单位和印刷复制企业数字产品的研发、推广和应用，推进全省各级广播电视台数字化网络化全面升级，提升全行业数字化发展水平。打造内容生产传输、集中播控、监测监管和出版广电平台，支持云采编、云分发、云安全管理、云运营支撑系统，通过大数据的采集和分析，运用可量化的精确市场定位技术，实现对文化市场的精准分析，为出版作品和影视节目的制播提供了充分的参考数据。

2. 加快与新媒体融合发展，推动三网融合和多屏互动

全面推进"三网融合"，顺应移动通信和互联网新技术发展趋势，以视听内容创作为核心，加快高新技术在视听新媒体领域的广泛应用与开发，形成以网络电视、手机电视等业务领域协同发展的新格局。

从互联网的整个发展趋势来看，大屏和移动端将是未来互联网传播渠道发展的一个重要方向。将互联网、图书、电视、电影和手机跨界整合，通过微信、二维码、APP等传播渠道，实现图书、影视节目的多次传播，从一屏到多屏，跨屏互动，重新搭建媒介与用户之间的桥梁。

3. 加快数字出版、印刷和现代发行网点建设

鼓励支持出版企事业单位适应科学技术迅猛发展的新趋势，充分运用数字技术、网络技术、信息技术等最新科技成果，培育和发展网络出版、数字印刷、手机报刊、动漫网游、移动出版信息服务等新兴业态，大力推进出版组织方式、工作方式、内容形式、传播手段的创新，丰富出版产品和服务的品种、样式、载体、风格，不断提高全行业的现代化程度。

深入实施创新驱动发展战略，推进"出版＋"行动计划，实现传统出版影视与新兴出版影视优势互补，创新发展。充分发挥资本、金融、技术在融合发展中的作用，利用新技术，开发新产品，发展新业态，加快传统出版单位和

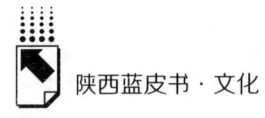

印刷复制企业数字产品的研发、推广和应用。发展印刷工业"2025",印刷复制业产值达到200亿元。加快现代出版物发行场所建设,依托互联网技术建设城、乡、村(社区)出版物发行网点,支持经济欠发达地区新建、改扩建一批实体书店,力争发行营销收入突破200亿元。

4. 加强与BAT等为代表的互联网公司的合作

当前,传统新闻出版广电企业和互联网的合作也开启了全新的模式,合作和并购已经成为一种趋势。2015年以来,以BAT(指百度、阿里、腾讯)为首的几大网络巨头在影视、出版、动漫等文化产业领域进行全方位打造。传统媒体集团通过与互联网公司在技术、平台、内容等方面的合作,逐步熟悉新媒体运作规律,相比自主研发和并购,无论从资本消耗还是从人力资本的专业性上考量都更具优势。

传统新闻出版广电企业利用自身优势,不断通过并购、投资、再融资等多种方式向产业链上下游延伸,整合省内外具有发展潜力的优质企业机构、中小型互联网新媒体企业,延伸产业链,实现集约化和规模化经营,提高竞争力,有力地促进文化资源的优化配置。

(三)建立健全投融资体系,加强陕西新闻出版广电业和金融融合

1. 逐步扩大财政专项基金的支持力度,推进社会资本在政策许可范围内进入影视领域

加大财政资金的支持。科学安排中央、省、市文化产业专项资金,逐年加大对基础设施建设、重点企业、重点项目的投入力度;加大财政直接扶持力度,每年拿出1亿元资金用于直接扶持,并向数字出版、涉及出版融合发展项目等新兴领域倾斜。对龙头骨干企业、国家级产业基地和重点项目在资源配置、资金扶持等方面予以倾斜,加大对中小微企业的资金扶持力度。

发挥财政资金的种子效应,建立扶持引导和带动社会资本参与、支持企业创新发展的政策体系。推广运用PPP模式、投资基金等方式吸引社会资本投入,支持出版企业跨地区、跨行业、跨媒体、跨所有制兼并重组;引导社会力量参与项目的技术研发和市场拓展,鼓励支持符合条件的出版、广电企业上市融资,促进金融资本、社会资本与出版广电资源有效对接;在网络出版及对外专项出版领域,探索实行管理股试点;建设电影设施、开发电影产品;鼓励和支持个人或民营文化企业从事影视产业开发和经营，允许其以控股、参股等形式参与国有影视制作机构、文艺院团改制经营。

2. 发展股权众筹、产品众筹等新型融资模式

充分发挥互联网优势，鼓励优秀出版项目、影视项目借助网络平台运用"众筹"等新融资模式进行直接融资。众筹依托互联网拓展，是中小文化企业或个人融资的补充。众筹、股权众筹和产品众筹等成为新的文化金融模式。众筹模式可以测试影视作品前期的市场反响，直接建立起创业者和用户间沟通的桥梁，降低投资风险。当前低利润融资拍摄、高比例利润返还投资方的模式运作日渐盛行，现在国内基本上已没有单一投资人的电影，互联网众筹成为影视产业投资渠道的一个创新模式。2015年《西游记之大圣归来》采用众筹模式，来自80个家庭的投资人众筹了750万元，最后的收益率达到了40倍。

3. 依托文化企业无形资产评估，建立影视与金融对接的市场机制

支持新闻出版广电企业与金融合作，鼓励银行、文化担保等机构为文化企业提供融资服务，当前无形资产的价值没有合理地反映在企业评估价值中，根据《文化企业无形资产评估指导意见》，探索版权质押、商标权和专利权质押、应收账款质押、影视剧目转播权质押、未来收益权质押、票房收入质押、著作权质押等适合新闻出版广电业特点的手段和方法。

（四）创新体制机制，实现新闻出版广电业与经济融合

1. 不断增强国有文化企业力量，打造跨地区、跨行业、跨媒体经营的大型企业集团

培育市场主体，带动文化产业发展。扶持国有或国有控股大型文化企业（集团）做大做强，充分发挥陕西广播电视台、西部电影集团、陕西广电网络产业集团、陕西新华出版传媒集团的龙头引领作用，通过兼并重组、参投控股等方式，整合出版、影视、演艺、广告、新媒体等多个文化产业领域，形成多元经营发展模式，努力打造和培育3~4家跨地区、跨媒体、跨行业、跨所有制的大型传媒集团。支持西安国家数字出版基地、西安国家印刷包装产业基地、国家级西北出版物物流基地、西部国家版权交易中心等重点园区做大做强，提高产业集中度，形成强大的竞争力和影响力，带动全行业快速发展。

2. 鼓励中小微民营文化企业发展，增强新闻出版广电市场活力

中小微民营文化企业，具有机制灵活的优势，在吸纳就业、创新技术方面发挥着极其重要的作用。因此，一方面，应鼓励更多民营企业依法进入新闻出版广电领域，大力培育一批走内涵式发展道路、"专、精、特、新"主业突出、具有创新能力和竞争力的新型中小出版企业；另一方面，扶持中小微型文化企业做专做强，通过政府牵头，支持图书出版、演艺经纪等不同产业发展，支持个人工作室、独立文化机构等中小微企业成长，形成特色化经营、专业化服务，使其成为创新创业和融合发展的重要主体，为陕西省新闻出版广电业发展注入新的生机和活力。

3. 以重大项目为抓手，推动出版影视产业长远发展

深入实施项目带动战略。推行"基金化＋重大项目"模式，以项目吸引资金、集聚人才，以项目出精品、出效益。充分发挥西安国家数字出版基地、西安国家印刷包装产业基地、国家级西北出版物物流基地、西部国家版权交易中心、西部影视文化产业园、西咸新区广电产业园、陕西宽带广电、陕西文博书苑、多媒体3D图书创新工程、陕西出版信息化及数字化建设、陕西出版物连锁营销工程、丝绸之路国际电影城、陕西动漫创意基地等项目的带动和示范效应，提高产业集中度，形成强大的竞争力和影响力，促进影视产业的集聚发展和科技创新。

（五）加快政府职能转变，推进陕西新闻出版广电业和管理融合

1. 科学制定规划，引导产业发展

加强全省新闻出版广电业"十三五"规划与国家、省"十三五"发展纲要的衔接，做到相互补充、相互促进。制定5年精品生产规划等配套规划，引导新闻出版广电业又好又快发展。

2. 出台各类扶持政策，营造良好发展环境

注重导向引领，加强政策扶持。通过制定和完善产业政策，促进新闻出版广电与创意、科技、金融等相关产业融合发展，对重点项目在资源配置、资金扶持等方面予以倾斜，让新闻出版广电发展充分沐浴"政策暖阳"。

3. 坚持"放、管、服"三管齐下，提高政府治理能力

根据"政企分开、管办分离"的原则，进一步深化简政放权，放管结合，

优化服务，推进行政体制改革，转职能、提效能。在坚持出版权、播出权特许经营前提下，稳妥推进制作和出版、制作和播出分离。稳步推进非时政类报刊出版单位改革，继续推进不具有独立法人资格的报刊编辑部体制改革，将改制与机构调整相结合，整合收并一批，撤销退出一批，做强做优做大一批，解决"小散滥"的问题。在内容审查等方面坚持"一手抓管理、一手抓繁荣"的原则，实施"底线监管"，在不违反现行政策和法律法规的前提下，坚持"百花齐放、百家争鸣"的方针，对于线下和线上的内容创作实行同等待遇，减少审批流程，激发大众的创作热情。

（六）完善产业链条，加快陕西新闻出版广电业与相关行业融合

1. 新闻出版广电业文化衍生品

文化产业和其他的产业最大的区别，就是产业链比较长，产业聚集效果比较好。加速布局新闻出版广电业，实现行业整合和产业链延伸，聚焦垂直产品线，做长产业链，实现线上线下效益最大化，打造新闻出版广电业新的经济增长点。

注重衍生品的开发、生产与营销。构建"内容+发行+渠道"全产业链模式。第一层以影视、出版内容为主制作相关衍生品；第二层利用自身发行品牌将产品推介出去，如卡通玩偶、服装、工艺制品等；第三层是通过媒体网络、主题公园、主题博物馆、线上线下等多渠道销售和宣传。①

2. 文化+旅游

电影、图书作为一种独特的文化产业，为旅游注入新的文化元素，出版影视与旅游互相嫁接，实现优势互补，产生巨大效能。一方面依托影视、图书作品中的文化要素吸引和拉动旅游产业的发展，另一方面依托文化基地打造新的旅游增长点。开发白鹿原、大唐芙蓉园、延安革命历史拍摄区等特色影视文化资源旅游，打造主题博物馆、主题公园等新型旅游模式。

3. 文化+基地

充分发挥西安国家数字出版基地、西安国家印刷包装产业基地、国家级西

---

① 《好莱坞六大公司捞金手段——储备丰富 IP 资源构建全产业链模式》，Mtime 时光网，http://news.mtime.com/2016/03/21/1553640.html，最后访问日期：2016 年 3 月 30 日。

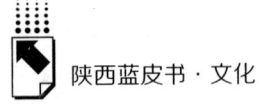

北出版物物流基地、西部国家版权交易中心等重点文化产业项目的带动作用和示范效应，高起点规划、高标准推动新的一批园区（项目）建设，使之成为新闻出版广电大发展大繁荣的重要支撑。

4. 文化+会展

积极吸引和承办行业内最具影响力的节展、颁奖活动。积极推进"丝绸之路影视桥工程"建设，办好"丝绸之路"国际电影节、"丝路书香"等品牌活动，促进丝路沿线各国文化交流与合作，搭建起文化产品国际贸易和项目合作的对接平台。

5. 文化+博物馆

开发西影老厂区，打造以旅游为主业的"影视体验城"，向参观者呈现百年西影的魅力，生动演绎电影人、电影事和电影背后的故事。以老厂区原有摄影棚为核心，突出电影主题，融入多元化电影元素，展示西影百年发展历程，收藏电影拷贝、手稿、电影海报和电影器材等珍贵藏品，定期放映经典影片，举办主题展映活动。

6. 文化+电商

电商的发展促进了新的消费方式产生。在文化领域，一是实现影视作品电商植入。所有电商以植入为主，然后再卖产品，电商的改造可能是未来影视产业的改造。二是实现图书、电影票务电商。目前，在线购书、在线订票已经成为图书和电影票销售的主要方式，完善网上购书购票流程。三是实现线上线下波动式产品植入。以移动终端为主，让观众在看书、观赏影视作品的同时，实现产品的宣传与销售，增加新闻出版广电业的整体营收。

（七）加强人才队伍建设

1. 培养基层专业人才，健全人才选拔机制

加大基层新闻出版广电人才的培养和队伍建设，启动"陕西影视业青年人才培养计划""优秀影视人员赴国外进修方案""百日计划"等人才项目建设，加强对领导人才、经营管理人才、专业技术人才的培养和选拔。

2. 培养或引进影视类领军人才

领军人才是文化产业发展的灵魂。一方面立足省内人才基础，发掘有潜力的本土人才，通过岗位磨炼和不断深造，培养行业领军人物；另一方面，树立大人才观，打破所有制限制，创造良好环境，吸引影视领军人物来陕西工作，引领陕西新闻出版广电业快速发展。

3. 创新人才激励机制

创新改革新闻出版广电人才培养、人才引进、人才流动、人才考评任用制度，进一步完善人才激励机制，为新闻出版广电业的发展提供强有力的人才支撑。

B.9 "文学陕军"作品改编现状分析及建议

杨艳伶*

摘　要： 在中国，文学作品被改编为影视剧或其他艺术形式早已有之，尤其20世纪90年代以来，随着大众文化的崛起以及互联网的普及，形象化、具象化的影视艺术以及话剧等舞台艺术受到现代人的普遍青睐，尽管其中有不少剧本资源来自网络文学作品，但经典文学作品依然占据相当大的比重。"文学陕军"是当今中国文坛不容小觑的劲旅，其作品被改编、被再创造是一个值得进行深入探讨的重要命题。本报告既分析了"文学陕军"的作品改编现状，又分析了其中存在的问题与不足，并从强化知识产权保护意识、完善人才引进与使用制度、健全产业链、打通融资渠道等方面提出了相应的对策和建议。

关键词： 文学陕军　影视陕军　文学作品　改编

2016年2月29日，在上海举办的"2016上影出品发布会"上，上影集团对外发布了近三十个影视剧项目，其中最大的亮点之一是将阿来的第五届茅盾文学奖获奖作品《尘埃落定》改编为影视剧。该集团力邀著名作家刘恒担任编剧并签下阿来《尘埃落定》和邓贤《大国之魂》的影视改编版权。此消息一出就得到了广泛关注，在被各大网站报道的同时也被网友在微信平台不断转载和分享，人们期待《尘埃落定》尽早在大银幕上呈现。而《尘埃落定》早

---

* 杨艳伶，陕西省社会科学院文化产业与现代传播研究所助理研究员，文学博士。

在 2003 年就被改编成 25 集电视剧与观众见面，后来还被成都市川剧艺术研究院创排为同名川剧在舞台上进行演绎，上影集团欲将其改编为电影的宏大计划自然填补了这部作品没有"影像语言"的空白。这则备受关注的报道折射出的是受众对文学作品改编的心理期待，凸显出读图时代影视艺术对日常生活的深刻影响，即"对于受众而言，能够看到用影视化手段诠释文学作品，是一种全新愉悦的体验"①。

在中国，文学作品被改编为影视剧或其他艺术形式早已有之，自 20 世纪 20 年代开始，经典或重要的文学作品就不断被改编为电影，至 80 年代，《人到中年》《芙蓉镇》《红高粱》《老井》《人生》等一大批作品被搬上银幕，也使中国电影发展到了新的高度。90 年代以来，随着大众文化的崛起以及互联网的普及，形象化、具象化的影视艺术以及话剧等舞台艺术受到了现代人的普遍青睐，尽管其中有不少剧本资源来源于网络文学作品，但经典文学作品依然占据着相当大的比重。换言之，影视及其他舞台艺术的"母体"是作家的文学作品。与此同时，影视剧等的大卖或热播又会引发人们对文学作品的购买热潮，从而有效扩大作家及其作品的影响力和传播范围，创作方式、表现形式等并不相同的影视和文学在一定程度上实现了相辅相成、同生共长的协同发展。陕西是文学重镇，一大批陕西作家为文坛贡献着足以引起每个人重视的文学作品，"文学陕军"更是当今中国文坛一支不容小觑的劲旅，而其作品被改编、被再创造情势也就成为一个值得进行深入探讨的重要命题。

一 "文学陕军"作品改编现状

"陕军东征"之称谓始于 20 世纪 90 年代，陕西作家井喷式的创作实绩被当作一种重要的文学或文化现象加以讨论或定位，被称为"东征五虎将"的作家分别为陈忠实、贾平凹、高建群、京夫和程海。而整个"文学陕军"梯队在 20 世纪 90 年代前后都有变化及调整，从更深广意义上来讲，于 1992 年

---

① 曹小晶、郑欣、华烨、严婷婷：《媒介融合背景下文学作品改编研究新维度——以贾平凹作品影视传播效果为个案的调研报告》，《浙江传媒学院学报》2015 年第 6 期。

逝世的路遥同样是"文学陕军"的重要作家，这不仅因为其作品仍然是当今不断被阅读、被阐释、被改编的主要对象，更因为其文化精神影响着一代又一代人。近些年，不断涌现的青年作家涌入"文学陕军"的阵营，使这支队伍的梯队构成更为完善和多元。

银幕或荧屏上出现的"文学陕军"作品数量不少，路遥的中篇小说《人生》于1984年被吴天明导演改编为同名电影，并获得1985年第八届《大众电影》百花奖最佳故事片奖，饰演刘巧珍的吴玉芳则获第八届《大众电影》百花奖最佳女演员奖。路遥的荣获第三届茅盾文学奖的《平凡的世界》先后两次被改编为同名电视剧：1989年，中国电视剧制作中心制作的14集电视连续剧热播；2015年2月，由SMG尚视影业、华视影视、上海源存影业、乐视网、陕文投集团以及榆林文旅等联合出品的56集电视剧在北京卫视和东方卫视首播，该剧在取得高收视率的同时更是获奖无数，先后获得第二十一届白玉兰奖最佳导演奖，第十三届四川电视节金熊猫奖长篇电视剧大奖，第七届金牛奖最佳作品奖，第三十届飞天奖优秀电视剧奖，2015年国剧盛典年度十大影响力电视剧奖等。

陈忠实的《白鹿原》于1997年获得第四届茅盾文学奖，该作品因其厚重的文化含量和深邃的艺术追求得到了很多人的喜爱，自然也成为不断被改编的经典文本。2012年9月，由王全安执导，张丰毅、段奕宏、张雨绮等人主演的电影《白鹿原》上映，而早在2012年2月，该片已获得第六十二届柏林国际电影节最佳摄影银熊奖，之后又在第八届中美电影节上荣膺最佳电影金天使大奖、最佳导演奖、最佳女主角奖等奖项。由这部作品改编的同名电视剧预计于2017年开播，该电视剧由刘进执导，张嘉译、秦海璐、何冰、雷佳音、刘佩琦等担任主演，由陕西光中影视投资有限公司、西安曲江影视投资（集团）有限公司、新丽传媒股份有限公司、上海佳和晖映文化传媒有限公司等共同投资出品。2006年，北京人艺率先将《白鹿原》搬上话剧舞台，该话剧由林兆华执导，孟冰担任编剧，濮存昕、宋丹丹、郭达等主演，同时邀请西安市灞桥区秦腔艺术团及华阴市的30多位秦腔、老腔演员担任群众演员。这部话剧被指定为2006北京国际戏剧演出季闭幕剧，当年演出了29场，并于2007年、2013年、2014年多次公演。2015年底，陕西人艺重排的话剧《白鹿原》上演，剧作家孟冰依旧担任编剧，总政歌剧团国家一级导演胡宗琪担任导演，与北京人艺版有所不同,这次的重排没有启用家喻户晓的大腕演员或明星,而全部使用的是陕西人艺自己的老中青演员。2016 年,陕西人艺版的《白鹿原》展开了全国巡演,努力完成原作者陈忠实先生"希望该剧能够全国巡演"的遗愿。

贾平凹至今都保持着高产的创作状态,不但每隔一两年便有一部作品问世,而且一直都将关注社会现实、反映世态人生作为创作旨归,他也有不少作品被改编为影视剧等其他艺术形式。贾平凹的早期作品中,中篇小说《鸡窝洼的人家》由西安电影制片厂改编为电影《野山》,这部以反映农村现实为主旨的小说荣获了 1985 年华表奖优秀故事片奖,第六届中国电影金鸡奖最佳故事片奖,1986 年法国第八届南特三大洲国际电影节大奖,1986 年香港电影金像奖以及 1987 年第七届西柏林国际电影节"国际天主教电影组织"督进奖等多个奖项。小说《腊月·正月》于 1986 年被珠江电影制片厂改编为电影《乡民》。同样是 1986 年,中篇小说《小月前本》由北京电影制片厂改编为电影《月月》。1994 年,小说《五魁》被西安电影制片厂和台湾龙祥影业公司合作拍摄为同名电影。1995 年《美穴地》被西安电影制片厂改编成电影《桃花满天红》。21 世纪以来的贾平凹作品当中,获得第七届茅盾文学奖的《秦腔》由西安秦腔剧院有限责任公司易俗社分公司创排为同名大型秦腔现代戏,该戏由著名导演卢昂执导,贾平凹担任文学顾问,国家一级演员、梅花奖得主惠敏莉领衔主演。以拾荒者刘高兴为主角的长篇小说《高兴》被改编为同名喜剧电影,这部由阿甘执导、北京综艺星皓文化传播有限公司出品的影片在 2009 年春节作为贺岁片上映,导演阿甘将原著略显沉重的生存主题做了艺术化的处理,正如贾平凹所说:"看得出导演很有浪漫情结,当时我写的时候其实挺难受的,这个片子很温暖,从电影角度上讲把小说作者想要表达的东西强化了。"[1] 该片上映后,口碑与反响都不错,"首周末票房便突破 1100 万元大获成功"[2]。

叶广芩以写北京四合院世俗生活为主题的长篇小说《全家福》早在 2005

---

[1] 《贾平凹力挺阿甘:这是属于基层人民的狂欢》,新浪网,http://ent.sina.com.cn/m/c/2009-01-21/10092351892.shtml,最后访问日期:2016 年 9 月 18 日。
[2] 《〈高兴〉票房大获成功阿甘称田原太可怕》,新浪网,http://ent.sina.com.cn/m/c/2009-02-11/17572371808.shtml,最后访问日期:2016 年 9 月 19 日。

年就被改编成话剧,并成为北京人艺的保留剧目,而由这部作品改编的同名电视剧于2013年1月在央视综合频道首播,并于当年获得第二十九届中国电视剧飞天奖长篇电视剧三等奖,其出品方是中国电视剧制作中心、浙江华策影视和广州影视传媒。叶广芩的另一部长篇小说《采桑子》由林汝为执导,改编为电视剧《采桑子之妻室儿女》,由陕西传视大方影视文化有限公司出品,张嘉译、陈小艺、娜仁花等主演。长篇小说《青木川》被改编为电视剧《一代枭雄》于2014年1月在江苏、浙江、东方和天津四大卫视同步播出,该电视剧由上海新文化传媒集团股份有限公司、上海欢天喜地影视传播有限公司以及北京鑫宝源影视投资有限公司联合出品,并由孙红雷、陈数、巍子等担纲主演。叶广芩还曾将短篇小说《学车轶事》改编,并由黄建新导演拍摄为电影《红灯停绿灯行》。此外,还有被北京电影制片厂拍摄而成的电影《黄连厚朴》等。

电视剧《铁市长》由作家和谷的报告文学《市长张铁明》改编而成,1991年7月在央视一套黄金时段播出,获中宣部首届"五个一工程"奖、首届西北电视剧特等奖等。电影《玻璃是透明的》改编自陕西驻沪作家李春平的同名小说,由北影导演夏钢执导,电影《郎在对门唱山歌》同样改编自李春平的同名小说。电视剧《一路格桑花》改编自陕西富平军旅作家党益民的同名长篇小说,由西安阳光雨人影视文化有限公司出品,陈胜利担当导演,2010年7月,该剧在央视一套首播。《大秦帝国》是近几年陕西影视领域影响力较大的作品之一,由作家孙皓辉的同名长篇历史小说改编而成,先是在2010年斩获第二十五届中国电视金鹰奖优秀电视剧奖及最佳美术单项奖,又于2011年荣获第二十八届中国电视飞天奖长篇电视剧二等奖。电视剧《叶落长安》是讲述跨越半个世纪的"河南人在西安"故事的电视剧,由陕西青年女作家吴文莉的同名长篇小说改编而来,姚晓峰、赵冬苓分别担任导演和编剧,投拍方是陕文投和西安曲江文化产业风险投资有限公司。电视剧《盘龙卧虎高山顶》由高建群的长篇小说《最后一个匈奴(上卷)》改编而成,由中国电视剧制作中心、北京天星亿源影视、陕文投集团、延安信天游影视等联合制作,于2011年4月登陆央视八套黄金强档。

陕西作家作品改编情形见表1。

表1 陕西作家作品改编情形一览

作家	电影	电视剧	其他艺术形式
路遥	《人生》	《平凡的世界》(1989年版、2015年版)	
陈忠实	《白鹿原》	《白鹿原》	话剧《白鹿原》(北京人艺版、陕西人艺版)
贾平凹	《野山》(由《鸡窝洼的人家》改编)、《乡民》(由《腊月·正月》改编)、《月月》(由《小月前本》改编)《五魁》、《桃花满天红》(由《美穴地》改编)、《高兴》	—	秦腔现代戏《秦腔》
叶广芩	《红灯停绿灯行》(由《学车轶事》改编)、《黄连厚朴》	《全家福》、《采桑子之妻室儿女》(由《采桑子》改编)、《一代枭雄》(由《青木川》改编)	话剧《全家福》(北京人艺保留剧目)
和谷	—	《铁市长》(由《市长张铁明》改编)	—
李春平	《玻璃是透明的》《郎在对门唱山歌》	—	—
党益民	—	《一路格桑花》	—
孙皓辉	—	《大秦帝国》	—
吴文莉	—	《叶落长安》	—
高建群	—	《盘龙卧虎高山顶》[由《最后一个匈奴》(上卷)改编]	—

二 存在的问题与不足

受众和传播范围相对较小的文学作品能够以影视剧等艺术形式得以呈现，对陕西以及所有作家而言是利大于弊的事情。"文学陕军"的队伍在不断壮大，走上银幕、荧屏或舞台的陕西作家的作品也越来越多。但综观近些年的改编状况，还存在不少问题或不足。

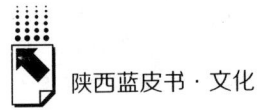

（一）"影视陕军"表现并不突出，"陕西制作"色彩不再鲜明

与吴天明、张艺谋等导演创造众多西部电影传奇的时代相比，如今，"影视陕军"的表现并不十分突出，尤其是在近些年陕西作家的作品改编过程当中。近日，微信平台上有两篇被广泛分享并转载的文章，名为《影视陕军，真能成军吗？（上）》《影视陕军，何以溃不成军？（下）》，文章虽言辞颇为激烈但也道出一部分事实。20世纪八九十年代，路遥的《人生》、贾平凹的《鸡窝洼的人家》等大多由西影厂改编为电影，在获奖无数的同时也成为时代经典作品。21世纪以来仍有不少陕西作家的作品接受改编，但"陕西制作"的色彩已不如那时鲜明，举例来说，贾平凹的《高兴》、叶广芩的《青木川》等小说的出品方是北京或上海的影视公司，2015年热播剧《平凡的世界》主体制作团队是上海或北京的尚视影业、华视影视等，陕文投只是其中的参投方。这样的情形映射出的自然是陕西影视文化企业在市场预判、投资、制作等方面的欠缺或不足。

（二）"文学陕军"的潜力并没有得到充分挖掘

作家和编剧在创作方式、思维习惯、表现形式等方面存在诸多差异，但如果由原作家担任改编作品的编剧，一定程度上可以减少对原著自身特质的损害，同时也可以借助作家的影响力提升影视剧的知名度。刘恒、严歌苓、刘震云等作家大多担任自己作品的文学编剧，陕西作家担任编剧的并不多，最多也就是文学顾问而已。从某种程度上来讲，"文学陕军"的优势和潜力并没有被真正挖掘出来，作家的多重身份尚未得到充分利用。

（三）宣发、营销等市场运作机制不够健全

电视剧《红高粱》《后宫如懿传》等在播出前就已经展开强大的宣传攻势，使得人们对其充满期待，尤其是《后宫如懿传》甚至已经形成"未拍先火"的局面，除了原著的大量粉丝群之外，制作团队以主演人选确定、与《甄嬛传》之间的联系等为主题的宣传营销行为为电视剧热播营造了良好的氛围。相比而言，陕西影视行业的宣传发行、包装、营销等能力要薄弱许多，电视剧《白鹿原》已经杀青，但制作团队和出品单位的市场营销活动并没有及

时跟进，相关的播映消息并未得到大范围的推广和传播，无论是传统媒体还是新媒体上关于电视剧版《白鹿原》的报道都非常少，市场运营机制的不健全会在很大程度上影响一部改编作品面世后的境遇。

（四）相关行业之间尚未形成联动发展格局

文学作品改编涉及的行业不止影视产业一个门类，而是关系出版、旅游、演艺等多个行业。陕西作家的很多作品并没有在本土出版社出版，出版产业错失了不少发展机遇，旅游、演艺、影视等产业的联动发展格局也没有完全形成，区域文化产业发展自然会受到影响。

（五）民间资本、社会资本并未真正进入相关领域

国家早已出台政策法规，允许社会资本在政策许可的范围内进入文化产业相关领域，PPP（政府和社会资本合作）模式的推广也延伸到了文化领域。从与陕西作家作品改编相关行业的发展情形来看，民间资本、社会资本的作用还没有得到充分发挥，引领陕西影视产业发展的依然是国有文化企业，民营影视公司的力量依然薄弱，资金紧张、融资困难等问题未能从根本上得到解决。

三 相应的对策和建议

（一）拓宽思路、开阔视野，探索"影视陕军"与"文学陕军"比翼齐飞的新路径

唱衰陕西影视产业、"影视陕军"的言论中，被提及最多的就是其已无力接续吴天明时代的辉煌，近些年的西影集团再也没有出现过能同张艺谋的《红高粱》等相媲美的经典之作，电影《白鹿原》等不可避免地落入"叫好不卖座"的怪圈，虽获奖无数却票房惨淡。今后的发展中，"影视陕军"应创新思维方式，积极加强与国内外影视企业或机构的交流与合作，尝试与知名导演、编剧建立长期签约制度，充分利用"文学陕军"的资源优势，力争"影视陕军"和"文学陕军"实现比翼齐飞。

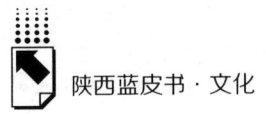

（二）进一步强化知识产权保护意识，积极寻求与本土作家的长效合作机制

《文化企业无形资产评估指导意见》已经颁布，对文化企业而言，著作权质押、人力资源出资、艺术授权等将会有据可依，知识产权违法的成本也必定会越来越高。因此，强化知识产权保护意识是从事文学作品改编的陕西文化企业的当务之急，同时，还应该通过签订合约等方式与作协、文联及作家建立起长效合作机制，更要尊重并保护作家的著作精神权利和著作财产权，尤其要保护被改编作品的完整权，即"保护作品不被歪曲、篡改的权利"[①]。

（三）完善人才引进及使用制度，重点加强宣传发行、营销、管理等专业人才的培养与引入

人才的引进、使用、流动制度是否完善关系文化企业的长远发展，人才缺失的短板严重制约着陕西的影视、出版、演艺等企业发展，不断加强宣传发行、营销、管理等专业人才的培养和引入才有可能破解发展难题，文学作品改编也才会走上良性发展道路。可以尝试委托培养、定向培养等方式，也可以借鉴陕西人艺"不求所有，但求所用"的人才使用思路，采用半年制（让优秀创编人才每年为本企业工作半年，提供相应数量的剧本即可，其他时间由个人自行支配）等弹性工作方式，使优秀人才、紧缺人才为我所用。

（四）整合文学艺术、出版发行、影视演艺等行业的优势资源，推进产业聚合发展

以一部文学作品的改编拍摄为契机，整合影视演艺、出版发行等行业领域的优势资源，形成具有持续竞争优势的产业集聚区，是陕西文化产业走向纵深发展的路径之一。2016年7月，位于蓝田县白鹿塬上的白鹿原影视城开园，电影和电视剧版的《白鹿原》都将这里作为主要拍摄地，该影视城将被打造为集影视创作、文化休闲、旅游观光等为一体的民俗文化产业发展基地，既填

---

① 张惠春：《论作品精神权利保护——以文学作品改编成电影作品为例》，《湖北警官学院学报》2013年第12期。

补了陕西尚无影视城的空白，也会带动相关产业的快速勃兴，这样的发展思路无疑为很多行业提供了范本。

（五）真正打通民间资本、社会资本的进入渠道，解决融资等难题

切实落实相关政策，给予民营文化企业土地、税收、担保等方面的优惠待遇，集思广益，积极论证，不断探索社会资本真正进入演艺、影视、出版等领域的方法或模式，尽快出台符合本省文化发展实际的PPP模式相关文件，进而从根本上解决融资难题，不断激发文化发展活力，是文学作品能够顺利进入改编程序的先决条件之一。

（六）充分利用丝绸之路国际电影节等平台，提升相关行业的影响力和美誉度

近几年，不断有节会在陕西举办，仅2016年9~10月，就有9月7~21日举行的第三届丝绸之路国际艺术节，9月19~23日举行的第三届丝绸之路国际电影节，10月15~30日举行的第十一届中华人民共和国艺术节等，这些大型活动的举办都会为陕西提供很多发展机遇，不仅有学习、交流的机会，更是展示、亮相的平台。如果加以充分利用，以展映、展演、展播等方式密集推广本地区作家的作品，陕西影视等产业的影响力和美誉度都会得到大幅度提升。

文学作品改编不是最终目的，票房、收视率或上座率也不是终极量化指标，通过改编让人们的精神生活更为丰富，并使文学作品散发恒久艺术魅力才是重要旨归。"文学陕军"的队伍会被不断扩充，也必将有更多作品被纳入改编之列，唯有不断探索，方能收获更多。

B.10
陕西周秦遗址文化资源保护与利用研究报告

樊为之*

摘　要： 陕西有着悠久的文明历史，西周、秦朝先祖发源于陕西，并在这里建都。此外，春秋战国时期主要国家秦国主体位于陕西。陕西境内，西周、秦国、秦王朝文化资源异常丰富，研究、保护和利用这些资源，有利于保护和宣传中国古代文明。陕西西周、秦朝遗址在全国乃至亚洲历史文化资源中具有非常重要的地位，包括丰镐遗址、秦咸阳城遗址在内的周秦遗址影响大，代表性强。众多的陕西周秦遗址成为国家和陕西省重点文物保护单位，受到很好的保护和研究。陕西考古发掘、研究、保护、宣传周秦遗址文化资源，对于传播中华文明，满足中国和世界游客对部分历史知识的需求大有裨益。

关键词： 陕西　西周　春秋战国　秦朝　文明遗址

陕西历史悠久，特别是从西周到唐时期在中国历史发展演进中发挥了重要作用。西周和秦朝，这里是全国性王朝都城所在地，遗留下了数量不菲的文化遗址，对它们进行探查、研究、保护和利用，有助于世人进一步认识中国古代文明，传播中国历史信息。本文研究的对象主要为全国重点文物保护单位和陕西省文物保护单位中的西周、春秋战国和秦朝遗址。通过对它们的研究，本文论述陕西周秦时期遗址文化资源研究、保护和利用状况。

---

* 樊为之，陕西省社会科学院文化产业与现代传播研究所副研究员。

一 陕西西周遗址文化资源状况

（一）商代遗址文化资源

陕西新石器时代文明较为发达，仰韶文化遗存数量众多。但到了夏商时代，陕西境内发现的遗址数量不多，被定为全国重点文物保护单位的主要有西安老牛坡遗址（第五批，新石器时代至商代）；渭南华县的南沙遗址（第七批，新石器时代至商代）；咸阳武功县郑家坡遗址（第七批，商代）；宝鸡扶风县益家堡遗址（新石器时代、商代），凤翔县水沟遗址（第七批，新石器时代至战国）、岐山县的凤凰山遗址（第六批，商代至周代）、赵家台遗址（第七批，商代、西周）；位于咸阳杨凌和宝鸡扶风的故邰国遗址（第七批，新石器时代、商代、周代）；汉中南郑县的龙岗寺遗址（第六批，旧石器时代至汉代）、城固的宝山遗址（第七批，新石器时代、商代）和榆林清涧的李家崖城址（第六批，商代延续到周代）。

这些商代遗址，承上启下，将陕西夏商周文化连贯，有助于认识西周文明的发展。

（二）陕西全国重点文物保护单位中的西周遗址

1. 陕西全国重点文物保护单位中的西周遗址

陕西的全国重点文物保护单位中西周遗址主要集中在关中地区，分别是位于陕西省西安的西周丰镐遗址（第一批）；位于宝鸡市扶风县、岐山县的西周周原遗址（第二批）、岐山县的凤凰山遗址（第六批，商代至周代）、岐山县赵家台遗址（第七批，商、西周）、眉县的杨家村遗址（第六批）、凤翔县的水沟遗址（第七批，新石器时代至战国时期）、陈仓区的桥镇遗址（第七批，新石器时代、西周）、渭滨区茹家庄遗址（第七批）；位于渭南韩城市的梁带村遗址（第六批，周代）；位于咸阳市长武县的碾子坡遗址（第七批，新石器时代至西周）。

陕南陕北的全国重点文物保护单位中西周遗址有位于榆林清涧县的李家崖城址（第六批，商代至周代）和商洛市商州区的紫荆遗址（第七批，新石器时代至西周）。

2. 对西周遗址的考古发现

长期以来，考古界都很重视西周遗址的发掘。对西周遗址的考古发端于20世纪30年代。1951~1954年考古工作者就对丰镐遗址开展广泛的调查，发掘了周穆王时代的墓，出土了"长由盉"等丰富葬品。1961年冬在马王村村西清理一座铜器窖藏，出土青铜器共五十三件。还在丰邑出土了铸铜泥范，其中一块外范主纹采用了西周初期流行的翘尾夔龙。对镐京的发掘出土了鼎、豆、盂、盏、碗、瓮、罐、盆（储器）等十多种。铜器均出自窖藏，82件，包括西周初、中、晚三个时期的器皿，器类有鼎、盏、盘、壶、鉴和杯等十多种。此外还有铜匕首等，多数铜器的制作精美华丽，具有较高工艺水平，如新旺村第1号铜鼎。① 根据截至2004年的发表资料统计，丰镐地区658座墓葬曾经出土陶容器1998件，器类有鬲、罐、簋、觯、卣、豆、瓿、盂、碗、鼎、瓮、尊、壶、盘、盆、爵、釜等20种。器类中鬲有654件，约占总数的33%；罐513件，约占26%；簋224件，约占11%；盂168件，约占8%；瓿62件，约占3%。② 杨家村遗址出土了大量的青铜器，仅1949年后就有四次重要的发现，1954年发现一个约20厘米高的"金马驹"——驹尊和一个小"金马槽"；1972年发现一尊大鼎，鼎重78.5公斤，鼎口沿内有铭文27字；1985年，杨家村又出土了一套青铜打击乐器——青铜编钟；2003年发现一批文物，27件窖藏青铜器中26件是宣王时期所铸造，一件盉是厉王时铸造，其中一四足附耳盘（逨盘）铭文21行，约360字，记载了单氏家族8代人辅佐西周12位王（周文王至周宣王）征战、理政、管治林泽的历史。这批文物堪称1949年后窖藏最完整、铭文最多、数量最多的青铜器。③ 2014~2015年在对周原遗址的考古中，发现了迄今规模最大的西周单体建筑基址、精美马车的车马坑和发达的水网系统等。周原遗址入选2015年度全国十大考古新发现。

梁带村遗址是陕西省考古工作的重要发现。梁带村遗址自2005年4月开始发掘以来，出土有青铜鱼、龙纹镂空铜环、金剑鞘、漆器建鼓等稀世文物，

---

① 胡谦盈：《丰镐考古工作三十年（1951~1981）的回顾》，《文物》1982年第10期。
② 张礼艳：《丰镐地区西周墓葬分期研究》，《考古学报》2012年第1期。
③ 杨西民：《惊世的发现与甘苦的采访——陕西眉县杨家村重大考古发现采访手记》，《新闻知识》2003年第21期。

填补我国多项考古空白。2005年梁带村遗址成为全国十大考古新发现。梁带村遗址出土的玉器数量大、种类多、等级高，为研究古代玉器的年代、功能和制作工艺提供了珍贵的实物资料。① 这里出土的青铜器有"芮公""芮太子"等铭文，专家判断此处是芮公家族在两周之际采邑的概率高。②

2012年，中国社会科学院考古研究所、陕西省考古研究院、西安市文物保护考古院联合对丰镐遗址开展了全面的考古调查，初步确认了丰、镐两京遗址范围和地下遗存分布状况。另外近年来对周原遗址的考古，首次确定了周原遗址西周早期的东部边界。对凤凰山遗址的考古，填补了以往西周墓葬形制的空白，发现了大型夯土建筑基址群及大量建筑遗存，先周晚期至西周晚期的铸铜作坊，大量刻字甲骨等，并能基本判定周公庙遗址为周公及其家族的采邑。③

3. 对西周遗址的研究

近年来，学者对西周遗址进行了大量的研究工作，出版发表了一批高质量的研究成果。其中针对丰镐遗址的图书就包括《丰镐遗址青铜器》（中央编译出版社，2008）、《城市总体布局的范本丰镐遗址与墓地》（天津古籍出版社，2006）、《西周都城丰镐遗址》（辽宁人民出版社，1993）、《西周都城丰镐》（陕西人民出版社，2002）、《丰镐考信录》（中华书局，1985）、《三代都址考古纪实》（中国社会科学出版社，2009）等。对丰镐遗址研究的论文更为丰富，包括发表于《考古》上的《丰镐遗址的制骨遗存与制骨手工业》《丰镐地区诸水道的踏察——兼论周都丰镐位置》，发表于《历史研究》上的《周都丰镐位置商榷》《周都丰镐与金文中的京》，发表于《考古学研究》上的《论丰镐周文化遗址陶器分期》，发表于《文物》上的《丰镐考古工作三十年（1951~1981）的回顾》，等等。

针对周原遗址的研究出现了一批较高质量的成果。图书方面，2010年由陕西省考古研究院编著、科学出版社出版了《周原》（《陕西省考古研究院田

---

① 孙秉君等：《陕西韩城梁带村遗址M26发掘简报》，《文物》2008年第1期。
② 王炜林：《周秦汉唐考古的新进展——以陕西大遗址考古为例》，《考古与文物》2013年第5期。
③ 王炜林：《周秦汉唐考古的新进展——以陕西大遗址考古为例》，《考古与文物》2013年第5期。

野考古报告》);1988年上海人民出版社出版了《周原与周文化》;1997年台湾学生书局出版了《周原甲骨研究》等。周原遗址研究的文章,包括一批很有分量的发掘简报,如《考古》(2008年第12期)上发表的《陕西扶风县周原遗址李庄西周墓发掘简报》,2003年《考古与文物》上发表的《2002年周原遗址(齐家村)发掘简报》,2015年《中国国家博物馆馆刊》上发表的《周原遗址凤雏三号基址2014年发掘简报》,2003年《古代文明》(辑刊)上发表的《2001年度周原遗址(王家嘴、贺家地点)发掘简报》和《1999年度周原遗址ⅠA1区及ⅣA1区发掘简报》等。对周原出土的青铜器研究属于周原研究的一个重要方面,产生了一批成果,如1981年《西北大学学报》发表的李学勤文章《青铜器与周原遗址》,2000年《考古学研究》发表的《周原遗址及彊国墓地出土青铜器保存状况及埋藏环境调研》,2004年《考古》上发表的《陕西周原遗址发现西周墓葬与铸铜遗址》,2006年《宝鸡文理学院学报》发表的《近数十年来周原遗址西周青铜器的重要发现与意义》,2014年《考古与文物》上发表的《陕西周原遗址新出土的青铜器》等,由此可见周原青铜器的研究在周原研究中的地位。用现代科学研究周原文物成为周原研究的一个发展方向,《光谱学与光谱分析》2016年第5期发表的《陕西周原遗址出土西周原始瓷工艺特征的初步研究》就是这方面的案例。

近年来新成为国家文物保护单位的西周遗址也为研究人员所关注。2008年《文博》上发表的《从近年来岐山北郭地区出土的文物浅谈凤凰山遗址的性质》就是针对凤凰山遗址所做的研究。1987年《文博》上发表的文章《陕西清涧李家崖古城址陶文考释》则是对李家崖城址的专项研究。梁带村遗址则因其出土文物的质量和规模引起学界的广泛关注,产生了一批研究成果,如2008年《文物》上发表的《陕西韩城梁带村遗址M26发掘简报》,2009年《中国科学》上发表的《梁带村遗址M27出土铜铁复合器的制作技术》等。2003年《宝鸡文理学院学报》发表的《逑盘的史学价值》一文则是对杨家村遗址出土文物的专题性研究。

(三)陕西省级重点文物保护单位中的西周遗址

陕西西周遗址中有一大批省级重点文物保护单位。这批西周遗址数量多,分布面广,全省众多地方均有分布。1957年、1992年、2003年、2008年、

2014年公布的第二批至第六批省文保单位中有大量西周时期遗址。它们多集中在关中地区，尤其是关中的宝鸡、咸阳和西安地区。

陕西省级重点文物保护单位中的西周时代遗址中，位于西安的有临潼区西段遗址（第三批）；户县的崔家堡遗址（第二批）、黄堆村遗址（第二批）、北丈八寺村遗址（第二批）、滹沱村遗址（第二批）、城关遗址（第二批）、宋村遗址（第二批）；长安区的大仁遗址（第四批）；蓝田县的洩湖遗址（第四批）；周至县宗圣宫遗址（第五批，西周—宋元）；高陵县灰堆坡遗址（第五批，新石器时代—后秦）。

陕西省级文物保护单位中，位于宝鸡市的西周遗址有宝鸡市内的石嘴头一号遗址（第三批）、贾村遗址（第四批）、渭滨区的茹家庄遗址（第二批）、旭光村二号遗址（第三批）；凤翔县的吴家头遗址（第三批）；陇县的边家庄遗址（第三批）、麦枣峪遗址（第三批）、塬子头遗址（第四批）、韦家庄遗址（第四批）；眉县的东坡遗址；扶风县的东渠遗址（第二批）、大陈遗址（第四批）、下康遗址（第四批）、案板遗址（第四批）、白龙湾遗址（第四批）、五郡沟遗址（第五批，新石器时代、周代、汉代）、大河寺遗址（第六批）；千阳县的邓家堡遗址（第三批）、新民遗址（第四批）；麟游县的园子坪遗址（第三批）、蔡家河遗址（第三批）；岐山县的孙家遗址（第三批）、永尧遗址（第三批）、丁童遗址（第三批）、赵家台遗址（第三批）、王家嘴遗址（第三批）。其中为数不少的遗址从新石器时代延伸到西周甚至更久远的年代，显现了这一地区文明的持续传承性特点。

陕西省级文物保护单位中，位于咸阳市的西周遗址有淳化的西梁家遗址（1992年）、史家塬遗址（第六批）；武功县的香尧遗址（1957年）、郑家坡遗址（1992年）、岸底遗址（2003年）；长武县的碾子坡遗址（1992年）、拜家嘴遗址（1992年）；礼泉县的朱马嘴遗址（2003年）、下孟村遗址（2003年）；乾县的郭村遗址（2003年）、屈家嘴遗址（第六批，商代、周代）。

渭南市省级文物保护单位中的西周遗址有潼关县的泗州城遗址（第五批），华阴市的东嘴遗址（第六批，新石器时代、商周、汉代）；合阳县的灵井遗址（第六批）。

陕北地区省级文物保护单位中的西周遗址，有延安黄龙县木瓜寨遗址（第四批）、富县交道遗址（第三批，新石器时代至秦汉）；榆林的辛庄遗址

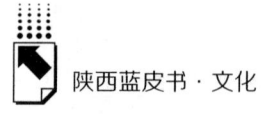

（第六批，商周）。

陕南地区省级文物保护单位中的西周遗址，有安康的王家坝遗址（第三批）、石泉的马岭坝遗址（第三批），旬阳县的武家后湾遗址（第六批，新石器时代—南北朝）；商洛商州紫荆遗址（第三批）。

二 陕西春秋战国时期遗址文化资源状况

（一）陕西全国重点文物保护单位中的春秋战国时期遗址

陕西的全国重点文物保护单位中春秋战国时期遗址，包括位于宝鸡市凤翔县的东周秦雍城遗址（第三批）；咸阳市泾阳县的战国郑国渠首遗址（第四批）；渭南市华阴、大荔、韩城的战国魏长城遗址（第四批）。

秦雍城在历史上发挥过重要的作用，从春秋晚期公元前677年至战国中期公元前383年的294年间，雍城一直作为秦国都城，是秦人由西向东迁徙过程中的政治中心。战国郑国渠是我国古代一项著名的大型水利工程，郑国渠遗址现存有郑国渠口、郑国渠古道和郑国渠拦河坝，附近还有秦以后历代重修、增修的渠首、干道遗址，并有大量的碑石遗存等，具有难得的科学价值、历史价值和观赏价值。渭南地区魏长城遗址为战国时期魏国西长城的遗留物，它南起于华阴市华山玉泉院附近，北止于韩城市南面黄河西岸，全长300余里，系战国时期秦国和魏国的分界线，现有部分长城残垣等。

（二）陕西省级重点文物保护单位中的春秋战国时期遗址

陕西省级文物保护单位中的春秋战国时期遗址中位于宝鸡的有千阳前川遗址（第三批）、尚家岭遗址（第六批）；凤翔县的孙家南头宫殿遗址（第四批）；位于咸阳的有泾阳县望夷宫遗址（第四批）；位于渭南的有蒲城徵邑漕仓遗址（第四批，春秋至汉代）、阿坡墙址（第六批，战国）、王官城址及墓群（第六批）；位于铜川市的有宜君战国长城遗址（第六批）。

陕北地区省级文物保护单位中的春秋战国时期遗址，有榆林定边的五庄果梁遗址（第三批，战国）、神木县寨峁遗址（第四批）；有延安黄陵的战国长城（第六批）。

陕南地区省级文物保护单位中的春秋战国时期遗址，有位于安康平利县女娲山遗址（第四批），还有子午道汉滨段遗址（第六批，战国、秦汉）、汉王坪遗址（第六批，战国至南北朝）、子午道宁陕段遗址（第六批，战国至民国）、武家后湾遗址（第六批，新石器时代至南北朝）、关垭界墙遗址（第六批）；位于商洛丹凤的商邑遗址（第三批）和武关城遗址（第三批），另外还有武关秦楚分界墙遗址（第六批）；位于汉中的故道略阳段遗址（第六批）、七盘关遗址（第六批）。

（三）对春秋战国遗址的考古发现和研究

陕西春秋战国遗址的考古工作颇具成效。

20世纪60年代以来，陕西对秦雍城遗址进行了大量考古调查、勘探与发掘，基本摸清了雍城遗址布局与结构。确认雍城遗址总面积51平方公里，基本上由城址、秦公陵区、国人墓地和郊外建筑等组成。2006年发掘了豆腐村制陶作坊，发现陶窑等重要遗址。通过考古还发现了雍城城内的建筑在布局上遵循"顺河而建，沿河而居"的规律，为研究秦国早期陵寝制度的形成与发展提供了新材料。①

春秋战国时期遗址一直为学界所关注，并在这方面产生了相当丰硕的研究成果。研究人员针对秦雍城遗址开展了一系列研究，如2011年《考古与文物》发表的《秦雍城豆腐村制陶作坊遗址发掘简报》，而1994年《文博》发表的《秦都雍城遗址新出土的秦汉瓦当》和2013年《文博》发表的《秦雍城豆腐村与马家庄遗址出土瓦件的建筑学模拟实验观察》等文章则对其建筑材料进行了更深入的研究。对秦雍城遗址保护则属于研究人员关心的另外一个重要问题，如2009年《城市发展研究》刊登的《大遗址保护中的弹性规划策略研究——基于雍城遗址保护的思考》，2009年《中国土地》上发表的《秦雍城：大型土遗址保护利用缩影》，2013年《宝鸡文理学院学报》刊登的《大遗址保护展示的现状、问题与对策——以秦雍城遗址为例》，2012年的《城市问题》发表的《雍城在大遗址保护与城市发展中的创新》等文章，从不同角度

---

① 王炜林：《周秦汉唐考古的新进展——以陕西大遗址考古为例》，《考古与文物》2013年第5期。

探讨了秦雍城遗址的保护问题。学术界对郑国渠首遗址亦很关心，从多方面进行研究，如2006年《考古》刊登的《陕西泾阳县秦郑国渠首拦河坝工程遗址调查》、1989年《文博》发表的《郑国渠渠首引水方式的争论与考证》等文章就对这一古代水利工程进行了深入研究。魏长城遗址研究也得到了一定程度的开展，1983年《人文杂志》刊登了《魏国西长城调查》，1985年的《文博》发表了《陕西华阴境内秦魏长城考》，1980年《考古》上的《陕西华阴、大荔魏长城勘查记》就专门研究了这部分魏长城。

三 陕西秦代遗址文化资源状况

（一）陕西全国重点文物保护单位中的秦代遗址

关中地区全国重点文物保护单位中的秦代遗址，包括位于西安市的秦代阿房宫遗址（第一批）、栎阳城遗址（第五批，战国至汉代）、周至县西峪遗址（第七批，新石器时代、秦汉）；位于咸阳市的秦咸阳城遗址（第三批，战国至秦代）、淳化县秦直道起点遗址（第七批）、秦都区沙河古桥遗址（第七批，秦汉）；位于宝鸡的眉县成山宫遗址（第七批，秦汉）、褒斜道陈仓古道栈道遗址（第六批）；位于渭南澄城县的良周遗址（第五批，秦汉）、潼关县十二连城烽火台遗址（第七批，东周至明代）、蒲城县澂邑漕仓遗址（第七批，春秋至西汉）；位于铜川市耀州区的祋祤宫遗址（第七批，秦代至西汉）。

陕北地区全国重点文物保护单位中的秦代遗址，有位于延安市黄陵县、富县、甘泉县、志丹县的秦直道遗址延安段（第七批）；位于榆林市横山县的银州故城（第七批，秦汉唐）。

陕南地区全国重点文物保护单位中的秦代遗址，有位于安康市汉滨区的刘家营遗址（第七批，战国至秦汉）。

栎阳故城是秦汉时代的重要城市。公元前384年，秦献公从雍都迁都栎阳。公元前383年至公元前350年，秦献公和孝公曾营建栎阳，并于此开启了秦国的社会变革，夺取了河西之地。秦徙都咸阳后，栎阳发挥了秦都咸阳主要门户的作用。良周遗址为秦汉时期秦献公所居之地，有建筑面积近80万平方米的秦汉宫遗址。秦咸阳城遗址是战国中后期秦国都城遗址，是秦统一六国的指挥中心。1981年考古发现的成山宫遗址是一处文献史料失载的秦汉宫殿遗址，中心区域面积达30万平方米以上。1988年发现的祋祤宫遗址是秦汉时期的宫殿遗址，因发现有"祋祤"瓦当残件，改名祋祤宫遗址。秦直道遗址是沿山脊和高地选线的国家级交通大道，堪称中国古代的高速公路。已发现遗迹的道路全长约750公里。

（二）陕西省级重点文物保护单位中的秦代遗址

陕西省级文物保护单位中的秦代遗址中，有位于西安的蓝田县鼎湖延寿宫遗址（第三批）；位于渭南的临渭区焚书台遗址（第五批）、崇宁宫遗址（第三批）；位于宝鸡的凤翔凹里遗址（第三批），麟游县杜阳县故城（第四批），眉县第五村宫殿遗址（第四批）；位于咸阳的三原池阳宫遗址（第四批）、乾县梁山宫遗址（第四批）、乾县秦甘泉宫遗址（第三批）、泾阳口镇宫殿遗址（第四批）。

陕北地区省级文物保护单位中的秦代遗址，有位于延安的寺疙瘩遗址（第六批，新石器时代、战国、秦汉）。

陕南地区省级文物保护单位中的秦代遗址，有位于安康的刘家营遗址（第三批）和鱼翅遗址（第三批）；位于汉中的褒斜道留坝段遗址（第六批）、洋县的关岭村遗址（第六批）。

（三）对秦代遗址的考古发现和研究

进入21世纪以后考古工作者加大了对秦代遗址的发掘力度，通过考古摸清了阿房宫的基本情况。

2002~2004年，考古队对秦阿房宫核心建筑前殿遗址进行了考古工作。根据调查、勘探和发掘确定了前殿遗址夯土台基东西长1270米、南北宽426米、现存夯土台基7~9米，最高处达12米。考古中出土了战国时期的铺地砖、拦边砖、板瓦片、筒瓦片等。考古队还出土了属于战国时期的砖、瓦和瓦当。[①] 考古发现台基上没有建筑，说明秦阿房宫或后人所说的阿城实际上就是

---

① 李毓芳：《近年来阿房宫遗址的考古收获》，《中国文物报》2008年1月4日。

指前殿遗址，这为国家制定保护秦阿房宫遗址的整体规划提供了重要的科学依据。①

2006年以后，陕西省考古研究院对秦直道进行了连续考古调查、勘探与试掘工作，发现陕西境内有大量与秦直道相关的遗存，确定了陕西境内秦直道长度大约有498公里。2009年，考古学家还在富县境内发现了我国目前所知最早的盘山道——"之"字形盘山道。②经过几十年对秦汉成山宫遗址调查、试掘，考古学家对遗址的范围、性质、使用年代等问题有了比较清楚的认识。这里发现的遗物主要有条砖、空心砖、瓦当和铁器等。考古工作者通过考古工作认识到成山宫遗址始建于战国，兴盛于秦代，西汉延用，东汉初年仍修葺延用。③从1996年起，考古工作者对良周遗址进行了考古调查，发现此地为一大型秦汉宫殿建筑遗址。这里发现的大量板瓦、筒瓦及瓦当，与秦宫殿遗址建筑遗物相似，因此其推断认为该遗址的始建年代应当在战国晚期至秦代。④20世纪60年代和80年代，考古工作者对栎阳城遗址进行了考古发掘，确定了栎阳"城址的分布范围，南、西二城墙和三处门址，秦汉道路十三条，秦汉建筑遗址、一般居址和手工作坊遗址十五处。"⑤

研究人员不仅对秦代遗址进行了大量的考古探查工作，而且开展了深入的研究，1985年《考古学报》上发表了《秦汉栎阳城遗址的勘探和试掘》一文；2011年《文博》上刊登了《秦咸阳城遗址的保护和利用刍议》，2016年《文博》上发表了《秦咸阳城遗址石磬残件分析》等，这些文章从秦咸阳城的保护到对其文物分析，加深了对秦咸阳城的认识。还有为数不少的文章专门研究新近被纳入国家文物保护单位的项目。2003年《文博》1期刊登《陕西眉县秦汉成山宫遗址的新发现》，2001年《文博》发表了《陕西眉县成山宫遗址试掘简报》，1998年《考古》发表了《陕西眉县成山宫遗址的调查》，2006年《西部考古》发表了《成山宫秦汉瓦当研究》，对成山宫遗址进行了研究。关

---

① 杨永林：《秦阿房宫遗址考古工作全面完成》，《光明日报》2007年12月9日。
② 王炜林：《周秦汉唐考古的新进展——以陕西大遗址考古为例》，《考古与文物》2013年第5期。
③ 刘怀君、严惠禅：《陕西眉县秦汉成山宫遗址的新发现》，《文博》2003年第1期。
④ 姜宝莲、赵强：《陕西澄城良周秦汉宫殿遗址调查简报》，《文博》1988年第4期。
⑤ 中国社会科学院考古研究所栎阳发掘队：《秦汉栎阳城遗址的勘探和试掘》，《考古学报》1985年第3期。

于秦直道，研究开展得也很深入，2015年的《西北大学学报》发表了《秦直道建筑探究》，2006年《文博》刊登了《旬邑县秦直道遗址考察报告》，2005年《内蒙古文物考古》发表了《世界古代高速公路之首——秦直道》，这方面的研究成果上百篇。

四　陕西周秦遗址文化资源的保护、开发与利用

（一）通过建立博物馆，展示了陕西省周秦遗址文化资源

陕西省在周秦遗址上建立了一批博物馆，向参观者提供了优质的服务。陕西借助周代遗址和文物资源成立的博物馆包括丰镐遗址车马坑陈列馆（主要有沣西车马坑和丰镐考古成果专题展）、宝鸡青铜器博物院（主要有"青铜铸文明"陈列，展品有西周青铜器精品何尊、折觥、墙盘、逨盘等1500余件）、周原博物馆、岐山县周原博物馆。

陕西借助秦代遗址和文物资源成立的博物馆包括秦始皇帝陵博物院、西安市秦阿房宫遗址博物馆、秦二世陵遗址博物馆、宝鸡先秦陵园博物馆（包括秦景公大墓"黄肠题凑"复原陈列）、秦咸阳宫遗址博物馆（其重点藏品有鸟篆文青铜剑、五角下水管、双龙托璧纹空心砖）、秦都区沙河古桥遗址博物馆。这类博物馆向人们展示周秦文明成就和其对中国古代文明发展的重要贡献。

（二）加强对遗址保护的规划工作

陕西省重视对遗址保护的规划工作。2007年，受宝鸡市文物局、先秦陵园博物馆的委托，陕西省文物局、西北大学文化遗产保护规划中心编制了《秦雍城遗址保护总体规划》。2013年，该规划经多次修改完善后，得到国家文物局批复同意。2016年，陕西省文化遗产研究院等单位专家编制魏长城遗址保护的方案，编制对朝元洞段、北洞村段、河湾子段、西关村段遗址的保护方案。至此华阴市境内魏长城遗址保护方案编制工作能够得以完成。韩城市高度重视韩城魏长城保护工作，不仅编制上报了魏长城保护方案，而且提出魏长城"退耕还城"保护方案，制定并实施了长城保护员制度。

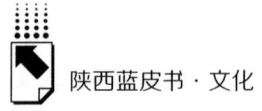

（三）着力开展对遗址考古保护工作

陕西省重视对从西周到秦代遗址的保护工作。为进一步加强周原遗址的考古和保护工作，投资3300万元的周原国际考古研究基地于2015年开工建设。总建筑面积10500平方米的周原国际考古研究基地由文物库房、展厅、修复室、整理室等构成，规定2016年建成。

近年来，陕西省加大了对秦雍城遗址的保护力度。2008年，秦公一号大墓墓坑南坡保护工程开工。2012年成功完成了秦公一号大墓墓圹保护工程。2015年陕西省考古研究院等单位对秦雍城遗址中的雍水河堰塘水坝遗址、马家庄三号建筑附属建筑进行考古发掘，对研究秦国大型水利工程功能（雍水河堰塘被认为功能与都江堰相同）、秦雍城遗址核心区高等礼制建筑确切年代、属性、内涵等有重要意义。为了加强对秦雍城遗址的保护和监管，2012年开工建设雍城秦公陵园安全技术防范系统工程。该工程系国家文物局批准实施的国投文保项目，其规模和技术难度在陕西省田野文物保护项目中相对较大和较高。此工程总投资2600万元，包括系统入侵报警、视频图像复核、避雷接地等子系统，通过在主要交通路口实施全天候24小时电子监控等，利用监控和快速反应等方式来防止对文物的盗窃、破坏等。

陕西重视对其境内魏长城的保护工作。陕西省宜君县先后投资一千多万元用于魏长城的保护、规划编制等工作，编制了《宜君魏长城保护规划》，还建立了一百多人的长城保护工作志愿者队伍，开展对魏长城的保护工作。2016年，韩城市专门成立了韩城市魏长城保护工作领导小组，确定了其主要职责为拟定和落实魏长城保护工作的有关政策措施；研究解决魏长城保护工作中的重点问题；编制魏长城保护规划；组织实施各项保护工程等。

近年来，西安通过文物保护工程对其境内从西周到秦代遗址进行了有效维护，这些工程主要包括丰镐遗址车马坑展厅维修工程、丰镐遗址车马坑遗址维护工程、秦庄襄王墓围栏保护工程等。

通过对大批陕西境内周、秦遗址的有效保护、宣传和利用，陕西省不仅为广大游客和文物爱好者提供了认识中国古代历史的条件，而且在传承和传播中华文化，让世界了解中国，让中国走向世界等方面发挥着传统文明无法替代的重要作用。

B.11
以内容创意为中心——陕西电视台全媒体转型路径与策略研究

邓娟*

摘　要： 近年来，陕西电视台取得了一系列的发展成就，但与先进省份相比，原创不足、产业结构滞后、新媒体应对乏力等问题凸显。未来五年，在媒介融合、广电技术改造升级等有利条件下，以内容创意为中心，实施全媒体发展战略，是陕西电视台以融合促发展、实现突围的必然选择。

关键词： 陕西电视台　媒介融合　全媒体

以数字化、网络化为代表的新媒体技术带来了媒介生态变迁，传统广电媒体的传播方式、盈利模式遭遇前所未有的压力，产业格局呈加速裂变之势。电视与新兴媒体在博弈中融合，传统电视在融合中转型。

一方面，新媒体的快速发展带来电视受众流失、广告市场份额缩水，迫使传统媒体拥抱新媒体；另一方面，优质内容资源需求量增加，传统电视媒体在版权博弈中地位上升。这就意味着，传统电视媒体可以基于内容和人才优势，借力重构，获得核心竞争力。

对陕西电视台而言，以内容创意为中心，以各种介质为特征，以数字化为技术手段，坚持用户、开放和共享的互联网思维，在内容优势的基础上，提供多元化产品，只有通过版权交流、平台共享，拓宽传播渠道，拓展服务，才能以内容优势赢得发展优势。

---

* 邓娟，陕西省社会科学院文化产业与现代传播研究所助理研究员。

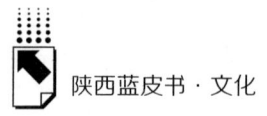
陕西蓝皮书·文化

一 陕西电视台基本情况及存在的主要问题

陕西电视台拥有9个电视频道节目（两个卫星电视频道、7个地面电视频道），2011年与原陕西人民广播电台合并重组形成省级广播电视大型综合传媒机构——陕西广播电视台，实现电视与广播、杂志、网络等多种业务相融合。2014年，原新闻出版和广电两局合并，组建省新闻出版广电局，为陕西广电尤其陕西电视台的体制机制改革带来新的契机。

作为与广播电视台独立且平行的组织机构，陕西广播电视集团正朝着多媒体、全媒体的方向发展；旗下拥有陕西广电网络传媒（集团）股份有限公司（沪指代码600831）、乐家电视购物公司等独资、控股及参股子公司合计15家；经营范围涉及有线无线数字广播电视、数据业务、电视购物、移动传媒、广电技术开发、影视剧投资、报刊音像出版等信息文化服务领域；现有职工5600多人，总资产65亿元。[1]

2015年，陕西广播电视台实现经营总收入13.9793亿元（含税），其中广告收入10.9211亿元（含税）；陕西广播电视集团产业收入30.39亿元，实现净利润1.5亿元。拥有广播电视传输网干线总长6万余公里，电视节目综合人口覆盖率达98.49%。2015年陕西卫视覆盖人口8.77亿，农林卫视覆盖人口5亿左右，地面频道电视综合覆盖率98.71%。[2]

陕西电视台近年来新闻报道、宣传做得有声有色，服务大局能力明显增强。新开办的英语新闻节目"Shaanxi News"，填补了陕西英语电视新闻节目的空白，成为陕西对外宣传又一重要窗口。[3] 新媒体新业态快速发展，现有网络广播电视台1家，互联网视听节目服务4家，省、市各级广播电视台初步实现电视、PC、手机等渠道全方位打通；省台与西部网合作的《陕西头条》手机客户端用户已突破30万。无线覆盖工程逐步开展，完成全省84个发射台

---

[1] 陕西广播电视集团：《陕西广播电视集团产业研究》和《2016年陕西省新闻出版广电局调研报告》。
[2] 陕西省新闻出版广电局：《陕西省二〇一五年广播电影电视统计年报分析说明》，2016。
[3] 钱远刚：《聚焦五大发展理念，创新转型融合发展》，陕西省新闻出版广电局政策法规处编《陕西省新闻出版广播影视优秀调研成果汇编》，2016。

177部发射机数字化覆盖工程。①

发展路径上，当前陕西电视台尤其是陕西卫视正多方寻找破局之路，以融合求突围，差异化发展，在广告经营、落地覆盖、节目收视三大方向上，将电视台的平台和市场资源全线打通。陕西卫视近年来以其地缘优势搭建起融陕西、甘肃、宁夏、青海为一体的"丝路卫视联盟"，扩大在丝绸之路经济带上的影响力，预计今后中亚、韩国等电视台也将融合进来；与广汽三菱深度合作，找到双方的融合点，推出大型系列节目《丝绸之路万里行》；在节目制作上与社会团队合作，打造《华山论鉴》《超级老师》《超级简单》《丝路唱响》等节目。2016年5月20日，陕西卫视开启"中国融、融世界"的全新改版，以开放心态谋求共同发展。②

未来五年，是陕西电视台锐意改革、革故鼎新，实现追赶超越的关键时期。在媒介融合、广电技术改造升级等有利条件下，陕西电视台迎来了难得的发展机遇，同时陕西的地域优势、文化积淀、"一带一路"战略都为陕西电视台发展带来独特的优势。但当下陕西电视台的发展与发达省份相比，与陕西卫视、陕西广播电视台（集团）目标定位相比，还存在一定距离，主要表现为以下六个方面。

（一）创新能力不足，原创节目、品牌栏目稀缺

经过长期的积累和发展，陕西电视台卫视及地面频道节目数量众多、种类齐全，但从整体来看，不管电视节目内容播出，还是栏目策划安排都处于有数量缺质量、有"高原"缺"高峰"的阶段，精品力作不多，至今没有一档在全国有影响力的大品牌节目，专业及非专业群体和个体的创新能力尚未得到充分释放。③节目制作原创不足，全省年播出节目时长61万小时，其中自制节目11万小时，占比只有18%。④

---

① 《陕西新闻出版广电业收入总额力争超870亿元》，搜狐网，http://mt.sohu.com/20151231/n433135114.shtml，最后访问日期：2016年8月19日。
② 王福豹：《二三线卫视突围只能靠"融"走出困境须做好大文章》，《光明日报》2016年6月4日。
③ 陕西省新闻出版广电局：《陕西省新闻出版广电业"十三五"发展规划》，2016。
④ 陕西省新闻出版广电局：《陕西省二〇一五年广播电影电视统计年报分析说明》，2016。

（二）收视率排名靠后，社会影响不大

陕西卫视收视率排名长期处于全国靠后位置，尤其在陕西省内及西安市的收视率分别排名第8及第18，远远落后于中央台及部分一线、二线卫视和陕西广播电视台都市青春频道（二套），与陕西文化大省形象格格不入，是陕西广电业发展的短板。

表1　我国各省份卫视排名

单位：%

		类别	收视率	市场份额
		日期	2015年1月1日~2015年12月31日	2015年1月1日~2015年12月31日
排序	时间段	频道	34城市	34城市
1	全天	湖南卫视	0.39	3.28
2	全天	浙江卫视	0.32	2.70
3	全天	江苏卫视	0.25	2.16
4	全天	北京卫视	0.25	2.14
5	全天	上海东方卫视	0.25	2.08
6	全天	安徽卫视	0.17	1.43
…	…	…	…	…
15	全天	四川卫视	0.08	0.64
16	全天	贵州卫视	0.08	0.64
…	…	…	…	…
25	全天	陕西卫视	0.03	0.28
26	全天	青海卫视	0.03	0.27
…	…	…	…	…
32	全天	旅游卫视	0.01	0.07

资料来源：根据Kantar Media 2016年5月24日11：02：26《34城市排名.ist》数据整理。

以内容创意为中心——陕西电视台全媒体转型路径与策略研究

表2 陕西省及西安地区全天频道排名

单位：%

时间段	频道	地区					
		陕西			西安		
		收视率	市场份额	排名	收视率	市场份额	排名
全天	中央电视台综合频道	1.21	12.79	1	0.67	6.21	2
全天	湖南卫视	0.91	9.60	2	0.41	3.76	5
全天	陕西广播电视台都市青春频道（二套）	0.39	4.09	4	0.95	8.79	1
全天	陕西卫视	0.30	3.13	8	0.17	1.61	18

资料来源：根据Kantar Media 2016年5月24日10：55：54（陕西）及10：58：54（西安）《全天频道排行.ist》数据整理。

（三）产业实力不强，产业结构滞后

2015年陕西广电总收入72.72亿元，是第一名北京市广电收入的18%左右，是第六名湖南省的36.6%，总体实力亟待提高。

表3 2015年全国广电业综合实力排名

单位：亿元

排名	地区	广电收入	排名	地区	广电收入
1	北京市	404.22	9	湖北省	89.02
2	浙江省	380.20	10	陕西省	72.72
3	上海市	359.81	11	安徽省	70.98
4	江苏省	267.69	12	福建省	63.75
5	广东省	235.32	13	江西省	57.65
6	湖南省	198.46	14	河南省	55.41
7	山东省	150.41	15	河北省	55.29
8	四川省	94.57	…	…	…

资料来源：根据2015年全国广电业收入数据整理。

在新媒体发展上，外面风起云涌，而陕西广电却始终没有找到盈利的发展模式，产业结构单一，过分依靠广告收入和有线电视收视维护费。2015年陕西广电实际创收中，广告收入204826.78万元，占28.85%；网络收入206411.53万元，占29.08%；广播电视节目销售收入196068.65万元，占27.62%；电视购物创收45577万元，占6.42%；其他创收57028.94万元，占

173

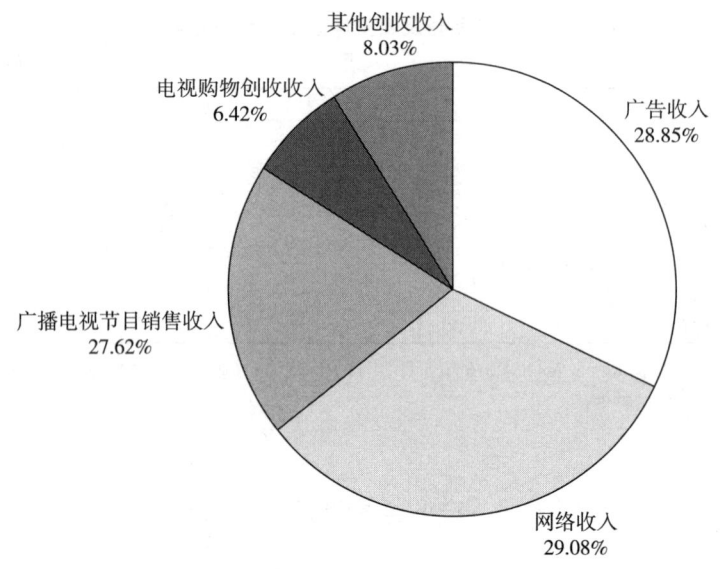

图1　2015年陕西广播影视盈利结构

8.03%。由此可见传统产业收入占总创收的85.55%，新兴产业如新媒体平台、电商等盈利渠道还有待加强。①

（四）体制不顺、机制不活，核心竞争力不强

陕西广播电视台（集团）近年来的发展虽取得了一定成效，但面对新形势，发展动力、活力不足，发展不均衡、不协调表现明显。究其原因，主要是体制不顺、机制不活，事业体制长期束缚产业发展，创新动力不足，主业单一，核心竞争力不强等。其中，台网分离、难以形成合力，集团旗下各有效资源未能得到最大程度的有效配置；尤其上市公司融资功能没有得到很好发挥，对电视台和集团发展的支撑作用没有显现。2001年，陕西广电集团网络整合，借壳上市，发展15年后，募集资金规模才达到60多亿元，而同类上海广电的上市公司东方明珠与百视通资产重组后，市值已接近2000亿元。② 管理模式

---

① 陕西省新闻出版广电局：《陕西省二〇一五年广播电影电视统计年报分析说明》，2016。
② 钱远刚：《赴上海、浙江、江苏广播电视台改革工作调研报告》，陕西省新闻出版广电局政策法规处编《陕西省新闻出版广播影视优秀调研成果汇编》，2015。

落后，内部制度缺失，运营不规范，体制内思维强，现代企业经营管理薄弱，集团内部各项流程流转效率较低。

（五）新媒介、新产业、新形势应对乏力

近年来，三网融合使得广电网、电信网和互联网业务同质化竞争加剧，广电网络的用户资源、内容资源被严重分流，但又尚未形成新的竞争优势，在与电信运营商全业务竞争过程中处于劣势。网络运营还不成气候，新媒体运用层次较低，局限于传统媒体的补充，产业化开发不足，运营和盈利模式还有待探索。同时，随着互联网、移动互联网的普及，尤其是移动终端交互技术和社交属性的突飞猛进，手机等终端的信息消费对传统电视的竞争与挑战不断加剧。[①] 陕西电视收视及购物在新媒体、电商产业不断升级背景下，夹缝中艰难生存。

（六）全媒体记者、节目制作、运营等顶尖人才匮乏

陕西广播电视台下设38个部门，其中宣传节目经营部门19个，技术部门6个，综合部门13个。共有干部职工2509人，其中事业编制人员906人，台聘人员1603人。[②] 专业技术人才和高级管理人才数量不及就业总人数的1/3，顶尖、领军人才欠缺，本土人才培养、成长成效不明显，全媒体采编、分发、多元化营销、市场开拓人才缺乏。用人结构复杂、用人机制呆板，缺乏留住人才、用好人才的机制和举措，对人才尤其青年人才束缚多于激励。

二 陕西电视台转型发展目标

《陕西广播电视台（集团）"十三五"规划》提出，围绕抓好新闻宣传、打造精品节目、深化体制机制改革，通过五年奋斗，将陕西广播电视台及集团建成特色鲜明、创新驱动的新型现代主流传媒集团，让台和集团成为核心价值观的传播商、丝路战略的推广商、现代服务业的运营商、版权与渠道的集成

[①] 姒晓霞、畅祎扬：《广电融合后的传统媒体发展策略反思——以陕西广播电视台为例》，《大众文艺》（学术版）2015年第21期。

[②] 陕西省新闻出版广电局：《锐意改革，发展前行——陕西广播电视台（集团）产业发展调研报告》，2016。

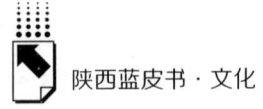

商、产业与金融的孵化商。①

——新闻宣传。始终把社会效益放在首位，坚持正确舆论导向，媒体引导力、公信力、传播力、影响力显著提升。广播、电视、网络全媒体新闻 APP 成长为陕西乃至西部的第一平台。

——节目创新。着力解决机制、资金、人才等瓶颈问题，激发创新动力和活力，打造有全球影响力的节目品牌。

——经营和产业发展。着力推进广告经营、网络服务、节目集成、电商购物、影视制作、版权开发等主业，积极拓展进入音乐演艺、健康养老、体育运动、休闲旅游等现代服务业，加强金融创投等产业发展，孵化至少一家公司上市。到 2020 年，台和集团经营收入过百亿元。

三　陕西电视台转型发展原则

——创新发展。实施创新驱动发展战略，创新体制机制，创新传播理念，创新经营模式，创新运营形态，创新产业结构，为改革发展提供不竭动力和活力。

——融合发展。遵循新闻传播规律和新兴媒体发展规律，推动传统媒体与新媒体融合、台网融合、媒体与现代服务业融合，打造新型现代主流传媒集团。

——开放发展。开门办台，合作办台，积极吸纳社会优质资源，对接资本市场，助推内容生产、运营和盈利模式创新。②

四　陕西电视台全媒体转型路径及策略

"互联网+"时代，新旧媒体的界限不断消解，无论内容还是产品，无论渠道还是平台，无论受众还是用户，广电媒体面临着一系列的选择和挑战。其

---

① 陕西省新闻出版广电局：《锐意改革，发展前行——陕西广播电视台（集团）产业发展调研报告》，2016。
② 陕西省新闻出版广电局：《锐意改革，发展前行——陕西广播电视台（集团）产业发展调研报告》，2016。

中，我们信奉多年的"内容为王"，究竟是内容为王，还是以内容的理解为王？对内容的理解、需求和接受，是不是比内容本身更重要？①

全媒体的本质在于传统媒体与网络媒体的融合，首先是指一种业务运作的整体模式与策略，即运用所有媒体手段和平台来构建大的报道体系；在多平台上进行多落点、多形态的传播。②

以内容创意为中心，实施全媒体发展战略，形成"多种内容、多种媒介、多种渠道、即时发布"的多元传播模式，以创建、合资、跨界合作等形式拓展产业，形成集多种功能于一体的公共服务平台，是陕西电视台以融合促发展，实现突围的必然选择。③

（一）加强优质内容生产，强化陕西广电全媒体品牌

融合背景下，媒体无所谓新与旧，只有内容才是永恒。牢牢坚持精品内容生产，同时用互联网思维和新媒体技术来改造和提升信息整合能力，强化内容生产与全媒体传播，搭建"互联网+"的全媒体平台。

1. 坚持以人民为中心的创作导向，积极担当"宣传舆论主阵地"

习近平总书记在文艺工作座谈会上发表的重要讲话中提出，坚持以人民为中心的创作导向，传递向上向善的价值观。陕西电视台作为主流媒体，必须坚持主流价值引导，旗帜鲜明，为人民创作，为人民抒情，知人民所想，供人民所需，向人民虚心学习，聆听人民心声，为人民提供精确化、多样化、个性化的视听服务。

大力弘扬社会主义核心价值观，民族精神、时代精神；弘扬真善美，讲好"中国故事"，拍摄富有时代气息的电视大片；凝魂聚魄，让大众在潜移默化中接受并且认同节目所传递的正能量；处理好社会效益和经济效益的关系，把社会效益放在首位，实现社会效益和经济效益的统一。④

---

① 尹明华：《新闻传播教学的"变"与"不变"》，《新闻与写作》2015年第11期。
② 姚君喜、刘春娟：《"全媒体"概念辨析》，《当代传播》2010年第6期。
③ 郑汉：《〈都市快报〉：塑造多元传播模式 打造公共服务平台》，《中国记者》2015年第1期。
④ 文化部：《五方面着力推动中国网络文化繁荣发展》，新华网，http://news.xinhuanet.com/politics/2016-01/08/c_1117719402.htm，最后访问日期：2016年8月19日。

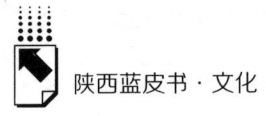

2. 唱响主旋律、传播正能量，积极服务陕西经济社会全面发展

坚持主流价值引导，围绕"一带一路""中国梦""三个陕西"等重大主题精心制作主题宣传产品。在突发公共事件舆论引导中，第一时间发布科学权威消息，多渠道发声，同时深度跟进，正面引导热点。

坚持围绕中心、服务大局，紧紧围绕省委、省政府中心工作，唱响主旋律，打好主动仗，积极实施新闻报道"精品战略"，讲好"陕西故事"，靓化陕西形象。开办"丝路"节目，面向世界，用"陕西元素"讲好"中国故事"。引进全球资讯，拓展新闻传播的国际视野。

3. 加强特色精品生产，提升陕西电视台品牌影响力

创建电视品牌是陕西广电参与媒体竞争的主要手段，而品牌在电视屏幕上体现出来的就是内容。做好内容产业，不仅是电视媒体的有力支撑，为全媒体业务提供新鲜血液，而且通过内容的输送，利用互联网、互联网移动终端和互联网电视向全国范围进行内容辐射，使那些非上星频道的品牌节目也可以形成全国影响力。[1]

只有始终坚持高水准、有观点、有温度和独特的优质新闻报道，才能最大限度地在这个浅阅读时代留住和吸引读者；[2] 面向市场做好策划，以更优质的信息、观点，通过更多、更便捷的传播渠道，为用户提供更权威、贴近的报道；从选题、策划开始，在细节处推动新闻报道的本土化操作，竭尽所能拉近新闻报道与本地读者的距离，提升资讯与服务的贴近性和实用性；根植陕西丰富厚重且独具特色的历史文化、丝路文化、延安文化、秦风唐韵、黄土文化，并从中汲取营养，实现现代元素与特色文化融合，以此来丰富电视节目内容，增加节目的文化厚度，推动陕西本土特色文化的传播。

4. 拼创意，深挖原创市场潜力

原创节目是电视媒体与同行业、新兴媒体区分彼此的重要标签，是在新媒体市场竞争的重要资源。近年来，国内电视台热衷于引进国外成熟节目，虽收

---

[1] 周建亮：《传统电视媒体进军新媒体盈利模式刍议》，《新闻传播》2012年第6期。
[2] 姜贤正、钟松君、邓璟：《Whole 模式：〈都市快报〉日常国际新闻报道的创新》，《中国记者》2010年第3期。

视可观,影响不俗,但仍有许多遗憾。其实原创市场潜力无限,地方卫视未必只能走引进之路,未来将是地方卫视拼创意的时代。① 尤其是处于第二、第三梯队的地方卫视,面对资金不足的困境,搞原创、拼创意将是必须走的一条路,唯有此,方能生存,继而胜出。

近期,国家新闻出版广电总局《关于大力推动广播电视节目自主创新工作的通知》指出,各广电部门要深入学习习近平总书记系列重要讲话精神,认真落实"把创新精神贯穿文艺创作生产全过程,增强文艺原创能力"等指示要求,充分认识广播电视节目自主创新是关系文化建设的战略性问题,高度重视、自觉主动推进广播电视节目自主创新工作。②

未来,陕西电视台要把节目原创作为自主创新工作的核心,探索自制剧生产,培育研发机构,培养创意人才,建立完善有利于促进节目自主创新的配套制度,在资金、项目、人才等各方面对社会效益和经济效益俱佳的创新模式大力扶持。同时,每一位电视工作者也要树立文化自信、文化自觉、文化自强意识,大力推动广播电视节目自主创新,不断研发生产拥有自主知识产权、体现中华文化特色的优质节目,为繁荣发展社会主义文艺、提高国家文化软实力做出积极贡献。

(二)创新内部结构,优化全媒体生产传播流程

不论是湖南广电"芒果TV独播"以版权资源推动媒体转型,江苏电视台以全媒体新闻联动平台支撑荔枝新闻,还是上海文广集团推出的新闻信息一次采集,多媒体渠道生成、多屏传播,原创内容全流程孵化,浙江卫视涵盖多终端的"中国蓝TV"与"中国蓝新闻"平台,都是基于优质原创的内容和版权资源,以全媒体转型为手段,推动传统广电媒体融合发展、创新发展。

1. 组建全媒体新闻中心

整合全台新闻采编力量,成立涵盖全台的内容生产及共享平台,即全媒体

---

① 丁秀玲:《陕西卫视〈超级老师〉缘何走红网络——拼创意、拼融合,地方卫视探索发展新路》,《中国记者》2015年第5期。
② 国家新闻出版广电总局:《关于大力推动广播电视节目自主创新工作的通知》,国家新闻出版广电总局官网,http://www.sarft.gov.cn/art/2016/6/20/art_31_31064.html,最后访问日期:2016年8月19日。

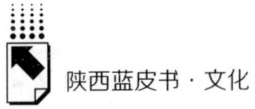

新闻中心。记者不再隶属于某一个栏目或频道,其采集的信息在内容平台上共享,各渠道、各媒介、各板块编辑根据需要选择素材,制作成适合不同传播渠道和接收终端的产品,包括更详尽的视频、编辑部的故事、拍摄花絮、新闻背景资料、记者微博、节目的后续爆料等。①

其中需要注意的是,根据统计,网民对视频长度的忍耐承受力和屏幕的大小成正比,未来五至十分钟的碎片化短视频将成为移动终端的主流。陕西电视台全媒体生产中要注重碎片化的电视节目制作和编排方式,即记者可以不形成完整的报道,而是以发现和迅速汇聚信息为第一目的,编辑整合的工作则由后方的编辑根据各终端特点来完成。

2. 推动全渠道传播

当前,用户向各种终端分散,电视台只有利用新闻专业能力和资源制作全媒体产品,发展多终端用户,形成全渠道传播,才能大力提升影响力、传播力和舆论引导力。

在各种媒体介质间形成协调、互动、高效的工作机制。前方记者与后方编辑保持紧密联系,及时把采访到的信息以各种形式(消息、视频、微博、微信等)传回后方编辑部,由电视台、官方微博、微信、客户端等工作团队即时记录、编辑、整合发布。电视台各频道、栏目鼓励受众订阅微信公众号,参与微博互动,通过细分受众、精细传播,向用户推送丰富的资讯,及时进行全面的沟通与交流。同时追踪和研究已有新闻报道、节目在各个渠道引发的感想、批评建议或话题讨论,更精进地把握大众的兴趣和偏好,发现报道和节目的不足或者盲点,及时改进。

3. 提供全方位精细化服务

现在的媒体已不仅仅是新闻发布者、信息提供者,更是城市生活的综合服务商。② 作为地方主流媒体,陕西电视台地面频道可以市场为导向,用优质内容服务用户,提升媒体广告经营价值。按"广播电视+互联网+服务"模式,积极拓展进军现代服务业。依托区域平台优势,确立本地区、本行业龙头地位。

---

① 王勇:《媒介融合背景下我国广电全媒体发展研究》,武汉大学博士学位论文,2013。
② 郑汉:《〈都市快报〉:塑造多元传播模式打造公共服务平台》,《中国记者》2015年第1期。

表4　陕西电视台地面频道优质服务定位

频道	服务定位
新闻资讯频道	利用新闻部门政府人脉资源优势，整合商业资源，将西安机场高速户外广告牌经营指向政府宣传，通过节目平台延展产业经营链条
都市青春频道	完成女性时尚、休闲、房车会展等项目布局，上线播出立足书画、珠宝、文玩休闲产业的休闲时尚项目《寻秦记》，女性时尚产业项目《时尚十分》
公共文艺频道5套	通过各类晚会、大赛推出本土艺人、演员、节目资源，演艺资源输出公司化
体育休闲频道7套	首开与地市结盟共赢先河，并与其他省区地面体育台形成联播体，共同运作自主版权赛事

资料来源：根据2016年陕西新闻出版广电局提供的《锐意改革，发展前行——陕西广播电视台（集团）产业发展调研报告》数据整理。

电视民生新闻和民生服务栏目与新媒体传播方式和服务方式相结合，既有助于构建老百姓公共话语的空间，获得更多的新闻资源，又便于听取群众意见反馈，并及时在新闻生产活动中进行调整，不断优化节目质量。未来陕西电视台应强化服务意识，多角度打造全媒体矩阵，借助新媒体技术，结合用户个人特点、地理位置以及时间段提供全方位精细化服务，为城市人群营造一个个特定的生活功能圈。

（三）做好重点突破，通过引导示范推动全台转型

成功有多种途径，创新有多种模式。《超级老师》、《陕西都市快报》、陕西电视台都市青春频道等优秀节目、频道为陕西电视台全媒体转型提供了实践性极强的经验和模式。以内容创意为中心，以媒介融合为手段，以市场需求为导向，发挥市场调节作用，通过开放合作，寻求节目、频道及电视台发展的创新转型之路。

1. 以《超级老师》为代表，发挥优秀节目、频道的示范作用，探索陕西广电全媒体转型模式与路径

2015年1月8日，教育类真人秀节目《超级老师》在陕西卫视和生活频道同时播出，引起广泛关注。不仅收视率创新高，节目内容在新浪微博的话题阅读量也超亿。《人民日报》刊发评论《〈超级老师〉为真人秀添加文化味》，"在很多选秀节目形式大于内容、观众审美疲劳之时，以文化传承和人格塑形

为价值追求,反而会深入人心。《超级老师》的经验值得关注"。新华网报道指出:这似可对当前"几枝独秀,大多沉寂""歌舞升平,明星扎堆"的地方卫视真人秀节目现状有所启发。①

《超级老师》的成功,首先基于节目定位和内容紧扣时代脉搏,关注普通群众,坚持健康的格调品位,贴近火热现实生活,挖掘思想文化内涵,展现社会意义,"聚焦教师风采展现教改新风,节目视角独特,寓教于乐,展现教师风采和知识的魅力,传递尊师重教的正能量,取得较好的社会效果"。②

其次,《超级老师》最大的亮点还在于传统媒体与新媒体的互动融合。节目宣传推广工作启动后,网络门户、综合新闻门户、微博、微信、新媒体APP、全国平面报纸、行业杂志、权威报刊等渠道共同发力,引起广泛关注;节目播出时,多家门户、综合网站不断进行首页新闻、弹窗 tips 等核心资源推广,节目热度不断增长;同时节目组通过官方微博、微信、导师、热门选手公众号、自媒体等进行话题营销,新浪微博的话题阅读量超1.9亿;联合滴滴打车在微信推出互动参与活动;陕西卫视线上完成大量先导预告、宣传片,多次剪辑精彩特辑进行全天滚动播出,陕西移动电视、陕西广电网络、陕西广电新媒体、陕西广播电视报也刊载了一定量的宣传及视频。

全媒体融合是未来地方卫视发展方向,也就意味着在打造新栏目时,要拿出新媒体开发推广方案。适应新媒体传播规律,积极拓展并永葆节目的生命力,建立与观众及时沟通机制,实时予以调整完善。③

2. 以陕西卫视、陕西头条、无线陕西等为重点突破口,带动陕西电视台全媒体转型

——陕西卫视。按照"开门办卫视"的思路,面向全国市场,积极与新媒体融合,转变发展思路,创新发展模式,谋求跨越发展。"近追贵州卫视,中追湖北卫视,远追湖南卫视",立足"人文理念",做足"陕西元素",打造在全国有影响力的节目和活动,形成特色鲜明的频道,使陕西卫视成为中国第

---

① 李向军:《超级老师:展示教学能力的真人秀》,《神州》2015年第19期。
② 《以三尺讲台赢三分天下——步步高家教机携手陕西卫视打造"超级榜样"》,《声屏世界·广告人》2016年第8期。
③ 丁秀玲:《陕西卫视〈超级老师〉缘何走红网络——拼创意、拼融合,地方卫视探索发展新路》,《中国记者》2015年第5期。

一生态卫视、中国西部第一卫视，成功跻身全国省级卫视第二梯队。

——农林卫视。做好服务"三农"大文章，打造全国最具影响力的专业化卫视平台。积极探索"资讯+娱乐+服务+发展"新模式。重点打造服务农民、农民工、农民企业家的节目。构建"城市+农村+商家+政府"的交易平台，打造对农信息的发布平台、对农科技的推广平台、对农娱乐的欣赏平台、对农产品的交易平台。

——陕西头条。2016年1月20日，依托全视野报道、时政新闻解读、政务商务服务等，陕西门户级移动新闻客户端《陕西头条》正式亮相，以时政、经济、民生等报道为主，开设"头条""陕西""联播""天下""政情""热线""地市"等板块，并积极提供深度的政经"智库"服务；同时该客户端还集成了陕西广播电视节目的音视频直播和回放以及航班、列车、地铁等便民查询服务。截至目前，《陕西头条》装机用户量突破30万，各级党委政府领导和公务员以及企业界、学者、白领等主流人群与《陕西头条》内容定位高度契合，成为主要用户群体。

——新媒体平台建设。"十三五"期间，实现包括出版物阅读、音视频收听收看、广播电视节目收视（听）率大数据平台等在内的"陕西TV"新媒体平台建设。推动陕西广播电视传媒中心落地，形成集广播电视节目制作和播出、事业和产业于一体的科技、智能、可持续发展的现代化传媒基地。

——广电网络转型发展。继续加快网络双向化进程，夯实网络基础。到2020年末，实现全省城市区域覆盖用户全部双向化，农村区域覆盖用户双向化率达到60%以上。加快发展高清互动和个人宽带业务。城市、高端市场按照"无线网关+智能终端"的技术模式，农村、低端市场积极推广"政府购买有线电视服务"模式，到2020年公司在线用户稳定在400万户，高清互动用户终端达到300万个，个人宽带业务市场占有率从目前的10%提升到18%，在线用户数达到160万户。加快基于高清互动平台的增值业务研发和推广。发展基于高清互动平台的视频点播、游戏等增值新业务，2020年末公司高清互动用户增值业务渗透率力争达到50%以上。

——自制剧生产。自2010年起，中国电视媒体开始大规模生产自制电视剧，包括湖南卫视、安徽卫视和江苏卫视在内的多家传统电视媒体通过自制剧

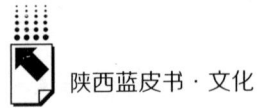

打通制作、播出、销售三大关键环节，形成完整的产业链条。① 未来媒体市场中，无论从传统电视提高收视率还是增强新媒体传播影响力方面，自制剧都将成为竞争的核心力量。

未来，陕西电视台应整合影视创作资源，推动内容制作突破发展。依托社会资本，引进社会优质资源，积极开展对外合作，每年完成一部有影响力的大制作影视作品，力争在央视播出。每年融资2亿元，参投拍摄一部电影、三部100~200集电视剧、三部网络剧，力争在央视一套或电视剧频道、一二梯队省级卫视、排名前五位的移动新媒体播出。发挥优势，参与纪录片创作生产，每年有重磅作品推出，力争一部精品纪录片在央视或国外国家级电视台播出。同时要有国际视野，积极生产国际化、能走出去的纪录片。

（四）创新体制、转化机制，为全媒体转型保驾护航

推动广电行业由体内循环转向体外发展，按照"局管台、台控企"的原则，理顺管理体制，促进台和集团一体化发展。提倡开门办电视，实现从"封闭式"向"开放式"发展模式转型。跳出传统封闭式体制框架和管理思维，通过整合社会宜用人才、创意、内容、渠道资源以及民间资本等，打造开放式运营平台，促使发展模式转型升级。鼓励台与台之间、频道与频道之间、卫视与地面频道之间、新媒体公司与电视台之间、节目与节目之间开展各种形式的合作。

1. 持续推进制播分离，扶持广电领域民营企业发展

制播分离是深化电视台改革、繁荣电视节目、推动电视创新发展的重要举措。随着制播分离成为行业趋势，陕西电视台应进一步实施并规范制播分离改革，在严格节目制作机构和内容产品准入管理基础上，以台属台管台控为原则，整合资源组建节目制作经营公司，强化陕西TV等平台创新孵化功能，推进机构特色定位、产品创新升级、优化配置供给、分类引导产能。

坚持充分放权与内部管控的辩证统一，放权搞活，积极培育市场主体。调整权力运行机制，建立适应媒体发展规律和市场竞争需求的责、权、利相统一的责任主体，强化目标管理，淡化过程管理，激发创新发展的动力和活力。扶持中小微内容生产企业做专做强，形成特色化经营、专业化服务，增强内容市

---

① 周建亮：《传统电视媒体进军新媒体盈利模式刍议》，《新闻传播》2012年第6期。

场活力,提升陕西电视台内容生产水平。

2. 打造陕西境内唯一的全媒体集成播控平台

积极申办各类终端视讯业务集成播控平台牌照,逐步实现对 IPTV、OTT、手机电视、智能终端等全媒体业务的播控管理和运营。积极同政府政务、党委党务等部门合作,开发公共信息服务平台。积极推进互联网电视和手机电视业务的开发与应用。积极拓展市县广播电视内容集成合作业务,建立基于新媒体播控平台的大数据分析系统、建设"智慧、旅游、支付、游戏、教育"等特色服务社区。

3. 鼓励创新、开放、合作,推动陕西广电融合发展

以融合促发展,打破行业壁垒,推动传统媒体与新兴媒体融合,新闻出版与广电融合,国营与民营融合,省台与市台融合,中央台与地方台融合,不同平台之间的融合,外来团队与自有团队的融合,电视台与节目制作公司的融合,节目与客户的融合。鼓励节目创新,将频道每年的盈利按比例划出一部分作为创新基金,供各频道专项支出,并制定考核机制督促实施。对品牌栏目以及孵化创新全国大型节目和创新创业项目,通过各种渠道争取足够的资金扶持。

继续做好运营团队竞聘工作,采取"组团竞聘"的方式,支持运营班子成员自主组合、尽展其长,确保所有频道运营团队能够目标一致、团结协作,积极完成工作任务。有数据显示,自2016年3月陕西电视台运营团队正式上岗以来,频道整体经营业绩强势回升,经营收入从2月的不足4000万元上升到4月的7000多万元。

4. 以版权保护、质押、交易等形式,探索节目内容的社会化生产

依托《文化企业无形资产评估指导意见》,以版权、影视剧目转播权、著作权交易或质押方式探索节目制作上的社会化融合;以知识产权实现或消费为基础,让社会上的优势资源介入节目制作过程;在内容生成到产品生产的环节中,鼓励简化版权授权程序,实现一些领域的快速授权、强制许可,从而提升创意及其产品化的效率;① 面向社会鼓励文化创新,吸收创意人才。加大原创性作品奖励力度,采取购买、委托社会组织推介具有创造性的作品,鼓励创造性活动。②

---

① 黄斌:《"互娱经济"激活文创产业》,《中国经济报告》2016年第3期。
② 林怡:《培育新兴文化产业促进经济发展方式转变》,《经济与社会发展》2011年第8期。

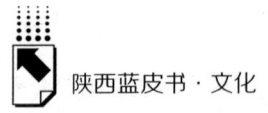

组建版权交易中心,提升版权保护、使用的整体水平。成立专业化版权公司,完成全台广播电视、网络节目和影视剧产品的版权管理和开发,接入"版权云供应链"及"全国版权交易共同市场",到2020年在陕西省版权交易市场拥有不低于40%的市场份额,成为"影视陕军"最大的代理商。

(五)打开资本渠道,创建陕西广电系大资本平台

近年来,为保持内容优势,西方主要电视媒体相关投入不断加大。国内各大卫视综艺类节目纷纷进入"大片"时代,数千万甚至超亿元的投入比比皆是,几个主要卫视年投入电视剧的资金也均在六亿元以上。[1]

未来,陕西电视台在投入上要杀出一条血路。坚持大资本战略,遵照现代企业制度,推进制播分离改革;打开资本渠道,对接市场,推进公司治理和激励机制改革,创建陕西广电系大资本平台以及上市公司、创投基金和财务投资公司的资本集群。

提高国有资产资本化水平。充分利用传媒上市公司资本运作平台,扩充阵营,建立传媒产业创投基金、财务投资公司,形成陕西广电系的资本铁三角,并将之打造成陕西文化产业的资本大平台。一是通过资产整合、结构调整、资产证券化等方式,进一步优化广电集团内部资源配置,扩大集团产业规模;二是通过资本市场融资解决广电集团下属各业务板块之间的横向协同合作,实现全媒体对接和全产业链布局,构筑集团新生态系统、商业模式、体制架构,实现跨越式发展。

(六)坚持人才激励导向,尊重人才、爱护人才、用好人才

2016年2月,习近平总书记在党的新闻舆论工作座谈会上的重要讲话中指出,媒体竞争关键是人才竞争,媒体优势核心是人才优势。新闻舆论工作者要提高业务能力,勤学习、多锻炼,努力成为全媒型、专家型人才。[2]

不断地完善培训机制,加强对现有人员的全媒体能力培训,鼓励各种形式

---

[1] 周建亮:《广东电视融媒体发展研究》,武汉大学博士学术论文,2013。
[2] 习近平:《坚持正确方向 创新方法手段 提高新闻舆论传播力引导力》,新华网,http://news.xinhuanet.com/zgjx/2016 – 02/20/c_ 135115968.htm,最后访问日期:2016年8月19日。

的在职培训和脱岗学习，不断提高陕西广电采编人员适应全媒体工作的意识、能力和专业性。大力培养、引入全媒体记者、运营团队，着重强调新闻工作者开放意识、调研能力、团队合作能力。激励和引导台内干部职工与社会优秀人才加强合作、相互借鉴、资源共享，形成协同创新的良好局面。

深化干部人事制度改革，使结构扁平化、项目小组化、责任全员化。淡化行政色彩，以"同岗同权同酬同待遇"为原则，消除在编员工和招聘员工的待遇差别，拓宽人才发展和评价通道；对新闻工作者实行约束激励机制，保证分工明确，各司其职，提升整个采编团队的专业性及团结性；建立人才创新创业的利益回报机制，探索业务骨干和企业高管股权激励措施，鼓励员工自主创业。

制定科学、合理、宽松的绩效指标标准，改变传统的运行机制，宽容和鼓励"尝试多种可能性"和"不断试错"的创新、灵活的冒险精神。对新闻舆论工作者在政治上充分信任、工作上大胆使用、生活上真诚关心、待遇上及时保障。①

---

① 习近平：《坚持正确方向　创新方法手段　提高新闻舆论传播力引导力》，新华网，http://news.xinhuanet.com/zgjx/2016-02/20/c_135115968.htm，最后访问日期：2016年8月19日。

B.12
陕西县域旅游的崛起与转型
——以柞水旅游及"柞水服务"为例

杜 睿*

摘 要： 随着中国旅游业的蓬勃发展，备受关注的县域旅游已经成为中国县域经济转型升级的"一把宝剑"，而越来越多的县域旅游也逐步开始重视从量到质的转变，在愈加激烈的县域旅游竞争中，如何走出"同质化"的怪圈，向差异化、深度化发展，如何从"中国制造"的第一、二产业向"中国服务"的现代服务业和第三产业高质发展是中国县域旅游突破的关键。近年来，越来越多的县域旅游为我们树立了典范榜样，继栾川模式、岚皋特色、婺源现象之后，陕西柞水县以其全面化"服务至上"的理念打造了中国县域旅游的又一个特殊典型——"柞水服务"模式。

关键词： 柞水旅游 柞水服务 转型升级 智慧旅游

作为在秦岭山区异军突起的柞水旅游，以"服务"作为旅游发展的标杆，在短短几年时间内打造成集观光、休闲、度假、娱乐为一体的全域旅游发展格局。柞水服务荣获中国文化旅游知名品牌，也获得陕西最美会客厅等荣誉，是全国休闲农业与乡村旅游示范县，是陕西省2014年唯一获此殊荣的县。柞水县以前瞻性的旅游发展理念引导产业升级，用优质服务统揽旅游发展的各个环节，从而产生环境大变、游客大增、市场满意、综合拉动、效益倍增的可喜效

---

* 杜睿，陕西省社会科学院文学艺术研究所助理研究员。

果，一举打造大秦岭中央国家公园，成为大秦岭地区最具魅力、最为亮丽的旅游名片。

一　秦岭山脉的山区小县

柞水县地处秦岭南麓，山清水秀、空气清新，素有"天然氧吧、城市之肺"之称。位于陕西东南部、商洛市西部。东临商州、山阳；南接镇安，西邻宁陕；北依长安、蓝田，地处秦岭南坡，总面积2322平方千米，总人口约16.5万，辖九镇十一乡，是一个"九山半水半分田"的土石山区县。柞水县地势呈西北高、东南低的特点，并由西北向东南倾斜。柞水县境内有西北一绝——柞水溶洞，商贾云集的凤凰古镇，还有国家级森林公园牛背梁，融"名山名镇名洞"于一体，被誉为"秦岭山水，美在柞水"，在空间上呈现为西部自然生态、东部人文景观、北部现代风情、南部明清古建的特点；在布局上，呈现"三廊六区九品"的格局。

柞水从原来的国家级贫困县和省旅游局最早旅游帮扶穷县转变为如今集森林公园、自然保护区、溶洞景观、古镇旅游、乡村旅游和水上漂流为一体的多元旅游产品格局，这里有国家4A级景区牛背梁、柞水溶洞，国家3A级景区秦楚古道、九天山国家公园，还有国家文化旅游名镇"凤凰古镇"等景区。柞水投资建设东干沟乡村旅游、朱家湾村乡村旅游、石瓮子村乡村旅游、终南山民俗风情观赏园等一批重点特色乡村民俗旅游，以及狩猎场、养殖场和多种水上游乐项目，如今柞水县以服务为理念，从服务质量、服务设施、服务门类、服务机制、服务惠民和服务创新上下足功夫，坚持以人为本、游客至上的旅游发展思路，用"服务"取胜，在目前中国县域旅游各地区水平参差不齐的情况下，柞水旅游成为现代服务业和现代旅游业最值得推广的典范。

秦岭山脉中，以生态旅游为主打的县域旅游不在少数，当国家大力提倡发展县域旅游，并重点发展生态旅游、民俗旅游时，秦岭的生态之旅自然是游客首选，关中、商洛、安康、宝鸡等地都把旅游与秦岭原生态产业链结合在一起，构成大秦岭旅游。秦岭山脉全长1600公里，南北宽数十公里甚至二三百公里，秦岭山脉横贯陕西南部，但是在秦岭山区的县域旅游中，自然资源类似、人文风情重叠，同质化的现象比较突出，特别是陕西省大力推进陕南生态建设，致力于打造生态陕南，在打着秦岭这个招牌开展县域旅游的时候多数县域并没有深入挖掘其本身的旅游资源优势，因此很容易导致发展的同质化。柞水县在旅游发展的初期就把生态旅游与文化、民俗、历史、人文紧密地结合起来，并找准定位，找到旅游业发展突破口——服务，当秦岭周边县域旅游还处在同质化的恶性竞争阶段时，柞水已经开始从单纯的生态旅游向高品质、多元化旅游"服务"迈进，以高质量的服务在同质化频现的秦岭县域旅游中独树一帜，通过基础设施、信息平台、后勤保障、特色产品等完善旅游服务的优势资源，做到"你无我有，你有我优"，在整个大秦岭县域中凸显自己的服务优势和价值。

柞水县之所以能够从大秦岭县域生态旅游中脱颖而出，提出"秦岭山水，美在柞水"的口号，与柞水县委县政府、县旅游局对旅游的重视以及政府在县域旅游发展中明确角色定位、各自分工，走差异化旅游发展之路、确立以"服务"为柞水生态旅游发展转型升级的突破口分不开。正因为柞水政府在旅游发展初期（特别是旅游出现井喷现象之后）看到了问题，并意识到旅游服务的重要性，才实现成功转型升级，把资源相似的生态旅游转变为集生态、民俗、历史、人文、休闲、度假、乡村为一体的综合旅游，从单纯注重旅游数量到注重旅游服务质量，从资源型旅游向深度服务型旅游过渡。因此在日益激烈的县域旅游竞争中，特别是大秦岭县域生态旅游中，柞水脱颖而出，成为陕西旅游示范县真乃实至名归。

二 旅游业撑起山区小县"半边天"

（一）撬动经济的一支杠杆

柞水县主动适应经济发展调速换挡的新常态，把稳增长与调结构、转方式与抓改革紧密结合起来，促进工业经济总量和质量同步提升。2015年，全县生态旅游、现代医药、矿产开采加工三大优势产业实现总产值168.2亿元，同比增长18.9%，其中矿产开采加工124.9亿元，生态旅游28.5亿元，现代医药14.8亿元；实现工业总产值162亿元，增长19.7%。柞水已由一个人口小县发展成为一个经济大县，先后获得全国卫生县城、全国文明县城、中国最佳魅力旅游名县、中国经典山水文化旅游名县等殊荣。"2016年以来，柞水县瞄准创建全国全域旅游示范县的目标，大力发展全域旅游和智慧旅游，不断丰富旅游内涵，努力培育新的经济增长点。一是打造精品景区。全力加快牛背梁国家森林公园5A级景区和国家旅游度假区建设步伐，扎实抓好凤凰古镇4A级景区和豫源漂流、朱家湾3A级景区创建工作，强力推进终南山大峡谷、终南山寨等'十大旅游项目'建设，不断提升景区品位。二是丰富旅游内涵。推进旅游产业与文化、农业、养老等产业融合，加快下梁茨沟健康养老产业园建设，规划一批休闲农庄、家庭旅馆、高端民宿等休闲项目，鼓励发展旅游地产、旅游演艺、旅游商务、旅游饮食等业态，大力开发地方特色旅游产品，不断丰富旅游要素配置。三是完善服务功能。精心筹办好第二届秦岭国际吉他艺术节暨陕西音乐奖吉他大赛活动，加强景区景点、宾馆饭店等涉游行业管理，建立旅游企业和从业人员诚信激励、失信惩戒机制，不断优化旅游环境，力争年接待游客600万人次，旅游总收入突破31亿元。"[①] 2016年上半年累计接待游客320万人次，同比增长21.9%；实现旅游总收入17.12亿元，同比增长23.6%。

（二）"井喷"之后的思考

柞水的旅游得益于秦岭终南山隧道的开通，之前的柞水县是一个以重工业为主的县，受着秦岭的阻隔在旅游发展上很难突破，2006年全年游客仅为6万人次，到2007年西柞高速开通后的一个月内，旅游收入已经超过过去的一整年收入，不仅如此，乡村旅游和农家乐也异常火爆。在2007年西柞高速刚刚开通的黄金周期间柞水县一户农家乐日均接待200人次就餐，以一个人20元的餐费标准计算，这户农家每日营业收入高达4000元，一个黄金周的营业收入是他们过去几年营业收入的总和。柞水县域旅游异常火爆的背后也隐藏着许多值得深思的问题：柞水游客激增带来车辆的急剧增长，因之前没有预期，且县内交通路况无法承载每天七八千辆的车，路况不佳带来的交通问题；部分服务人员的素质尚待提升导致游客满意度下降，甚至投诉无门；旅游接待能力有限，而游客激增带来的应急措施（餐饮、住宿、环境、卫生）不足让柞水旅游处于一种"盛名之下其实难副"的尴尬境地，正因为这次旅游井喷现象，

---

① 摘引自《柞水推进全国全域旅游示范县建设》，柞水县人民政府网，http://www.snzs.gov.cn/html/zwyw/zhbd/73756.html，最后访问日期：2016年9月26日。

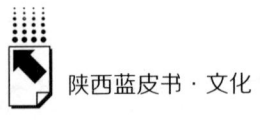

才让柞水县委县政府、县旅游局和主管旅游的有关各部门开始对柞水县域旅游进行一次全面的反思和重建，也促进了柞水寻求旅游转型升级之路。

从2007年之后，柞水旅游开始弯道超车，随着国家大力提倡农村城镇化，柞水县政府明晰了角色意识，把柞水旅游的提档升级放在了首要位置，县委县政府在决策上高瞻远瞩，打造生态旅游，使柞水成为旅游示范县是他们考虑的重中之重。在同质化旅游的秦岭县域，想要从众多类似的生态景观中脱颖而出，吸引更多的省内外、国内外的游客，"服务"成为柞水旅游的金字招牌，用服务引领旅游发展是柞水旅游迈向成功的第一步。于是转型升级之后柞水以服务取胜，在获得生态旅游好评的同时，也在"服务"这个软件建设上下足了功夫。

（三）"柞水旅游服务"理念升级

柞水服务与其说是一种服务理念，不如说是一种旅游品质。"服务"在此包含意义广泛，可囊括整个县域旅游的核心要素。其中包括服务的硬件和软件，旅游基础设施、信息化平台建设、景区的优化和建设、旅游环境的多元以及游客的安全、食品卫生保障、员工的服务素质、制度建设和旅游人性化等。

柞水服务的价值和意义即在于：为旅游服务提供了体制机制保障，为旅游安全提供了信息化、智能化系统，为旅游资源提供了多样化、精品化的体验，为落后地区政府依托旅游实现跨越式发展提供了一种借鉴模式，为县域旅游业顺利转型升级提供了一种示范经验，为中国旅游从重数量到重服务提供了一种难能可贵的经验。

三 柞水服务促进县域旅游转型升级

2016年全国全域旅游示范县的创建让柞水在旅游业方面提档升级，不仅仅满足于生态旅游而且把目光瞄准旅游业的服务升级，建设智慧旅游县域，力争成为全国县域旅游的标杆。

（一）"秦岭山水、美在柞水"的设施建设

旅游基础设施建设。一是抓服务基础设施建设。柞水致力建设多个星级

酒店，建设锦苑盘谷山庄、麓苑国际大酒店、禹龙晨昇大酒店等五星级高端酒店和新世纪、天韵、溶洞游客服务中心等高档酒店；600平方米的柞水旅游中心广场于2014年5月投入运行，并于2015年荣获"陕西最美会客厅"称号，让智慧旅游更进一步，星级厕所、标识标牌、大型指示牌、导游图、游客休息设施、景区多语言解说系统、旅游交通运输等都严格执行并达到国家标准。二是抓景区景点建设。规划建设了营盘生态旅游产业园，并在此基础上，规划打造陕西牛背梁国家旅游度假区，"在巩固朱家湾村'秦岭美丽乡村'创建成果的基础上，积极开展营镇村、秦丰村'秦岭美丽乡村'创建工作，进一步优化辖区环境，推进乡村休闲旅游产业发展。同时，依托牛背梁森林公园和辖区特色种养殖业辐射带动周边农家乐发展，改造提升红庙河农家乐65户，通过企农联建在杨四庙村新建农家乐20户，围绕美丽乡村建设和特色养殖新发展农家乐39户，并将传统表演、渔鼓、狮子舞、传统农事生产、打糍粑、特色旅游产品销售融入乡村旅游当中，为游客提供吃、住、行、游、购、娱一条龙服务，使旅游观光、农事体验、餐饮消费有机连接起来，进一步延伸旅游产业链条，丰富旅游产业内涵，推进辖区旅游产业转型升级"[①]。完善景区景点的基础设施、标示标牌、监控安保、医疗救助以及游客服务和投诉中心，方便游客及时反映问题和提出建议；娱乐项目加强了安全措施，进出口都实施了严格把控。三是抓旅游配套设施建设。柞水溶洞票务中心、地质博物馆、观光电梯、柞水峡谷实行高端运营，牛背梁空中索道、秦岭国际狩猎场、凤凰古镇文化旅游开发、西川休闲农业观光园等一批高端配套项目建成或者投入使用，大大地丰富了景区景点内涵，支撑精品景区建设。

（二）旅游服务产品建设

旅游公共服务建设。致力于标准化建设是旅游公共服务的关键。以游客满意为第一标准，全面提升吃、住、行、游、购、娱的服务水平和质量，打造"以游客为中心"理念。柞水在加强旅游诚信体系建设和诚信网建设，引

[①] 摘引自《营盘镇2014年旅游产业转型升级》，柞水县人民政府网，http://www.snzs.gov.cn/html/zsly/czzs/48761.html，最后访问时期：2016年9月26日。

导旅游企业规范经营，打造良好的诚信经营环境方面也做足了功夫，构建了柞水诚信网络，致力于打造诚信、放心、满意的柞水旅游。而旅游环境、卫生的改善也助力柞水公共服务上新台阶。旅游环境不仅包括自然环境，还包括人文、社会、法律环境，牛背梁、柞水溶洞、凤凰古镇、秦楚古道等著名景区都设立了游客服务和投诉中心，以营造良好的法律环境；在牛背梁等景区有24小时警卫巡逻和医疗救助，柞水溶洞等景区、景点提供了母婴休息室和轮椅、拐杖等人性化服务，营造良好的社会环境；与此同时，公共服务还表现在景区周边星级酒店、农家乐、餐饮一应俱全，满足不同消费者的需求，营造了良好的人文环境。加强市场监管，加大执法力度，严厉打击各类扰乱旅游市场和秩序的行为。健全投诉机制，设立咨询投诉热线，营造了良好的法制环境。

旅游产品多元化建设。柞水县本着"农业围绕旅游转、基地围绕产品转、产品围绕市场转、市场围绕游客转"的服务理念，利用企业资金搭建服务平台，开办了休闲庄园、渔庄、水利风景区、狩猎场等多个休闲娱乐服务场所。借助其绿色生态产品、药草、食品等柞水开发出了食品类、保健品类等具有柞水特色的系列旅游商品。

旅游标准化平台建设。目前，柞水拥有盘谷山庄、麓苑国际大酒店为代表的中高端酒店，其规模和数量在秦岭山首屈一指。初步建成了以超市、土特产专卖店为依托，覆盖全县的旅游购物网络体系。全县把游客满意度作为衡量旅游发展水平的唯一标准，贯穿于景区开发、产业体系建设、服务标准制定、人性化项目设计以及从业队伍素质提升和营销活动设计全过程，创新制定并实施了数十份旅游行业地方标准，在全系统广泛推广应用。

四 政令通、旅游兴——柞水旅游服务的政策保障

柞水县在创新旅游服务机制方面走在前列，支持旅游发展的机制体制顺畅，有利于促进县域旅游快速发展。柞水目前已经形成海纳百川的旅游投融资机制和有利于旅游业发展的政府管理体系以及"政府做形象，企业做市场"的科学分工机制，有效破解了县域旅游发展的多种瓶颈，也成为柞水旅游服务举措最为有效的基石。

（一）政府决策意识和带头人的精神

柞水旅游服务意识的确立和柞水县委、县政府的决策意识息息相关。柞水在旅游发展初期受制于交通，西柞高速通车之后突然爆发的井喷现象又给了柞水旅游一个措手不及，因此在转型升级的过程中，政府根据实际情况转变了旅游发展的角色，从发展资源到推介服务，从旅游的资源优势到旅游的服务优势，确立了以服务为主导，以资源为优势，以民俗为背景，以文化为依托的柞水旅游新标杆。柞水先后出台了《柞水县旅游发展总体规划》《西安第二生活区规划》《柞水县休闲农业与乡村旅游总体规划》等十多个旅游专项规划，确保旅游产业发展的方向、结构、速度、质量和效益，为促进旅游资源整合、优化产品结构、提升旅游产业发展质量和水平奠定了基础。柞水坚持以旅游为主导的县域产业结构，成立了以县委书记任组长，县人大常委会主任、县长、县政协主席及四套班子分管、联系领导为副组长的旅游工作领导小组，分别在营盘、石瓮、凤凰等旅游资源相对集中的镇设立了景区管委会，强化旅游工作的组织领导，提高旅游产业开发管理水平。县财政每年设立3000多万元旅游产业发展专项基金，其中乡村游发展基金1000万元，保障乡村游发展投入，对一些经营特色明显、带动力强、可持续发展能力足、运作规范的乡村经营户给予扶持奖励，推动乡村旅游持续快速发展。

而乡村旅游中带头人的精神尤为珍贵：东干沟村支书，曾经是一位成功的商人，但是他并没有留在城市，而是回到家乡开始建设东干沟村，1998年东干沟村还是一个电、路都没有通的地方，他申请财政补贴后又拿出自己多年的积蓄全部投入乡村道路的建设，路修通了他又开始说服群众搬迁，2003年鼓励160户村民搬迁，并开始规划银杏园项目，2005年东干沟村大力发展乡村旅游。不仅如此，他还聘请专家对农家乐服务人员进行具体培训，对农家乐卫生环境进行严格把关，并且引进人才走"民俗+乡村"路线，目前东干沟村是柞水县乡村旅游的重点村。从1998年到2016年近20年时间，东干沟村的经济收入翻了数十番，农民生活也发生了翻天覆地的变化。东干沟村的经验对于新农村建设和农村城镇化建设都是很好的借鉴和启示。

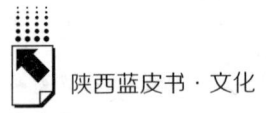

（二）旅游服务"软着陆"

服务制度：牛背梁、柞水溶洞、凤凰古镇等多个景区景点都建立了自己的工作制度，对每一位员工都有严格的制度要求，定期考核；其中自然景区都制定了相应的安全制度，如牛背梁自然风景区规定24小时安全保障，不间断巡逻，对进入牛背梁的游客事前进行安全提醒、事中有应急小分队全程跟踪、事后有专人护送，对走失、受伤、遇险游客做到3~4小时最快速度护送到达指定地点。柞水溶洞则在服务制度上不断完善，不仅全程监控，而且对员工做到定期培训、考核，定期进行星级评定，实行了严格的奖惩制度。

服务管理：柞水县初步建立健全了"政府主导、市场引领、企业主体、项目支撑、部门配合、社会参与"的服务管理体系，政府主导即政府参与服务管理，从县委、县政府一级到县旅游局一级再到各景区管委会、镇政府、乡政府一级建立了部门联动机制；通过政府管控，对招商引资企业进行严格的把关，让旅游资源在市场中得到合理的配置和运作，有效地解决了资金短缺带来的问题，并成功打造了营盘生态旅游产业园、盘龙生态产业园（休闲渔庄、水利风景区）等项目，建设了秦楚古道、九天山国家风景区、狩猎场、柞水漂流等项目以及多个星级、准星级酒店；柞水县旅游也从全员参与到全民参与，不仅带动了乡村民俗旅游发展，同时也为农村城镇化建设做出了贡献。

服务宣传：柞水服务，借用公益做宣传是其最为突出的亮点之一。借助电视台、公交广告等多方位宣传柞水，西洽会、旅游博览会、秦岭生态旅游节等是柞水旅游宣传的良好平台，柞水还很重视对贫困大学生的资助活动和献爱心活动。牛背梁景区从2011年开始计划资助百名贫困大学生，2013年资助了30名贫困大学生，把投放在媒体广告中的资金拿出一部分做公益、献爱心，2013~2015年资助力度不断加大，开始从单纯的资助到资助与帮扶相结合。庞大的群体背后是口碑宣传和诚信推介，达到双赢的目的。

服务惠民：以人为本、创优创新是现代服务业的重点，只有让服务升级才能让游客满意。柞水服务的对象首先是游客，满足游客的一切合理化要求是"柞水服务"之关键，柞水不仅开展了"商洛人免费游柞水"、赠送各景区门票、报销单程车费等优惠活动，还在节假日和特殊节日对特殊人群进行免门票活动,直接让利游客,不在价格上取胜,而在服务上争优。力争年接待游客600万人次,旅游总收入突破31亿元。

五 柞水旅游的绚丽明天

(一)发展品牌战略

根据"三廊六区九点"产业布局,坚持"生态为基,文化为魂"发展理念,按照政府主导、市场引领、企业主体、项目支撑、部门配合、社会参与的要求,柞水县狠抓景区景点、配套设施、形象品牌、文化产品、软硬环境等"五大功能"建设,加快旅游产业转型升级步伐。一是在整体形象宣传上,打造最佳秦岭山水游和休闲乡村两大品牌;打造以森林、地质、古镇为主要内容的名山、名洞、名镇,全力加快牛背梁国家森林公园5A级景区和国家旅游度假区建设步伐,扎实抓好凤凰古镇4A级景区和豫源漂流、朱家湾3A级景区创建工作,强力推进终南山人峡谷、终南山寨等"十大旅游项目"建设,不断提升景区品位。全面提升柞水溶洞景区内涵,强力推进旅游和工业、农业、文化、商贸、养老、电子商务等产业融合发展,形成独具特色的全域旅游发展新亮点。按照全域游理念,加快美丽乡村建设,完善旅游交通设施,建设绿色快速干道,加大旅游环境整治,改善城乡人居环境。二是在旅游文化上,打造以渔鼓和秦楚文化相融合为特色的旅游品牌,努力把柞水建设成为融游憩颐情、购物消费、康体养生、异地养老、居家创业为一体的全国全域旅游示范县。力争到2016年底全县过夜游客达到50万人次,旅游业总收入年均增长12%以上,旅游业增加值占全县GDP的比重提高到30%以上,占服务业增加值的比重达到50%以上。以创建"国家全域旅游示范县"为抓手,以旅游资源整合、产业融合为重点,积极引进休闲度假项目,不断完善旅游配套要素,着力优化旅游发展环境,促进柞水旅游产业休闲化、旅游空间全域化和旅游景区智能化,努力建成大秦岭国际生态旅游目的地。

(二)发展人才战略

柞水已经把旅游人才发展列入旅游发展的重点,以旅游工作人员、旅游服务人员（景区服务人员、农家乐经营服务人员、娱乐项目服务人员）、旅游救援人员为主，提高旅游工作人员的文化素质和专业化水准，引进大专院校旅游专业的优秀人才；培育一批优秀的服务人员，通过接待礼仪、仪容仪表、谈吐举止、专业讲解等多方位培训；严格景区导游的资质要求，定期对导游进行考核；建立一支专业化的救援、管理队伍，为景区救援和管理提供快捷、专业的服务。截至目前，柞水累计举办培训班三百余期，培训15000人次，旅游从业人员培训率达到100%。未来柞水县还将继续加大人才引进和培训的力度，建成"柞水服务"的一体化人才梯队。

（三）发展信息战略

智慧旅游是柞水未来发展的一个重要战略思路，也是目前国家大力提倡的未来旅游的新型业态，智慧旅游，顾名思义即以物联网、云计算、下一代通信网络、高性能信息处理、智能数据挖掘等技术在旅游体验、产业发展、行政管理等方面的应用，使旅游物理资源和信息资源得到高度系统化整合和深度开发激活，并服务于公众、企业、政府等面向未来的全新的旅游形态。智慧旅游是未来旅游业发展的趋势，也是信息化旅游平台建设之目的，柞水旅游正在朝着智慧旅游方向发展，已经制定《柞水县智慧旅游规划建设实施方案》，打造了第一个县级游客服务中心，计划在"十三五"时期以"智游柞水"CAA框架体系建设为蓝图发展柞水智慧旅游，打造柞水信息化发展战略。

柞水县在生态旅游中打破了同质化的恶性竞争，走上了生态与民俗相结合、旅游与服务相互支撑的良性循环之路，成为商洛乃至陕西全域旅游发展中的一颗明星，以服务取胜，是柞水在建立旅游自信中摸索出来的一条路径，并成功地获得了多项殊荣。在建设全国全域旅游的道路上，柞水县更是走在前列，这是继西柞高速开通之后柞水旅游发展中的一个重要节点，也是柞水旅游转型升级的一个关键。在"十三五"时期，柞水将突出智慧旅游，在服务质量上下功夫，未来柞水旅游不仅集生态、民俗、人文、历史为一体，还囊括休闲、娱乐、餐饮等，从基础设施建设到人性化服务的管理，"服务"将成为柞水未来旅游取胜的优势所在。

B.13
陕西演艺产业发展报告

陕西省文化厅课题组

摘　要： 演艺产业作为文化产业的传统构成和重要业态，对"实现文化大发展大繁荣"的战略目标举足轻重。在"一带一路"建设的历史契机和"互联网+"的时代变革下，陕西演艺产业正经历着历史和市场的双重考验，加速陕西省从传统演艺大省向演艺强省的转变，是推进陕西文化强省战略的当下重任。

关键词： 陕西　演艺产业

一　陕西演艺产业发展现状分析

在文化体制改革和文化市场繁荣发展的影响下，陕西演艺产业在"十二五"期间整体呈现出稳步增长的态势，尤其是在产业规模、市场主体、基础场馆、经纪衍生、剧目创新等方面更是稳中有进、特色立新。

（一）演艺产业规模是"十一五"末的2.5倍

1. 演艺市场收入持续增长

"十二五"期间陕西艺术表演团体的年度市场总收入（含财政拨款收入、演出收入和其他收入）逐年持续增长，并从"十一五"期末的24939.8万元，增加至62237.8万元，增加37298万元，实现了149.55%的增长，是"十一五"期末的2.5倍（见表1）。演艺产业市场规模实现了整体上的持续扩容。其中，艺术表演团体的市场化演出收入是衡量其市场活力、社会竞争力和持续发展能力的重要指标，"十二五"期间陕西艺术表演团体的演出收入也从"十一五"期末的4966.3万元增长至13926.8万元,增幅达180%,是"十一五"期末的2.8倍,演艺产业的市场活力不断被激发。

表1 "十二五"陕西艺术表演团体收入增长情况

单位:万元,%

时期	总收入		演出收入	
	总额	增长率	总额	增长率
"十一五"期末(2010年底)	24939.8	—	4966.3	—
"十二五"期末(2015年底)	62237.8	149.55	13926.8	180

2. 演出场次及受众数量大幅攀升

陕西艺术表演团体的演出场次从"十一五"期末的2.073万增长至"十二五"期末的3.363万,净增加演出1.29万场次(见表2),增长率达62.23%。随着演出场次的增加,演艺表演的年度受众人数也基本上翻了一番,2015年末达到4322.368万人次。这既是文化惠民的重要体现,也是居民文化消费规模扩大和文化演艺市场消费群体壮大的关键例证。

表2 2011~2015年陕西艺术表演团体年度演出场次及观众人数

年份	演出场次(万场次)	观众人数(万人次)
2011	2.599	2168.806
2012	2.332	2418.302
2013	2.484	2681.200
2014	2.399	2110.00
2015	3.363	4322.368

(二)演艺市场主体数量扩大与结构优化效果突出

1. 演艺团体数量和规模实现新跨越

一是演艺团体的数量持续增加,"十二五"期间全省共增加艺术表演团体62个,从2011年的115个增加到了2015年的177个,尤其是到"十二五"后期,演艺市场活力不断被激发,非国有和非集体的经营性艺术表演团体数量呈现井喷式增长(见表3),总量快速增加。二是艺术表演团体的性质构成不断优化，一方面在文化体制改革的深入下，国有和集体演艺团体的市场化改革不断加速，其数量有所下降，其中"十一五"期间全省国有和集体表演团体分别为83个和26个，"十二五"期间分别减少7个和9个，为76个和17个，且现存的大部分国有和集体表演团体已进行股份制或市场化改革，更适应社会主义市场经济发展的需要；另一方面非国有和集体的经营性艺术表演团体数量不断增加，"十二五"期间共增加74个，达到92个，占艺术表演团体总数的51.98%（见图1），首次超过国有和集体表演团体数量的总和，艺术表演团体的性质构成更加合理和优化。

表3　2011~2015年陕西艺术表演团体数量

单位：个

年份	数量	年度增加量
2011	115	-12
2012	116	1
2013	119	3
2014	143	24
2015	177	34

注："十一五"期末（2010年底）陕西共有艺术表演团体127个。

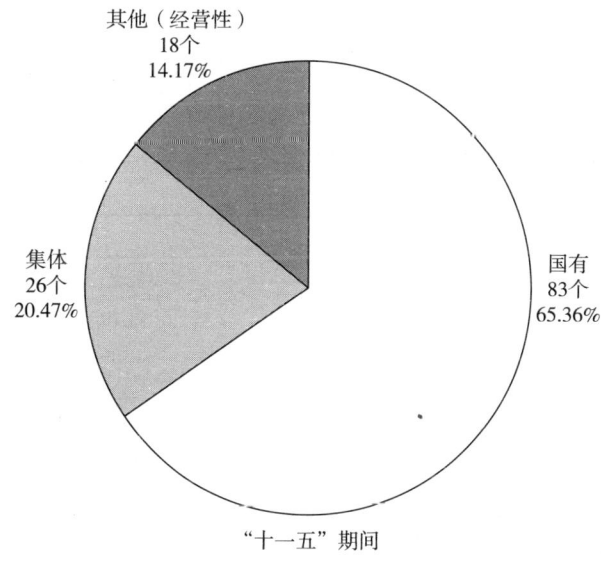

"十一五"期间

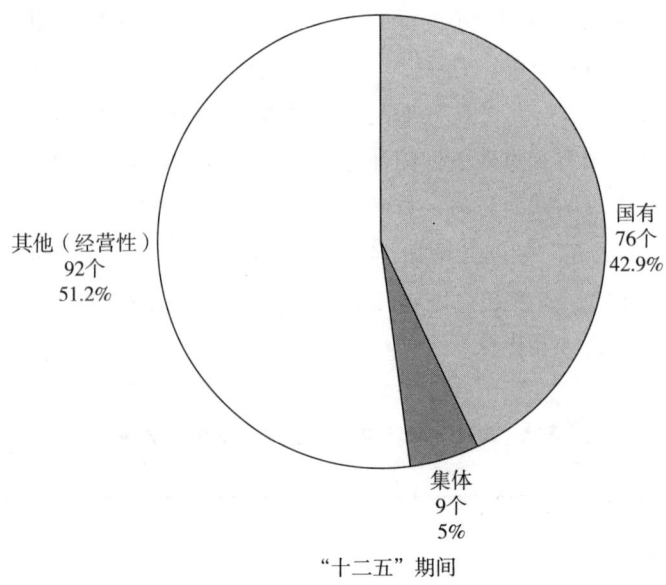

图1 "十一五"期间与"十二五"期间陕西艺术表演团体占比

2. 艺术表演从业人员数量攀升

艺术表演从业人员从"十一五"期末的7162人增加至"十二五"期末的9411人，净增加2249人，增长31.4%，尤其是随着文化体制改革的不断深化和演艺产业市场化程度的持续提升，在"十二五"后期，即2014年和2015年，艺术表演产业人员的数量快速增长（见表4）。尤其是非专业性表演从业

表4 2011~2015年陕西艺术表演从业人员数量

单位：人，%

年份	从业人员总数	较上年增长	
		数量	比例
2011	7092	-70	-0.98
2012	7161	69	0.96
2013	7037	-124	-1.76
2014	7745	708	9.14
2015	9411	1666	21.51

注："十一五"期末（2010年底）陕西艺术表演从业人员7162人。

人员数量有了较大增加,从2011年的3009人增加至2015年的4371人,增加了1362人,占净增加人数的60.56%,增长速度快于专业性表演从业人员,这也在一定程度上说明,艺术表演平民化和业余化的程度不断加深,艺术表演正在"飞入寻常百姓家"。

(三)演艺场馆借力"十一艺节"整体实现升级换代

演艺场馆作为艺术表演的场地基础,直接影响着艺术表演产业的发展。截至2015年,陕西共有艺术表演场馆88个,座席数49953个,建筑面积达26.732万平方米,其中剧场44个、影剧院40个、音乐厅2个、综合性表演场馆3个、其他艺术表演场馆2个。

"十二五"期间,全省陆续有新建的大型演艺场馆投入使用,如西安音乐学院音乐厅、陕西广电大剧院等,此外还对一批老旧场馆进行了改造升级。尤其以即将承办"十一艺节"为契机,改造和新建演艺场馆数量达到50个,其中,将于2016年8月底前完成新建规模性演艺场馆18个,于2016年3月底完成原有演艺场馆改造32个(见表5),这将在很大程度上提升全省演艺场馆的数量和质量。

此外,根据省政府下发的《关于加快县级公共体育场建设的通知》,从2015年起全省每年新建、改扩建20个以上县级公共体育场(含看台),这些也可作为中大型艺术表演的临时场馆,一定程度上提升了全省演艺场馆的承载力。

表5 "十一艺节"陕西演艺剧场建设和维修名单

新建/维修	数量	A类剧场	B类剧场
新建	18个	陕西大剧院、秦皇大剧院、宝鸡大剧院、岐山剧院、咸阳大秦剧院、渭南大剧院、渭南华阴华山大剧院、延安东方红大剧院、神木新村艺术中心剧院、靖边县剧院、汉江大剧院	大唐西市剧院、宝鸡广电大剧院、咸阳市民文化中心剧院、礼泉县剧院、南郑县文化艺术中心剧院、汉阴县剧院、韩城市文化中心剧院

续表

新建/维修	数量	A类剧场	B类剧场
维修	32个	陕西大会堂、第四军医大学长乐大礼堂、陕西广电大剧院、西安人民大厦剧院、西安古都大剧院、西安广电大剧院	西安飞机制造中心俱乐部、庆华文化宫剧院、航天四院文化科技中心剧院、西安航空发动机制造公司科教文中心剧院、陕西省戏曲研究院剧院、西安工业大学长安校区翱翔学生中心剧院、陕西师范大学终南音乐厅、华山俱乐部、西安曲江国际会议中心大会堂、西安新城剧院、西安易俗大剧院、宝鸡市工人文化宫、宝鸡卷烟厂俱乐部、铜川矿工俱乐部、富平县文化中心剧院、合阳县剧院、蒲城县剧院、志丹县宣传文化中心剧院、黄陵县文化中心剧院、神东文体中心影剧院、延长石油榆林炼油厂剧院、榆林剧院、安康剧院、商洛影剧院、洛南华阳影剧院

注：A类剧场为大中型歌舞剧类、B类剧场为中型喜剧类。

（四）演艺衍生经纪产业萌芽且竞争能力不断提升

演艺经纪作为艺术表演主业的重要衍生产生，是未来演艺产业发展的重要领域和关键着力点，也是演艺产业市场化、多元化的重要承载。"十二五"期间陕西的演艺经纪机构有了初步的发展，从2013年的12家增加至2015年的16家，从业人员也达到340人，较2013年增加了86人，营业收入也从2013年的5874万元增加至2015年的7624.9万元（见表6），增幅达29%。此外，2014年和2015年全省演艺经纪机构在数量保持不变的情况下，营业收入实现了2946万元的增长，增长率高达62.96%，这在一定程度上说明陕西省演艺经纪机构的运营能力和市场竞争力在不断提升。

表6 2013~2015年陕西演艺经纪机构基本情况

年份	数量(个)	从业人员(人)	营业收入(万元)	利润总额(万元)
2013	12	254	5874	1572
2014	16	385	4679	1382
2015	16	340	7625	6960

资料来源：《2014年文化发展统计分析报告》，中国统计出版社，2014；《2015年文化发展统计分析报告》，中国统计出版社，2015。

（五）原创首演剧目、优秀经典剧目、重点剧目齐放光彩

1. 304部原创首演剧目花开陕西

演艺剧目既是艺术表演的基础，也是演艺产业发展的根基，演艺剧目的持续创新和特色发展以及优秀剧目的打造等都是演艺产业持续发展的原动力。"十二五"期间，陕西的原创首演剧目达304个（见图2），平均每年有50个以上的原创剧目与观众见面，这不仅是对全省演艺剧目的丰富、更新，而且在一定程度上体现了陕西省拥有稳定的演艺创作团队和人才。陕西还成立了省级艺术创作专项资金和艺术创作指导委员会，颁布了《2014～2016年艺术创作规划》《陕西省艺术精品创作奖励办法》《陕西省剧作家签约制度和奖励办法》等规则制度，鼓励、规范、指导全省的艺术和演艺作品创作。

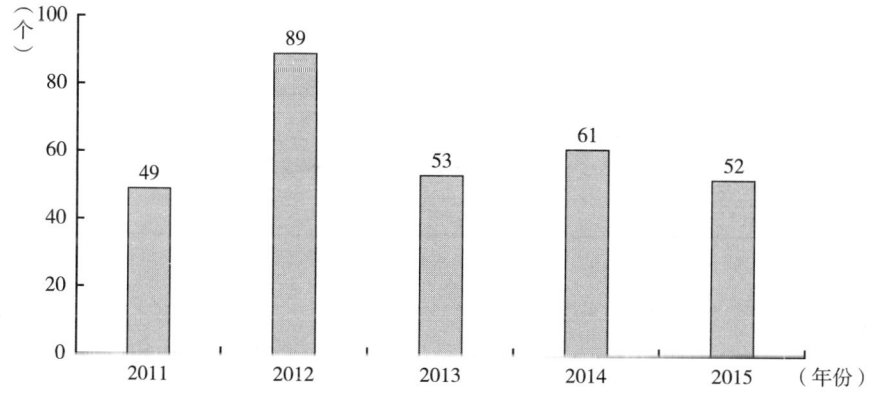

图2 2011～2015年陕西原创首演剧目

2. 15部优秀经典剧目斩获国内外四十余项殊荣

近年来，陕西省还涌现出一批以《白鹿原》《长恨歌》《大汉苏武》《张骞》《梦回大唐》《西京故事》《延安保育院》《丝路彩虹》等为代表的优秀经典剧目，其中有许多在国内外获得奖项（见表7）。

表7 陕西部分优秀获奖剧目

序号	剧目	获奖情况
1	《大汉苏武》	国家"五个一工程"奖
2	《秦腔》	2011~2012年度国家舞台艺术精品工程剧目奖
3	《大树西迁》	中国戏剧奖曹禺剧本奖、"五个一工程"奖、国家舞台艺术十大精品、中国戏剧优秀剧目奖
4	《米脂婆姨绥德汉》	第九届中国艺术节文华奖、编剧奖、导演奖等
5	《郭双印连他乡党》	中国戏剧奖曹禺剧本奖、全国话剧优秀剧目展演一等奖、"五个一工程"优秀作品奖等
6	《迟开的玫瑰》	荣登国家舞台艺术精品工程"十大精品剧目"榜首
7	《大树西迁》	国家舞台艺术精品工程"十大精品剧目"第三名
8	《西京故事》	荣登2011~2012年度国家舞台艺术精品工程"十大精品剧目"榜首、第十二届中国戏剧节优秀剧目奖、"五个一工程"优秀作品奖、第十届中国艺术节文华大奖
9	《关中往事》	第六届中国秦腔艺术节优秀剧目奖
10	《来自中国的三个传说》	第21届国际木联大会暨国际木偶节最佳剧目奖
11	《大唐赋》	第四届全国少数民族文艺会演创作金奖等11项大奖
12	《金格灿灿彩》	第十四届文华奖"优秀剧目奖"
13	《百戏钻桶》	第九届全国杂技比赛银奖
14	《当青春不再怀念蝴蝶的伤》	北京国际青年戏剧节优秀剧目奖
15	《风雨老腔》	第六届中国京剧节三等奖

3.40部重点演艺剧目实现升级改造

在陕西承办"十一艺节"的契机下,由省政府牵头对全省40个重点演艺剧目进行完善提升,涉及歌剧、话剧、舞剧、京剧、秦腔、儿童剧、民族管弦乐、杂技等诸多剧种(见表8),这大幅提升了全省演艺剧目的整体质量。

表8 "十一艺节"重点完善提升剧目

单位:个

剧种	剧目数	剧目名称
歌剧	2	《大汉苏武》《白鹿原》
话剧	3	《灯火阑珊》《梁生宝买种记》《爱,不殊不忘》
舞剧	4	《丝绸之路》《传丝公主》《统万风》《汉颂》
民族管弦乐	3	《大音长安》《丝路长安》《乡韵》

续表

剧种	剧目数	剧目名称
儿童剧	3	《太阳神鸟》《和你在一起》《公主的头花》
秦腔	12	《诗圣杜甫》《大唐玄奘》《文成公主》《李十三》《秦腔》《曹植》《班超》《七彩哈达》《白居易》《照金这片天》《天国的百合花》《家园》
其他	13	《风雨老腔》(京剧)、《丝路彩虹》(杂技剧)、《河南担》(豫剧)、《范紫东》(弦板腔)、《洽川人家》(线腔)、《延河谣》(陕北民歌剧)、《河魂》(蒲剧)、《兰花花》(陕北信天游歌舞剧)、《大漠红柳》(眉户剧)、《杨家城传奇》(晋剧)、《韩信拜将》(汉调桄桄)、《莲花碑》(汉调二黄)、《带灯》(商洛花鼓)

二 陕西演艺产业发展的主要问题

在文化产业百舸争流的"十二五"时期，陕西省演艺产业虽然取得了可喜的发展成绩，但总体上仍落后于东中部省市，在发展理念、市场开拓、演艺团体、人才培育、品牌打造等方面尤其需要强化。

（一）产业发展模式僵化落后，盈利能力整体不足

在社会主义市场经济改革深化和现代互联网等思维的影响下，陕西演艺在文化体制改革和产业化建设的进程中，发展理念的转变还未实现彻底的与时俱进，主要表现在以下四个方面。

1. 经营业务传统守旧，舞台剧场表演业务"一枝独秀"

目前陕西演艺的产业主体基本上局限于传统的舞台剧场表演，一方面，相对单一的演艺形式在很大程度上限制了受众群体和演艺体验，很难在短时期内开拓新的客户群体且形成演艺全民热潮，造成了演艺市场开拓中的"画地为牢"；另一方面，传统单一的剧场演艺主业下，演艺产业的衍生行业或其他子行业并不受重视，全省仅340人的演艺经纪从业规模就是其最直接的印证，而这些行业恰巧是演艺产业市场化发展的重要承载和着力点。

2. 项目融资渠道单一，公有投资仍为主要形式

陕西演艺产业的资金来源还基本上局限于演艺企业投资和政府财政拨款投

入两方面,多元化的融资渠道依旧没有形成,互联网O2O模式下社会化和大众性的融资平台(如众筹等)还未进入陕西演艺产业。此外,目前社会资金在演艺场地建设中的作用基本没有发挥出来,"十二五"期末全省共有艺术表演场馆88个,其中,国有性质的占了79个、集体性质的占了3个(见图3),两项占比高达93%,显现出社会投资演艺产业的氛围和效果仍不理想,公有演艺主体的市场格局仍是主流。

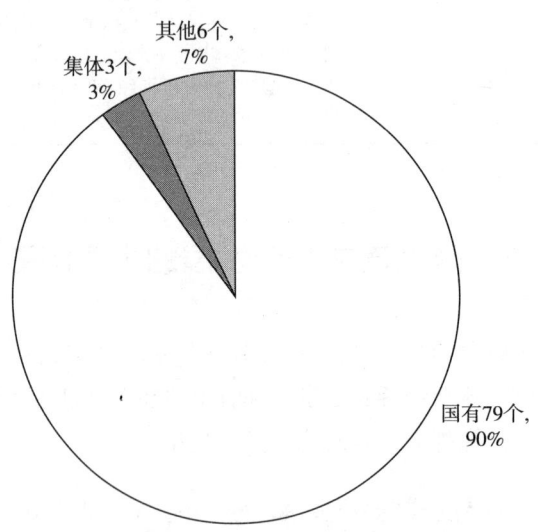

图3　2015年陕西艺术表演场馆注册类型

3. 剧目创作模式固化,现代新兴剧目数量较少

陕西现有的演艺剧目多局限于两个类型:以《梦回大唐》《大汉苏武》《长恨歌》《丝绸之路》等为代表的历史歌舞剧和以秦腔、陕北民歌剧等为代表的地方特色戏曲剧,优秀的现代歌舞剧、儿童剧等接近大众生活的剧目较少。而且在地方特色剧目的传承和创作中,对当下时代性元素的关注不够,过分地着眼于地区特色,而忽略了时代创新。

4. 营收模式简单落后,财政补贴占总收入七成以上

陕西演艺产业的发展过多地依赖于政府的财政补助,从而导致市场竞争力和产业活力不足,这在营业收入中体现得尤为明显。2015年全省演艺团体总收入62237.8万元,而其中财政补贴收入高达40345.5万元,占总收入的

64.82%，且在13926.8万元的演出收入中还有4344.6万元的政府采购公益演出的补贴收入，占总演出收入的31.2%，即政府直接或间接的财政补贴占总收入的71.71%（详见表9）。此外，这种将政府补贴纳入企业营业收入的做法，易对演艺企业走向市场、开展市场竞争构成路径依赖。

表9　2015年陕西艺术表演团体收入

单位：万元，%

	总收入	财政补贴收入	演出收入	政府采购公益演出补贴收入
金额	62237.8	40345.5	13926.8	4344.6
占比	100	64.82	35.18	6.98

（二）演艺市场规模偏小，与核心文化产业目标差距大

陕西演艺产业当下的市场规模与其巨大的市场潜力和演艺需求之间还存在着较大的差距，市场潜力挖掘不充分，主要表现在两个方面。

1. 演艺市场规模在全国占比较小

首先，与2015年全国演艺产业相比，在总收入方面，陕西演艺产业总收入62237.8万元，仅占全国演艺产业总收入2576483万元的2.42%；在演出场次方面，全国共有演出210.8万场次，其中陕西仅有3.363万场次，占全国的1.60%；在国内演出观众人次方面，全国全年共有95799.0万人次，其中陕西为4322.368万人次，占全国的4.51%（见表10），这些指标都远远低于东中部省份；其次，与2015年全省908.593亿元的文化产业总产值相比，艺术表演产业总产值仅占0.68%，演艺产业在文化产业中的中坚作用没有发挥，与陕西省演艺资源大省地位不相称。

表10　2015年陕西与全国艺术表演规模对比

	全国	陕西	陕西在全国的占比（%）
艺术表演总收入（万元）	2576483	62237.8	2.42
演出收入（万元）	939313	13926.8	1.48
演出场次（万场次）	210.8	3.363	1.60
国内演出观众人次（万人次）	95799.0	4322.368	4.51

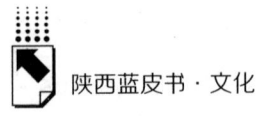

2. 演艺产业新兴市场挖掘不足

随着各行业的不断融合发展，演艺产业已出现跨界融合发展的趋势，在传统的剧场演艺外，旅游演出、动漫演出、网络演出、餐厅主题演出等已成为演艺产业新的增长点和着力点。目前，陕西的演艺产业对跨界融合的艺术演出探索不足，还主要局限于传统的舞台演艺，面对新兴的演艺市场，既缺少宏观层面融合指导，也缺少实践层面的探索。此外，在演艺产业的衍生行业挖潜上也不足，尤其是在演艺培训、演艺衍生品开发、演出经纪等方面都还未出现龙头型企业。

（三）演艺市场主体普遍小、弱、散，缺少骨干龙头企业

陕西演艺产业中的艺术表演团体整体以中小规模为主，且呈现出各自为政的分散发展状态，主要表现在两方面。

1. 数量和规模不足

"十二五"期末，全省共有艺术表演团体177个，仅占全国总数（10787个）的1.64%，艺术表演团体数量总体较少，而且"十二五"期末全省共有艺术表演产业从业人员9411人，平均每个表演团体拥有从业人员53人，表演团体的规模也相对较小，全省除陕西演艺集团、陕西旅游集团等少数的国有大型企业具有较大的表演团队规模外，基本上没有专业的大型民营演艺团体。

2. 分布和运营较为分散

全省的艺术表演团体多分布在各县区，按其隶属关系划分，其中县区级共159个，地、市级有12个，省、市级有6个，分别占总数177个的89.83%、6.78%、3.39%（见图4）。而且各表演团体之间缺少必要的合作和联动机制，基本上以"单打独斗"的方式进行艺术表演，呈现出各自为政的状态，难以发挥团队优势。

3. 主体剧种分布不合理

全省艺术表演团体按剧种划分，一半以上为地方戏曲类表演团体，共有96个，占总数的54.24%，其余的有歌舞、音乐类表演团体38个，综合性艺术表演团体29个，曲艺类表演团体9个，而儿童剧、杂剧等演出市场活跃的表演团体却相对较少（见图5）。

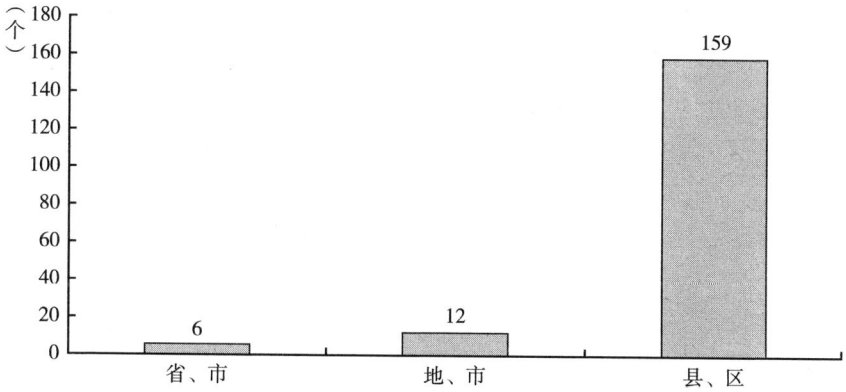

图4　2015年陕西艺术表演团体按隶属关系分布

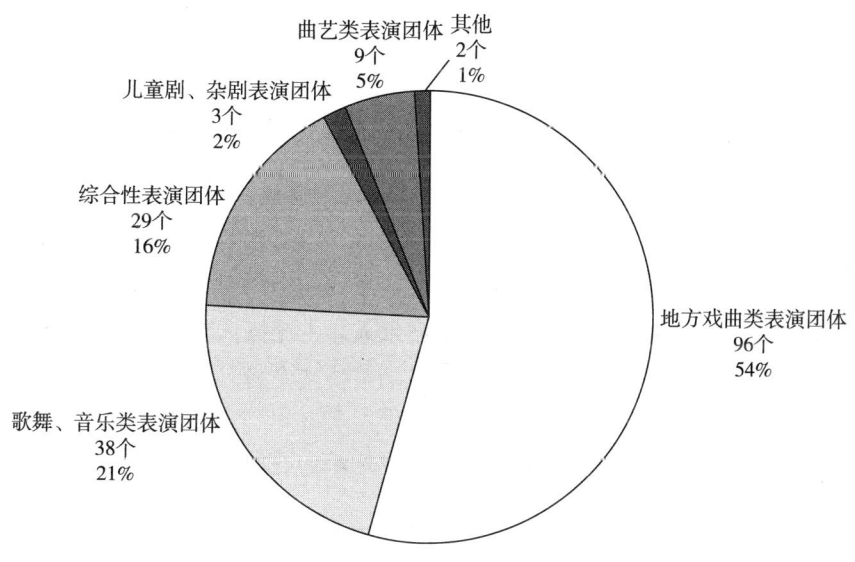

图5　2015年陕西艺术表演团体剧种分类

（四）演艺人才队伍建设滞后，高素质人才奇缺

演艺人才是演艺产业发展的根基和原动力。陕西演艺产业从业人员在数量和结构上都存在着不足，人才培养相对滞后，主要表现在两个方面。

1. 总量与增速"双低"

"十二五"期间，全省艺术表演从业人员共增加 2249 人，达到 9411 人，但仅占全国 301840 人的 3.12%，总量依旧偏低。而且"十二五"期间，是全国演艺产业发展的高速增长期，全国艺术表演从业人员较"十一五"期末增长 62.79%，而陕西艺术表演从业人员仅增长了 31.4%，增长速度也明显落后于全国平均水平，仅为全国平均水平的 1/2（见表 11）。

表 11 "十二五"时期全国和陕西艺术表演从业人员增长统计

单位：人，%

区域	艺术表演从业人员	新增人员	增长比例
陕西	9411	2249	31.40
全国	301840	116427	62.79

2. 专业技术从业人员稀缺

"十二五"期末，全省艺术表演从业人员中，有专业技术人才 5040 人，非专业技术人才 4371 人，分别占总数的 53.55% 和 46.45%（见表 12）。而且专业技术人才中，拥有正高级、副高级、中级专业职称的人数分别为 134 人、422 人、1151 人（见表 13），共占从业人员总数的 18.14%，这表明演艺产业的专业技术人员尤其是具有专业职称的技术人才占比低，高层次专业人才则更为稀缺，这将进一步影响陕西省演艺产业的可持续发展。

表 12 "十二五"时期陕西艺术表演从业人员统计

单位：人，%

年份	从业人员总数	专业技术人才 数量	专业技术人才 占比	非专业技术人才 数量	非专业技术人才 占比
2011	7092	4083	57.57	3009	42.43
2012	7161	4175	58.30	2986	41.70
2013	7037	4499	63.93	2538	36.07
2014	7745	—	—	—	—
2015	9411	5040	53.55	4371	46.45

表13　2015年陕西高层次专业性艺术表演从业人员统计

单位：人，%

	正高级职称人才	副高级职称人才	中级职称人才
数量	134	422	1151
在专业技术人才中的占比	2.66	8.37	22.84
在总从业人员中的占比	1.42	4.48	12.23

（五）优秀演艺剧目商业转化不足且带动效应不明显

优秀剧目就是演艺产业的名片，能带动其他剧目或演艺衍生行业的发展。陕西省目前演艺产业的品牌效应还未显现，体现在两个方面。

1. 有"明星"潜质的剧目多隐藏在"深闺"

以演艺产业中的"明星"项目带动演艺全产业链的创新与发展，是未来演艺产业壮大的重要模式。对于陕西省而言，社会效益显著的"明星"剧目并不少见，屡屡斩获国内外演艺大奖即是明证，但经济效益和社会效益都显著的"明星"剧目则是凤毛麟角。这种现象反映出陕西省演艺产业有高质量产品，却无大品牌商品的现实，导致一批传统的、有潜力的剧目都在获奖后因"雪藏"仓库而成为辉煌历史，更无法在市场中实现增值以及形成品牌。这些高质量、大投入的"明星"剧目无法进行商业化转化，本质上是资源的浪费。

2. 现有"明星"剧目品牌带动效应不明显

一方面，虽然近年来全省涌现出了一批优秀获奖剧目，但像《长恨歌》《白鹿原》这样的"明星"剧目仍旧屈指可数，尤其是在地市或区县层面，优秀品牌剧目更是凤毛麟角，甚至是空白；另一方面，对现有"明星"剧目的整合不足，还未出现系统性、持续性地对陕西演艺产业优秀"明星"剧目的整体推介和包装，还处于"明星"剧目的单打独斗阶段，而且针对"明星"剧目，其衍生产业，如衍生艺术品经济、"粉丝戏剧"经济、"戏剧电影"经济、"演艺造星"经济等衍生经济基本处于未开发状态。

（六）国有演艺企业管理体制不顺影响社会效益发挥

1. 国有演艺企业管理体制有待理顺

演艺院团是文化体制改革的重要内容，转企改制前后的国有演艺企业始终面临"多个婆婆"的管理难题，是各管理部门间同时都管却又各管一摊的分散管理体制，无法实现管人、管事、管资产、管导向的有机统一，也一定程度上增加了国有演艺企业的管理成本。加之，近年来陕西省有关文化监管部门的调整变迁（如省文资办从无到有，再从财政厅划转到国资委的变迁），使得国有演艺企业要不断适应变化着的管理体制，并随之调整有关管理工作任务，导致国有演艺企业既要接受宣传思想领域的内容管理，又要在文化行政管理部门的业务指导下开展工作，还要承担国有资产出资代表的资产监管等工作，增强了国有演艺企业管理工作的复杂性，影响其社会效益和经济效益的发挥。

2. 国有演艺企业的社会效益关注不足

国有演艺企业主业为剧院演出，演出剧种多为秦腔、京剧等传统曲艺，属于社会效益突出的传统文化行业；加之，这类企业在转制过程中同时面临着企业资产重组、企业人员转制分流、企业内部运行机制建设、企业干部人才建设等各种内部压力和较大的外部市场竞争考验，导致其在事实层面上成为社会效益突出、经济效益薄弱的产业门类。但在当前考核国有演艺企业有关工作的过程中，经济效益的考核比例更大，社会效益考核比重整体偏低，一定程度上加重了国有演艺企业的运营和发展压力，同时也限制和削弱了国有演艺企业发挥社会效益的积极性，不利于国有演艺企业的转型发展。

三 推动陕西演艺产业发展的对策建议

在文化产业大发展大繁荣的时代背景下，借助"丝绸之路经济带"建设的战略东风，依托市场经济下"互联网＋"的发展理念，陕西演艺产业应该大有可为，应该乘势而上，逐步将演艺产业打造为陕西省文化产业的核心和重点门类。

（一）切实优化演艺产业发展的体制及政策环境

优化演艺产业发展的体制及政策环境是保障和规范陕西省演艺产业持续健康发展的宏观要件，也是保证国有演艺企业实现社会效益的关键举措。应从理顺管理体制和优化政策环境两个维度来推进。

1. 理顺演艺产业宏观管理体制

一方面，加快建立管人、管事、管资产、管导向相结合的演艺产业宏观管理体制，研究落实中央《关于推动国有文化企业把社会效益放在首位、实现社会效益和经济效益相统一的指导意见》《文化体制改革中经营性文化事业单位转制为企业的规定》和《进一步支持文化企业发展的规定》等政策精神，建设宣传导向、行业指导、资产监管、人事管理等职能相对一致的管理体制，总体应按照创新宣传系统内容导向管理机制、强化文化系统行业指导与公共支持机制、优化资产监管部门考核监管机制的原则，做好宣传、文化、文资部门监管职能的合理分工与协同，规避多头管理弊端，真正形成多部门协同监管的主体格局，从外部环境方面降低国有文化企业的管理成本。另一方面，按照演艺产业发展规律强化国有演艺企业的社会效益，提高国有演艺企业社会效益考核指标的比重，提高文化系统在国有演艺企业考核与资金分配中的比重，并按照突出重在发展、重在传承、重在创新的原则，加大对国有演艺企业发挥社会效益的杠杆调节功能，确保国有演艺企业形成社会效益优先、社会效益与经济效益有机结合的发展理念。在此基础上，深入演艺企业开展调研，把脉当前演艺企业的发展困境，并结合中央、省政策和市场发展情况，探索让国有演艺企业生存下来、发展得好的一揽子举措，持续为国有演艺企业的发展壮大营造有利条件。

2. 优化演艺产业发展的政策环境

一方面，确保现有政策有效实施。"十二五"期间，陕西省陆续出台了《2014~2016年艺术创作规划》《陕西省艺术精品创作奖励办法》《陕西省剧作家签约制度和奖励办法》《全省群众艺术创作暨参赛"群星奖"扶持办法(2014~2016年度)》《陕西省开展演出市场集中整治行动实施方案》等一揽子面向演艺产业的规章制度，为陕西省演艺产业的发展提供了强有力的政策支持。为尽快推进上述政策发挥预期作用，建议：一是加快基层的政策学习和落地，主要是加强这些政策在地市、区县中的宣传、学习和落实，同时还要督促各基层文化部门，制定相应的落实保障措施或办法；二是要加强这些政策在社会团体和企业中的宣传贯彻，发挥社会团体和企业的市场活力和政策敏感性优势，为演艺产业发展做好服务和中介支持工作。另外，要填补关键性政策空白。要实现陕西演艺产业的持续发展，还必须不断完善全省演艺产业的关键性政策体系。对此笔者建议：一是要出台全省演艺产业中长期发展战略规划，如"十三五"陕西演艺产业发展计划、2016~2026陕西演艺产业中长期发展纲要等，为全省文化演艺产业的发展提供顶层设计上的战略指导；二是要制定关系全省演艺产业未来发展的关键性具体政策制度，重点涉及文化演艺项目孵化、文化演艺场馆建设、文化演艺与旅游、动漫、科技等产业融合发展、文化演艺"走出去"、文化演艺中高级专业人才培养与引进、非公有制文化演艺经济发展、文化精品创作等八个方面，从而夯实全省文化演艺产业发展的各类基础。

（二）省、市、区县联动壮大演艺产业市场规模

陕西是传统的演艺大省，也是人口大省，有着巨大的传统演艺市场潜力，而且随着陕西旅游、动漫等产业的发展，旅游演艺、动漫演艺等新兴的演艺门类不断出现，实现市场开拓迫在眉睫，也需要全省联动。

1. 大力挖掘演艺新市场

一方面，要不断扩大省内传统的演艺市场规模，在政府财政购买公共演艺服务保障的基础上，要调动演艺企业和团体的市场活力，在演出营销、演出方式、演出内容上下功夫，变被动为主动，不断扩大演艺产业的市场影响力，同时还可以辅之以一定的政策奖励和制度保障；另一方面，要开拓新的演艺门类，加大演艺产业与其他行业的融合，近年来陕西教育、旅游、科技、动漫、餐饮等行业的快速发展为其与文化演艺的融合奠定了基础，因此要着力在科技演艺、旅游演艺、餐饮演艺、动漫演艺、娱乐演艺和演艺教育等方面深入推进演艺剧目创作和演艺项目落地，开辟全省演艺产业新的增长路径。

2. 着力培育演艺新受众

要变被动等观众为主动找观众，按受众的年龄阶段划分，首先要大力挖掘儿童演艺项目，目前全省只有一个儿童表演剧团，而随着人们对儿童教育的特别关注，针对儿童的艺术表演将是未来新的增长点；其次是要开拓年轻受众市场，目前全省的演艺表演多为传统戏曲和历史剧，针对当代年轻人的剧目相对较少，尤其是要加大对青年学生、青年工薪阶层受众群体演艺剧目的创作。按受众的地理区位划分，农村将是全国演艺产业的快速增长市场，2015年全省共有农村艺术表演2.268万场次，但随着全省农民可支配收入的普遍提高，农民的文化需求将不断增大，而演艺表演的观看则为最首要的需求，因此要加大

农村地区演艺基础设施建设和演艺剧目创作。

3. 实现省内演艺联动

在演艺市场开拓和受众培育的基础上,要将全省各演艺团体资源进行整合,改变目前单打独斗的局面,一方面可联合多个演出团队进行大型剧目的排演和资源共享,另一方面可以进行跨市县的区域巡演,如将陕南的特色汉调在陕北进行巡演、将陕北的民歌演艺带到陕南,这样不仅可以丰富居民的文化体验,而且也将全省范围内的演艺团队进行联动,有助于实现规模化经营,获得规模效益。

(三)强化演艺主业的同时向全产业链发力

"演艺主业+演艺衍生"的发展模式成为我国演艺产业未来的发展趋势,陕西演艺产业要想做大做强就必须用两条腿走路,即在坚实演艺主业前提下鼓励演艺衍生经济发展。

1. 壮大发展演艺主业

壮大发展演艺主业是壮大和发展陕西演艺产业的基础,一方面,要扩大传统的剧场演艺规模,在剧场建设、演艺剧目、演艺场次、演艺盈利上逐步提升,尤其是要鼓励民营或公益性艺术表演团体的发展、壮大,在税收优惠、政策奖励等方面予以倾斜;另一方面,要开拓新兴的艺术表演门类,在演艺业、旅游业、娱乐业、动漫业甚至是金融、高科技等众多行业加速融合发展的当下,陕西演艺产业要利用陕西巨大的旅游市场、庞大的娱乐消费市场、崛起的动漫产业和雄厚的科技实力等,逐渐探索新兴的旅游演艺、动漫演艺、娱乐演艺、科技演艺、餐饮演艺等形式,让艺术表演走出剧场,走进各行各业发展的最前沿,从而扩大和坚实演艺表演的主业。

2. 鼓励发展衍生经济

在陕西演艺主业的带动之下,全省的演艺衍生经济将成为一个不可忽视的巨大市场,一方面,要支持演出经纪机构做大做强,鼓励演艺票务代理和演艺广告业的发展,扶持演艺培训产业的壮大,鼓励演艺衍生艺术品的创作,完善演艺场馆的市场化运营等,并在注册登记、税收、财政补贴、政策规范、市场准入等方面给予支持,鼓励其与演艺主业之间形成互助发展;另一方面,要鼓励民营企业和社会力量积极进入演艺衍生产业,利用其自身特有的市场活力,

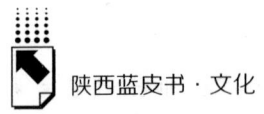

来激活和带动整个演艺衍生行业的发展。

3. 强化人才队伍支撑

首先是加强高校合作、创新人才培养模式，发挥陕西众多的高校资源优势，为演艺企业、团体与高校人才培养之间建立起双向互动机制，一方面演艺团体及企业可以利用该机制通过委培、深造等方式借助高校资源对现有人员进行灵活的专业培训和深造；另一方面高校还可以利用该机制，疏通其培养出来的专业性演艺人才的就业通道，从而保障演艺专业人才的持续发展；此外，还可以采用演艺团体及企业委托，高校招生和培育的方式，定向培养演艺人才。其次是扩大人才交流和引进，宏观层面上要主动与其他省市建立起演艺人才定期交流机制，同时在政策和资金上也鼓励演艺团体自主走出去进行专业性交流，而且还要建立起演艺专业人才引进机制，尤其是要积极引进拥有正高级、副高级专业职称的高级专业人才，并建立起一整套演艺人才引进奖励机制，对被引进人才和引进企业都给予长效的全面激励。

（四）引导演艺市场主体构建现代化发展模式

项目推动是演艺作品变为艺术产品的重要途径，也是发挥演艺产业规模优势的重要突破口，且大型演艺项目的落地能将多个演艺团体聚合在一起，形成抱团取暖，共同发展。

1. 强化"演艺+项目"的发展模式

一方面，政府通过定期选取一批具有重大影响力和良好发展前景的演艺产业项目，进行重点扶持和培育，通过项目培育带动演艺发展，也通过项目模式培育精品剧目，并建立覆盖全省的演艺产业项目储备库，利用大型演艺项目，尤其是大型演艺基础设施项目、演艺街区项目等，将分散的演艺团体聚合在一起，形成规模效应；另一方面，演艺企业和团体也要逐渐把项目带动作为其战略发展的重要承载，强化项目储备、项目选择、项目运营和项目管理等环节，利用项目将作品变为产品，将剧目变为项目，同时利用演艺与动漫、演艺与体育、演艺与金融、演艺与生态旅游等行业的融合，进一步深化"演艺+项目"的发展模式，而且还要鼓励企业和团体进行大型演艺项目的共同合作。此外，还要本着"走出去、引进来"的思想放眼全国，乘着丝绸之路经济带建设的东风，将全省的优秀演艺潜在项目进行整体包装，组团"走出去"进行项目招商，而且要积极引进省外具有重大带动意义的演艺项目落户陕西。

2. 强化"演艺+活动"的发展模式

通过举办全国或全省性的大型文化艺术活动，以此来提升、展示、推介陕西的文化演艺产品。一方面，要积极承办国家艺术节、青年戏曲节、京剧节等大型活动，既能为全省的演艺产业提供交流、展示的窗口，也能以活动为契机，整体推动全省演艺产业的提升，如陕西借助即将承办的"十一艺节"，在全省范围内共新建、修缮50个演艺场馆，并对40个优秀剧目进行重点完善提升；另一方面，要主动利用与其他地区的演艺交流组织大型活动，尤其是要与丝绸之路经济带沿线的省份和其他国家定期进行各类演艺展示和交流活动，如举办丝绸之路沿线国家、地区优秀演艺剧目巡展、演艺人才交流、艺术节等活动。

（五）着力推动优秀精品剧目向品牌商演剧目转化

陕西演艺产业要想做大做强离不开本土经典演艺品牌的打造。具体来讲，首先是要有选择性地重点支持一批现有精品演艺剧目和项目做大做强，帮助其逐渐在全省、全国范围内树立起自身的品牌形象，提升其品牌影响力和附加值，从而成为陕西演艺产业对外的闪亮名片，如当下备受关注的舞台话剧《白鹿原》和中国首部大型山水历史舞剧《长恨歌》都具有很高的代表性；其次是要加强精品剧目的创作与转化，从奖励政策、原创人才、创作资金等方面给予切实的扶持，创作出一批既具有陕西地域特色又符合当下时代和市场需求的演艺精品剧目和演艺产业品牌。

（六）战略布局"互联网+演艺产业"新业态

互联网已成为影响社会发展的颠覆性变革，是社会各行业发展的"一把利剑"，演艺产业亦是如此。在陕西演艺产业转型优化和升级发展的当下，"互联网+演艺产业"的发展模式越发清晰。为此，笔者建议实施"互联网+演艺产业"战略，引领和推动陕西省演艺产业转型升级。具体包括如下方面。

1. 鼓励发展演艺产业大数据云平台

互联网的发展开启了人类的大数据时代，而大数据的应用已成为一个产业精准发展和降低风险的基础性手段。因此要在政府引导、演艺协会主导、演艺团体支撑、社会大众参与的模式下，建立覆盖全省的演艺产业大数据云平台，对全省演艺产业的剧目、受众、场馆、从业人员、产业营销等各类信息进行实时上传、全省聚合、互动分析（见图6），为演艺产业发展中的政府指导、行业引导、企业决策等提供精准的信息支撑。

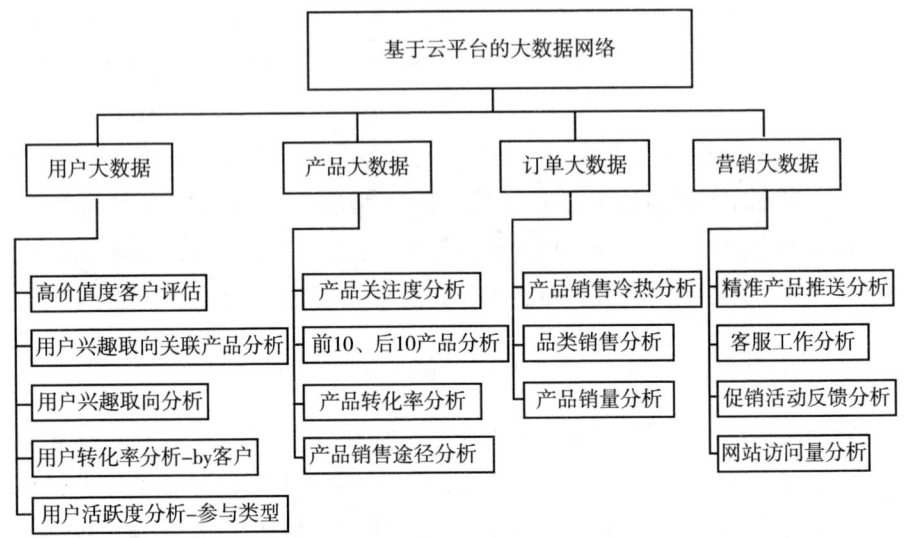

图6　基于云平台的大数据网络

2. 鼓励发展C2B模式的演出定制产业

通过预售、团购、网络互动等方式将分散的用户需求进行集中，了解用户的需求变化，同时根据大众需求进行演出安排，实现演出供给与社会需求的精准匹配，避免演艺资源的浪费（见图7）。此外，还可以根据社会的演艺需求或用户的私人定制，进行相应剧目的创作，形成"用户需求/定制—剧目创作—演艺表演—用户反馈"新的剧目创作链。

3. 探索社会有效参与的演艺融资模式

随着互联网的发展，众筹的发展模式逐渐兴盛，成为跨界融资和社会参与的重要途径。陕西演艺产业的发展，在一定程度上受上游资金不充裕的限制，且过度依赖于政府的财政补助，因此要以演艺剧目创作、演艺大项目建设、演艺场馆完善、演艺人才培训等为切入点向社会进行定向或开放式众筹，鼓励社会个人、企业等参与其中，共同承担风险、享受收益，从而化解演艺产业发展资金困境和社会参与困境。

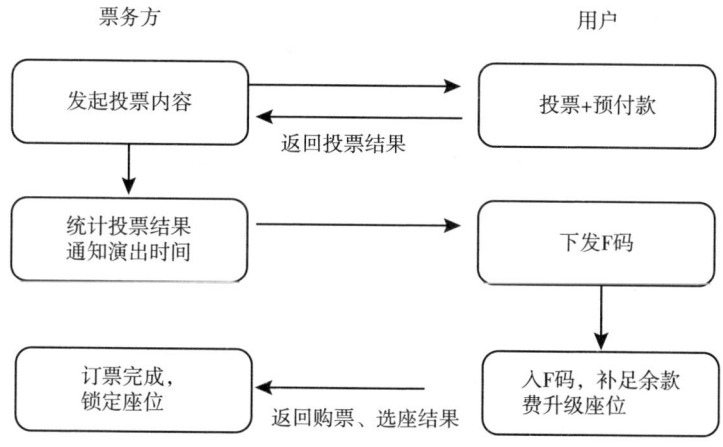

图7　演出内容定制的 C2B 模式

4. 鼓励建设面向移动会员的智慧剧院

通过建立覆盖全省的演艺产业公众 APP 和公众微信号，以免费会员的方式，将演出受众进行线上的聚合，同时将移动终端购票（网站购票、扫描购票等）、移动验票、移动线上直播、观众互动、演出资讯等功能进行整合，实现数字观影。

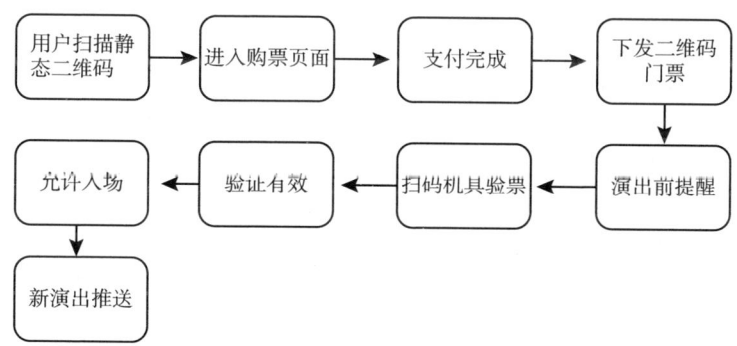

图8　数字观影流程示意

推动陕西省演艺产业的发展壮大并非一朝一夕之功，需要将其放置在关乎"文化强省"的战略高度，需要系统的顶端设计、政策跟进与创新举措。我厅将结合本职工作，不遗余力研究新情况、新问题，为推动新时期、新常态下演艺产业的赶超发展持续奋斗。

B.14
陕西民营文化企业发展报告[*]

长安大学长安文化产业研究中心课题组[**]

摘　要： 民营文化企业是繁荣和发展文化产业的重要抓手，需要在把握其与一般企业、国有文化企业特殊性的基础上，重视和加速其发展。对于陕西省而言，民营文化企业占有重要地位，无论是其数量、规模，还是其产值、发展潜力，都是陕西打造文化产业为支柱性产业的必要抓手。在推动其发展过程中，需要对其现有优势与不足进行总体把握，并对其未来发展格局进行顶端设计，唯其如此才能促进民营文化企业合时宜、合规律地成长壮大。

关键词： 陕西　民营　文化企业

文化企业是文化产业发展的细胞单元，更是文化产业实现创新和跨越式发展的载体依托，文化企业的繁荣发展离不开民营文化企业。从世界文化产业强国的发展经验来看，加速发展民营文化企业成为其文化产业竞争力快速提升的共同经验。这意味着民营文化企业成为关乎社会主义文化产业大发展大繁荣的重要支撑，需要我们结合其自身特性辩证推进其发展。

---

[*] 本报告为陕西省社科界2016年度重大理论与现实问题研究项目"陕西民营文化企业发展调研报告"（编号2016ZH007）成果。
[**] 课题组成员为：刘吉发、李谕博、金栋昌、陈怀平、刘贝、庞林林、张成梁、何梦焕。

一 民营文化企业是发展文化产业的关键力量

(一)民营文化企业区别于一般企业和国有文化企业

作为其中最重要的组成部分,民营文化企业相较于一般企业和国有文化企业而言有其特殊性,这需要我们不仅重视和发展民营文化企业,而且要放置在更加突出和重要的位置加速其发展。归结起来,其特殊性主要体现在两个方面,这也构成了我们加速其发展的重要依据。

1. 相比于一般企业的特殊性

由于文化产品具有商品属性,兼具知识性和娱乐性,因此民营文化企业在很大程度上会对公众的价值取向和情感产生影响。民营文化企业除了具有一般企业实现投入到产出的过程从而获得经济效益的营利性特征外,还具有重要的文化性。由于文化产业对物质资源的依赖性较低,其实现目的的途径主要在于增强其对所占有文化资源的转换能力①。企业的生产方式采取工业化模式,属于知识创新性产业,内生收益递增明显,外生性显著;范围性经济明显,产业较强的融合性使产业内部关联紧密,具有渗透性。

2. 相比于国有文化企业的特殊性

由于国有文化企业全部资产归国家所有,资产的投入主体是国有资产管理部门,其营利性体现为追求国有资产的保值和增值,其公益性体现为国有文化企业的设立通常是为社会公众无偿或低利润提供文化产品和服务,起着传播民族文化和满足国民精神文化需求的作用。而民营文化企业是民间私人投资、民间私人经营、民间私人享受投资收益、民间私人承担经营风险的法人经济实体。相对国有文化企业而言的民营文化企业,其目的在于追求投资收益最大化,需按照市场经济的要求自筹资金、自主经营、自负盈亏、自担风险,因此在市场运营中更具有自主性和灵活性。具体体现在:一是灵活性优势明显。民营文化企业相对于国有文化企业而言具有体制灵活、运转高效、适应市场能力强等优势,在繁荣文化市场、满足群众精神文化需求、扩大社会就业、促进文

---

① 姜曼:《论中小型民营文化企业的发展现状及前景》,硕士学位论文,首都师范大学,2011。

化产业快速发展等方面发挥着举足轻重的作用。二是运营方式更加市场化。相对于国有文化企业的行政体制而言,民营文化企业的现代企业制度、法人治理结构较为完善,经营方式趋于现代化。民营文化企业注重采用现代流通组织形式,积极推进连锁经营、电子商务、物流配送等现代流通方式[①]。

(二)发展民营文化企业具有巨大现实意义

文化产业统计数据显示,我国民营文化企业以其资金和经营优势创造了巨额产值,占据全国文化产业产值的一半以上,民营文化企业在我国文化产业发展和文化繁荣等方面发挥着重要作用[②]。这些作用体现在以下几个方面:一是推动了文化产业发展多元化。民营文化企业的崛起使文化产业发展呈现多元投入、竞争发展的良性格局,随着文化产业的蓬勃发展,各种社会资本先后进入动漫游戏、创意设计、新兴媒体、工艺美术、文化旅游、演艺娱乐等文化产业领域。二是引领了文化消费市场的方向。民营文化企业往往凭借其敏锐的市场嗅觉,成为引领文化消费市场的龙头企业,如华谊兄弟、光线传媒、分众传媒、新浪、网易、腾讯、搜狐等一批娱乐及互联网媒体企业,他们通过更好的商业模式,依靠企业家的创新精神,成功打造了自己的品牌,实现了可观的经济效益。三是活跃了文化产业市场的氛围。数量巨大的中小民营文化企业是文化产业发展的支撑性力量,对文化产业发展能起到杠杆撬动作用。与传统国有文化企业相比,其经营方式更加灵活、市场嗅觉更加敏锐、更富有创新精神,能够敏锐觉察并把握文化市场的动态和群众文化生活需求的新变化,开发出适销对路的文化产品,给市场带来新的活力。四是构成了文化经济发展的重要力量。民营文化企业在改造传统文化产业、发展新兴文化产业、开拓新市场、催生新业态、促进技术创新、创新商业模式等方面发挥着越来越重要的作用,已经成为转变文化经济发展方式的主体。促进民营文化企业快速发展是适应国内外经济形势新变化、加快形成新的经济发展方式的内在要求。

综上所述,民营文化企业是文化产业的重要组成部分,是文化产业的微观

---

① 文化部文化产业司"民营文化企业发展"调研课题组:《我国民营文化企业发展中的问题及政策建议》,《华中师范大学学报》(人文社会科学版)2007年第4期,第112~118页。
② 何军林:《民营文化企业发展应突破"锁定"状态》,《中国高新技术企业》2011年第11期。

基础,是文化市场的主体,是文化产品和文化服务的重要提供者。促进文化产业繁荣发展,必须进一步加大对民营文化企业的支持力度,破除阻碍其发展壮大的体制障碍,充分释放民营文化企业发展活力。

二 陕西民营文化企业的发展现状及问题

(一)陕西民营文化企业的发展现状

1. 总体现状

近年来,陕西省的民营文化企业有了长足的发展,已成为陕西省文化产业发展的重要引擎。从企业数量来看,2013年底,全省共有民营文化企业法人单位数12697家(不含个体户),占全省文化企业法人总数的74.17%,高出全国平均水平7.8个百分点;从就业人数来看,陕西省民营文化企业从业人员共144407人,占全省文化企业从业人员的51.78%,其中民营文化服务企业、民营文化制造企业和民营文化批零企业的从业人员占比分别为61.79%、25.65%和12.55%(见表1);从产业结构分布来看,民营文化企业主要集中在文化服务业。2013年底,全省共有9379家民营文化服务企业,占全省民营文化企业法人总数的73.87%,而文化制造业、文化批零业分别仅占10.44%和15.69%。从地区分布来看,民营文化企业主要集中在关中地区。其企业数、从业人员数、企业资产分别占全省的76.42%、83.06%和90.4%。科技型、创新型、新兴业态的技术密集型和高附加值文化企业主要分布在城市区域,特别在中心城市和高新技术产业区聚集,而生产型、传统加工型、互联网娱乐休闲服务型等传统业态的文化企业则多散状分布在县乡村基层。

表1 2013年底陕西民营文化企业基本情况

	企业单位数(个)	占比(%)	从业人员数(人)	占比(%)
文化制造业	1326	10.44	37046	25.65
文化批零业	1992	15.69	18128	12.55
文化服务业	9379	73.87	89233	61.79
总 计	12697		144407	

资料来源:《2013年陕西经济普查年鉴(综合卷)》《2013年陕西经济普查年鉴(第三产业卷)》,以及陕西民营企业调研报告课题组的问卷调研数据。

2. 规模以上民营文化企业发展情况

从营业利润率来看，陕西省规模以上民营文化企业营业利润率为7.64%，高出全国0.85个百分点，从具体结构来看，文化制造业的营业利润率高出全国1.4个百分点、文化批零业高出全国0.51个百分点、文化服务业高出全国2.17个百分点（见表2）；从各省比较来看，陕西省规模以上民营文化企业利润率也分别高出山西4.89个百分点、广西1.99个百分点和江苏0.28个百分点（见表3），显示出较好的经营业绩。从总资产收益率来看，陕西省规模以上民营文化企业总资产收益率为12.78%，高出全国2.92个百分点，分别高出山西10.64个百分点、广西4.94个百分点（见表4），凸显出陕西省民营文化企业资产经营水平较高。从文化产业增加值来看，2013年底陕西省规模以上民营文化企业增加值达20.3亿元，占全省规模以上文化产业增加值的比重为20.76%，占全省文化产业增加值的比重为4.05%。

表2　2013年底全国及陕西规模以上民营文化企业营业利润率比较

单位：万元，%

	行业类别	营业利润	营业收入	营业利润率
全国	文化制造业	12980624	182496064	7.11
	文化批零业	1554848	50007770	3.11
	文化服务业	4370981	46010081	9.50
陕西	文化制造业	61764	725897	8.51
	文化批零业	10587	292855	3.62
	文化服务业	15746	134890	11.67

资料来源：《2013年中国经济普查年鉴（综合卷）》《2013年中国经济普查年鉴（第三产业卷）》，以及陕西民营企业调研报告课题组的问卷调研数据。

表3　2013年底全国及部分省规模以上民营文化企业营业利润率

单位：万元，%

	营业利润	营业收入	营业利润率
陕西	88097	1153462	7.64
全国	18906453	278513915	6.79
江苏	2587926	35143322	7.36
广西	44460.5	787371.3	5.65
山西	24134	878270	2.75
广东	226435.9	50147162.2	0.45

资料来源：《2013年中国经济普查年鉴（综合卷）》《2013年中国经济普查年鉴（第三产业卷）》，以及陕西民营企业调研报告课题组的问卷调研数据。

表4　2013年底全国及部分省规模以上民营文化企业总资产收益率

单位：万元，%

	营业利润	资产总额	总资产收益率
全国	18906453	191692217	9.86
陕西	89736	702355	12.78
山西	24134	1129722	2.14
广西	44460.5	566787.3	7.84

资料来源：《2013年中国经济普查年鉴（综合卷）》《2013年中国经济普查年鉴（第三产业卷）》，以及陕西民营企业调研报告课题组的问卷调研数据。

3. 陕西民营文化企业的骨干示范情况

截至2015年底，全省共有国家级文化产业示范园区、基地12个，其中民营文化企业5个，民营文化企业占比达41.67%；陕西省文化产业示范基地单位146个，其中民营文化企业96个，民营文化企业占比达65.75%。此外，还有6家民营文化企业入选国家文化出口重点企业。这些文化产业示范园区、基地和单位成为陕西省民营文化企业的示范标杆；同时，在全省"新三板"上市的12家文化企业（含文化科技企业）中，民营文化企业有4家，占"新三板"上市文化企业的33.3%，这也表现了陕西民营文化企业经营发展的良好态势。

（二）陕西民营文化企业发展面临的主要问题

1. 企业数量偏少，规模偏小

2013年底，全省共有各类民营文化企业12697家，数量上与东部省份差距较大，仅相当于广东省的1/6、福建省的1/2（见表5）。全省规模以上民营文化企业168家，占全省民营文化企业比重为1.32%，较全国规模以上民营文化企业占比低3.16个百分点，较广东省规模以上民营文化企业占比低3.25个百分点（见表6）。可以看出，相比其他省份，陕西省民营文化企业的数量和规模仍处于劣势，这在一定程度上影响了陕西省文化产业的发展。

表5 部分省民营文化企业总量在全国占比情况

单位：个，%

	民营文化企业数量	占比
全国	609961	100
陕西	12697	2.08
广东	82650	13.55
安徽	17700	2.90
福建	27400	4.49

资料来源：《2013年中国经济普查年鉴（综合卷）》《2013年中国经济普查年鉴（第三产业卷）》，以及陕西民营企业调研报告课题组的问卷调研数据。

表6 全国及陕西、广东省规模以上民营文化企业数量及占比情况

单位：个，%

	规模以上民营文化企业数	民营文化企业数	占比
全国	27340	609961	4.48
陕西	168	12697	1.32
广东	3781	82650	4.57

资料来源：《2013年中国经济普查年鉴（综合卷）》《2013年中国经济普查年鉴（第三产业卷）》以及陕西民营企业调研报告课题组的问卷调研数据。

2. 产业结构不合理

产业结构不合理表现在两个方面。一是陕西省民营文化企业的主体是小微企业。规模以下民营文化企业占比高达98.7%，特别是在陕西省优势文化产业门类中规模以下民营文化企业的占比也是居高不下，影响规模和质量的提升。二是产业结构不优。综合全国和文化产业发达省份的情况来看，文化制造业的比重越高文化产业越发达。而陕西省文化制造业的比重仅为36.9%，文化产业较为发达的广东省和江苏省这一数据分别达到50.2%和42.04%，这也因此造成了陕西省规模以上民营文化企业拉动效应不足的现实。

3. 融资环节更易陷入发展困境

陕西省民营文化企业多为小微企业，资金量少、实力有限，在创业发展过程中普遍存在融资需求，并受到融资难的困扰。调研显示，84.9%的企业存在较大的资金需求，其中又有55.8%的企业面临融资困难。造成融资难的原因有二。一是民营文化企业融资渠道狭窄。民营文化企业具有投入少、资产少、

抵押物少的特点,其创业和运营资金多以自我积累为主,加之无形资产无法抵押的现实约束,只有少数企业能够达到传统银行贷款融资的最低门槛。二是银行等金融机构的融资成本较高。这使得部分达到银行抵押融资条件的企业,也不把银行融资作为首选渠道。

4. 商业模式落后导致产业化质量不高

商业模式的落后主要体现在以下三方面。一是项目运营管理缺乏科学性。陕西民营文化企业正处于发展初级阶段,多数小微文化企业未建立现代企业制度,经验式管理带来了企业管理的随意性,表现为多数民营文化企业缺乏长期规划,只关注企业发展的眼前效益。二是企业外部市场拓展能力薄弱。绝大多数民营文化企业缺乏对文化市场的开拓能力,表现出市场营销手段单一、市场销售渠道不畅通、市场范围区域化、市场绩效易受外部环境波动影响等特点。三是企业间缺乏合作。陕西省民营文化企业间缺少业务合作与整合,未形成文化项目推介、发展咨询、风险投资、资产担保等专业服务业态,无法形成文化企业的发展集群。

5. 政策感知和运用能力整体处于边缘状态

产业政策是政府推动产业发展的杠杆工具,是相关企业获取政府支持的主要途径。对于陕西省而言,民营文化企业对政府文化产业政策的关注度不高。调查显示,40.2%的民营文化企业对政府所出台的文化产业税收政策不太熟悉,甚至没听说过这类政策;在财政专项资金的申请方面,80.5%的企业表示没有申请过专项资金。另外,在政策优惠的实施结果上,民营文化企业与国有文化企业之间存在较大的"待遇差"。仅从陕西省省级文化专项资金的支持结构来看,"十二五"期间89.36%的专项资金用于支持国有文化企业和项目,支持民营文化产业发展的资金比例仅为10.64%。

6. 普遍承受外部市场的多重压力

一是普遍面临运营成本上涨的压力。陕西省民营文化企业多以文化批零业、文化服务业为主,在运营过程中受外部经济环境制约,在场租成本和人力支出成本方面屡屡攀高,构成了企业的经营压力。二是部分行业企业正经受着产业转型阵痛。传统业务正遭受着新技术、新业态的冲击,有些企业甚至出现了业务收入"断崖式下降"的现象,这在图书发行行业和传统媒体行业中表现得尤为突出。三是人才缺乏成为共性难题。陕西民营文化企业因自身的小微性特征，难以吸引促进文化产业发展的复合型人才。调研发现，陕西民营文化企业对综合性人才需求旺盛，骨干文化企业对于政府解决民营文化企业人才难题的呼声更高。

三 陕西民营文化企业典型案例分析

（一）出版发行产业：转型中求发展

随着信息技术、互联网技术的快速发展，陕西出版发行产业已呈现出由传统出版发行产业向数字出版发行产业转型的趋势。传统出版行业现有的出版技术和团队以及传统的纸质图书类出版物已不足以应对汹涌而来的数字化浪潮，行业内旧有问题日益突出，产业转型升级迫在眉睫。荣信教育文化产业发展股份有限公司便是迎合数字出版产业转型发展浪潮的成功代表。

荣信教育文化产业发展股份有限公司是一家成功跻身"新三板"行列的民营文化企业。该公司是"互联网＋少儿"的领军企业，通过引进先进技术，创建自己的研发团队，同迪士尼、读者文摘、巴亚、达米、瓢虫公司等国外著名童书出版商建立长期战略合作关系，出版发行的立体书、翻翻书、触摸书、发声书、洗澡书等，以开阔的知识视野和匠心独运的创意手段，打破了"中国童书市场不存在高端消费能力"的保守观念，将中国的童书阅读从"文字加图画"的传统表现形式导向立体互动，从低层次的认字识数、为应试教育服务转向幼儿潜能和创造力的开发。

可见，在新技术浪潮的冲击下，数字出版发行产业是出版发行产业的经济新常态之一。树立创新意识，转变传统观念，引进先进科学技术，创建研发团队，秉持"引进来""走出去"的发展理念，是传统出版发行企业实现转型升级的必由之路。这不仅仅是其业务形态的变化、业务流程的改革，更是人才管理、经营理念、盈利模式、竞争优势等各个方面的提升，是全方位、立体化的企业转型升级。

（二）文化创意与设计产业：创新中求突破

文化创意产业属于朝阳产业，具有巨大的经济价值和社会价值，能够强有力地提升区域整体发展实力。陕西依托丰厚的历史文化资源，发展文化创意与设计产业具有得天独厚的优势。但由于创新力量不足、发展条件缺乏、平台不够健全、创新产业与传统产业的关系处理不当等原因，大多数企业未能推出竞争优势明显的文化创意设计产品，整个行业处于发展缓慢甚至停滞不前的状态。

延安大河智业文化传播有限责任公司由于不断创新在众多企业中独树一帜。该公司依托延安红色革命圣地的区域优势，在延安精神的推动下，以"智慧创造财富、行动成就伟业"为宗旨，以创意、设计、策划、舞台工程为强项，致力于发展具有延安特色的文化产业。延安大河智业文化传播有限公司在数字技术应用、动漫制作、大型活动策划运作、虚拟现实、数字影音、平面设计、空间设计等基础业务范围上强化新技术的开发与突破，以绝对的独创优势获得企业快速发展的强劲推动力。

在文化创意设计产业中，最为重要的是转变思想观念，强化创新意识，致力于生产具有独创性质的文化创意设计产品，在创新中寻求企业长足发展之路。对于传统文化企业而言，要学会取人之长，补己之短，加快创新理念的建设，引进高素质创新型人才，开展特色创意设计项目，鼓励大胆创新，加快其产业化进程。

（三）工艺美术品产业：夹缝中求生存

由于工艺美术品产业涉及工业制造业和文化产业两个领域，其自身的发展不能单一地放在某一个行业中，而是应寻求一条"中性"路线。然而工艺美术品企业往往缺乏对文化市场的开拓能力，存在市场营销手段单一、市场销售渠道不畅通、市场范围区域化、市场绩效易受外部环境波动影响等缺陷，企业的市场生存和发展受到影响。

南郑县良顺藤编发展有限公司是目前西部规模较大的藤器、竹器生产销售企业，通过整合当地人力、物力资源优势，依托传统藤编方法，不断改造、更新技术，提升工艺美术品附加值，打造自主品牌。该公司把握住互联网技术，涌入时代潮流，利用电子商务平台，开启线上线下双向销售模式，开拓销售渠道，创新销售方式，成为工艺美术品产业的成功典范。

工艺美术品行业由于其多领域属性，使得产业发展在资金支持、产业链拓展、资源开发等多方面难以得到相应的支援，产业生存路径就是顺应时代潮流

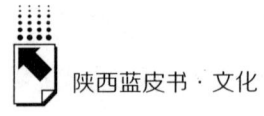

探索出适合产品特性的多元化、时代性发展模式和发展途径，改变传统的过多重视上游生产业务而忽视下游销售业务的陈旧模式。

四 推动陕西民营文化企业发展的战略对策

（一）顶层设计上，要提高民营文化企业在陕西省文化战略中的"含金量"

陕西民营文化企业的发展，必须加强战略设计，创新发展理念，确立发展目标，以形成陕西民营文化企业发展的上层动力。一是要创新民营文化企业的战略发展理念。在坚持"稳住国有企业一头，放活民营企业一片"的发展原则基础上，推动陕西省文化产业发展重心从"国有主体型"向"国有民营并重型"转变，让民营文化企业真正进入陕西文化发展的战略空间。二是明确民营文化企业的战略定位。努力增强陕西民营文化企业发展的整体实力，使其成为文化产业创新引领者、文化产业竞争力关键贡献者、文化市场拓展整合者。

（二）发展方式上，要推动民营文化企业实现规模发展、组团发展

一是鼓励民营文化企业进行产业整合。面对陕西民营文化企业"小、散、差"的现实局面，当务之急是发挥陕西民营文化企业之间的协同作用，引入和强化民营文化企业行会组织，推动陕西民营文化企业的协同发展，形成陕西民营文化企业的整体合力。二是组建陕西民营文化企业的战略联盟。陕西民营文化企业要迎头赶上，必须创新企业的组织方式，建立陕西民营文化企业发展的战略联盟，实现抱团取暖、组团发展，建议面向文化产业十大门类，按照市场规律引导小而精、小而新、小而强的民营文化企业形成利益共同体，联合开展文化产业前沿技术攻关、产品研发、项目投资和市场竞争，推动形成民营文化企业的专业组群。

（三）融资创新上，探索"专项资金+基金+多元金融产品"融资体系

一是设立陕西民营文化企业发展专项资金。建议落实《陕西省人民政府

关于支持文化大发展大繁荣若干财税政策的意见》（陕政发〔2012〕34号），设立省级民营文化发展专项资金，并推动各地市参照相关规定设立有关资金。二是设立陕西民营文化企业发展专项基金。由文化龙头企业牵头，以市场为主导，参照基金运作模式，设立专用于投资民营文化企业的基金，坚持"内容为王"的投资理念，大幅拉动社会对民营文化企业的投资，发挥陕西民营文化产业专项基金对民营文化企业融资困难的解困作用。三是开发适用于陕西民营文化企业发展的多元金融产品。金融机构可按文化产业十大门类分别设计开发演艺贷、出版贷、影视贷、旅游贷等系列文化金融产品，其中贷款融资方式可采用版权质押、应收账款质押、小企业联保、未来收益权质押等，使无形资产抵押成为民营文化企业融资的主要途径，广泛吸收多元资本进入民营文化产业的发展领域。

（四）壮大主体上，要实施一揽子促进民营文化产业发展的平台计划

一是搭建省级民营文化企业服务平台。以民营文化企业为服务主体，通过民营文化企业发展的政策宣传、优先推介文化产品创意项目、建立企业融资服务平台、指导企业申请专项资金，为陕西民营文化企业的快速成长提供组织支持。二是引导组建若干大型民营文化企业集团。以市场为主导，面向陕西省优势文化产业门类，鼓励有实力、有愿望的民营文化企业，通过市场机制整合上下游企业，组建大型民营文化企业集团，使其成长为具有竞争力的民营骨干文化企业。三是制订民营文化企业市场能力培训计划。以展会为依托，为陕西民营文化企业"走出去"提供市场导向；实施陕西民营文化企业"百名骨干文化企业培育计划"，采取"专人联系、专家指导、专项扶持"的"三专"政策，使陕西民营文化企业提高自身的市场拓展能力，优化其商业模式。

（五）政策优化上，要形成制定、落实、监督的"三位一体"动态机制

一是在专项政策制定上，利用实地调研与企业需求相结合，切实制定符合当前陕西民营文化企业发展的相关政策，明确民营文化企业在融资担保、项目

投资、奖励补贴、资产并购等领域的政策内容，促进民营文化企业与国有文化企业齐头并进、协调发展。二是在政策落实上，积极引导民营文化企业根据自身状况对政策进行解读与跟进，增进政策互动。三是在政策监督机制上，加强政策实施过程中的信息反馈工作，优化政府与民营文化企业的业务关系，促进政策制定、执行等诸环节的信息沟通，切实形成真正服务民营文化企业的政策机制。

（六）人才建设上，要政、产、学、研多方协同壮大文化产业人才队伍

一是开展陕西民营文化企业精英奖励工作。设立陕西民营文化企业发展的"人才基金"，发放陕西民营文化企业的"人才津贴"。另外，定期开展陕西民营文化产业"领军人物"评选活动，加大对陕西民营文化企业优秀人才的奖励力度，进一步建立陕西民营文化企业优秀人才的保障体系。二是民营文化企业要创新用人机制。采取引进与培养相结合的方式，壮大陕西民营文化企业发展的人才队伍。同时，也要采取柔性人才引进政策，采取"不求所有，但求所用"的灵活方式，以智力入股和项目合作的利益共同体方式，扩展陕西民营文化企业发展的人才队伍。

参考文献

姜曼：《论中小型民营文化企业的发展现状及前景》，硕士学位论文，首都师范大学，2011。

吕巧力：《我国民营文化企业危机管理研究》，硕士学位论文，浙江传媒学院，2016。

文化部文化产业司"民营文化企业发展"调研课题组：《我国民营文化企业发展中的问题及政策建议》，《华中师范大学学报》（人文社会科学版）2007年第4期。

何军林：《民营文化企业发展应突破"锁定"状态》，《中国高新技术企业》2011年第12期。

陈少峰：《促进民营文化内容企业发展的对策思考》，《福建论坛》（人文社会科学版）2012年第6期。

董玉杰：《PPP模式相关问题研究》，《商业经济》2016年第3期。

郭国峰、郑召峰：《我国中部六省文化产业发展绩效评价与研究》，《产业经济》2009年第12期。

扶涛、张兰芳、张云纲：《我国人力资本投入对经济增长作用的计量分析》，《生产力研究》2010年第7期。

詹成大：《我国民营中小影视文化企业融资困经及对策》，《中国广播电视学刊》2016年第4期。

明慧：《文化企业融资困局待破解》，《中国改革报》2014年1月9日。

《2013年中国经济普查年鉴（综合卷）》，中国统计出版社，2015。

《2013年中国经济普查年鉴（第三产业卷）》，中国统计出版社，2015。

《2013年陕西经济普查年鉴（综合卷）》，中国统计出版社，2015。

《2013年陕西经济普查年鉴（第三产业卷）》，中国统计出版社，2015。

B.15
陕西动漫产业发展报告

陕西省文化厅课题组

摘　要： 动漫产业是陕西省文化产业的核心门类。"十二五"以来，陕西省动漫产业实现了长足发展，初步形成了动漫企业、动漫产品、动漫平台、动漫品牌、动漫要素齐发展的格局。但与此同时，动漫产业也存在若干薄弱环节与发展弱项，掣肘其未来发展，需要系统推进。

关键词： 动漫产业　文化产业　陕西

一　陕西动漫产业的发展现状

（一）动漫产业发展势头良好

截至目前，全省共有200余家动漫企业，其中文化部认定的动漫企业8家，涉及原创动画制作、服务外包、行业应用、网络游戏、手机游戏、舞台剧和衍生品制作等领域，从业人员达1.2万余人，约占陕西省文化产业从业人员的4.3%，成为陕西省动漫产业的支撑力量。"十二五"期间，全省动漫企业累计创作生产20部动画作品、总时长达到12513分钟，2015年动画生产分钟数较2011年增长了2.7倍，累计实现总产值18亿元。

（二）动漫企业实现高质量发展

"十二五"期间，陕西省动漫企业实现了较好发展，先后涌现出了长风数字文化科技公司、新昆信息科技公司等一批在国内有一定影响力的动漫企业，它们生产了包括《大秦五行少年》《印象五千年》《红色延安》《丝路少年》等在内的一批具有地方特色的动画产品，并获得了较好的行业口碑。其中，长风公司被文化部等单位授予"国家文化产业示范基地""国家级文化和科技融合示范企业"和"西安国家级动漫公共技术研发服务平台"等称号。2013年，荣信文化、亿利达网络、华炎科技3家企业被认定为"国家重点出口文化企业"。

（三）优秀动漫产品先后涌现

"十二五"期间，陕西省先后涌现出一批原创优秀动漫作品，并有2部作品入选国家广电总局"推荐播出优秀动画片"。除此之外，陕西飞鸟文化发展有限公司制作的动画片《太阳神树》获得了2011年德国汉堡第八届国际动漫大赛颁奖典礼"Preisverleihungzeremonie"大赛的中国国家奖。飞鸟公司旗下的《分水岭》《豹子头》等系列作品也广受观众好评，作品热销全国。长风影视打造的具有陕西秦兵马俑元素的卡通人物"秦亲宝贝"曾作为陕西动漫形象赴日参与文化交流活动，扩大了陕西省动漫品牌影响力。动画电视剧《小鸡鲁比》，2015年成功入选国家级文化产业重点项目，同时入选文化部国家文化产业精品项目。反映延安革命历史的三维动画片《红色延安》，在第四届全军动漫作品创作比赛中获特等奖。

（四）三大动漫产业集群相继发力

目前，陕西省已经形成以西安高新区、碑林动漫平台、曲江新区等三大平台为依托，集内容原创、技术研发、数字加工、版权运营、终端服务等功能为一体的动漫集群。其中，高新动漫产业园区创意企业累计达2069家，从业人员五万多人，汇集了西安近80%的动漫游戏产业，重点发展数字出版、动漫游戏等产业，产业聚集化发展态势明显，集群化发展苗头初步显现。碑林动漫平台作为集六大平台（公共技术服务平台、实训教育平台、项目投融资平台、产品发布交易平台、项目策划和运营平台、国际交流与合作平台）为一体的动漫集群，完成投资806.8万元，入驻动漫企业50余家。曲江新区产业起步相对较晚，但呈现出集群发展的态势，已经聚集曲江乐雅动漫、阳光天合等20多家动漫企业。动漫会展平台为陕西省中小型动漫企业发展提供公共技术

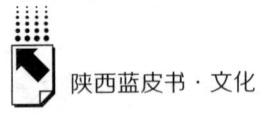

支撑、生产要素共享、衍生产品研发等条件,降低开发成本,打造动漫产业链运作的硬件平台,为陕西省动漫企业的发展创造了良好环境。

(五)动漫会展平台效应初现

"十二五"期间,陕西省创新举办了三大动漫会展平台,汇聚了国内外动漫企业、产品和要素,为陕西省动漫产业的发展创造了交流合作与市场推广平台。目前,陕西省已成功举办四届"中国西安国际原创动漫大赛"、两届"丝绸之路陕西原创手机动漫大赛"和"丝绸之路国际艺术节动漫创意文化周"活动,成为西部乃至全国重要的动漫会展平台,并在国内和国际产生了重要影响。

表1 陕西省动漫会展信息一览

	中国西安国际原创动漫大赛	丝绸之路陕西原创手机动漫大赛	丝绸之路国际艺术节动漫创意文化周
开办时间	2010年	2013年	2014年
已办届数	4届	2届	2届
主办机构	西安市人民政府;中国电视艺术家协会卡通艺术委员会	西安国家数字出版基地、西安国家级文化和科技融合示范基地、陕西省动漫游戏行业协会、西安高新区创意产业发展中心	文化部、陕西省人民政府
办赛内容	主体为原创动漫大赛、中国卡通产业论坛两部分	手机动漫作品线上大赛以及线下动漫主题会展活动	新品发布及版权交易会、某网络游戏西部总决赛、"中国创意"产品设计大赛优秀作品展示、手机动漫原创设计大赛作品展示等活动
发展现状	西北地区首个大规模、专业级的原创动漫大赛。截至目前,4届累计收到参赛作品12483件,区域包括内地、港澳台地区以及日、韩、美、法、德、阿根廷、波兰等国家。大赛的国际影响力日渐显著	截至目前,2届动漫大赛收集了21500余件来自全国各地、日本、东南亚等地的参赛作品。举办了32场线下推广活动。大赛间接推动了陕西省乃至全国的手机动漫产业发展。自2012年以来,陕西省手机动漫产业产值连续三年以40%以上增速提升。2014年陕西地区手机动漫业务产值突破5000万元。	第二届丝绸之路国际艺术节动漫创意文化周吸引了国内外200多家机构参展,设标准展位五百个,特装展位3000多平方米,室内外展览总面积达2万多平方米,展示内容涉及国内外动漫企业、动漫游戏音像出版、陕西动漫产业、本地动漫游戏教育、COSPLAY主舞台表演等众多领域

二 陕西动漫产业发展的现实问题

（一）动漫产业竞争力整体不强

1. 企业综合竞争力弱

在总体产值方面，陕西省动漫产业在全国的总体产能排名中较为落后，动漫产业产值仅占全国的1.57%，与北京、上海、杭州、广州等城市为代表的第一梯队和以南京、长沙、福州、成都等城市为代表的第二梯队差距甚大。在动漫企业数量方面，陕西省动漫企业数量仅占全国的4.34%，产量较低，规模较小，发展乏力。在从业人员方面，全省动漫产业从业人员仅占全国的2.4%，动漫原创人才、市场运营推广等综合人才较为匮乏，缺少竞争力。

表2 陕西省动漫产业三项指标占全国总量的基本情况统计

指标	全国	陕西省
动漫产业产值（亿元）	1144.8	18
动漫企业数（个）	4600	200
动漫从业人员（万人）	50	1.2

2. 品牌影响力弱

西安市动画产品规模（分钟数）排名一度进入国内城市前十名，但由于缺乏核心技术和原创作品匮乏，导致现有动漫作品影响力较弱，缺乏大IP的品牌带动，导致后期市场开发能力薄弱、无法有效占领市场份额，阻碍动漫产业的长足发展。

（二）动漫企业发展"先天不足"

1. 企业分散弱小，缺少龙头企业带动

陕西省大多数动漫企业是民间企业，民营企业成为全省动漫企业的主体，50%以上的企业从业人员仅有二四十人，80人以上规模的企业少之又少。缺乏产值在3000万元及以上的大型动漫企业，导致整个动漫行业缺乏龙头企业的带动,市场竞争力弱。目前陕西省已经被国家认定为动漫发展企业的8家动漫企业经营现状仍令人担忧,普遍面临亏损(见表3)。

表3 2015年陕西省部分动漫企业经营情况统计

单位名称	资产总计	所有者权益	营业利润	利润总额	从业人员
单位	千元	千元	千元	千元	人
西安长风数字文化科技有限公司	17361	10503	-262	501	58
西安新昆信息科技有限公司	12008	7622	1765	1788	64
西安创梦数码有限公司	3608	1093	-64	-64	25
西安喜洋洋影视文化传播有限公司	600	600	-4	-14	1
陕西飞鸟文化发展有限公司	3510	791	1255	1255	9
西安曲江乐雅动漫有限公司	9536	-331	-2743	-2373	40

2. 企业经营模式落后,以代加工生产为主

陕西省的大部分动漫产业为民营资本企业,成立时间短、起点低、规模小,企业优先选择风险小、资金回流快的动漫代工业务,以赚取廉价加工费为利润来源。资金的匮乏使得企业无力进行原创生产,导致陕西省动漫产品原创性低,缺乏核心竞争力。

3. 动漫产业市场狭窄,题材低幼化明显

全国动漫的普遍问题即选材低幼化,难以突破低幼瓶颈。统计数据显示,2014年我国国产电视动画类型中,益智教育类动画占52.3%、亲子类动画占42.5%,低幼类题材所占份额较高。爱奇艺2014年第三季度《中国动漫指数报告》显示,7~13岁儿童是国产动漫的主流观众,占比46%,而其他年龄层的动漫消费选择少之又少。动漫产品定位多以少儿市场为主,难以摆脱低幼题材的创作惯性,导致市场份额小、市场收益有限。这一问题也成为制约陕西省动漫产业发展的巨大瓶颈。

4. 动漫企业营销力不足

目前陕西动漫企业以中小型民营企业为主,未形成一定数量的资本累积,缺乏资本、渠道、概念等优势,导致营销渠道单一,宣发力量薄弱,缺乏国际化的营销平台和手段,目前仅以电视、网络及落地的三方活动为主,缺乏适合自身的创新营销模式。另外,宣发企业内容不真实、宣传方式与企业利润挂钩,导致营销内容真实性存疑,市场动漫产品的市场回馈度较低。

（三）动漫企业集聚优势不明显

集群和平台的专业能力有限，企业关联不足。目前，陕西省已经形成以西安高新区、曲江新区、碑林科技产业园三大产业园为依托的动漫集聚平台。然而三大平台的内部企业仅形成空间上的集聚，内部运营较为零散，未形成统一规范的产业运作体系。企业间没有合理的共享市场资源机制，互动性和关联性极差，在产业链上没有形成紧密的分工和合作，难以形成竞争合力，导致动漫平台功能的聚合效应较弱。

（四）动漫产业政策薄弱滞后

1. 未形成系统的政策体系

陕西省出台的现有文化政策都是综合性的条文政策，针对动漫等具体行业的政策更少，无法形成政策合力。从目前颁布执行的政策来看，动漫产业政策尤其薄弱。特别是，缺乏前期研发的资源、人才、技术的详细政策扶持，动漫市场的后期开发所需的动漫产品的知识产权、产权交易等具体政策也鲜有涉及，缺乏系统性政策布局以推动陕西省动漫产业的可持续发展。

表4　陕西省动漫产业相关政策统计

文号	政策名称	适用范围	政策内容
陕文产发〔2011〕7号	《陕西省文化产业示范基地（单位）管理办法》	动漫产业示范基地（单位）申报	全省文化行政部门管理的文艺演出业、文化娱乐业、电影放映业、音像业、文化旅游业、网络文化业、动漫业、艺术培训业、文化展览业、艺术品业或其他相关文化产业领域的各类文化企事业单位，都可以根据办法申报示范基地（单位）
陕政发〔2013〕38号	《陕西省人民政府关于实施项目带动战略促进文化产业发展的意见》	动漫产业集约化、规模化发展	打造十大文化基地项目。按照先导性、带动性和聚集性原则，以市场为导向，以资本为纽带，创新体制机制打造陕西动漫创意产业基地，实现资源、人才和产业聚集，集约化、规模化发展，成为做大做强文化产业的重要载体和要素集聚地 加快培育文化消费市场。大力发展数字出版、互动新媒体、移动多媒体等新兴文化产业，促进动漫游戏、数字音乐、网络艺术品等数字文化内容的消费

续表

文号	政策名称	适用范围	政策内容
陕政发〔2015〕3号	《陕西省人民政府关于文化创意和设计服务与相关产业融合发展的实施意见》	产业融合	加快数字内容产业发展。大力支持西安国家数字出版基地、印刷包装产业基地和陕西动漫创意产业基地建设,发挥示范引领作用,打造具有竞争力的品牌。推动动漫游戏与虚拟仿真技术在设计、制造、交通、教育、卫生等领域的集成应用
陕政发〔2012〕34号	《陕西省人民政府关于支持文化大发展大繁荣若干财税政策的意见》	动漫产品奖励办法	支持动漫创作播出。对注册地在陕西的动漫企业,在中央电视台首播动画影视原创作品的,按二维动画片1500元每分钟、三维动画片2000元每分钟,给予一次性奖励;在省级电视台首播,按二维动画片500元每分钟、三维动画片800元每分钟,给予一次性奖励。获得国际知名动画节展或国际A类电影节主要奖项的,给予一次性奖励100万元;获得国家级政府类重大奖励的,给予一次性奖励50万元;被国家广播电影电视总局推荐为优秀国产动画片的,给予一次性奖励20万元;获得国家新闻出版总署和文化部批准,正式上线运行的原始游戏,每项一次性奖励20万元
陕政发〔2014〕27号	《陕西省人民政府关于加快发展对外文化贸易的实施意见》	动漫产业园区建设	推进陕西省外向型文化艺术产业基地建设。重点加大对曲江国家级文化产业示范基地、西安高新区文化创意产业园(国家数字出版基地)、西安经开区国家印刷包装产业基地、陕西文化艺术保税园区、西安浐灞生态区、西安碑林科技产业园等文化产业园区建设的支持力度,提高产业聚集、辐射、孵化功能,促进陕西特色文化产业集群发展

2. 缺乏创新型动漫政策

一是目前陕西省颁布的动漫政策缺乏顶层设计,相关扶持政策都与其他省份动漫政策趋同,未凸显陕西文化资源特色。二是高新技术的快速发展、电子商务等新型业态不断更新换代,而陕西省应对新型业态的具体政策出台较为迟缓,缺乏先发指导性。三是动漫政策的制定思路有待创新。现有的部分政策可操作性、落地性较差,改革性举措少、政策执行程序繁杂,多为传导时间较长的政策。

3. 财政支持动漫产业的力度小

省级文化产业专项资金更多倾向于大型国有文化企业，加之动漫企业的前期研发时间较长、资金回报跨度大，以及小微民营文化企业的特点，导致动漫企业享受的财政支持极其有限。资金的匮乏导致动漫企业的商业模式低下、资金回流缓慢，缺乏原创作品及高新科技等核心竞争力，阻碍动漫企业的长远发展。

（五）动漫产业市场发育不充分

1. 动漫产业结构低端化

一是陕西省现有的中小型动漫企业资金匮乏，资金集中于代加工的低端模式运作，缺乏资金支持开发下游市场，导致现有的动漫衍生品门类不清、交织重叠，阻碍下游衍生品的有效开发。二是对于知识产权保护仍未落地，动漫形象授权受阻、市场盗版横生，阻碍原创动漫元素在市场的自由流通，导致企业开发衍生品的态度消极、产业结构低端化趋势明显。

2. 动漫产业与其他产业融合有限

陕西省的动漫产业还处在分业经营的落后阶段，和其他产业还处于相互分离状态，忽略产业融合的乘法效应。动漫产业与科技行业、旅游业、工业制造业等都缺少关联性运作，未能实现交叉经营，从而阻碍了各类行业的文化附加值有效提升，降低了动漫产业发展的综合能动性。

3. 缺少优秀的动漫人才

一是受陕西省区位因素、经济发展水平等现实情况所限，优秀动漫人才难以长久驻扎陕西。二是多数企业没有切实可行的管理制度，没有完善的用人留人机制，致使人员流动较大，难以引进和留住高级技术人才和管理人才。三是陕西省动漫人才的培养水平与实践水平整体偏低、综合人才的培育难上加难，很难涌现优秀动漫人才，动漫原创也缺少核心推动力。

三 外省市推动动漫产业发展的典型经验

（一）政府扶持模式：浙江杭州的经验

杭州是政府推动动漫产业发展模式的代表性城市，也是中国动漫产业发的"第一方阵"城市。"十二五"期间,杭州共生产动画片120部、68666分钟。截至2015年,杭州市有220余家动漫企业,从业人员近1.8万,其中文化部认定的动漫企业29家,中南卡通等动漫企业成功挂牌新三板。杭州还拥有5个国家级动画基地,基地总数位居全国第一。从2005年开始,杭州每年举办一次国际动漫节,经过11年发展已成为中国最具影响力的国际动漫节。初步统计,2016年第十二届动漫节共吸引80个国家和地区、2531家中外企业机构、5300余名客商展商和专业人士参展参会,实际成交及达成签约交易、意向合作项目948项,涉及金额129.37亿元,动漫节综合消费金额22.26亿元,成为名副其实的国内动漫第一大展。

杭州动漫产业快速发展要得益于政府政策扶持及相关配套上的大力支持,从而形成了"政策引导+专项资金+国际平台+重点项目活动"的全方位动漫产业发展模式,其中以政策引导最为突出。2004~2012年浙江、杭州共颁布动漫产业相关政策24部,形成省市各相关部门共同推进区域动漫产业发展的政策体系。一是政策引导内容全面,形成了以《杭州市人民政府办公厅关于鼓励和扶持动漫游戏产业发展的若干意见》为起点,以《浙江省文化发展"十二五"规划》为纲领的立体型全方位政策内容,内容涵盖动漫产业规划、动漫产品奖励、本地动漫播出倾向、动漫产权保护、动漫平台搭建等;二是资金奖励优厚,自2010年起杭州市动漫游戏产业发展专项资金由5000万元提高至7000万元,并先后出台了《浙江省动画制作生产奖励扶持办法(试行)》等一系列与省政府相配套的鼓励扶持动画产业发展的政策措施,设置了奖励企业生产、奖励媒体播出、发行奖励、精品奖励、销售奖励、奖励入驻企业等条款;三是基地载体格局完备,形成了以杭州国家高新技术产业开发区、国家动画产业基地为主的动漫作品生产格局、以中国美术学院国家动画教学研究基地为龙头的教学研究格局、以西湖数字娱乐产业园为依托的动漫游戏衍生产品生产格局。

(二)企业运作模式:深圳华强的经验

深圳华强文化科技集团股份有限公司是国内知名的大型文化科技集团,下辖华强智能、华强数码电影、华强数字动漫等30多家专业公司,注册资本4亿元,拥有员工近万人,是"中国文化企业30强"。华强原创动漫作品在全国

表5 浙江省及杭州市出台的动漫产业相关政策

颁布时间	条文名称	颁布单位	政策内容
2005年	《杭州市人民政府办公厅关于鼓励和扶持动漫游戏产业发展的若干意见(试行)》	杭州市政府办公厅	资金扶持政策、税收扶持政策、工商扶持政策、土地扶持政策、人才引进扶持政策
	《关于印发〈浙江省动画创作生产奖励扶持办法(试行)〉的通知》	浙江省广播电视局	以扶持和奖励国产动画片为主,推荐优秀国产动画片必须具备的条件、所需材料、评选原则等
	《关于优先播出我省优秀国产电视动画片〈天眼〉、〈童话动物园〉的通知》	浙江省广播电视局	优先播出本省优秀国产电视动画片
	《关于印发杭州市动漫游戏产业发展规划(2006~2010)的通知》	杭州市政府	杭州动漫游戏产业发展重点及主要任务、加快发展杭州动漫游戏产业的保障措施
2006年	《浙江省影视动画精品奖励实施细则》(试行)	浙江省广播电视局	实施奖励的基本原则、程序、额度
	《浙江省广播电视局、浙江省广播电视学会关于印发〈浙江省影视动画评奖实施细则(试行)〉的通知》	浙江省广播电视局	评奖的基本原则、步骤、方法
2007年	《杭州市文广新局关于印发2007年工作要点的通知》	杭州市文化广电新闻出版局	高标准办好第三届中国国际动漫节;明确动漫创作生产的目标任务,完善落实政策措施,加大人才培养力度,扶持精品原创作品生产;支持动漫游戏产业基地建设,推动动漫游戏产业公共技术平台建设,加快卡通城、卡通影院及卡通频道筹建工作,努力推进我市动漫游戏产业的新发展
	关于建立第二届中国国际动漫节相关组织等事宜的通知	杭州市文化广电新闻出版局	做好动漫节的各项工作,成立相应的工作组织,并对任务进行分解

续表

颁布时间	条文名称	颁布单位	政策内容
2010年	《市委办公厅、市政府办公厅关于进一步鼓励和扶持动漫游戏产业发展的补充意见》	中共杭州市委办公厅、杭州市政府办公厅	加大财政扶持力度,资助扶持项目、播出奖励、发行奖励、精品奖励、销售奖励,扶持动漫演出、人才队伍建设、引导融资担保、奖励入驻企业、配套资金
	《杭州市文化广电新闻出版局关于印发〈杭州市第六届中国国际动漫节版权保护实施方案〉的通知》	杭州市文化广播电视出版局	构建版权保护机制,延伸服务内容;强化现场执法,杜绝盗版情况发生,营造良好的版权保护环境;采取保障措施。
2011年	《浙江省文化发展"十二五"规划》	浙江省发展和改革委员会、浙江省文化厅	以杭州"中国动漫之都"和宁波"国家级动漫原创基地"建设为重点,大力发展网络动漫、手机动漫等新媒体动漫,加大动漫、网络游戏及衍生产品的开发力度,建设国内具有重要影响力的动漫游戏产业中心
2012年	《关于印发〈浙江省文化产业发展规划(2010~2015)〉任务分解方案的通知》	浙江省人民政府	数字内容与动漫业的发展导向、发展载体。以杭州为龙头,以杭州高新区国家动画产业基地、西湖数字娱乐产业园等数字内容与动漫产业基地建设为重点,集聚专业创意人才和数字内容与动漫企业,加大杭州"中国国际动漫节"的宣传和推广力度,打造产业带动能力突出、辐射能力强、具有国际影响力的中国"动漫之都"
2014年	市委办公厅、市政府办公厅关于进一步鼓励和扶持杭州市动漫产业发展的实施意见	中共杭州市委办公厅、杭州市政府办公厅	明确动漫产业发展的扶持范围,加大扶持力度,突出扶优扶强,鼓励精品力作,优化发展环境

200多家电视频道播出,长期居中国动漫点击排名第一,累计出口15万分钟,出口到美国、俄罗斯、意大利等100多个国家和地区,进入Nickelodeon、Disney等全球知名主流媒体;多项作品获中宣部"五个一工程"优秀动画片奖、国家动漫品牌称号、广电总局优秀国产动画片一等奖,以及法国戛纳电视

节儿童评审团"Kids' Jury"大奖、美国休斯敦国际电影节雷米奖"白金奖"和"黄金奖"等几十项国际国内大奖。华强首部院线动画电影《熊出没之夺宝熊兵》2014年全国公映，打破国产卡通多个纪录。

华强文化科技集团采用多元化、规模化、国际化的市场战略，坚持实施"文化创意+技术创新+国际化品牌+产业链开发"的发展模式，具体内容包括以下几方面。

1. 以技术融合创意

掌握了特种（3D、4D、5D等）电影、数字动漫、文化主题公园等多个领域的关键技术和自有知识产权，拥有200多项国内外专利，近百项软件著作权以及电影、动画片的作品版权。拥有目前国内规模最大、种类最多、设备最齐全、产量最高、技术最全面的特种电影专业公司，已成功研发出十多类特种电影。目前，"华强文化"资产规模已达到100多亿元，经济效益几乎占到整个华强（电子）利润总和的半壁江山。

2. 注重国际化策略

华强动画已经出口至美国、意大利等100多个国家和地区，累计出口数万分钟，产生了较大的国际影响。其中，动画片《十二生肖总动员》《小鸡不好惹》在尼克儿童频道（Nickelodeon）创下高收视率。《十二生肖闯江湖》曾作为2010年唯一的亚洲动画片，入围2010年法国戛纳电视节儿童评审团大奖；2011年，《笨熊笨事》捧回7~10岁组儿童评审团大奖。此外，华强自主研发的特种电影系统输出美国、加拿大、意大利等40多个国家和地区，每年配套出口20余部影片。

3. 产业链开发完善

华强通过自建主题公园的形式，文化增值范围得到极大扩大。目前，华强打造了"方特欢乐世界""方特梦幻王国"两个主题公园品牌，已在郑州、青岛、芜湖、泰安、株洲、沈阳、汕头、重庆等地落地运营。同时，华强在动漫产业与旅游、网络游戏、动漫衍生品B2C网上商城等结合上也有业务拓展，其整合特种电影、数字动漫、主题演艺、影视出品、影视后期制作、文化衍生品、文化科技主题公园等领域所拥有的故事、形象等知识产权，广泛开展文化衍生品的创意、设计与规模化生产，涵盖学习用品、玩具、家居、服装、电子产品、音像图书出版物等九大类别，两万余种产品。

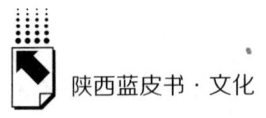
陕西蓝皮书·文化

四 推动陕西省动漫产业发展的对策建议

（一）战略层面明确动漫产业的发展定位

1. 制定动漫产业专项规划

由省文化厅牵头，省工信厅、科技厅、省新闻出版广电局等部门参加，立足陕西省动漫产业发展实际，编制陕西省"十三五"动漫产业发展专项规划，提出实施"陕西动漫产业振兴工程"。

2. 出台系列实施操作方案

一是由省文化厅负责起草，以省政府办公厅名义，尽快出台《关于进一步鼓励和扶持动漫产业发展的意见》。该《意见》建议由省文化厅作为主导推进部门，省新闻出版广电局、省工信厅、省科技厅等部门配合。该《意见》应着力推进动漫产业的人才、资金、技术等各要素有效合作和流动，推动平台专业化建设、政策体系完备化、资金供给多元化，引导陕西省动漫产业科学、高效发展。二是进一步落实省政府动漫产业协调会议制度。强化落实2006年陕西省《关于鼓励和推动我省动漫产业发展的实施意见》中提出建立的"扶持动漫产业发展联席会议制度"。

（二）引导动漫企业实现集团化发展

1. 组建动漫产业集团

一是建议省委层面形成统一共识，优先打造若干动漫产业集团。以期整合行业内优秀动漫资源，实施技术引领和行业带动，扭转动漫企业小、弱、散的面向。二是引导国企投资、参股、控股动漫企业。动漫产业投资大、回报周期长、资本市场大多不愿介入，导致动漫产业发展壮大受限。全省范围内应鼓励国有企业投资进入动漫领域，优化国企投入资本布局，推动国企在动漫企业中资本的合理流动及优化配置，依靠国有企业优势资产平台，扶持动漫关键领域和优势产业，提供资金支持，提升陕西省动漫行业综合竞争力。

2. 鼓励优化企业发展模式

扭转以代加工为主、赚取廉价加工费为利润来源的低端发展模式。加大资金投入，强化前期生产研发、原创动漫制作。以陕西本土文化资源为依托，研发本土IP、逐渐优化企业发展模式，掌握核心竞争力。

3. 鼓励动漫企业与国内外动漫巨头合作

借助动漫产业节展平台，引进一批国内外动漫产业巨头。进行项目、产权等具体生产技术、投资融资、后期运营等环节合作。促进陕西省动漫企业与优秀动漫企业的信息、技术、人才信息对接，推动陕西省动漫产业快速发展，提升动漫产业的国际参与能力和国际竞争能力。

4. 强化市场营销网络开发建设

目前陕西省动漫企业的发展侧重点在上游的生产研发环节，忽略了下游市场开发运营，导致动漫市场的衍生品行业利润亏空。应着力强化下游领域的市场开发，平衡上下游发展重点、扩展优势宣发渠道、提升市场营销能力、加强下游市场资金投入，使企业逐步形成以内容、媒体、产业运营、衍生授权为综合体系的全方位运营模式。

（三）提升放大动漫产业的平台效应

1. 建立公共技术平台

在全省范围内建立形成1～2家动漫产业公共技术云平台，为客户提供包括渲染平台、音乐音效设备、设备与网络等的公共技术服务。面向国际、国内两个市场对有技术需求的企业进行线上线下的专业技术服务。

2. 建立公共服务平台

目前陕西省动漫企业的发展缺乏对口组织机构及动漫企业小组的专业化引领。着力建立动漫发展小组，制定动漫年度发展计划、统计上年度动漫发展数据，为企业提供会展对接服务、产权交易协调、对外出口扶持等专业化帮助。

3. 全面优化平台效能

整合碑林、高新、曲江三大动漫产业园区的聚合联动效能。强调园区内部的综合联动效应，完善平台专业孵化功能。推动中小型动漫企业整合园区优势资源、吸收高新技术，科学有效地发展。

4. 壮大丝绸之路动漫节

在现有丝绸之路动漫节的基础上，强化动漫作品的推介功能、支持民族原创动漫精品、深化动漫业界合作交流、推进制造业与动漫产业融合共生、搭建推动国内优秀动漫产品走出去的重要平台，打造西部最具国际发展潜力、汇聚动漫企业西部的动漫会展高地，提升我国动漫产业的整体实力和国际竞争力。

（四）优化动漫产业政策体系

1. 加大税收优惠力度

建议动漫企业享受西部大开发财税政策中对于动漫、科技进步、宣传文化等企业的税收优惠政策。一是经认定的动漫企业自主开发、生产的动漫产品，可申请享受国家现行鼓励软件产业发展的所得税优惠政策。二是对动漫企业中符合条件的技术转让所得减免企业所得税，研究开发费用可以在计算应纳税所得额时加计扣除。三是对动漫出版物在出版环节实行增值税50%先征后退的政策，对文化企业部分收入免征增值税。与此同时，当下"营改增"政策全面推进铺开，对于面对成本上升的动漫企业可提供有效政府补贴机制。对于新创办的动漫游戏企业可适当减免前三年的企业所得税予以扶持。

2. 优化财政支持政策

一是加大省级文化产业专项资金对于动漫企业的倾斜力度。二是设立动漫产业基金。通过专项资金、基金的财政扶持，推进中小企业前期生产研发、后期衍生品市场开发。对获得国际、国家级荣誉的原创作品给予不同级别的奖励，对具有大型动漫游戏原创题材的陕西本土企业给予创业资金资助。

（五）营造动漫产业发展生态

1. 培育发展多元市场

把握动漫产业各环节的内在联系，强化动漫产业下游衍生品的多元化开发。以动漫形象为核心，在做好漫画（图书、报刊）、动画（电影、电视、音像制品）、网络动漫、手机动漫等动漫创意核心产业基础上，加强动漫创意产业与装备制造业、消费品工业、建筑业、信息业、旅游业、农业和体育产业等领域的融合发展，以丰富动漫市场选择、打造多元丰富的顾客体验。推进传统动漫产业升级，延伸产业链条，构建动漫产业良性发展的内生机制。

2. 大力发展新兴业态

运用高新技术创新生产方式，培育新兴动漫业态。大力发展以数字化生产、网络化传播为主要特征的网络动漫游戏、手机动漫游戏、网络视听、数字出版等产业，充分利用数字、网络等核心技术和现代生产方式，改造传统的动漫生产和传播模式。积极引导财政资金、社会资金支持网络动漫相关技术的研发和应用，推动基于新技术、新平台的动漫制作、传播和消费。培育若干行业内具有前瞻性的战略新型业态。推进新兴AR、VR等技术在动漫行业的广泛应用，以技术为龙头，以科技促发展。

3.优化动漫人才机制

一是政府应鼓励高校开设动漫产业的相关学科，重点培养具有艺术、技术和经营等方面能力的复合型人才，补齐人才短板。二是积极推动高校、企业和科研院所进行交流合作，整合利用陕西高校综合资源，共同开展动漫产业发展过程中的共性技术研发及动漫实训平台。三是鼓励政府与高校共办与动漫相关的创意设计和文化策划竞赛进行交流，利用动漫文化节、会展等形式广泛汲取优秀人才，为动漫求业者提供更多的进修机会和多层次教育平台。四是积极主动吸收国内外优秀的动漫人才入驻陕西，为陕西动漫产业发展注入新元素，打造陕西省动漫人才战略高地。

公共文化
Public Culture

B.16
陕西传统曲艺文化资源与传承保护研究报告

陕西省社会科学院文化产业与现代传播所课题组*

摘　要： 陕西有着丰富的曲艺文化资源，传承、保护和开发利用好这些曲艺文化资源，对陕西文化发展能够产生促进作用。陕西传统曲艺具有地域特色鲜明，种类多、分布广，为群众所喜闻乐见的特点。传统曲艺对于丰富人民群众的生活发挥了独特作用。传承、保护、利用好陕西的曲艺资源，对于彰显地方文化魅力，满足各地群众对不同文化形态的需求，发展旅游业能够产生良好的作用。陕西采取了众多行之有效的举措来传承、保护、创新、发展曲艺项目，特点显著，效果突出。

关键词： 陕西　传统曲艺　传承　保护　创新

＊ 执笔人：樊为之，陕西省社会科学院文化产业与现代传播研究所副研究员。

传统曲艺（我国各族"说唱艺术"的统称）是民间口头文学、歌唱艺术经过长期发展演变而来的独特艺术形式，其本质特征就是"以口语说唱故事"。陕西曲艺发展历史源远流长，它以生动活泼、洗练精美且易于上口的特点，深受群众喜欢。以陕北说书、榆林小曲、陕北道情、眉户曲子、韩城秧歌、洛南静板书等为代表的陕西曲艺，是陕西传统文化资源的重要组成部分，做好传统曲艺的保护、传承，利用好曲艺繁荣人民群众的文化生活，对于保护和宣传中华民族传统文化具有重要意义和作用。本文主要以国家级和陕西级非物质文化遗产名录中的曲艺项目为重点，研究陕西曲艺资源的保护、传承和利用情况。

一 陕西传统曲艺特色

陕西传统曲艺形式不仅种类多、分布广，而且以其鲜明的地域特色深受群众欢迎。陕西省非物质文化遗产名录收录的曲艺类项目，是陕西曲艺形式的重要代表。陕西省第一批非物质文化遗产名录中收录的曲艺类节目多达15项；第二批到第五批分别有4项、5项、2项、2项。从第一批到第五批共有28项曲艺项目被收录到省级非遗名录中。另外陕西还有陕北说书、榆林小曲、陕北道情、眉户曲子、韩城秧歌、洛南静板书六项非遗项目被收录到国家级非物质文化遗产名录中。

陕西传统曲艺历史悠久。曲艺是一种说唱艺术，是一种文学表现形式，与语言、方言有着密切的关系，其历史可以上溯到远古时期。曲艺理论家、当代著名通俗文学研究家陈汝衡指出："说书最早的记录，虽然仅见于隋唐之际，但并不是说隋唐以前没有说书的事……这便是上古神话和民间传说得以一代一代留下来的原因。而人民歌唱的叙事诗，如《诗经》、《商颂》、《玄鸟》等，很可能都是远古的唱书的起源。"[1] 从此观点来看，陕西的曲艺源远流长，据统计，《诗经》305篇中，属于周代陕西地域的诗歌就多达162篇[2]，尤以

---

[1] 陈汝衡：《说书史话》，人民文学出版社，1987，第10页。
[2] 刘生良：《〈诗经〉中的周代陕西诗歌考论》，《陕西师范大学学报》（哲学社会科学版）2012年第6期。

《国风·秦风》《国风·豳风》为代表，其中不乏《蒹葭》《关雎》《七月》等著名篇章。到了唐代，城市中的说书艺术"市人小说"和向俗众宣讲佛经故事的俗讲开始发展，并流行起大曲和民间曲调，自此曲艺作为一种独立的艺术形式开始形成。有专家考证，陕西的西府曲子部分内容在唐代已经流行，指出宋代王灼在《碧鸡漫志》中说："盖隋以来，今之所谓曲子者渐兴，至唐稍盛。"又提出西府曲子中的平弦，源头可追溯到隋唐时期。① 道情也有着悠久的历史，有观点认为道情渊源于唐代的《承天》《九真》等道曲。有人认为"道情"原为"道歌"，相传为东汉张道陵所创，有人认为道家的《步虚词》是"道情的先声"，有专家提出"作为一种说唱形式而言，曲辞道情应是唐代开始的，而作为叙事意义上的道情则是从明代才开始产生的"②。《新唐书·礼乐志》则记载"高宗调露二年命乐工作道调"，从一个方面说明陕西道情产生时间之久远。

陕西传统曲艺特色鲜明。地域和历史环境的影响赋予了陕西曲艺鲜明的特色。作为说唱艺术，曲艺多和当地语言相结合。比如陕北道情分为东路道情、西路道情和清涧道情等，东路道情从山西传入府谷、神木等县后，与当地语言、民歌结合发展；西路道情则由陇东地区传入陕西榆林地区的定边、靖边、横山等县，结合这里的语言、民歌，并有所发展。而清涧道情则是吸收了陕北民歌、眉户曲子、秧歌等成分后发展而成。洛南静板书是陕西洛南地区特有的汉族民间曲种，一人可操六种乐器表演，其语言融进了方言土语。近现代历史上，陕北对中国革命的发展产生了重要作用，那里曾经是西北革命根据地、陕甘宁边区的一部分，革命文化对陕北传统文化产生了深刻影响。陕北说书通常情况下是说书艺人用陕北方言自说、自唱来叙述历史事实、个人传记等。20世纪30~40年代，陕北说书进行了改革并得到发展，其中张竣工、韩起祥成为代表人物。1938年陕甘宁边区民众娱乐改进会指出："利用一切过去的文化遗产，利用一切新的旧的形式，使一切优良的民族遗产，变成我们今天的一部分血和肉。"③ 1945年4月，边区民众娱乐改进

---

① 吕博：《西府曲子渊源与历史之新论》，《品牌》（下半月）2012年第2期。
② 孙福轩：《"道情"考释》，《中国道教》2005年第2期。
③ 陕甘宁边区民众娱乐改进会：《陕甘宁边区民众娱乐改进会宣言》，《新中华报》1938年5月25日。

会正式成立了说书组，联系、团结、教育和改造说书艺人，改造说书，编写新书词。"至1946年，到处都有新说书，陕北说书已成为新文艺运动中一支重要的力量。"①

陕西传统曲艺分布广泛。陕西传统曲艺在关中、陕北、陕南均有分布。关中地区除眉户曲子、韩城秧歌国家级非遗项目中的曲艺代表项目外，还有关中道情、宝鸡市的西府道情和西府曲子、周至县的周至道情和周至曲子、蒲城县的蒲城石羊道情和蒲城走马戏、西安市长安区的长安道情、高陵县的高陵曲子、眉县的眉县曲子、西安市临潼区的临潼孙家皮影等省市甚至县级的非遗曲艺项目。陕北地区的曲艺也相当丰富，除陕北说书、榆林小曲成为第一批国家级非遗项目外，陕北道情入选第二批国家级非物质文化遗产名录外，还有清涧道情、横山说书等省市甚至县级的非遗曲艺项目。陕南地区虽然仅有洛南静板书一项曲艺入选国家级非物质文化遗产名录，但省市甚至县级的非遗曲艺项目数量不少，如汉中市的汉中曲子、南郑县的春倌说春、镇巴县的镇巴渔鼓、柞水县的柞水渔鼓、镇安县的镇安渔鼓、旬邑县的旬邑咪子戏、安康市的安康曲子、山阳县的漫川人调等。

二 国家级非物质文化遗产名录中的陕西曲艺项目

陕西传统曲艺项目众多，入选国家级非物质文化遗产名录中的陕西曲艺项目堪称其曲艺类中的优秀代表。它们不仅对于传承和宣传陕西文化做出很大贡献，而且在弘扬中华文化方面都能够产生相当重要的作用。

（一）陕西说书的代表项目

起源于宋代的说书是一种古老的传统曲艺。作为国家级非遗项目的陕北说书不仅在陕西曲艺中具有重要地位，在全国说书行当也有难以替代的影响力。陕北说书主要流行于陕北延安、榆林两地。

陕北说书保留下了丰富的文学资料，现存的传统书目约220部，长篇说书占了相当大的比例。这些说本有的故事内容与陕北本地关系密切，如《四姐

---

① 曹柏植：《陕北说书概论》，陕西人民出版社，2010，第143页。

下凡》（又称《四仙姑下凡》《摇钱树》《万花记》），故事发生在延安万花山。有的描绘历史人物或故事人物的传奇经历，主要以罗成、武松、杨六郎、呼延庆等为中心述说，如《罗成算卦》《罗成大破孟州》《罗成表功》《武二郎打会》《景阳冈》《呼延庆打擂》《呼延庆大战棋盘山》《铁鞭延庆认父》《杨六郎征东》《杨六郎表功》《杨六郎告御状》《杨宗英下山》《孟良盗马》等。有的故事以宣传教化为主，劝人行善，如《金镯玉环记》《白玉楼挂画》《烙碗记》《双头马》《劝世良方》《十不足》《十不亲》《酒色财气》等，有的属于传统民间故事，如《劈山救母》等。①

陕北说书类型多样，内容丰富。有长篇三弦书，如《善事亭》《血衫记》《血书传》《增阳寿》《秦琼打擂》《双钉记》《还魂图》《安公子投亲》《罗通扫北》等，有长篇琵琶书，如《皇袍记》《青铜记》等，有中篇三弦书，如《盗金钗》《金钱记》《阴阳碗》《秦雪梅吊孝》等。

陕北说书源远流长，有专家通过研究敦煌讲唱文学对陕北说书的影响，来探究其在传承传统文化中所发挥的作用。明确了陕北说书与敦煌讲唱文学在思想、文本、说唱程序方面的对应性关系，指出陕北说书文本体制直接承袭敦煌变文风格。肯定了陕北说书艺人注重使用韵文形式唱词，认为他们采用的"三分白、七分唱"方法是这种艺术感染力的主要来源。②

陕北说书主要以三弦和琵琶为伴奏，三弦弹奏的方法有双音调、单音调两种。琵琶书，唱词占比较大，说白较少，音量大，浑厚而圆润，穿透力很强。三弦书细腻、灵活，说唱结合，擅长于表现人物心理和模拟各种声音。陕北说书有"坐场书"和"走场书"的表演形式。坐场书系传统表演形式，一人坐场说唱，需要说书人有很好的演唱"词功"。"走场书是二人或多人组合演唱的形式，兴起于20世纪七八十年代，著名陕北说书人张竣工首开其风，目前已成为陕北说书的主要表演形式。"走场书分为"会书"和"家书"，表演性强。所谓会书，就是庙会书，演出场所为乡村庙会；家书，亦被称为"口愿书"或者"平安书"。③

---

① 参见孙鸿亮《陕北说书传统书目初探》，《唐都学刊》2008年第11卷。
② 孙鸿亮：《敦煌讲唱文学与陕北说书》，《福建论坛》2008年第12期。
③ 孙建芳：《陕北说书的表演形态》，《延安职业技术学院学报》2014年第5期。

（二）陕西道情的代表项目

国家级非物质文化遗产名录项目——陕北道情（在陕西北部的延安和榆林地区又被称作"闹五音""闹丝弦"等）主要集中于延安市的子长县、延川县和榆林市清涧县。陕北道情由于地域不同而风格各异，根据流行地域和艺术特点，一般分作神府道情、三边道情、清涧道情和东路道情。流行于府谷、神木等地的神府道情（东路道情）是民国初年从山西传入，与当地语言、民歌结合发展而来；流行于定边、靖边、横山等县的三边道情（亦被称为西路道情），它随着皮影、社火等艺术形式从陇东传入陕北三边地区，与当地语言、民歌融合后发展而来。流行于清涧、子长、子洲、绥德等地区的道情被称作清涧道情，也叫西凉调；起源于横山，流行于陕北中部的道情则被称作东路调，也叫新道情。① 神府道情由于吸收了当地秧歌和二人台演出手法，拥有了浓郁的地方特色。清涧道情是当地土生土长的曲艺项目，发源于清涧本地，有上百年历史。陕北中部道情东路调，又称为新道情，是在陕北革命后，当传统道情难以反映人民群众精神和物质解放所带来的愉悦心情时，由横山、子洲发展起来的道情。② 新道情因多演革命斗争生活的现代戏，被群众称为"翻身道情"。

陕北道情在发展中先是坐班清唱，主要内容多为小戏和书词，这是道情发展的萌芽阶段。以后便是在闹社火时，用道情来演出小节目。最后才搬上舞台，演大本戏。据艺人们说，陕北道情比较有名的有《牡丹亭》《毛鸿跳墙》《高老庄》《刘秀走南阳》等。③ 陕北道情的剧目中不仅有古典戏，而且有艺人根据发生在陕甘宁边区的事情编排的新戏，如《乌鸦告状》等。道情演唱的传统伴奏乐器主要是"渔鼓"和"简板"，后来引进了其他乐器。陕北道情的伴奏乐器较为丰富，早先有三弦、四胡、管子，后来逐渐增加了笛子、二胡、板胡、唢呐等。渔鼓（现在很少用）、梆子、小铰铰为陕北道情戏中的主要打击乐器。④

陕北道情唱腔中曲牌、板腔并存。其中道教诵经音乐曲牌为唱腔基调，兼

---

① 温燕：《陕北道情的初步研究》，《美与时代》（下半月）2010年第1期。
② 榆林专区演出代表团：《陕北道情》，《陕西戏剧》1960年第4期。
③ 榆林专区演出代表团：《陕北道情》，《陕西戏剧》1960年第4期。
④ 温燕：《陕北道情的初步研究》，《美与时代》（下半月）2010年第1期。

收秦腔等唱腔板式和陕北民间小调形成的地方戏曲剧种唱腔。陕北道情曲调有大起板、平调（七子调）、十字调、梅花调（一枝梅）、耍孩调、冒梁调（高调）、二五锤、滚白、介板、太平调、浪堂调等20多个，新老道情调名一样。另外，陕北道情又分平板、阳板、翘板、落板、截板、送板等，以表现各种不同情感。[1] 曲调、板式的应用较灵活、自由。陕北道情曲词结构上，一般分为七字、八字、十字一句，四句一段。亦有三字四字句的专门曲调。[2] 陕北道情中的新道情乐器用板胡为主奏，增加了提琴、打琴、长笛等，采用了二流板、大起板、箭板等板路。[3]

陕北道情生、旦、净、丑齐全，以须生、正旦、小生、小旦、小丑为主，花脸无唱腔，均为道白，动作以扭、摆为主。陕北道情重唱工，无武打戏，服装有的用秧歌衣袍，有的用大戏服装。[4]

陕北道情传统剧目中有相当一部分内容是道教内容、历史和生活故事。表演形式上多为连台本戏、本戏和章回小戏，有《湘子出家》《湘子度林英》《雪拥蓝关》《打经堂》《高老庄》《唐王游地狱》《刘秀南阳》《割肝救母》《合凤裙》《王祥卧冰》《毛鸿跳墙》《十万金》《两世姻缘》等一百余本常演传统剧目，其中《雪拥蓝关》为连台本戏。[5] 陕北道情创作演出了大批现代戏，主要有反映农村生活的《支农忙》，反映家庭生活的《挑女婿》《接婆娘》，另外还有《朝阳人家》《刘栓回头》等50余出，体现了陕北道情的革命、地域等特色。

（三）陕西曲子的代表项目

国家级非物质文化遗产名录项目——眉户曲子是陕西传统曲艺形式。曲子流传深远，南宋的王灼编《碧鸡漫志》称："盖隋以来，今之所谓曲子者渐兴，至唐稍盛。今则繁声淫奏，殆不可数，古歌变为古乐府，古乐府变为今曲

---

[1] 榆林专区演出代表团：《陕北道情》，《陕西戏剧》1960年第4期。
[2] 榆林专区演出代表团：《陕北道情》，《陕西戏剧》1960年第4期。
[3] 张建华：《凉州贤孝和陕北道情比较研究》，《重庆科技学院学报》（社会科学版）2011年第9期。
[4] 张建华：《凉州贤孝和陕北道情比较研究》，《重庆科技学院学报》（社会科学版）2011年第9期。
[5] 温燕：《陕北道情的初步研究》，《美与时代》（下半月）2010年第1期。

子，其本一也。"宋代黎靖德编的《朱子语类》称："古乐府是诗中之泛声，后人怕失那泛声，逐一添个实字，遂成长短句，今曲子便是。"由此可见，历经隋唐，到宋代曲子已经初步形成。眉户曲子可以上溯到明代的王九思，至今户县等地还流传着"王学士唱曲子"的故事。眉户曲子承袭了明清曲子的特点，婉约、温柔、敦厚。

眉户曲子内容丰富，据《传统曲子汇编》统计，眉户曲子有传统曲目92种，其中曲子开篇有《曲子歌》《朋友曲》等7种，反映风俗题材的有《张连卖布》《游春景》《两亲家打架》《三懒汉挖银子》等21种；历史演义题材的有《文王访贤》《刘秀走南阳》《徐庶走马荐诸葛》《李白醉写嚇蛮》等27种；传奇类题材的有《桃园借水》《三娘教子》《安安送米》《香山寺还愿》等32种；神道题材的古怪篇有《韩湘子渡林英》《药王卷》等5种。此外，眉户曲子还有《八仙庆寿》等。眉户曲子不断发展创新，诞生了一批现代剧目，如《人间真情》《腊梅花开》《搭档》《请柬》等，为利用传统曲艺服务现实做了有益探索。①

眉户曲子的乐器主要有三弦、二胡、水水（碰铃）、四页瓦、笛子、碟子、梆子、板胡等，其中以三弦为领奏乐器，其他为辅助乐器。曲子是联曲体一唱到底的套曲，眉户曲子至今依旧保持着一唱到底的特点。

（四）榆林小曲——榆林曲艺的代表项目

榆林小曲是流行于陕西省北部榆林市榆阳区城内的一种带乐器伴奏的清曲坐唱。又叫榆林清唱曲，民间也叫耍丝弦的。② 榆林小曲深受江南小曲、陕北民歌的影响，吸纳了它们中的大量音乐元素。清代在榆林担任同知的浙江人谭吉璘，从江南带来了韶乐；湖南人刘厚基带来湖南花鼓戏和祁剧。南方音乐、戏曲在以榆林城为中心的地区生根，为当地群众接受并和陕北当地民歌结合。在江南小曲中逐渐掺入陕北民歌词句，加上不同种类音乐形式的相互融合渗透，形成了别具风味的榆林小曲。③

---

① 曹希彬：《传统曲子汇编》，西安户县文化馆，2005；焦佩恩：《眉户曲子与关中地域文化》，《艺术品鉴》2015年第8期。
② 霍向贵：《榆林小曲集》，陕西旅游出版社，2005，第1页。
③ 王蓓蓓：《榆林小曲的历史渊源》，《音乐时空》2014年第16期。

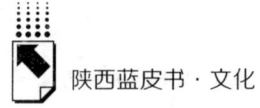

榆林小曲曲目来自其原生地江南和榆林本地等，有些属于两者的嫁接和创新。从演唱内容和音乐风格看，一些榆林小曲与江南音乐、江浙民歌接近，如榆林小曲《张生戏莺莺》唱词与《茉莉花》几乎如出一辙，此外《放风筝》《苏州请客》《扬州观灯》等亦带有鲜明的江南风格，从形式到内容反映了江浙而非陕北榆林的风情。而《掐蒜薹》《十月怀胎》《十杯酒》等曲目则体现了明显的当地风格。由于榆林小曲主要流行于榆林城内的士农工商阶层，因此有一定比例的曲目，如《开茶馆》《卖杂货》《戏秋千》《下荆州》等，反映着市民生活场景，体现了它作为市民艺术的独特性。①

榆林小曲内容丰富，代表曲目有《进兰房》《九连环》《洗菜心》《大放风筝》《五更鸟》等。其反映的题材以男女爱情题材居多，如《日落西山》《日落黄昏》《大送郎》等；还有的表现民俗风情，如《放风筝》《戏秋千》等；有的传唱民间传说故事，如《梁山伯与祝英台》《张生戏莺莺》等。榆林小曲最早使用的曲牌有银纽丝、尖剪花、叠断桥等。②

榆林小曲演唱方法独到，其基本演唱方法是高腔唱法（假声唱法）、真假声结合唱法、滑音唱法。过去的榆林小曲男声唱女角唱段时，常以假声来模拟女声，采用假声假唱。近年来，榆林小曲中出现了男女对唱或男、女声独唱形式。榆林小曲在演唱上对唱法的独特处理包括：顿音唱法；衬词、衬腔唱法；独特的衬字"月"卷舌音"得儿"唱法。③

榆林小曲以一人演唱为主，伴奏乐器有琵琶、古筝、扬琴、三弦等，其中榆林古筝是仅留存在榆林小曲中的秦筝活化石。传统十四弦古筝具有明清典型乐器形制特征，已成为榆林地域文化形象的代表。榆林古筝现在依旧保留的独奏曲目不仅有《张生戏莺莺》《小小船》《唤姣娘》《掐蒜薹》《五更鼓》等，还有如《小拜门》《柳青娘》《绣荷包》《九连环》《小尼姑》等曲目。④

（五）韩城秧歌——渭南曲艺的代表项目

作为一种曲艺形式，韩城秧歌具有融民歌、说唱、舞蹈为一体的艺术特

---

① 尚飞林：《榆林小曲说》，《音乐天地》2015年第8期。
② 成萌：《榆林小曲》，《曲艺》2013年第11期。
③ 王新惠：《榆林小曲演唱艺术探微》，《交响——西安音乐学院学报》2007年第3期。
④ 芮子晶：《榆林小曲中的榆林古筝》，《中国音乐》2013年第1期。

点。它主要流行于陕西韩城地区。韩城秧歌以唱为主，兼有说表、舞蹈、戏曲等因素，民间有"四不像"之说，当地人称其为"唱秧歌""对对戏""秧歌戏"，这种曲艺形式一年四季都能演出。韩城秧歌的伴奏乐器过去为马锣、大锣和大镲三种打击乐器，后逐渐发展成吹打与丝竹并用。韩城秧歌反映了过去民众的生活样态和艺术趣味。① 人们割草、送饭、纺线织布时，都喜欢唱秧歌。

韩城秧歌有固定的表演程式：由开场（拜场、说表、请场、数花、推接）、正曲、退场组成；唱腔音乐曲调丰富（有说有唱、说中有唱）；道具服饰简单轻便。② 韩城秧歌中有代表性的唱段，如《十绣》《十想》《自本熬活》等。③

（六）洛南静板书——陕南说唱艺术的瑰宝

洛南静板书是陕南曲艺的重要代表，属陕南地区土生土长的民间曲种。清朝道光年间，静板书就在洛南盛行，当时盲艺人是其主要的演出人员，主要功能是求神、谢土神和红白喜事助兴等。洛南静板书，义辞大多系七字句韵文，语言表达上融入成语、歇后语和方言土语。内容主要有神话故事、历史演义、世俗情爱和宣传传统思想等。洛南静板书分作东路、西路、北路三种。主奏乐器系三弦，其辅助乐器有大锣、小锣、铜镲，还有脚踏梆子、蚂蚱板等。一位演员可用六种不同乐器进行表演，将弹、说、打、敲、唱融合起来，演出场地不拘，田间地头、家庭院落均可演唱。④

洛南静板书分为大本书、中篇书、小回书、二三十句小书帽。大本书内容丰富，表演时间长，可说唱几天几夜，小书帽多用于开场。这些大本书不仅有传统破案内容的《包公案》《施公案》《彭公案》等，也有中国传统小说的《杨家将》《三国志》《隋唐演义》《封神榜》等；中篇书包括《唐王探秦琼》《马前泼水》《二十四孝》《八仙传奇》《拉荆芭》；小书帽风趣幽默，如《尿床王》《小女婿》《性子急》等。洛南静板书中的大小书目五百多本（回）。

---

① 师玉丽：《韩城秧歌初步调查》，《交响——西安音乐学院学报》2002 年第 2 期。
② 王玮：《韩城秧歌的艺术特征》，《大舞台》2012 年第 2 期。
③ 苗晶：《韩城秧歌名扬关中大地》，《国际音乐交流》1997 年第 4 期。
④ 《洛南静板书》，《音乐天地》2012 年第 12 期。

三路静板书各有代表书目,东路静板书有《朱洪武封官》《三战吕布》《杨八姐游春》等90本(回);西路静板书有《老鼠告猫》《拉荆芭》《五子登科》《大闹天宫》等百本(回)以上;北路静板书有《杜康选酒》《合家欢》《梁祝记》等九十多本(回)。① 随着时代发展,洛南静板书创作出一批反映现实生活的新书,包括宣传农村医疗成就的《农村合疗好》,宣传交通安全的《交通安全很重要》,宣传计生工作的《计划生育就是好》,宣传敬老的《孝敬老人树新风》,另外还有《夸洛南》《比婆家》《八块八》《开礼单》《巧相逢》《俩婆姨和面》等。②

三 陕西各地省级非物质文化遗产名录中的曲艺项目

陕西省级非物质文化遗产名录中的曲艺项目是陕西传统曲艺的重要组成部分。截至 2015 年 12 月公布的第五批陕西省非物质文化遗产目录,共有 28 个项目被收录。这些项目分布在西安、渭南、榆林、延安、汉中、商洛、宝鸡、安康等地区(除陕西快板申报者来自省曲艺家协会外,其他均来自全省各地),申报者有省曲艺家协会、文化馆、文化艺术中心、文体广电局、非物质文化遗产中心、剧团等单位,具有相当大的代表性,保护、传承好这些曲艺项目,对保护和开发陕西曲艺资源具有显著的意义。

(一)关中地区曲艺项目与其传承发展

关中是陕西曲艺资源非常丰富的地区,占有陕西省级的非物质文化遗产曲艺类项目的相当大比例。其中西安市的第一批省级非遗曲艺项目有关中道情、周至道情;宝鸡市有西府道情、西府曲子;渭南市有韩城秧歌,共5项。第二批省级非遗曲艺项目西安有长安道情、高陵曲子;渭南市有蒲城石羊道情,共3项。第三批省级非遗曲艺项目咸阳有旬邑咪子戏;宝鸡有眉县曲子,共2项。第四批省级非遗曲艺项目西安有周至曲子;渭南有蒲城走马戏,共2项。第五批省级非遗曲艺项目咸阳有兴平劝善。关中拥有省级非遗

---

① 杨曦文:《洛南静板书》,《音乐天地》(生态音乐版)2016 年第 2 期。
② 张欣:《洛水文化的杰出代表——洛南静板书》,《文化月刊》2013 年第 9 期。

曲艺项目共13项。

西安市是拥有省级非物质文化遗产中曲艺项目最多的地区，共有5项。宝鸡、渭南各拥有3项；咸阳拥有2项。这些曲艺项目中道情所占比例最大，共5项，占比近40%，这种情况与关中地区道教信仰深厚有相当大的关系。

关中地区道情艺术丰富，特点鲜明。据说关中道情是由出家人求施舍、化缘时诵唱"道中情理"演变来的，最早由出家人独自行唱，后来发展为坐唱。关中有些地方的道情以皮影戏形式演出。关中道情的本戏有六七十部，折子戏上百个。本戏包括《湘子出家》《金莲灯》《燕子笺》《山海关》《白玉楼》《天仙配》《陈平保国》等，折子戏有《杨八姐闹书馆》《尧访贤》《秦琼打擂》《二姐娃做梦》《甘露寺》《小姑贤》等。关中道情剧目多由秦腔修改而成，其根据音乐、内容、词句、结构分为"正扎"和"乱扎"，正扎词句讲究，内容多为宣扬忠、孝、节、义和宗教思想等，多出自文人学士，如《湘子出家》；乱扎文字朴实，多来自艺人或普通民众。[①] 与其他道情相同，西府道情同样起源于唐代道观的说唱音乐。特别是宝鸡地区道教文化底蕴深厚，有利于道情的发展。西府道情音乐分文场和武场，文场使用的乐器主要有笛子、四弦、胡琴、渔鼓鼓；武场使用的乐器主要有简板、三材板、碰铃、云锣等，特别是三材板系宝鸡西府道情中所独有的打击伴奏乐器。西府道情所演唱的剧目包括《经堂教子》《大拜寿》《刘彦龙上京》《桃园三结义》《八仙庆寿》《忠义堂》等。[②] 周至道教传承厚重，周至县楼观台是老子（李耳）说经的地方，汉以后成为全国著名道观。楼观台成为"道情"产生、发源地。周至道情注重宣传教理教义，其剧目包括《卖道袍》《八岔诗》《吕蒙正赶斋》《菊花亭渡母》《湘子渡林英》等。蒲城石羊道情是关中道情的一个分支，所用乐器共有九种，所谓的"八人共拿九样乐"，其唱腔曲调归纳成"九腔十八调"，九腔指清江引、金钱吊葫芦、藕断丝不断、节节高大连相、高腔、推舍子、皂罗袍等。十八调指大红袍、苦相思、哭板、剪花、拖音、笑板、蛤蟆跳门槛、落句子、塌句子、气头子、怒板等。[③]

---

① 长安人民剧团：《关中道情》，《陕西戏剧》1960年第4期。
② 王振宇、贺星：《宝鸡西府道情的艺术特征》，《作家》2014年第8期。
③ 刘稚孝：《石羊道情》，《陕西戏剧》1984年第11期。

关中地区曲子的数量仅次于道情，关中的曲子有一定影响力。西府曲子是关中地区西部固有的曲艺音乐曲种，属丝弦清曲类，主要分布于凤翔，宝鸡县、岐山县亦有西府曲子唱班。西府曲子根据分布地域、演唱风格、唱腔等分作东、西、南、北、中五个派别。过去的西府曲子没有曲谱，主要凭借演奏者的口传心授，后来使用简谱记录。西府曲子的乐器有笛子、三弦、板胡各一把，二胡三把，还有碰铃、梆子和瓦子。西府曲子结构为曲牌体，有平弦曲子、越弦曲子和曲牌三部分。① 平弦曲子（又称"高调""小宫调"）由民歌小调组成，包括40多个曲调及100多个曲目；越弦曲子（又称"大宫调""正宫调"），是一种唱腔结构，由七八个或十几个曲牌连缀而成，有70多个曲调和400多首曲目。曲牌主要是当地民歌小调小曲，或者当地器乐曲、戏曲中的曲牌等。曲牌能单独使用和连缀使用，曲牌包括"十对花""五更鸟""绣海荷""小道情""老道情""湘妃泪"等数十首曲目。② 西府曲子的传统剧目，目前有《绣荷包》《姐儿思情》《放风筝》《古城聚义》《秦琼观战》《伯牙捧琴》等100多首。

（二）陕南地区曲艺项目与其传承发展

汉中市的第一批省级非遗曲艺项目有汉中曲子、镇巴渔鼓、春倌说春；商洛市有洛南静板书、柞水渔鼓、镇安渔鼓，共6项。第三批省级非遗曲艺项目中安康有安康曲子；商洛市有漫川大调，共2项。陕南拥有省级非遗曲艺项目共8项。

陕南地区的曲艺项目中，渔鼓数量较多。渔鼓又称道筒、竹琴，系用于戏曲表演的传统乐器。渔鼓历史悠久，可以上溯至唐代的"道情"，传道者"打渔鼓，唱道歌"。镇巴渔鼓、柞水渔鼓、镇安渔鼓就是陕南渔鼓曲艺中的佼佼者。作为说唱艺术的镇巴渔鼓有两百多年的历史。其表演技法主要有唱、念、奏、表等，以唱为主，主要是单人独唱，"说唱时将长竹筒斜放在膝盖上，用左肘护位，左手握着简板打节拍，右手按长筒底端，用手指轻拍底端蒙皮，发

---

① 牛东梅：《凤翔西府曲子考察》，《交响——西安音乐学院学报》1999年第4期。
② 王莹：《浅析宝鸡关中地区西府曲子的文化内涵》，《大众文艺》2011年第20期。

出'蓬、蓬'之声"。① 作为渔鼓道情类曲艺,历史上柞水渔鼓(又称柞水渔鼓道情)的发展与道教有较为密切的联系。柞水渔鼓曲目《渔鼓源》将渔鼓和道教人物联系起来,其唱词表述道"渔鼓本是一根竹,长在终南山里头,张老驮斧来砍倒,李老拿锯锯两头。兜子做了阴阳板,竹枝做棒把钹敲,中间留了二尺六,做成渔鼓游九州"(张老指西周宣王时期的贤相张仲父亲柞水孝义川人张道,李老指老子李聃)。② 柞水渔鼓的乐器主要为渔鼓,后来又配上打击类的乐器,如竹夹、云锣、瓷碟、叮当等;管弦类的乐器,如京胡、二胡、唢呐、竹笛、月琴等。柞水渔鼓的曲目包括《渔鼓源》《听戏文》《小四景》《柞水美》等。

清朝末年由湖北传入的镇安渔鼓,经过改造,逐渐发展具有了镇安特点。镇安渔鼓以前为坐唱,20世纪50年代,经过改造发展为站唱,并与花鼓调结合。镇安渔鼓唱词基本为七字句,常用曲调有"开腔"和"流水","开腔"为四句体,"流水"为上下句结构。传统的镇安渔鼓多宣传孝道,内容多来自《二十四孝》,有《朱民割肝》《王祥卧冰》《张孝打凤》《郭巨埋儿》等。镇安渔鼓注重创新,改编了民间故事《老鼠告状》《李三姐卖翠花》,改革开放以后,又创作了《铁匠吴老爹》《银光曲》《人杰地灵话镇安》等。③

春倌说书这种民间说唱艺术主要流传于陕西汉中、安康和川北、陇东部分地区。通过说唱提醒人们早点春耕,莫误农时。春倌本为春秋时期鲁国官名春倌宗伯,汉中的春倌说书主要有两种,一种跟随"社火"游走,一种两人一组走街串巷进行说唱。春倌说书属吟诵性唱腔,字多腔少,多为上下句结构,曲调多以传统五声调式为基础,常见为徵调,个别艺人于五声调式上加入"清角""变宫"的七声羽调式。其歌词多为五言、七言句。内容大多为祝贺吉祥,说唱节气时令,传播孝道等,如《说二十四节气》《说孝道》《说鲁班》《说药王》等,语言吐音以巴山地区方言语音为标准。④

陕南的汉中曲子、安康曲子和漫川大调是当地重要的曲艺项目。汉中曲子历史悠久,明末清初洋县就有"念曲子"的活动,后发展为"曲子戏"。汉中

---

① 孟颖:《镇巴渔鼓文化及艺术形态价值探究》,《旅游纵览》(下半月)2015年第7期。
② 牛玉冰:《陕南柞水渔鼓的初步研究》,《音乐天地》2008年第1期。
③ 潘勋:《浅议商洛镇安渔鼓音乐艺术》,《民族音乐》2014年第1期。
④ 《劝耕客桑司农时——春倌说春》,《文化月刊》(下旬刊)2014年第12期。

曲子表演形式比较全面，唱、念、做、打完备，生、旦、净、末、丑齐全，传统剧目有《香山还愿》《梅绛雪》《张连卖布》《打樱桃》《李家湾》《二姐娃害病》《钉缸》等，后来又创作改编了《雷锋》《回娘家》等现代剧。安康曲子有300多年的历史，采用对唱、分唱、一唱众和的手法表演，传统上叫"念曲子"，词句中常用五字、七字、十字句。乐器有三弦、牙子板、花碟等。安康曲子有曲牌108个，结构分单句式、多句式、起承转合式、附加式。安康曲子传统剧目有《水漫金山》《走马荐诸葛》《昭君和番》《王大娘钉缸》《放风筝》等，后来改编演出了《罗汉钱》、《俩兄弟》、《鸡毛飞上天》和巴金的《家》等现代剧。

（三）陕北地区曲艺项目与其传承发展

延安市所有的第一批省级非遗曲艺项目有陕北说书、陕北道情；榆林市有榆林小曲、榆林道情（清涧），共4项。第二批省级非遗曲艺项目中榆林有横山说书。第五批省级非遗曲艺项目延安有陕北链子嘴。陕北拥有省级非遗曲艺项目共6项。

四　陕西省传统曲艺资源的传承、保护、开发和利用

（一）传统曲艺资源继承与创新的经验

对传统曲艺内容进行改造，以新的符合革命要求的内容替代陈旧说词，是陕甘宁边区对传统曲艺改造的方式。长期以来，这种方式一直为新的曲艺工作者所采用，他们创作出了一批新的剧目。从20世纪30年代末起，在边区政府的倡导下，韩起祥等人带头在延安、绥米、延川、延长、子长等地对传统陕北说书进行改造，新编了《刘巧团圆》《张玉兰参加选举》《张家庄祈雨》《自由结婚》等，宣传社会变革内容；《宜川大胜利》《刘志丹打延长》《狼牙山上五神兵》《红军打清涧的故事》等宣传革命战争内容；《血泪仇》《阎锡山要款》《反内战》等针对当时国民党统治者内容的书目，宣传了革命思想，产生了动员群众的作用。韩起祥等人还为陕北说书引进了梆子、甩板等伴奏乐器，在音乐上吸纳了信天游、道情、碗碗腔、秦腔、眉户曲子等剧种曲调。改革开

放后,陕北说书同样重视根据生活和社会发展创编新的说书书目。1986年新创作了陕北走场说书《三相亲》,后来还创编了《延安欢迎朋友来》《陕北风情》《半碗饸饹》等具有地域特色的节目,并荣获了全国优秀节目和精品节目奖。①

从20世纪50年代起,陕西省就尝试采取各种方式对传统曲艺进行继承与创新。比如采取将曲艺由民间引入舞台,就是一种对传统曲艺的利用和保护方式。20世纪五六十年代,长安剧团就尝试将关中道情搬上舞台,使这种艺术形式登上大雅之堂。②

设班授课是另外一种传承和保护曲艺资源的方式。1959年,陕西省戏曲学校设立了道情班,请艺人向学生传授。③为传承和保护推广韩城秧歌,2009年在韩城市各艺术学校设立培训班。④

参加文艺会演,有利于传统曲艺服务观众,扩大影响。早在1957年3月,榆林小曲就参加了在北京举行的"第二届全国民间音乐舞蹈会演"且获得优秀奖,逐渐扩大了影响。1982年榆林小曲《放风筝》随榆林地区民间歌舞赴京汇报演出,在北京、西安演出十多场。⑤洛南静板书曾到上海世博会、西安世园会表演,演出曲目包括传统书目《四大京》和小书帽《拜丈家》等。⑥另外,洛南静板书还到北京参加了全国第四、第五届曲艺决赛,参加了台北举办的"国际文化艺术节"等,扩大了商洛这一曲种的影响。⑦

(二)加强对曲艺类非物质文化遗产传承人的保护

陕西省开展了大量工作,保护全省的曲艺类非物质文化遗产传承人。一批非遗传承人被认定为国家级非物质文化遗产传承人,如2008年林玉碧、王青被文化部认定为第二批国家级非物质文化遗产(曲艺类)榆林小曲代表性传

---

① 孙岩:《浅谈如何提高陕北说书及艺人的整体水平》,《延安职业技术学院学报》2013年第5期。
② 长安人民剧团:《关中道情》,《陕西戏剧》1960年第4期。
③ 长安人民剧团:《关中道情》,《陕西戏剧》1960年第4期。
④ 王玮:《韩城秧歌的社会价值及其现状》,《大舞台》2012年第3期。
⑤ 吕政轩:《一度被误读的"榆林小曲"》,《榆林学院学报》2016年第1期。
⑥ 张欣:《洛水文化的杰出代表——洛南静板书》,《文化月刊》2013年第9期。
⑦ 杨曦文:《洛南静板书》,《音乐天地》(生态音乐版)2016年第2期。

承人；韩应莲、解明生被认定为第二批国家级非物质文化遗产（曲艺类）陕北说书代表性传承人。王青担任了榆林小曲研究会会长，不仅随父学艺，而且专门师从专业人士学习榆林筝。林玉碧出自榆林小曲世家，父林懋森、兄林玉书都是著名榆林小曲艺人，唱、奏都极其精到，被人称为榆林小曲"多面手"。①

陕西省已经评选出四批省级非物质文化遗产项目代表性传承人，2016年又进行了第五批省级非物质文化遗产项目代表性传承人评选工作。在陕西省第一批非物质文化遗产项目代表性传承人中，曲艺类占有一定比例，占比15%左右，共有20人入选，涉及关中道情、西府道情、周至道情、陕北道情、清涧道情、镇巴渔鼓、镇安渔鼓、西府曲子、汉中曲子、韩城秧歌、榆林小曲、陕北说书、府谷二人台、洛南静板书、春倌说书等曲艺项目。第二批中有6人入选，关涉柞水渔鼓、延长曲颈琵琶、横山说书、蒲城石羊道情、长安道情、高陵曲子6个项目。

与此同时，各地加大了对传承人的保护和对新人的培养工作。为保护洛南静板书，洛南有关方面为延续师承传统，发挥老艺人的作用，专门通过录音、录像、文字记载等建立艺人的艺术档案；编印县静板书艺人通讯录，设立艺人接待站，定期召开艺人学习培训会，组织编排节目。他们还挖掘整理传统书目，保留了30年前三代老艺人现场表演和参加汇演的录音、录像、照片等珍贵资料。②

（三）加大对曲艺项目的支持力度

陕西省通过加强组织领导等，加大对曲艺项目的支持。2005年，洛南县在县上成立了"静板书保护管理委员会"，在有关乡镇则成立保护管理小组。"静板书保护管理委员会"通过召开艺人培训座谈会、理论研讨会，采取建立艺术档案，汇聚艺术资料、演出器具等，加强对静板书的研究和培训工作，另外还采用以老带新等培养大批青年传承人。③为加强对静板书演出管理，他们

---

① 成萌：《榆林小曲》，《曲艺》2013年第11期。
② 张正平：《洛南打响"静板书"保护战》，《商洛日报》2005年12月15日。
③ 杨曦文：《洛南静板书》，《音乐天地》（生态音乐版）2016年第2期。

制定《章程》和管理制度，核发演出许可证；为促进演出工作开展，他们分片成立演出小分队。① 2008年，洛南文化部门还开展了普查艺人、搜集整理传统书目等工作。

为传承、保护和宣传好韩城秧歌，2008年有关方面恢复韩城秧歌学会，在各乡镇（办）成立分会，并组建韩城秧歌演出队，进行创作工作。② 近年来，韩城市还出版了《韩城秧歌》《韩城秧歌剧目选》等秧歌专著以及剧本等，开展了秧歌专场演出，进行了为老艺人录音录像并归档等工作。2010年编成韩城秧歌学生简易读本，作为中小学音乐必修课教材。2011年，将表演包括韩城秧歌在内的每年一度民间艺术专场演出形成制度，努力打造韩城秧歌文化产业。③

为促进榆林小曲的传承保护，并利用其为社会服务，榆林小曲研究会每周末都举办义务演出，让市民领略榆林小曲的魅力。榆林小曲研究会一年内开展的演出、传习活动有300场次。他们进行了整理、出版《榆林小曲专辑》等工作。榆林市文化部门亦采取发放传承人补助，给其创造演出的机会，增加他们的收入等保护措施，保护榆林小曲。④ 为更好地保护、传承和发展好榆林小曲，还需要进一步增加固定经费支持，更好地提供活动场所，做好培养年轻艺人等工作。

---

① 张正平：《洛南打响"静板书"保护战》，《商洛日报》2005年12月15日。
② 王玮：《韩城秧歌的社会价值及其现状》，《大舞台》2012年第3期。
③ 王玮：《韩城秧歌的社会价值及其现状》，《大舞台》2012年第3期。
④ 任学武：《榆林小曲陷入困境》，《中国文化报》2011年5月12日。

B.17
陕西历届柳青文学奖作品研究

韩红艳*

摘　要： 陕西柳青文学奖是针对省内作家作品进行评奖，评出能代表陕西作家水平的高质量作品。笔者在对作品的分析中，发现获奖作品整体上以现实主义为主，兼有现代主义的写作方式。当下，陕西文学面临的问题主要是文学的继承与创新不够；现代性的转换和开拓不足；对青年作家的培养以及青年评论家队伍的建设。要想创作出文学精品，作家需要摆脱旧的观念，真正走进生活去感悟；不断完善文学创作的外部环境，积极地沟通交流。只有不断地创新进取，陕西文学才能有好的发展。

关键词： 陕西　柳青文学奖　现实主义　现代性　乡土写作

"柳青文学奖"是为纪念当代著名作家柳青而设立的，是由陕西省作协设立的最高级别的文学奖项，三年一评。奖项包括优秀长篇、中篇、短篇小说，诗歌、散文、文学理论和评论以及文学新人奖项。自2008年设立以来，柳青文学奖评已举办四届，一共评出了优秀长篇小说15部，优秀中篇小说7部，优秀短篇小说6部，优秀诗歌9部，优秀散文12部，优秀文学理论8部，长篇纪实文学1部，文学新人奖19人，荣誉奖11人。可以说，获奖的作品多，获奖人数也多。

---

* 韩红艳，陕西省社会科学院助理研究员。

一 陕西历届柳青文学奖作品研究的现状

陕西作家一直以来都是以现实主义的写作享誉文坛。从柳青、杜鹏程到路遥、陈忠实和贾平凹，尽管时代发生了翻天覆地的变化，但这种传统现实主义的写作方式依然不断地得到传承和发展，激励着不同时期的作家在写作的道路上不断探索和前行。可以说，陕西作家的作品表现出了深厚的中国传统文化以及民间社会生活的底蕴，坚持自己的地域文化表达，不跟随全国文坛的潮流，对西方文学思潮的接受持谨慎保守的态度。

（一）陕西历届柳青文学奖作品回顾

目前，陕西柳青文学奖共举办了四届，选出了陕西本土有代表性的诸多作品。

第一届柳青文学奖于2009年在西安颁奖。一共选出了优秀长篇小说4部。红柯的《天下无事》讲述了蜀汉灭亡时刘禅（阿斗）被押往洛阳后乐不思蜀，司马昭与阿斗进行了三次长谈的故事，以另类的手法反映了三国风云人物的内心世界。方英文的《落红》讲述了主人公梅雨妃与唐子羽之间的感情故事，刻画了不同阶层的人物，展示了当下的社会生存环境以及人的道德沦丧。孙见喜的《山匪》以乡绅孙老者和四个儿子的悲欢离合为主线，充分展示了战乱年代人性的选择和善恶的思索。李春平的《步步高》没有着重描写官场的黑幕，而是展示了在市场经济条件下官场的生存智慧与领导的艺术。

优秀中篇小说2部，张虹的《小芹的郎河》以青年教师苏文与哑女小芹的爱情故事为主线，赞美了青年人的爱情与人生追求，也反映了农村的教育现状及留守儿童问题。吴克敬《五味什字》讲述了农村青年在城市的生存状态，一对相爱的恋人经历了各种坎坷，最终女人沦落风尘、男人得白血病的故事。优秀短篇小说3篇，温亚军的《硬雪》描写人在绝境中的无畏的挣扎与反抗；李凤杰的《拯救男生》通过对少年成长的关注，对人性和社会进行了反思；阎道勇的《银子放光的故事》讽喻了人性在金钱欲望下的扭曲异化。文学新人奖有寇挥的长篇小说《想象一个部落的湮灭》，该书以荒诞的手法描写了一个狗部落发生的故事，最后狗部落在饥饿中消亡；王晓云中篇小说《海》反映了外来女孩沈莺莺在上海所遭遇的爱情与事业的困惑。

第二届柳青文学奖于2010年在西安颁奖。优秀长篇小说奖有6部,叶广芩的《青木川》以土匪魏富堂在青木川的传奇经历为主线,塑造了一个完全不同的土匪人生,在对历史的反思中传达对人性的思考。冯积岐的《村子》展示的是中国乡村社会生活演变的历史,展现了新旧体制转换过程中所发生的异变和人的心路历程。马玉琛的《金石记》围绕着文物的流失与回归,上演了长安城各阶层人物一幕幕撼人灵魂的争斗故事。张兴海的《圣哲老子》描绘了李耳在乱世中探求治国的王道,创立了道学的故事。党益民的《石羊里的西夏》是一部描述西夏王朝历史和灭亡的小说,重现了党项族、蒙古族和女真族之间厮杀的历史场景。高鸿的《农民父亲》是一部描写农村从20世纪50年代到90年代社会变革的乡土小说。父亲带着家人从胶东半岛讨饭逃荒,到陕北地区开荒种地的经历。

优秀中篇小说有1部,吴克敬的《状元羊》给我们讲述的是农民虽然靠养羊过上了好日子,但是又因羊而返贫的故事。优秀短篇小说空缺。优秀散文奖有5部,和谷的《还乡札记》书写乡土的人情世相,再现了生命记忆和健康的人文精神追求;高建群的《西地平线》是作者多年在西部生活、工作、旅行的散文集;王蓬的《中国蜀道》对古老蜀道的功用以及沿途风土人情做了详尽考察;刘亚丽的《一地花影》是作者日常生活的细碎故事,洋溢着浓厚的乡土文化气息;杜爱民的《马语》是作家对日常生活的抒写。优秀诗歌奖有3部,分别为成路的《雪·火焰以外》、薛宝勤的《青春的备忘——一个知青的往事追怀》、远村的《浮土与苍生》。其中《青春的备忘——一个知青的往事追怀》的颁奖词是:"在对一定时代社会生活真相的艺术再现中,努力打捞'泥塘里的光彩',是长诗《青春的备忘——一个知情的往事追怀》最突出的人文品格和美学气象。作者以炽热与悲凉兼具的情怀追忆知青岁月,深沉省思民族灾难,赞美艰苦生存环境下的美好人性及自强精神。"① 优秀文学理论评论奖有4部,分别为沈奇的《沈奇诗学论集》、梁向阳的《当代散文流变研究》、仵埂的《小说的伦理精神》、赵德利的《陕西文学苦质精神的遗落与重铸》。其中《当代散文流变研究》细致入微地理出了当代散文的发展轨迹。

---

① 《第二届柳青文学奖诗歌奖获奖名单及授奖词》,西部网, http://news.cnwest.com/content/2010-12/08/content_3862920.htm,最后访问日期:2016年8月1日。

荣誉奖有徐剑铭、喊雷和王峰3人；文学新人奖有范超、梦野等6人。

第三届柳青文学奖于2012年颁奖。优秀长篇小说有3部，冯积岐的《逃离》讲述了主人公牛天星和南兰德进山后却遭遇南兰之死，在十年后牛天星再次进山的故事。寇挥的《北京传说》在陕西作家中比较另类，畅广元认为："作者对中国人精神状态的愚昧与麻木有着痛切的体验，对邪恶的专制魔魁有可能死灰复燃有着高度的警觉，对争取人的精神自由尤其是文学创作的自由有着强烈的渴望。"① 安黎的《时间的面孔》以归国华侨田立本投资故乡为主线，围绕着几十个人物的互相背叛和伤害，表现出现实世界的荒谬性。

优秀中篇小说2部，李康美的《空村》讲述了大量精壮劳力进城务工，剩下老人和孩子的现代乡村故事；刘爱玲的《上王村的马六》中农民马六固执地坚守在萧条的上王村，表现出当下农村的状况和农民的命运。优秀短篇小说2篇，黄建国的《一个叫红六的人》讲述了贫下中农红六的经历，展示了农民身上体现出的国民性；和军校的《卖羊》展示了贫困地区为了让姐姐上学，要忍痛卖掉弟弟心爱的羊的故事。优秀散文集有5部，分别为柏峰的《归梦绕家山》、赵丰的《孤独无疆》、邢小俊的《泼烦》、刘炜评的《半通斋散文选》和祁玉江的《故土难离》。优秀诗歌集4部，分别为耿翔的《长安书》、李小洛的《偏离》、横行胭脂的《这一刻美而坚韧》、梦野的《在北京醒来》。其中《长安书》对生命的苦难和生命的价值意义进行了书写，对民族文化进行了寻根。优秀文学理论评论有2部，吴妍妍的《作家身份与城乡书写》从作家的身份入手，对20世纪后20年小说中的城乡形象进行阐释，体现了作家对不同文化的选择与思考；冯肖华的《文学气象与民族精神》梳理了陕西历史文化渊源以及对陕西文学精神形成的影响。荣誉奖为韦昕、景斌等8人；新人奖有辛娟、凡川等11人。

第四届柳青文学奖于2016年颁奖，一共评选出12部作品。优秀长篇小说奖有2部，王妹英的《山川记》书写了桃花村近半个世纪发生的历史变化，塑造了一系列村民的形象，揭示了人性之美。张浩文的《绝秦书》描写了民国15年到民国18年旱灾发生的全过程，重新审视了造成这场大灾难的根源。

---

① 《文学陕军成功打造"西风烈"，主动"约会"影视界》，百道网，http://m.bookdao.com/Article.aspx? id = 52993，最后访问日期：2016年8月4日。

优秀中篇小说有2部，分别为侯波的《春季里那个百花香》、贝西西的《仇恨树》。其中《春季里那个百花香》以陕北农村过年中发生的故事，反映农村当下的现状和底层民众的生存状态与精神追求。优秀短篇小说是陈毓的《嘿，我要敲你门了》，描写了表面上陆羽和丈夫老聃的生活安静幸福，但其家庭却在楼上一对夫妻的吵架中分崩离析。

优秀诗歌奖有2部，分别为渭水的诗集《面世》，左右的诗集《地下铁》。散文杂文奖2部，刘成章的散文集《家山迷茫》表达了海外的游子对家乡的思念之情；扶小风的散文集《漳川笔记》是寻找乡情和乡愁的著作。纪实报告文学奖有张艳茜的长篇纪实文学《平凡世界里的路遥》，作品讲述了出身贫寒却一直奋斗的作家路遥，向读者展示了路遥不平凡的人生。文学理论和评论奖有2部，分别为吴进的文学评论《柳青新论》和王亚丽的文学评论《边缘书写与文化认同——论北美华文文学的跨文化写作》。

这次新增加了儿童文学和网络文学，但是没有评选出好作品，显示为空缺。可见儿童文学和网络文学是陕西文学创作的短板。

（二）陕西历届柳青文学奖获奖作品的特征

柳青文学奖作为一个省级的文学奖，目前在陕西省的影响大，相对全国的影响而言还是偏弱。而且评论界对柳青文学奖作品的研究并不多，一般是集中在某个作家单部作品研究或者作家多部作品的研究上，还没有形成对柳青文学奖整体和连续的研究热潮。通过对四届柳青文学奖作品的回顾与梳理，可以看到以下的特征。

第一，"文以载道"的现实主义传统依然是主流。众多作品都在关注农民的命运，展现了乡土中国的变迁和自我反思，一如既往地坚持着民间叙事，展现出人与土地之间的关系，体现着现代意识与传统伦理情感的激烈冲突。获奖的作品深深地扎根在地域文化之中，写其中的风土人情和人性之美，蕴含着厚重的历史感，形成了自己特有的精神风貌。而且，作品非常重视传统的伦理观念，有鲜明的伦理价值倾向，极具人道主义精神。反观中国现当代的现实主义文学，由于政治历史的原因，现实主义写作成为政治的传声筒。在改革开放后，各种外国思潮的进入，对传统的现实主义造成了巨大的冲击。进入21世纪对各种西方思潮过滤后，很多作家重新思考现实主义写作，真正的现实主义还没有过时,过时的只是伪现实主义。陕西作家在改革开放初期,思想解放,走向基层生活去汲取题材和灵感,忠实地描写现实生活,作品贴近人民大众,因此有了"陕军东征"的辉煌成绩。当下,在现实主义话语显得相当陈旧过时的情况下,陕西作家还是一如既往地坚持用现实主义创作,对中国现实主义文学的丰富和革新起到了很大作用。

作品的语言朴实本色,整体的风格厚重粗犷。为了和写作的乡土内容相互契合,作家中很多人依然在用方言创作,获奖的作品集中地体现了这一写作的风貌。方言可以看作是地域风土民俗的主要载体之一,方言写作能将陕西乡土文学的底蕴表达出来,这体现在诸如《村子》《山川记》《春季里那个百花香》等一系列作品中。通过这些富有地域特色的方言书写,作者将陕西人的性格特征与内心世界描绘出来,将人物生存的社会环境表现出来,从而展示出陕西的民俗文化特征。不管是陕西老一辈作家,还是中青年作家,都有方言表达的习惯。比如侯波的乡村方言书写,描写了当下农村存在的问题,比如农村的赌博问题、农民的宗教信仰、农村过年的民俗等。他关注农村基层的小人物,写出了当下农村的问题所在。

第二,现代主义写作手法的尝试。陕西中青年作家中有些人尝试着新的写作手法,力图在继承中有所突破创新,显示出现代主义的表达方式,尽管这一变化在整体上还不是很明显,但是这是一种未来发展的趋势。比如红柯的《天下无事》、寇挥的《北京传说》等。当下剧烈变动中的城乡社会,为中青年作家的写作提供了丰富的资源,更增加了城乡写作新的资源和一种新的可能性。对此要求作家必须真正进入城乡,能够真实地感受到城乡的变化,对当下的生活进行反思和批判。一些中青年作家不像老一辈作家那样对农村生活非常熟稔,很多人生活在城市,书写写农村题材的作品自然有隔阂。同样是写乡土,青年作家眼中的乡土也不同于前辈作家,他们看乡土时通常带着审视与反思的目光。他们也没有经历过大的社会历史事件,作品不会写得厚重沧桑,和老一辈作家的生活大相径庭。一些中青年作家在传统的现实主义之外,结合西方的写作经验,进行了现代主义的尝试性写作。在为数不多的现代主义写作中,红柯和寇挥的创作比较突出,红柯的作品中大量使用象征、隐喻等手法,寇挥在神秘、荒诞中凸显出人生的苦痛,对陕西文学创作传统有所颠覆。比如寇挥小说的特点体现在:"他在成功地表现荒诞的同时,也就成功地表现了这

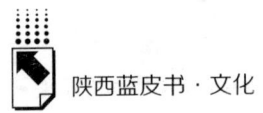

种荒诞背后的逼人真实。他对异化环境（现实）的批判与追问，使他的小说具有了鲜明的现代主义品格。"① 但是这种创作没有形成大的气候。

二 陕西历届柳青文学奖作品的问题

柳青文学奖一直承担着发现和鼓励文学新人、促进文学队伍的发展和建设的重任。目的是让广大陕西作家坚守柳青的创作精神和生命品格，努力创作出有深度和温度的精品佳作，推动陕西文学事业蓬勃发展。但是，随着城市文学、新乡土文学和网络文学的兴起，传统的写作模式被打破，在这一变化中，陕西作家显得步履维艰，面临很多困境。主要的问题表现在下述方面。

（一）陕西文学的守旧与创新之间的矛盾

自20世纪90年代以来，社会生活发生了巨大的变化，在市场经济的冲击下，在传统与现代转型冲突的大背景下，陕西文学面临的是继承与创新的问题、扬弃与开拓的问题。当务之急，是陕西作家如何开拓乡土文学的新思路以及如何吐故纳新的问题。如果还是按照20世纪的乡土文学写作，只会造成内容的大同小异，而且由于作家和乡土的关系越来越远，很多作品是一种脱离生活的理念化叙事，使得乡土文学越来越失去自身特有的文化意义。自我重复和自我同质化，不仅不能创新，还会脱离时代和脱离读者，这恰恰与现实主义的精神相背离。这种固守让陕西文学在创作方法、观念、技巧上难以突破，造成了艺术表现方式单调而缺乏多元化，语言风格陈旧而缺少时代气息。而且，陕西作家不断地书写自己熟悉的地域风土人情，这是陕西作家成功的原因之一。但是必须反思的是，对地域性的过分仰仗让作家变成"地域中心主义者"，这会导致其自我写作的封闭。毋庸置疑，越是独特的地域的作品越能引起关注，但是如果一味地沉浸在其中就会丧失作品的开放性，很难引起普遍的审美共同感。这种封闭性导致的结果是，尽管我们看到大量的乡村作品，然而真正能触摸到农村现实和农民命运的精品还是太少，被读者认可的也少。

---

① 孟改正：《荒诞背景下的存在探幽——寇挥小说创作论》，《当代文坛》2007年第6期，第80页。

陕西文坛需要创新，老一辈的写作方式并不适合当下的年轻人。青年人能继承陕西文学的是一种"现实主义的精神"，而不是全盘接受他们的创作方式和表现技巧。从陕西文坛的整体上而言，柳青等老一辈开创的现实主义写作路线与经验仍然被奉为经典，如果还是不加反思地这么写作，会导致陕西文坛的整体停滞，而且这种写作方式会让青年作家成为被淹没的一代，也会让陕西作家创作队伍产生断裂。现在，中国文学整体上毕竟已经从乡土转向都市，写作和阅读都发生了改变。如果不去创新开拓新领域，以乡土写作为主的"陕西作家"会后继乏人。在题材的开拓上，不能只是关注乡土问题而忽略多元化的社会生活领域。陕西在城镇化的发展中，已经有了翻天覆地的变化，作家对陕西的都市发展、工业题材、市民生活等领域都较少涉及。这种单一的创作没有把社会生活的复杂表现出来。而且，有些青年作者缺乏生活的阅历和体悟，沉浸在个人情感的描述中，视野不够开阔，境界不够高远，不能站在社会发展的高度上去创作。

（二）作品的现代性转换和开拓不足的问题

陕西文学需要转变和改革，但是如何改变是当下面临的问题。现代性写作不仅包括创作手法的更新，还包括内容的创新，只有这样才能达到艺术形式的创新，达到思想上的深刻反思和批判。陕西文学的现代性写作还处在实验性的阶段，表现为作品在艺术上缺乏对文本的创新意识，缺少深层次的开拓和挖掘，还是个人经验的写作，还不能上升到生命的体悟。因而，在思想性上存在着现代意识与批判立场的薄弱，缺乏对人文精神和道德人性力量的关怀。有些作品中的价值虚无主义充斥其中，其中的人性轰然倒地。和西方的现代作品相比，其艺术想象力不够丰富，思想性和艺术性也不尽如人意。

同时，在现代都市的写作中，青年作家当下大多集中在都市写作，但是由于起步晚和地域的封闭性，高质量的作品没有出现。自然没有像王安忆的上海写作和池莉的市民写作那样有自己的风格特色，让人记忆深刻。

外来文学难以和本土经验很好地相互融合，都市文学难成大气候，成为青年作家面临的困境。

（三）青年作家的培养以及青年评论家的建设问题

文学创作队伍的断代，也让评论乏力且评论界断代。评论家都把目光集中在功成名就的作家那里，无法关注青年作家，导致创作和评论"互不干涉"。而且，文学评论对文学作品的评价滞后，不能与文学作品创作同步。目前，陕西文学评论研究大多集中在长篇小说上，对中短篇小说、诗歌、散文的研究较少。尽管有沈奇的《沈奇诗学论集》和梁向阳的《当代散文流变研究》，但是和长篇小说研究的繁盛相比，还是很薄弱。这和当下诗歌创作的质量分不开，有些诗歌缺乏诗意，让人感到乏味，有些诗歌写得晦涩难懂，让人无法理解。陕西是散文创作的大省，但是散文精品还是较少，也让研究者很难有兴趣去研究。对中短篇小说的研究也很薄弱，和老一辈作家相比，当下青年作家的中短篇精品不多，因此很难让评论家予以关注。

同时，对网络文学和儿童文学关注不够。第四届柳青文学奖设立了儿童文学和网络文学奖项，可惜没有作品胜出，相对应的是研究儿童文学和网络文学的人很少。省作协网络文学委员会主任陈长吟说："作协不是不关注和重视网络作家，只是确实没有形成气候。首先陕西网络文学的阵地太少，仅有的陕西作家网和中国散文网等文学网站，影响均不大。无论是作协还是出版社似乎都没有主动在网上发现作家、作品的习惯，网络作家又不主动向作协靠拢，导致陕西网络文学的创作和研究都不太系统。"① 可以看出，陕西网络文学创作情况令人担忧，评论界也很少有人关注。同样，儿童文学作家数量少而且优秀作品不多，引不起重视，因而目前儿童文学评论力量很薄弱。

三 陕西历届柳青文学奖作品的提升对策

用好作品说话，是作家的不二选择。如何写出精品，并不是一朝一夕的事情，要从提升作家自身的素质入手，提高作家的文化知识修养、思想意识境界和形成良好的心理品质等。同时，在一个大众传媒时代，也需要多方面协力合作，不断地沟通交流。

（一）作家摆脱陈旧的观念，真正走进生活去感悟

第一，作家要提升自己的内在修养，多读书思考，多学习国内外的一些写

---

① 记者李向红、樊蓉，实习生陈莹、向阳、李杰：《跃动的陕西文学（上篇）》，《陕西日报》2014年8月22日。

作经验和技巧，并转化为自己的写作经验，只有这样才能不断地提升自己作品的原创力。一味闭门造车的时代早已经过去，陕西文学要立根陕西本土，但是必须走出陕西或者走出国门，才能算是圆满。这要求作家要摆脱旧的文学观念，敢于摆脱老一辈和同时代作家的影响，才能形成自己的风格特征。目前，陕西文学中的创新观念不强，就一定要向外国作家和外省作家学习，在学习中不断地提升艺术的表达力，提升思想的深刻性。作家要不断地自省，涵养自己的胸襟气质，树立写作的大境界，追求艺术的高度，作品才能气象高远。

第二，深入实际的生活，行万里路。这虽然是老生常谈，却是写作的最好的老师，这是最艰难也是最能出作品的道路。真正的乡土写作应该是作家在真实地深入乡土生活之后，在对乡土生活有真诚的思考基础上，创作出的带有自己独特思考的作品，表达出对这个时代的回应。梁鸿的《出梁庄记》非常出色的原因就是她深入采访，掌握第一手的资料，和被采访者一起生活，体验他们的人生百味。当年的柳青、陈忠实和路遥等人都是用这样的方式写作，除此别无他法。一位好的作家一定要行万里路，见识各地风土人情，要有深厚的知识储备，这个积累的过程漫长而艰辛。生活给了作家无穷的灵感，一旦其内心有所触动，把想要表达的东西融入文字中，就会让读者受到启发或产生共鸣。现在省作协等相关机构给作家提供更多实践的机会，让一些作家到陕西各地挂职，深入体验生活，在生活的土壤里汲取创作灵感。相关机构也组织很多大型采风活动，以便能及时地了解社会的新变化，这为作家创作新作品提供了很大的便利。

（二）不断完善文学创作的外部环境，积极地沟通交流

在一个大众媒介文化的时代，交流传播很重要。作家不仅是要写出一部好作品，还要进行有效的传播，要和媒体、评论界等相关机构进行沟通，对好作品进行推介。

第一，评论界需要关注中青年作家，对他们的作品给以真诚的指导和建议。文学批评应该本着多元并存发展的看法，在大众文化时代一定要保持自己独立的声音，坚持自己的精神品格。当下，有些评论实际上是与商业、权力结合在一起，没有给作家提供积极的有建设性的意见。有些评论要么是全盘否定，要么是全部肯定，这种极端的批评让文学的创作和评论完全分

开,导致文学批评丧失了存在的价值。现在,坚持文学创作的青年作家少有评论家关注,评论家只关注那些著名的作家。同时,评论家现在也很为难,大量的作品根本就看不过来。现在需要一种文学评论界新的资源整合,以应对现在评论界的这种局面,多关注有潜力的中青年作家,对于创作的新动向进行引导评价和定位。

第二,在作家埋头创作的同时,还要进行交流走访,才能争取把更多的作品传播出去。目前,省作协为了扶持青年作家,成立陕西文学基金会,是为了解决大部分基层作家特别是青年作者普遍存在的出书难的困扰,把各方面的力量凝聚起来实施文学精品工程,培养文学新人,壮大"文学陕军"队伍。比如获奖作品左右的《地下铁》就是在基金会扶持下出版的。对青年作家进行培训,组织其进行采风,为青年人开创自己的文学事业提供更多便利和支持。"陕西省'百名青年文学艺术家扶持计划'启动后,20名优秀青年作家入选'百青计划',省作协专门为百青骨干聘请陈忠实、贾平凹等全国知名文学导师进行写作指导。除此之外,还与鲁迅文学院合作,在陕西开办了一期'中青年作家研修班',聘请周熙明、白烨、白描、叶舒宪、吴义勤、胡平等全国一流的专家来陕为学员面对面授业"。[①] 同时,省作协筛选了青年作家的好作品在本土刊物《延河》上刊登,而且在《小说评论》上设置了评论专栏,把一些优秀的中短篇小说向《中国作家》推荐刊发,给青年作家提供机会。可以说,陕西这几年对青年作家的扶持力度非常大。外部的助力可以让作家的成长更为顺利,当然最主要的还是作家自身努力的结果。

通过对柳青文学奖作品的研究,我们可以看到,陕西作家创作的现状和问题所在。陕西作家需要努力进取,只有提高自身作品的原创力,才能再续陕西文学的辉煌。

[①] 樊蓉、陈莹、张园:《跃动的陕西文学(下篇)——文学陕军再出发》,陕西传媒网,http://www.sxdaily.com.cn/n/2014/0826/c266-5500102.html,最后访问日期:2016年8月5日。

B.18 新时期陕西作家农村改革小说创作研究

——以贾平凹创作为例*

毋 燕**

摘　要： 在新的历史条件下，特别是进入20世纪90年代以后，文学市场的多元化发展极大地促进了作家对现实生活的捕捉和反映，他们以更为广阔的视野、更为丰富的形象、更为生动的故事，铺展开农村改革发展的潜在力量和现实动力，勾画了改革开放为中华大地带来的全新的生机和活力，艺术撰写出一代人复杂而激荡的心灵变迁。

贾平凹这位由秦晋大地历史文化和现实生活孕育出来的作家，是我国当代文坛屈指可数的文学大家和文学奇才。如果从作家对改革开放后农村进程的反映来看，贾平凹无疑是最早进入这一领域的创作者，也是历程最为长久的。也因此，从贾平凹作品观照陕西农村改革开放进程也就具有依据和着力点。基于此，本文将通过作品去把握作家与文学史、与社会发展的关系，进而探析作家创作的文学史意义、社会担当及其他问题。

关键词： 农村改革小说　贾平凹　作家创作与社会担当

---

* 本文系陕西省社会科学基金项目"新时期陕西作家'城镇化'书写缺失研究"（立项号13J159）阶段性研究成果；系陕西省社会科学院2016年度青年专项课题"新时期陕西作家农村改革小说创作研究——以贾平凹创作为例"（16QN04）研究成果。
** 毋燕，陕西省社会科学院文学艺术研究所助理研究员，西北大学文学院文艺学博士研究生。

在中国当代文学的版图上，陕西文学创作（尤其是新时期以来的陕西文学创作）占有特别重要的位置，而陕西作家群也因其深厚的文化底蕴和优良的创作传统而深受文坛注目。陕西作家，从扎根生活的柳青、杜鹏程、王汶石，到获得茅盾文学奖的路遥、陈忠实、贾平凹，以及逐渐在文坛崭露头角而卓具品格的高建群、叶广芩、方英文、冯积岐、杨争光、吴克敬、红柯等一大批作家，虽然他们生活的时代氛围很不相同，每位作家创作的风格各异，但滋养于陕西深厚的传统文化底蕴，作家在创作中都能立足于生活，关心生活，关注时代，形成了现实主义的创作传统。"当我们回过头来整体端详这些从不同地域文化背景中成长起来的作家们的文学作品，并细细品嚼其内在蕴涵时，我们惊奇地发现：尽管这些作家各有各的特点，但集结于板块的总体趋向却几乎惊人的一致。作为各自地域内的作家，他们的风格和品质早在动笔之前就已经被注定——三大板块作家的文风竟以地域为界，被划分得如此清晰而整齐，以致我们不能不赞叹造物主的神奇！"① 确实，陕西作家大多与农村和农业联系紧密，作家敏锐地把握着农村发展的变化，捕捉着农村、农民、农业的实际状态，塑造着能够体现时代精神的精品力作。

一 中国农村小说创作传统

20世纪陕西文学长河始终贯穿着现实主义文学创作的优良传统。

经过艰苦卓绝的斗争，中国人民终于迎来了革命的全面胜利，新中国成立伊始，大到国家，小到个人，都对未来充满了憧憬和希望，整个国家充溢着浓厚的革命浪漫主义热情。这也成为新中国成立初期我国文学创作的一大核心内容。延安文艺运动及其指导理论、创作主力随着解放而向全国扩展开去，长期滋养在西北文联及中国作家协会西安分会创作氛围和环境影响中的一大批作家，他们迅速开始了对生活、对现实深入而热烈的思考，积极走向社会，将目光投向了广大农村地区的发展变迁，他们深刻地感受到了新的历史条件下文学规范和文学秩序的变化，于是更加自觉地走近农民，深入基层，切实实践着文学与政治、与社会经验的对接融合。作家从创作主题、创作风格、创作修辞多

---

① 莫伸、毋燕：《地域特色对陕西文学的托载》，《小说评论》2011年第6期。

个方面精进研习，表现的题材集中在对以往战争岁月的歌颂和回忆，对苦难生活的升华，对人民精神的礼赞和斗争，重在对社会本质和历史发展规律的艺术再现和形象揭示。中国革命长期以来扎根于农村，这也就决定了"十七年"文学创作的母题必然是以农村题材为核心，其中，首先要提的就是柳青的《创业史》。从文学史的发展来看，《创业史》对于中国文学（特别是中国农村题材的小说）创作，都具有划时代的探索意义，小说中刻画的艺术人物，比如梁三老汉、梁生宝、姚士杰等，至今都具有典型环境中典型人物的审美功能；杜鹏程是在革命斗争中不断成长起来的一位作家，他的《在和平的日子里》《夜走灵官峡》等作品中集中而全面展现出这一阶段文学独有的美学风格；除此之外，王汶石的《春节前后》《大木匠》《土屋里的生活》，以生动活泼的形式塑造了农业合作化运动中的"新农民"形象；魏钢焰的《船夫曲》《红桃是怎么开的》，其滚烫的热情、真挚的语言，是长久以来扎根革命、贴近生活的最大收获。李若冰的《柴达木手记》，细腻传神地展现出新中国石油工人的艰难探索和不屈不挠的奋斗精神，折射的是生发于这片土地上华夏民族的精神之光。还有很多作家，包括柯仲平、戈壁舟等，他们以不倦的探索精神，在时代生活的大合唱中始终保持着高亢有力的音调，洋溢着时代的精神，也成为这一时期农村文学发展的一大景象。

新时期以来，中华大地呈现出一片勃发生机，特别是在改革开放推进的大潮中，从城市到农村都经历了翻天覆地的变化。尤其在农村，随着市场化改革路线的逐渐深入，广大农村迎来了前所未有的开放时期，中国农村改革进程呈现出跨越式的发展，广大农村面貌出现了巨大的变化，而农业政策不断推新调整，有力促使着中国农业经济的快速发展。这是一个产生惊喜和奇迹的时代，随之很快出现了很多与时俱进的生活创造者。生长于这片土地上的农民，随着生产方式和生活方式的转变，他们由外而内、由内而外互相推促着产生了巨大的变化，而最直接也是最深入的变化，就是农民的思想观念、生存价值、生活方式、生产模式等从物质生活到精神生活，都无可阻挡地经历了深入的转变和颠覆。这种在"变"中发展、在"变"中前进的生活规律，具体反映到作家的作品中，就形成了一种强烈而趋于一致的审美倾向，那就是聚焦"变化"，尤其是通过对人物从外貌衣着、内心世界到价值取向的书写，实现了对社会精神和潮流的把握。

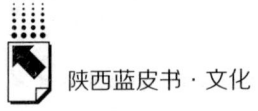

新时期农村改革小说审美焦点正在于"变"字。第一,着意捕捉农民作为主体个人的价值追求,展现广大农民个体存在意识的觉醒和发展,尤其是面对外界力量时能够主动积极去争取机会,实现尊严的防护,这也是农村改革小说整体一以贯之的重要特点。第二,从个体生存转到日常生活中,反映广大农民在日新月异的科技发展中心理和精神面貌的整体改变以及个体上的变化差异。第三,随着从农耕文明到城市文明的整体社会大环境的变化,越来越多的农民从外在生活追求发展为对自我生存环境和生存意义的诉求,进而体现为现代文化与现代文明对现代农民的影响。第四,在大量的农村改革小说中,绝大多数作品紧紧围绕着农村改革的发展变化,展现出农村改革中生发的各种问题,揭示了改革进程中存在的各个方面的复杂矛盾,并能以社会观照的笔触和视野,紧扣新旧各种力量相互间的复杂而激烈的较量,正是改革推动着社会前进。

事实上,无论是外在社会力量的运行发展,还是个体内在精神面貌的转变革新,最终的基点仍然是身处改革大潮之中人们思想观念的变化革新、价值取向的多样化与多元化。文学是对现实社会生活的反映,所体现的正是特定时代特定社会环境的整体面貌。由此而论,新时期农村改革小说也正是改革开放以来对于广大农民的整体观照和思考。尤其是改革开放以来随着生产力的发展,文化繁荣,越来越多的文学爱好者转型为文学创作者,随之在很短的时间里农村小说迅速大量涌现。在文学表现形式上,也呈现出更加宏观和多元的视角。基于新时期以来农村日新月异的变化以及"城镇化"发展的社会进程,如果要探寻新时期以来农村改革小说从主题思想到文学表现等多方面的发展变化,这将是一项非常有意义的社会研究工作。

考虑到作家的创作和成长离不开其生活的社会时代和文化环境,如若以一个作家的作品为切口并且一以贯之地为线索来观照社会的进程变化,或可独辟蹊径,事半功倍综观陕西农村改革小说创作,贾平凹无疑是最具有典型性和集合性的代表作家。贾平凹的创作经历基本与当代农村改革同步进行,贾平凹的作品,也无一例外的是对改革开放以来社会生活和农民精神面貌的书写。所以,本文将置于改革开放以来社会变迁史和新时期以来文学史(主要是农村题材农民题材的乡土小说史)的视域进行观照,探究的焦点集中于贾平凹的个体创作。通过分析其作品,结合书写时代、描绘乡土和文化忧思、寻觅家园的精神品格,力图体现陕西农村改革小说的整体风貌,从而对陕西作家在农村改革小说创作表现方面进行探索思考。

二 聚焦农民对于传统文化的坚守与对新生活的期冀

陕西是一个农业大省,作为中华文明的发祥地,陕西拥有着深厚的文化底蕴和历史氛围,所以大部分的作家将视线投向农村、农业、农民这片广阔的天地。但是,在改革开放的头三十年,由于陕西地处中国西北部,相较于东部沿海城市,陕西地区的很多东西,无论是人们的生产方式还是生活方式,都更多保存着原始的模样,散发着浓浓的自然乡土气息。基于此,陕西农村改革小说体现出了鲜明的地域特色,以其强大的文学品性实践着文学来源于生活的创作规律。

在反映农村现实生活的作品中,贾平凹在其绝大部分的作品中,通过塑造鲜明的地域和时代人物的艺术形象,集中笔墨抒发了作家对社会人生的独特体察,进而对中国农民给予了深度而广泛的关注,尤其对农民改变自身生存状况的过程中的艰难曲折的描述都投射了作家的人文关怀和艺术才情。

作为一位农裔城籍作家,贾平凹与其余的由乡村进入城市的作家都有着相同的创作审美倾向。从1973年开始发表小说,贾平凹就在作品中对农民一直给予了热切的关注,无论是在早期的散文创作中,还是在后来的小说文本中,贾平凹集中笔墨展现了新时期以来青年人的奋进历程,尤其是抒写奋进中的青年农民奋力改变现实生活状态的努力。这既是贾平凹农村改革小说的一个突出特点,同时也是改革开放之初我国广大农村最为凸显的特点。

在贾平凹的早期创作中,《山地笔记》颇具特色,作者独辟蹊径,表达了对美和自然的追寻和礼赞。在1978年荣获首届全国优秀短篇小说奖的《满月儿》,浓郁的生活气息,恬静清新而优美的文笔,着力塑造出了满月儿这一人物形象。应该说,满月儿是贾平凹早期小说中形象鲜明的青年农民的代表。满月儿阳光灿烂,一扫新时期文坛初期对伤痕和罪恶的控诉形象。她大气而积极,吃苦耐劳,全力投入农业研究和探索,在生活中自学了外语,热切期待着能够早日培育优良的种子,促进家乡农业的发展和农民生活的改善,进而能够使农村早日摆脱贫穷落后的面貌而奔向新的生活。

随着改革开放的到来，贾平凹的创作与时俱进，展现出了生活的热情和温度，连续创作除了《腊月·正月》《鸡窝洼的人家》《小月前本》等小说，受到了广泛的关注和好评。在这些小说中，贾平凹继续塑造了一批鲜明的时代青年农民形象，如《腊月·正月》里的王才，《鸡窝洼的人家》里的禾禾，《小月前本》里的门门，他们都代表着农村一种新兴力量，在他们身上，作家表达了热烈的赞扬，赞誉他们对未来美好生活的追求和拼搏，赞誉他们对于新形势的适应能力，赞誉他们甘于吃苦竭力致富的勇气和胆量。

在这一阶段的小说创作中，贾平凹对社会发展变革中出现的新兴人物新兴事物都给予了非常热切的赞誉和讴歌，与此同时，小说对农村中出现的一些旧有力量也给予了展现和批判，如韩玄子、才才、灰灰这些农村中的守旧者和落伍者也是读者了解彼时改革现状的一个窗口。其中有关于农村青年对于婚姻和婚姻对象选择的变化，也有展现夫妇在现实生活的冲击中情感的走向选择，还有在社会发生巨大变革之际个体所经历的社会地位的变化。要言之，在新旧力量的较量中，我国农村正在发生着天翻地覆的变化。一场大的变革正在逐步酝酿并将愈加剧烈地波及开来。

贾平凹这些以商州作为创作母体和审美文化载体的小说创作，都有一个共同的文化情愫，那就是对商州浓厚原生态传统文化的铺展与渗透。可以说，这一时期的农村改革小说，在思想上，着意于农村改革发展中，新一代农民对于人生理想的觉醒、对于未来美好的憧憬、对于传统正义和信念的维护与坚守。然而，由于改革正处于起步的初始阶段，作家在反映农村改革现状的探索上也就不可避免地受限于外部生活和自我视野，在人物塑造和主题深度上还有些模式创作，因此不免单薄而粗糙，价值理念也显得教条化和经验化。

三　与旧有权力的抗争与无奈

随着改革的不断深入，社会生活愈加丰富，作家的视野更加开阔，对生活的思考与阐释也愈加立体而细致，反映到文学作品中，就表现为人物在努力改变外部世界的过程中，不断进行自我剖析，解构社会，解构自我，在与外界的冲撞和角逐中，展开了内心的成长历程。作家在小说创作中开始从对社会政治、历史文化层面的关注转为对生命本体层面的思考与探求。

贾平凹也是如此。

20世纪80年代中期以后，随着作家与生活更贴近的接触，贾平凹小说创作迅速踏入拓展与深化的崭新时期，其中尤为典型的就是《浮躁》的推出，作为"商州系列小说"的第一部，该作品一经出版便引起轰动，并获得了美孚飞马文学奖铜奖，这也奠定了贾平凹在文坛的实力派地位。

在小说《浮躁》中，贾平凹精准地把握住了时代的脉搏，以如椽之笔书写出了商州河岸上的风云变化、生死爱恨，"浮躁"所展现的文本意向，恰恰是彼时社会生活和农民精神生态的整体还原。就这个意义而言，贾平凹作为一位作家，他能够准确、及时地为社会把脉书写，的确也为陕西省乃至我国农村改革小说的创作提供了一个优秀的范本。小说反映的问题，触及改革开放之初中国广大农村发生的潜移默化的变化，首先是体制的松动和旧秩序的动摇，随之而来的是个体对于未来的渴望和在与现实冲突中不屈的挣扎与奋斗。长久以来陷于贫困中的人们，看到了改革开放所带来的强大的生产活力，他们渴望脱贫致富的想法也愈加强烈而坚定。

就小说创作的人物来说，鲜活而生动，《浮躁》刻画了金狗、小水等丰满灵动的人物形象，特别是金狗这一人物形象的塑造，成为贾平凹小说创作史上的一大飞跃。金狗这一形象凝聚了20世纪80年代青年农民特有的时代特点和精神气质。也正是这部作品的诞生，使得商州不再仅仅是行政地域上的商州，而且成为滋润贾平凹文学创作的灵感源地。对此，贾平凹曾有感而言，他认为对于艺术家来说，艺术最根本最高的目标应该是去表现作者对宇宙人生的感悟、体验和认识，并挖掘表现出人性中最为可贵的真情，进而通过现实存在去营造独属于作家的意向审美世界。这可视为作家对自我的一种解剖，而这种解剖所具有的深层规律正是，作家只有对生活有真切而强烈的体验，才能集心中才力撰文述思。

我们看到，金狗这个人物，是立体而生活化的。他是一个农村青年，但他有一定的知识，所以他不愿意像父辈那样，一直牵系于土地上。适逢时代的发展，他内心燃起了对人生的无限渴望，作为那个年代的农村知识青年，他充满了力量，他希望自己能够为自己的命运做主，做生命的舵手，希冀以自己不断地奋斗实现自我的最大价值。他务农经商，寄望于以自己的劳动体现人生价值。后又应征参军，内心激荡的不仅仅是对生活的改变，更多的则是可以实现个体自我的存在感，通过打仗成为英雄，以确立自己的荣誉。随后他复员回乡，到了两岔镇后，金狗的心思已经不在之前父辈的常态化生产劳作，他需要不断地挑战自己以实现人生价值。然而人生的变化常无法预料，当他带领着一群人在州河里跑运输买卖时，无意中又做了报社记者。他利用这个平台展示才华，很快引起了领导的注意。此后文章，小说集中笔墨表现了主人公激荡昂扬的精神气质。我们看到，金狗这一形象正是时代风貌的个体化缩影，具有非常大的探究价值。

小说在塑造金狗这一人物的同时，辐射出商州芸芸众生的整体风貌，而这些恰恰是20世纪最后十多年间鲜活真实的社会再现。在改革逐渐深入人心的同时，置身其中，无论是中国政府的高层，还是普通百姓，他们的身心都在经历着前所未有的冲击。特别是在各种机遇各种探索逐步开启之时，作为个体对于未来的兴奋也愈加强烈起来，自然的、精神的、内心的、思维的，方方面面，都呈现出活跃甚至可以说是一触即发的状态。于是，从身体到心灵，人们都呈现出一种打破长久以来的封闭之后随之而来的亢奋和躁动。这恰是彼时代最大的特点。金狗的亢奋和躁动所迸发出的力量也是这种写照。

不仅如此，金狗作为改革发展中农村知识青年的代表，他敢想敢做，雷厉风行，虽然最终他辞职返回州河，但是我们发现这样的轨迹，正是农村青年最终从浮躁走向成熟的显著表现，是从稚嫩动摇到深沉坚定的发展的代表。金狗通过自我奋斗的历程，意识到了改革的步履维艰和复杂多变，认识到中国这一次的改革与以往的战争革命完全不同，它是深入而驳杂的，需要的不仅仅是体能上的力量，因为这只是非常小的一部分，最主要最关键的是知识、是智慧、是实干。小说进一步指明，个体的努力在权力的较量中尤其显得不堪一击。在改革的现阶段，所有的问题，尤其是社会风气问题，与社会生活有着方方面面、千丝万缕的联系，所以解决起来牵一发而动全身，而究其根本，最终都需要通过个体意识的改变，也就是说，要在人的物质需求基本满足的前提下，大力发展文化教育，提高全体人民的文明意识和文明水平。在金狗身上，青年农民的奋进与局限，社会的进步与弊端一目了然。不难看到，社会进入改革阶段之后，作家对日益凸显的社会力量的较量有着进一步的思考。在《金狗》中，作家深刻而全面地书写了改革进程中无数个个体在对生活的更高追求中所迸发的热情，也捕捉到了整个社会由此而逐渐弥漫的浮躁情绪。可贵的是，作家指出这种浮躁情绪正是社会在经济快速发展过程中精神建设相对滞后而出现的必然，从而聚焦凸显出一个广泛的社会化问题。作家展现了那些浸染于传统文化中的青年农民在自我追求的艰难历程中，逐渐实现着自我的强大，这种由内而外的成长，体现的是改革的力量，也是时代的必然趋势。

四 社会转型时期的文化冲突与文化忧思

社会的发展带动着人们生活方式和价值观念的转变。20 世纪 90 年代初期，改革开放再掀热潮，在不断的推进之中，中国进入由计划经济向市场经济全面转型的特殊时期。1993 年是按照社会主义市场经济体制目标进行改革的第一年，物质的发展、文化的多元、商品意识逐渐地深入人心、传统人伦文化的冲淡、都市文明与农业文明的冲突，所有这些不断冲击着转型时期人们的生存和生活，由此使得当时整个社会的价值判断体系出现了前所未有的繁杂，不少作家开始了对社会文化的忧虑和反思。

随着市场经济改革的逐渐深入，文学创作与其他生产同样进入利益化时代。而经济、政治的改革，必然伴随着文化的转变。作为社会触觉最为敏锐的作家，也无可避免地被波及被卷入。与 20 世纪 80 年代文学表现人类精神追求的创作旨归不同，90 年代的文学创作更多地投读者所好，以满足读者阅读的快感为主，并渐趋娱乐化的倾向。而以往在 80 年代对于国家的命运前途，对于个人的理想追求，对于社会的人文关怀显然淡薄了很多。其中有不少作家不再关注现实生活，回避严肃的问题，刻意不去触及关于社会文化和人类思想的话题。也就是说，在 20 世纪 80 年代前后知识分子身上所体现的启蒙的使命感、对国家的责任感、对人类未来的担当、对于社会的人文关怀，以及对于个人理想的追求等，到了 90 年代，明显地日渐消弭。这种脱离现实、失去寄托、淡却理想、缺失情怀的现状成为当时整个社会整个时代的切肤之痛。那么知识分子该何去何从，文化的传袭又要如何进行，文人下海又作如何看待，所有这些问题都成为困扰彼时文化界、思想界、文学界的时代话题，这也就出现了后来的"人文精神大讨论"。

这里对这场人文精神的大讨论简单作一回顾。应该说市场经济的推进和文人下海的扩大化是这场讨论的大背景。而这场讨论最初是由一篇文章开始的。

1993年王晓明、陈思和等学者撰写的《旷野上的废墟——文学和人文精神的危机》一文发表在《上海文学》第6期。这次讨论对象主要是当时社会的流行性文化，主要是针对王朔的"痞子文学"和张艺谋电影的商业化倾向而展开的讨论。讨论指出："文学的危机已经非常明显，文学杂志纷纷转向，新作品的质量普遍下降，有鉴赏力的读者日益减少，作家和批评家当中发现自己选错行当，于是踊跃'下海'的人倒越来越多。"① 而究其本质，在于"公众文化素养的下降，人文精神素质的持续恶化，暴露了当代中国人文精神的危机"②。随后讨论逐渐深入，参与者也不仅仅限于人文领域，经济学家也参与到了其中，讨论逐渐成为媒体事件。这次讨论前后大约持续了三年。到了1996年底，随着王晓明主编的《人文精神寻思录》同时在上海和北京两地出版，这场人文精神大讨论才接近尾声。在这本书里，收录了这次讨论前后的大部分文章。

在这样的文化大背景中，贾平凹置身时代浪潮之中，对于改革发展中的体制、文化、社会都有着自己深刻的体验，他经历了传统的乡土文化和城市生活中的现代都市文化，作为一名对时代有着敏锐触觉的作家，他有意将之诉诸文字。对此，贾平凹曾谈及《废都》等作品的创作动因，他曾极为愤慨地表示："社会发展到今日，巨大的变化，巨大的希望和空前的物质主义的罪孽并存，物质主义的致愚和腐蚀，严重地影响着人的灵魂，这是与艺术精神格格不入的，我们得要作出文学的反抗，得要发现人的弱点和罪行。"③ 显而易见，贾平凹对于中国在市场经济体制下商业社会的发展有着自己的认识，价值利益凸显状态下人的欲望的膨胀和失控令作家忧虑不安，由此也就有了关于人的精神生态系统的深度关注和书写。

《废都》自出版以来便毁誉参半，对于作家和作品的争论也成为一桩文坛公案。在小说中，作家以历史文化悠久的"西京"为故事背景，对当代都市文化给予了全面的关注，着重讲述了作家庄之蝶、书法家龚靖元、画家汪

---

① 王晓明、张宏、徐麟、张柠、崔宜明：《旷野上的废墟——文学和人文精神的危机》，《上海文学》1993年第6期。
② 王晓明、张宏、徐麟、张柠、崔宜明：《旷野上的废墟——文学和人文精神的危机》，《上海文学》1993年第6期。
③ 贾平凹：《答陈泽顺先生问》，《小说评论》1996年第1期。

希眠及艺术家阮知非"四大名人"代表的文化人的日常生活和兴趣追求,为读者呈现出一幅"废都"的全景图。小说在叙写这些文化人物的同时,以庄之蝶与几位女性人物的情感纠葛为主线来展开,因此,这部描写当代知识分子的艳情小说,由于作品中出现了大量的性描写,引起社会各界的激烈争议。小说之后被禁16年。然而,虽然被禁,盗版却疯狂畅销,据统计,盗版数量累计超过1200万册。而且这部小说在国外赢得了很大声誉,在法国一经上市,立即受到法国文学界的好评和追捧,贾平凹凭《废都》在1997年获得法国著名的费米娜文学奖。而"费米娜文学奖"是法国的三大文学奖之一(另外两个奖项是"龚古尔文学奖"和"梅迪西文学奖"),这也足以看出这部作品在法国的影响很不一般。在国内一直到2009年,《废都》才由作家出版社再度出版。

遭禁与追捧,其中有着复杂的多种原因,从被禁到解禁,其中同样存在着各种各样的原因。否定者认为,《废都》本质上仍然是大众娱乐文化的产物,这种感官文学的影响非常恶劣,正是对传统文学和文化的践踏亵渎,而在艺术创作上则是明清文字遗风的拙劣模仿,是对《金瓶梅》的照搬挪移。肯定者则表示,《废都》具有超越时代和民族的文学魅力,如果从精神层面来看,小说反映了传统文明出现断裂后社会呈现出的悲剧和痛楚,以及对于传统没落文人精神的痛苦和忏悔,具有道德净化和升华的功能。尽管其中观点各异,但有一个事实是,对任何作品的接受都有一个社会体制和文化大环境的因素,作为研究对象,我们需要客观地给予审视。《废都》仅仅是一部面向社会公众的作品,其中的许多描述及思想在当时的社会状况下必然是不容许传播开来,因为那个时代公众的接受审美思想尚不足以强大到自我净化和自律。然而,十七年后,随着社会文化的开放,"性"已不再如之前那般不可言说,于是,《废都》也逐渐被接受。

这里仅仅从《废都》在改革小说中的意义来做一审视评价。不容置疑的是,贾平凹身处时代大潮中,他深感传统理想的没落、价值的坍塌,但作家也明白这是时代发展和进步的趋势,于是传统文化和乡土文明与现代文化和城市文明之间的悖论,铸就了这样一部对于现实生活的艺术映射。小说书写了各种腐败,有普通人自我的堕落,也有涉及文人、官场、企业家、司法界、佛界等方面,于是生活在这座城市里的人们,都呈现出一种病态化的疯狂和叫嚣,透过文字所传递的思想，我们发现作家是在对社会进行批判，而其对都市堕落的反讽是要借以表达对现代文明的排斥和疏远，要重返传统文人理想担当的局面。然而，作家却对自己这种文学理想赋予太多的社会功能，他以传统文化观照的视角来看待城市与乡村，男性和女性，外界和内心，皆是污秽不堪，很少有理想、阳光、道德、理性、文明、教养等现代文明价值的理念作为参照而对社会进行批判，如此一来，在现代文明的奔流中，作家的这种立足明显缺乏现实坚实的土壤，自然在对现代文明合理性的怀疑中作品陷入一种近乎迷离虚无的状态，也因此失却了作家创作初衷的积极意义。

也恰恰是这一思想上两极的力量，更加真切地体现出了社会转型时期作家在书写社会现象时的追寻和努力。这也从一个方面，形象地传递出农村改革小说探索中的丰富而多样的文本形态。

五　精神返乡与民族历史传承等问题

伴随着城市化进程的加快，人们（特别是农民）的思想观念发生了很大的变化，其中关于土地的态度就成了核心问题，是离开土地还是死守土地，这成为 21 世纪以来农村改革小说创作的一大主题。当然，同改革的发展一样，作家在反映改革进程的小说创作中，也经历了从开始的质疑、批判到尝试重构的过程。而这个过程，恰恰是中国乡村改革发展的一个缩影。

身为作家，贾平凹是勤奋的，他在文学的道路上不断地探索。随着改革的继续深入，贾平凹对农村中关于土地的去留展开了大量的论述。作家看到城市化是时代的大趋势，这个大趋势是无法改变的。但农民与土地的关系却不是一下子就可以断裂的，于是他对这种现象不无担忧，认为一定要写关于这些方面的内容，因为这是有关人类的命运，有关中国发展的命运，就这个意义来说，这也应该是主流的东西。

贾平凹在《废都》之后，对农村问题产生了更强烈深入的思考。2000 年的《怀念狼》、2006 年的《高老庄》、2007 年的《土门》、2012 年的《白夜》几部作品，正是作家长期以来关于农村生活和改革发展的历史趋势的思考和判断。颇具寓言意味的《怀念狼》，乡村文明逐渐褪色，作家立意于追寻，追寻自我的信仰，追寻人类的精神归属，"寻找"狼，实际指向的是精神家园的寻觅。《高老庄》比以往作品有所超越，作家愈加深入地思考，虽然如以往一样既有困窘也有焦灼，但作家显然能有意识地将笔触探及历史深层，对未来的书写也是具有鲜活灵动的生气。在小说中，高老庄是作为传统文化的象征，但是它的封闭自守显然已经无法持续，这种对于传统文明与都市文明的力量角逐的书写使得这部小说具有了强大的张力，铺展出世纪之交中国乡村社会的政治、经济、文化、生态等一系列的整体形貌与多样色彩。在《土门》中，小说革除了作家之前对都市的排斥和对乡土文明的热切向往的情绪，而转变为较之前更加理性的审视态度。首先对于家园土地即将消失的严峻现实作者给予了深度的观照，失去土地的农民该如何依存？这已然是一个现实问题。而在小说中，作家对于现代化发展中城市生活的陋弊有深刻揭示，对于长久以来乡村的落后腐朽的社会心理也进行了解构和批判。应该说，这样客观书写的立场体现的正是作家思想和视野的深入和扩展。

通过《秦腔》《高兴》《古炉》《带灯》《老生》，作家继续着对伴随着改革开放，乡村的价值观念、人际关系在传统格局中的深刻变化的体认，通过描述农民思想观念和生活方式的变化，反映出社会已然发生的巨大改革。在《秦腔》中，读者可以强烈地感受到作家对故乡的深情和对传统农耕文化的怀恋，以及对社会转型期农村现状和农民生活的思考。小说在平常甚至显得有些琐碎的日常生活场景中，流露出对故土城市化进程的无限依恋而又无可奈何的矛盾状态，进而揭示出人类的精神困境，具有普遍的人文关怀意义。《高兴》一书则书写的是进城农民的命运，描述逃离土地进城拾破烂的刘高兴、五富们所经历的辛酸生活，小说不仅呈现了高兴的物质层面，还描写了他的精神生活。从农村迈向城市，这是时代的大趋势，而随着城市现代化进程的加快，城市中的人们繁忙劳碌的生活，精神生活却并未同步丰富，而这也正是现代化进程中所最可怕的。作家从对底层农民深切的同情和忧虑出发，牵出了关于城镇化发展的思考，而这个时代话题，也是农村改革小说中涌现的一大亮点。从《古炉》《带灯》《老生》题材的多样化，可以看到，作家对于社会文化的书写不断向前推进和延伸，从作品的风格和思想深度来看，作家对于改革的书写也显示为更加理性、更加成熟、更加深刻、更加全面。

从早期作家对乡土文明的热爱，对青年农民的赞誉，可以看出作家是深深植根于传统的文化与文明之中。随后，在浮躁心态、废都文化、世纪病相中，作家又抒发了失去传统农耕文化精神家园后的焦虑和惶惑心态。最终，在对社会的审视中，作家更加理性地面对现代城市文化以及改革中的乡村社会现实，以一种更加客观和深沉的思考审视社会。无论是书写时代，还是寄怀乡土，事实上作家的最终动因正是对精神家园的寻觅，而这种对于信仰的追寻，也是新时期以来农村改革小说创作中的一大脉络。陕西作家在小说创作中直面现实、书写时代，对新时期以来的经济发展、体制改革、城乡巨变、社会文化转型都给予了大量而多维的观照与书写，究其创作动因和文化心理，首先是作为一名作家为时代立传的责任感和使命感为之，同时还有作家将创作视为生命事业的一种寄托和创新企盼，而这一切，自然地成为作家对于社会发展和人文关怀的展现，可以说是情动于衷的自我诉求。

六 作家在社会发展历程中的时代选择和价值信仰

21世纪以来，我国传统农民大规模地从农耕社会走出，进入代表着现代文明的城市生活之中，随着城乡一体化进程的发展，城市社会生活的触角不断向广大乡村延伸，于是自然而然地在21世纪的城乡冲突中，出现了乡村和城市两种价值判断和文化取向的交锋、渗透、相关影响。而现实的实际情况则是，城市化进程中的快速发展，常常使得不少作家陷入一种迷惘、忧虑、彷徨的状态之中，在内心，充满了两种力量的角逐，一方面，他们希望城镇化的现代科技和文化为乡村生活带来新的发展契机，从而全面提高农民的生活质量和幸福指数；另一方面，他们又希冀传统的道德文化和精神传承能够成为现代都市文明病的治疗良方，如此一来，在内心的两种力量不断地冲撞中，作家也在乡村和城市、传统与现代之间患得患失而游移不定，而反映到作品中，就表现为对不同价值观的寻觅。

中国城镇化进程的发展有着自身的模式，在这条发展的快车道上，任何人的思想上出现矛盾都很正常，不足为奇，在某种程度上，这恰恰也是中国社会在转型时期必然会出现的一个文化现象。但是，我们需要清楚地看到，任何一位优秀的作家，他必然能够揭示出社会发展的必然路径，必然能为人们昭示出光明的未来方向。具体来说，作家必须超越表象对转型时期的文化、民族和历史做整体的观照，既要观照当前城镇化建设所面临的矛盾问题，直击人性深处的善、恶、美、丑，同时必须认识到城镇化的历史潮流和进步指向，也要善于发现农耕传统文明对于现代人生活的隐性影响。在全国城镇化建设如火如荼发展的当下，我们的作家只有在承继传统乡土文化优秀成分的同时，兼容并蓄，不断积极去吸收现代都市文化的先进因子，唯有如此才能对当前社会的发展给予全面而准确地反映，才能对当前城镇化发展做出深入的探究与前瞻性的思考，才能为广大读者创造出更加优秀的文学艺术作品。

B.19
文化融合背景下地域宗教文化遗产认知[*]

刘立云[**]

摘　要： 本研究通过实地调研走访，研究台湾宗教文化遗产符号的文化内涵，重点分析其特殊性，进一步探究由特定的地域、环境、民族、生产、生活、历史等元素决定的文化差别及长此以往所形成的独特文化模式。特别是在全球化建设背景下，当文化走向多元、面临吐故纳新时，解决当地文化价值认知的批判性构建问题。

关键词： 文化融合　宗教文化遗产

一　引言

每一种文明的延续既需要薪火相传、代代守护，更需要与时俱进、勇于创新。当代的国人需要弘扬文化精神，让收藏在博物馆里的文物、陈列在广阔大地上的遗产、书写在古籍里的文字都活起来，让中华文明同世界文明共同为人类提供正确的精神指引和强大动力。文化，作为人类生存、生产及生活经历与经验的累积，蕴涵在地理环境、经济往来、社会演变之中。

回顾台湾绵延近四百年的开拓过程，既带有移民社会的烙印，同时也保留母体文化的形态。在此文化融合背景下，尤其在明末清初，闽粤移民随土地垦

---

[*] 该成果系陕西省新闻出版广电局"十三五"发展重大课题（2016－11）。
[**] 刘立云，博士，陕西省社会科学院文化产业与现代传播研究所助理研究员。

殖赴台，台湾独特的地理、人文、社会环境为其与外界特别是与闽粤地区的交流从而形成自己的地域文化提供了空间优势，留下诸多生活习俗、生产技术及社会组织等文化融合痕迹，特别是随着宗教信仰的纷至沓来，既有原住民平埔族崇尚的原始宗教，也有闽粤移民本身的闽地宗教，甚至还有西方外来信仰。当人们闲暇之余或面临灾难时，总要寻求精神寄托，各种寺庙便成为其争相朝拜之地，这些寺庙不仅承载着移民精神的慰藉与寄托，更被其视为其团结互助的所在。仅有3.6万平方公里的台湾岛，以宗教信仰为依托之人口多达半数；岛上各类宗教门派林立，信徒众多，寺庙遍布，被称为"宗教之岛""多神之岛"。剖析寺庙兴建、重建及改建历史，挖掘其背后的文化意涵，由此厘清地域宗教文化发展脉络，可以更好地理解并解决文化融合。由此，以台湾为基点思考文化交流缘起，便紧扣住了时代最敏感的脉搏。

二　台湾宗教文化缘起

中国佛教早在公元前1世纪末已传入西域；公元前2世纪，迦湿弥罗的毗卢折那才前往西域于阗传扬佛法；东汉初期，佛教自于阗沿丝路子孔道西传；公元前60～前10年，向西或北传至叶城、莎车等地，向东北传至且末、若羌、楼兰等地；公元前2年，西域高僧伊存曾口授浮屠经给中原弟子秦景宪。公元7世纪后，以穆罕默德为首的阿拉伯人，吸收犹太教、基督教、波斯教教义而创立伊斯兰教，同时其文明影响波及阿拉伯半岛、波斯、印度、中国（《甘宁青史略》；金吉堂，《中国回教史研究》；司马光，《资治通鉴·唐纪》）。沿此丝路，景教、拜火教和摩尼教也相继来到中国，以此前出土自甘肃敦煌的《大秦景教三威蒙度赞》《尊经》等宗教文献和文物为据。

台湾佛教发展深受中原地区影响，近代先后经历荷兰殖民、郑氏领导、归属清朝及日本占领时期。由于荷兰殖民、郑氏领导时期之政治中心、经济中心在台湾南部，早期在此分别建有竹溪寺、弥陀寺、龙湖岩3座佛教寺院[①]。清朝时期台湾新添3座佛寺，分别为黄檗寺、法华寺、广慈庵，亦均建于南部

---

① 卢嘉兴：《台湾的第一座寺院竹溪寺》，《古今谈》1965年第9期，第32页。

(《台湾县志》，1720）。1720年后，大批佛寺兴建，台北市龙山寺、剑潭寺等就建于此时①，特别是乾隆时期多种寺庙数目已较前新增。日据时期，新净土宗或真宗传入。其教义、习惯与传统之中国佛教迥异。台北市至少25座佛寺建于此时，多属斋教②。"中华民国"至今，甚多原受奉祀地方神灵及日本影响的佛寺，转变为中国传统佛寺，最显著的例子是日本新净土宗信徒之灭迹与我国大陆高僧对台湾佛寺之各种新影响；各宗派之僧侣共同从事佛学研究，各宗派间无严格门户之见。有2520座佛寺，7450位僧侣，5759000名佛教徒③。

三 龙山寺宗教文化遗存

寺庙作为中国传统建筑之一，与古典文化中的诗词、书画相仿，均力求于固定场域内充分体现主题意涵，使朝拜者在此找到精神依托及相应感悟。中国传统建筑最早经历了原始社会雏形时期如仰韶文化、西安半坡文化、浙江河姆渡文化等，制陶业的早期建筑风格；公元前13世纪至前3世纪，开始进入周代至春秋战国的青铜时代，此时正是西亚、埃及及希腊建筑时期；公元前2世纪至公元4世纪，秦汉时代的建筑风格渐趋成熟，相当于希腊、罗马时期；公元5~7世纪魏晋南北朝时期逐步走向融汇，此时欧洲处于拜占庭建筑阶段；公元7~11世纪隋唐时代走向鼎盛，特别自11~14世纪的宋、辽、金、元时代以后，诸多佛教宗派互融，并与本土儒、道互鉴，成为中华文化的一部分，其影响之深在文学、绘画、雕塑、建筑、歌舞中均有体现，丝路沿途所见的佛教石窟、名刹寺庙、石窟等遗迹，所属文化遗产被列为文化领域六大类别之首（联合国教科文组织，2009年）。但遗憾的是，但进入15~19世纪的明清时代，中国传统建筑略显停滞，欧洲则处于文艺复兴建筑时期。这种东西方建筑风格的多元影响也体现在台湾地域宗教建筑中，于雕梁画栋中大量融入台湾地域宗教文化色彩，"龙山寺"可谓其中典型代表。

---

① 李添春：《台北地区之开拓与寺庙》，《台湾文献》1962年第1期，第69~70页。
② 林衡道：《台北市的寺庙》，《台北文献》1962年第2期，第60页。
③ *China Yearbook*（Taipei, 1974），p.57.

台湾创建于清代的"龙山寺",现时所知仅有五座,是否均分灵自泉州安海镇龙山寺,尚不可得知,但其中确切可知者为艋舺的龙山寺。龙山寺的建筑别具一格,其地域宗教象征主要通过四种比拟管道呈现在闽台传统建筑装饰之上。清代,泉州所辖五县中的晋江、南安、惠安三邑人士,由于各种原因渡海赴台而渐成聚落;但艋舺环境险恶,瘟疫频传。为祈福消灾,泉州三邑移民迎请福建省晋江县安海镇龙山寺观世音菩萨分香至台湾,合资并在1738年(清乾隆三年)兴建此寺。历经嘉庆二十年(1815年)大地震重修,同治六年(1867年)暴风雨侵袭再修,至1919年福智大师(住持)召集信众集资修复,初步形成今日总面积约1800坪的龙山寺之规模。俯瞰全寺,坐北朝南,延续闽地的中轴线建筑布局,依照中轴线由南向北设山门、庙埕、前殿、中庭、正殿、后庭、后殿,以剪黏、交趾陶、彩绘、泥塑等工艺,将龙、凤、麒麟等吉祥物造型用于屋顶、飞檐,色彩绚丽,陡增美感,整体呈现"回"字体三进四合院之中国宫殿式建筑格局(见图1)。

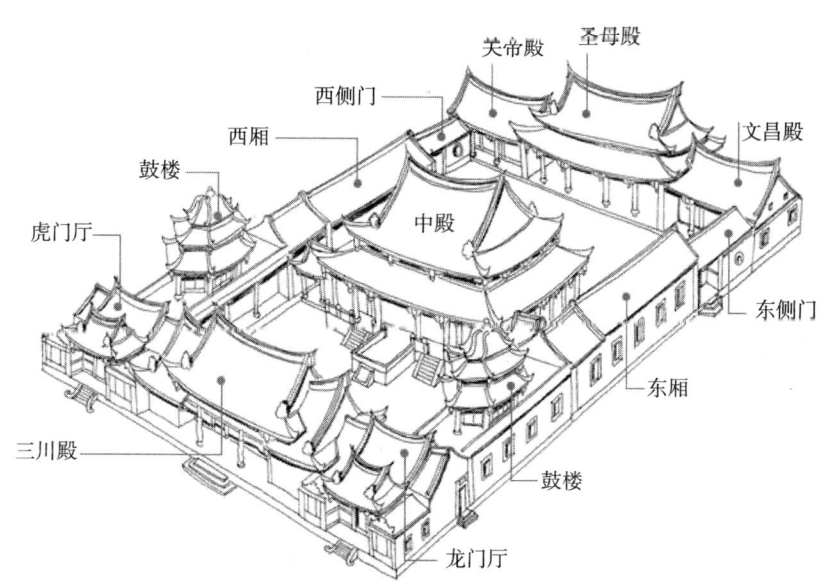

图1 龙山寺整体布局模型

（一）山门

山门为四柱三间歇山重檐式牌楼，建于20世纪60年代，由台北名匠廖石成设计。屋檐下密布网目斗栱，梁上安置贴金木雕，造型简练而大气，与后方三川殿搭配，浑然一体。山门前有一对石狮。一般来讲，道教宗庙雕刻有石狮子，在台湾有闽南狮、广东狮、北京狮、日本狮4种，其中，日本狮的标志是尾巴似3棵柏树并上翘，其他中国的狮子则尾巴垂伏向下。分立左右，一只张嘴为公狮、一只闭嘴为母狮。庙门口东有桂花、西有含笑（或石榴）。据说源自台湾习俗，出嫁女儿三天后返回婆家带回种植，寓意富贵多子。山门两侧有喷泉、水池，松涛阵阵、清风徐徐。

（二）前殿

前殿分为三川殿、龙门厅、虎门厅，因此为"三"，又因为殿门整体貌似"川"字，故名"三川殿"。主殿与两厅的开间数目分别为5、3、3，共计11开间。据说主殿祀奉三宝佛。立于三川殿中门的是传说中的哼、哈二将，手执金刚杵；东、南、西、北分别为手抱琵琶的持国天王、手握宝剑的南方增长天王、手缠虬龙的西方广目天王、手持宝伞的北方多闻天王，象征着风调雨顺。入口处有一对全台湾仅有之铜铸蟠龙柱，20世纪20年代由厦门剪花匠师洪坤福塑胚，台北铁工厂李禄星铸造而成。来自泉州惠安的青斗石质地龙柱本很坚硬，因拜访信众往往在雨天挂伞于柱上，待取下时便偶有磕碰损坏。前殿龙门、虎门石雕窗以方形螭虎围炉装潢，采用浮雕、浅浮雕、线雕、阴雕4种技法，每个炉身雕刻一则故事，比如"太白解表""祈求吉庆""三娘教子""吕布戏貂蝉""割袍弃须"等。前殿外墙的墙堵由上至下分别是顶堵、身堵、腰堵、裙堵，柜台脚；从左至右则称对看堵。寺内的柱子和壁堵上计有对联90首和诗文32首，这些琳琅满目的联文和诗文除具有书法、文学之美，亦可借由联文和诗文的撰文、书写了解当时的文士之风盛况，联文和诗文的落款年代则见证了龙山寺的修建历史。龙山寺中撰刻在墙堵或柱子上的对联，是建造时期向各界贤达人士募集而来的，从日治时期至近代，留下笔墨者众多。包括领导戊戌变法的康有为题写的字，"龙舸渡迷津发大慈云只要众生回首，山门开觉路入欢喜地更进十住安心"（魏清德撰），龙山寺曾去上海找到本人，请求题写；魏清德所书"占策龙山当子午，滥觞鲲水始乾嘉"（施沄舫撰）；清代府城十大书法家罗秀惠撰并书"龙园煮香茗，山籁供清斋""龙飞僧点画，山暝寺鸣钟"等，字体变化多，集篆体、行书、楷书、隶书、草书于一寺之中，表现观音信仰与地方生活特色。

（三）正殿

正殿平面近似方形，屋顶采用大陆传统歇山重檐式建筑风格，42根柱子构成四面走马回廊，醒目矗立有花鸟柱和龙凤柱。其中，花鸟柱乃"内枝外叶"的雕花圆柱，柱身主雕一枝粗大的牡丹花，辅雕一只憩息在上的凤凰和数十只小鸟，寓意光明祥瑞、生生不息。正殿下有石砌台基，四周皆以花瓶状石雕栏杆围合。殿内螺旋藻井映衬佛寺主题，有轮回之意，内部绵密的斗栱层层而上，八个龙头雕栱将其支撑。此藻井在1920年王益顺的设计中，是以逆时针方向旋转的，并以16组斗栱撑起，1954年重修后，改由32组斗栱顺时针组合而成。正殿前的中庭供奉有观音、天公、妈祖、水仙尊王、注生娘娘、义昌、关圣共7炉，香客依序参拜即可，香火于该寺服务处免费领取。正殿（又名"圆通宝殿"）主祀观音佛祖，其雕像为惠安石匠张木成作品。据说二战时期，台北曾遭日军轰炸，信众纷纷躲入龙山寺避难。某日龙山寺蚊虫肆虐，人们不堪忍受，于是结伴归家，就在当日夜里龙山寺主殿便遭轰炸，所幸观音佛祖像安然矗立。经历此劫后，人们更加信奉神灵庇佑之恩，甚至有对联为证："非桑海等观佛地庄严浩劫历经存鹫岭，看鲲鹏运变诗家游燕重阳随在有龙山"（宗孝忱撰并书）、"忆当年红羊浩劫我佛泰然自在，看此日祇树重兴众心何等虔诚"（刘克明撰，王壮为书）。另外，观音主像两侧分立文殊、普贤、韦驮、伽蓝4位菩萨以及十八罗汉。释迦牟尼佛塑像为雕塑家黄土水于1925年受魏清德委托雕造，立像以南宋梁楷水墨画"释迦出山图"为蓝本而制，二战时烧毁，现物是1986年由"行政院文建会"以原模翻制的5尊铜制像之一。往正殿方向的中庭八角窗内有5根石柱，雕刻有松竹梅。中庭左、右护龙各配有钟楼与鼓楼，晨钟暮鼓，其轿顶式扁六角形的屋顶，造型独特。开山祖师被专奉于鼓楼开山厅。壁画左侧为"龙王请法图"，右侧为"忉利天宫为母说法"，出自彩绘名师潘丽水的高徒蔡龙进之手。神龛雕塑乃黄龟理大师的作品。

（四）后殿

后殿可细分为天上圣母殿、文昌帝君殿、华佗厅、关圣帝君殿、月老厅等部分。天上圣母殿左、右两厅分别列有水仙尊王、城隍爷、福德正神、龙神，注生娘娘、池头夫人、十二婆者。龙门方位列有文昌帝君殿（敬奉文昌帝君、大魁星君、紫阳夫子、关圣帝君、孚佑帝君5位文昌）、华佗厅（敬奉华佗仙师、孟章神君）。虎门方位列有关圣帝君殿（敬奉关圣帝君、关平太子、周仓将军、三官大帝、地藏菩萨）、月老厅（敬奉月下老人、监名神君）。后殿为典型儒、道、佛教诸神佛供奉处，俗称"宗教百货公司"。当年，传说清朝时人们认为鬼走直线，街道多弯曲；日本人占领台湾后妄图"去中国化"，强制推行棋盘式格局的城市改造，截弯取直，将原妈祖庙、文昌庙等划归公共场所逼其搬迁。于是，龙山寺后殿应允接纳了日据时期台湾信众移来的诸神像。鉴于观音、妈祖、关圣帝、王爷、土地公5位为台湾信众最多的神灵，陈设上，龙山寺后殿妈祖居中为最大。注生娘娘应为孕妇所拜，但民间往往错拜妈祖，实际上，妈祖28岁羽化登仙被封水神，尚未出阁。注生娘娘主管生养，旁边有十二婆者，六善六恶，由其决定人类起底；前身是封神榜里的赵公明妹妹"三宵"，即云宵、碧宵、琼宵，曾为兄赵公明报仇，在河南摆黄河大曲阵，后皆被姜子牙所杀。而赵公明因被姜子牙打下马来眼瞎"目中无人"，财富能够均分，被封财神。可见，台湾民间信仰多取自大陆唐山，少许来自原住民；"池头夫人"则属于在地的信仰。关圣帝三教皆有涉及，即儒教文衡、道教邪天、释教伽蓝。儒教表其忠义，因关羽曾不接受曹操贿赂，夜读《春秋》以避与皇家二嫂的瓜田李下之嫌，不中曹操奸计。道教传说的邪天庙乃关羽主事。伽蓝菩萨乃佛教护法。据佛祖统纪，智者大师度化关羽灵魂，关羽从此成为佛教护法。伽蓝意指道场、寺院、寺庙。现大陆存有关羽的3座坟茔，分别在河南许昌存放其首；湖北当阳存放其身；山西夑县存其衣冠冢。台南有专门祭祀关羽处叫"山西宫"，山西宫主事关羽。月老为最后入驻龙山寺，本在霞海城隍庙，当年由艋舺移去；由于20世纪70年代某老妪祭城隍庙许愿显灵，兑现诺言奉纳一个月老，于是雕刻月老供奉于霞海。台北威灵顿山原有月老庙，内有卓文君、司马相如、牛郎、织女4座蜡像，曾撰对联"情人双双到庙来，不求儿女不求财。神灵面前起个誓，谁先变心谁先埋"，但禁止祭祀。后来，应民众之请，台北建月老像。此外，后殿立有讲述人物郊游的石雕立柱，由武荣妈祖会出资，泉州石匠所刻，主题为"郊游纪趣"，呈现过往旅客的姿态万千以及山石景色，实为少见的雕刻题材。这些创作不仅作为装潢之用，也将各个建筑构造衔接处做最后的收尾。

四 结语

中华文明有着五千多年的悠久历史，是中华民族自强不息、发展壮大的强大精神力量。我们的同胞无论生活在哪里，身上都有鲜明的中华文化烙印，中华文化是中华儿女共同的精神基因。台湾文化深受中原文化影响，台北龙山寺带有明显的文化融合痕迹。民族的才是世界的，本文以宗庙文化遗产为研究对象，试图超越地域、民族界限，从本土民族文化出发重新阐释文化遗产价值，使传统文化资源、文化哲学理解与人文地理、民俗文化等紧密结合，重拾遗产承载的怀旧乡愁与身份诉求，使保护视野从实体空间或古建筑扩大到整个社区的文化传统、生活方式和社会系统，从而在民族文化融合中发挥实实在在的作用。

区域报告

Regional Roport

B.20
2016年商洛构建现代公共文化服务体系研究报告

许定国*

摘　要： 本研究报告分析了2016年商洛现代公共文化服务体系建设状况，并对商洛公共文化服务效能予以全面分析和诊断。在此基础上，本报告提出了商洛构建现代公共文化服务体系的基本原则和对策建议。

关键词： 商洛　公共文化　服务诊断

一　2016年商洛现代公共文化服务体系建设概况

（一）全力推进市县两级公共文化基础设施建设

2015年1月，中共中央办公厅、国务院办公厅联合下发了《关于加快构

---

* 许定国，陕西省社会科学院文化产业与现代传播研究所助理研究员。

建现代公共文化服务体系的意见》，提出到2020年要在我国城乡基本建成保基本、促公平的现代公共文化服务体系。以此为契机，商洛公共文化服务建设呈现出整体推进、重点突破、全面提升的良好发展态势。2016年，商洛市政府对市级公共文化服务体系全面改造。兴建商洛大剧院和洛南县华阳影剧院，商洛大剧院于2016年6月试运营，7~9月开展了演出，并作为全国第十一届艺术节分会场投入使用。2016年商洛市计划投资2亿元，统筹安排、精心施工，确保大剧院6月试运营，整个工程于2016年11月全部竣工。同时，商洛加快市级公共文化设施建设。2016年完成了商洛市文化艺术中心建设，建成了商洛市群众艺术馆（含市非物质文化遗产展示馆）、市图书馆相关配置，完成市美术馆和市博物馆的立项、审批、选址等前期筹备工作，完善市全民健身中心综合功能，完善市级广播电视播出设施，启动市级应急广播平台建设，并将于2017年建成并投入使用。2018~2019年进一步提升市群众艺术馆、市图书馆内部功能，全面达到文化部等级评估一级标准，市美术馆、市博物馆、市非物质文化遗产展示馆常年免费开放。同时，不失时机地推进商洛县级文化场馆建设。2016年，商洛按国家县级标准化"三馆一院"要求全面建设群众艺术馆、县级图书馆、县级博物馆和电影院，预计2017年底竣工。"三馆一院"项目建成后，可满足10万人的文化服务需求，成为集多种功能于一体、现代化标志性的公共文化服务设施。

（二）加强基层公共文化服务品牌化建设

2016年，商洛按照"一县（区）一品牌、一镇一特色、一村（社区）一亮点"的文化品牌创建要求，在各县区打造了一批特色文化活动品牌。截至2016年，商洛一区六县结合本区域的文化特质，精心组织了歌舞、文化讲堂、民间艺术展演、广场文化活动，受到基层群众的欢迎，给城乡基层这块"文化沙漠"注入汨汨清泉。文化活动品牌的形成，既需要公共文化活动能够在接地气的基础上不断挖掘当地的文化内涵与特质，更需要当地群众的认可与广泛参与。从2016年文化活动的开展来看，这些具有品牌效应的文化活动全面彰显了商洛的文化特色，文化部门从这些特色活动中不断发现和培养草根文艺家。

表1　2016年商洛公共文化服务品牌项目

县区	公共文化活动品牌项目	艺术精品项目
商州区	周末大家唱,鹤城文化大讲堂	商洛花鼓戏《紫荆花开》
洛南县	谷雨仓颉祭奠活动,洛南书香节	《双镯记》
丹凤县	丹凤朝阳民间艺术展演	《古道流韵》
商南县	"秦风楚韵－鹿城追梦"大型群众广场文化活动	《闯王寨》
山阳县	"幸福山阳大家唱""文化大篷车－欢乐乡村行"	《八仙鼓》
镇安县	"百姓大舞台""群文春晚""镇安之星电视才艺秀大奖赛"	镇安花鼓剧《人间真情》
柞水县	"送欢乐乡村行""文化志愿者赶大集"	《渔鼓传情》

（三）注重调动和保持基层群众参与文化活动的热情

基层公共文化活动离不开群众的广泛参与。文化基础设施是公共文化服务的硬件。而群众对公共文化活动的参与度可称为公共文化的"软件"。公共文化仅有硬件,但如果没有人气,群众不主动参与,就会使现代公共文化服务体系建设缺乏持久动力。因为任何公共文化基础设施的建设、任何公共文化活动的培育,最终都要落实到群众这一主体上。从此角度来看,基层群众参与公共文化服务的积极性更重要。2016年,商洛以打造实施基层特色文化品牌项目为抓手,以更接地气的文化活动,吸引越来越多的城乡群众参与公共文化活动。各区县推广公共文化品牌化活动,取得了显著成效。每场活动群众参与人数以千计。这些文化品牌活动,极大地丰富了基层群众的文化生活,更增强了各阶层群众的向心力和凝聚力,充分彰显了文化惠民的良好效应。

（四）以乡镇、村为突破口,打通公共文化服务"最后一公里"

2015年10月,陕西省提出要重点加强县级以下公共文化服务体系建设。①这项要求对公共文化服务均等化提出了更高要求,旨在强调各地市公共文化服务全覆盖。2016年商洛在乡镇、村级公共文化建设上发力。先后启动了10个

---

① 《陕西省人民政府关于加快构建现代公共文化服务体系的实施意见》。

省级重点示范镇综合文体中心建设和1112个村、168个社区综合文化服务中心和村级应急广播设施建设，抓好广播电视无线覆盖农村工程、数字电影放映工程等，使公共文化服务中的电影、电视服务延伸到了村一级。

强化行政村（社区）综合文化服务中心建设。2016年以农村和城市社区公共文化设施集中建设点以及"美丽乡村"示范村为重点，启动陕南移民搬迁安置点"农家书屋"和5个民族特色文化广场建设，这些村级文化基础设施预计2017年基本建成，2018年全面投入使用。预计到2018年，商洛将全面建成市、县、镇、村四级公共文化服务体系网络，彻底打通公共文化服务"最后一公里"（见表2）。

表2　2016年商洛省级重点示范镇综合文化站建设一览

省级重点示范镇	所在县区	完成年份
沙河子镇	商州区	2017
杨峪河镇	商州区	2017
杨斜镇	商州区	2017
石门镇	洛南县	2017
棣花镇	丹凤县	2017
富水镇	商南县	2017
漫川镇	山阳县	2017
云盖寺镇	镇安县	2017
永乐镇	镇安县	2017
凤凰镇	柞水县	2017

二　2016年商洛公共文化服务效能诊断

（一）服务能力：标准缺乏，亟待完善

对照现代公共文化服务的标准化要求，现阶段，商洛县、乡镇、村的公共文化服务场馆尚缺乏系统完整可量化的公共文化服务标准。现代公共文化服务标准化从公共文化服务能力指标、群众参与公共文化活动指标、公共文化资源更新指标、公共文化服务效率指标、公共文化服务监督考核指标这五个方面对

公共文化服务都有严格的规定。商洛的市、县、乡镇、村四级公共文化服务网络正在形成，下一步亟待解决的是，要在实现均等化的同时，尽快推进公共文化服务标准化建设，防止出现顾此失彼的情况。

表3 现代公共文化服务标准体系

一级指标	二级指标	三级指标
公共文化服务能力指标	文化场馆建设能力	面积、周围服务半径的覆盖率
	文化惠民工程实施能力	服务范围覆盖率
	文化活动组织能力	主动组织不同形式文化活动
群众参与公共文化活动指标	农民运动会	基层农民的参与度
	城镇社区群众文化活动	是否覆盖低收入群体
公共文化资源更新指标	信息发布和内容更新情况、应用情况	面积、周围服务半径的覆盖率、基层农民的参与度、群众上网的便利
公共文化服务效率指标	电影广播电视	每月放映次数、观影人数
	图书	图书室面积、藏书量、图书室借阅率、每年新增图书量
	城市院团文艺演出下乡	参加人数、群众观看人数
	公共数字文化与电子阅览室	群众上网的便捷度
公共文化服务监督考核指标	服务效能提升度	投入资金、人员配备与规模
	群众满意度	群众打分评价

（二）服务效率：品种有限，效率不高

现阶段，商洛县级文化馆、站已初具规模，但美中不足的是，文化馆的图书品种仍不能满足群众的需求。一些文化馆的设施有限，仅提供如象棋、棋牌等室内活动器材，还没有从未成年群体、中青年群体、老年人群体等群体需求方面有针对性地提供文化设施和器材。这也造成了各县的文化馆以老年人居多。

建议：从完善公共文化产品和设施入手，不断丰富公共文化产品种类，更好地满足基层不同群体不断增长的文化需求。

（三）数字化服务：明显滞后

商洛网络数字化设备资源还很欠缺，主要是缺乏文化信息共享的数字化资

源，包括文艺节目视频、音频和可供群众点播的文艺节目。各县电子阅览室建设迟缓，网络资源远远落后于关中地区。商洛计划于2018年县（区）公共文化机构要建成面向群众的服务网站，设施内免费提供无线Wifi。计划市、县（区）公共图书馆、文化馆（站）和有条件的村（社区）建有公共电子阅览室，并免费提供上网服务。市级数字图书馆数字资源量达到30TB，县（区）级数字图书馆数字资源量达到4TB。事实上，早在2015年关中的区县图书馆已经实现Wifi全覆盖。这一差距，要求商洛在"十三五"期间，要大力加强公共数字文化建设，尽快缩小数字差距。

（四）监督考核：重部门考核，缺人员考核

《商洛市关于加快构建现代公共文化服务体系的实施方案》提出：从2016年起，凡是公共文化服务体系建设年度任务未完成或工作进度不明显的县（区）政府和市直相关部门，市政府根据情况在其年度目标责任考核中扣减一定分值。应该说，这项规定对促进辖区公共文化服务部门改进服务质量，增强工作紧迫感大有益处。但不足之处也是显而易见的，即对公共文化服务的从业人员的工作绩效和业务监督目前还缺乏具体的考核指标。这是亟待改进的。因为公共文化服务体系建设的动力既来自文化服务部门，更少不了从业者的服务态度和敬业精神。

三 商洛构建现代公共文化服务体系的基本原则

（一）群众性原则

以群众文化需求为本是构建现代公共文化服务体系的前提。中共十八届三中全会提出：要建立群众评价和反馈机制，推动文化惠民项目与群众文化需求有效对接。① 这就要求商洛公共文化服务要以广大人民群众文化需求为出发

---

① 《授权发布：中共中央关于全面深化改革若干重大问题的决定》，新华网，http://news.xinhuanet.com/politics/2013-11/15/c_118164235.htm，最后访问日期：2015年11月28日。

点和落脚点。首先，现代公共文化服务体系建设必须突出群众的主体地位，围绕群众读书看报、看电影、参与文体休闲活动等需求开展公益性文化活动。其次，要变"送文化"为"种文化"，立足商洛实际，调动群众积极性，不断挖掘商洛地域传统文化，鼓励群众自发开展一些文娱活动。待条件成熟，不失时机地将一些地域文化特征鲜明、基层群众参与度高、体现群众文化创造力和社会主义核心价值观的文化活动发展成为特色文化品牌。

（二）品牌化原则

商洛公共文化服务要坚持品牌化原则。突出公共文化品牌效应，有利于形成示范效应，带动其他地区的公共文化建设，更有利于增强基层公共文化建设的持久动力。现阶段，商洛各县区公共文化领域已经形成一些有品牌、有特色的文化项目。这个势头要长期保持下去，殊为不易。因此，要利用已有的文化品牌，继续深挖商洛各县区公共文化活动品牌，在2017年向村一级延伸，使各村镇也有自己的文化品牌活动。

（三）多样性原则

多样性原则强调现代公共文化建设要注入共建、共管、共享的理念。首先，共建强调现代公共文化服务体系建设不是政府一家之事，也不是单纯的民间行为。要建成现代公共文化服务体系，离不开政府的投入、群众的支持参与和社会各界力量的配合。这就要求商洛公共文化建设在当前和今后要不断地调动机关、事业单位、企业、社区和群众的力量共建社区，如此才能取得事半功倍的效果。共管，是指在公共文化建设中，群众也可以参与基层各类图书馆、文化馆、文化站的管理工作。基层图书馆在图书征订、电子阅览室、文化馆设备采购等方面要及时征求辖区居民的意见，尽可能从本辖区居民的实际文化需求出发去完善设施，不断丰富文化活动的种类和项目。共享，是指公共文化的项目和设施要尽可能覆盖辖区全体居民。尤其是要关注对辖区弱势群体（如残疾人、老年人、农民工等群体）文化权益的保障，使辖区所有群体能尽享公共文化的建设果实。

（四）数字化原则

现代公共文化服务体系之所以"现代"，就是因为能够与时俱进，不断推进技术创新。

2010年以来，网络数字技术对公共文化领域的影响日益深远。现阶段，手机在中国的普及率日益提高。移动互联网已然成为人们生活中不可或缺的要素。过去，群众习惯于利用电子阅览室或家中的电脑上网，在网上获取信息或选择、点播自己喜欢的文艺节目。今天，城乡群众不仅文化需求日增，更习惯于随时随地利用手机无线网络获取越来越多的资讯，在生活中的任何场所都能享受数字文化。这一点在中青年群体中表现尤为明显。过去他们只是被动地通过电视、广播或网络接受信息、被动选择文艺节目。现在，中青年人习惯用手机微信主动发布信息，亲自制作微电影、微讲座、微视频音频等，俨然进入"全民创作"的时代。这种数字网络领域的新变革，要求公共文化建设也必须顺应这一潮流。在现代公共文化服务体系建设过程中，公共文化服务机构也要注意调动基层中青年人的文艺创作热情，把一些健康向上、富含思想性、知识性、趣味性的，体现当地文化特色的群众自发创造的网络文艺节目资源也能吸收进来，防止出现现代公共文化建设游离于数字化之外的怪相。

四 加强商洛现代公共文化服务体系建设的对策建议

（一）以区县为突破口，继续加快商洛公共文化基础设施建设

陕西省计划要在"十三五"期间实现全省范围内省、市、县、乡镇（街道）、村（社区）五级公共文化设施网络全覆盖。[①] 商洛作为陕西的欠发达地市，无论是经济总量还是人均经济指标，都远远落后于关中主要城市，即使与同为陕南地区的汉中、安康相比，其公共文化的历史欠账也较多。这就要求商洛在"十三五"期间要从实际出发，尽快完成本市公共文化基础设施建设。

---

① 《陕西省国民经济和社会发展第十三个五年规划纲要》，陕西省教育厅网站，http：//www.snedu.gov.cn/jynews/jyyw/201602/16/56344.html，最后访问日期：2016年3月24日。

既要抓好市一级的文化硬件建设，更要着眼长远，尽快在2018年实现区县级文化硬件建设，在县级影院、图书馆、博物馆三方面发力，在2016年实现全市所有图书馆、文化馆服务设施配备齐全并免费开放；在2018年县区新建的图书馆、博物馆、文化馆和乡镇综合文化服务站等公共文化设施都能达到免费开放标准，基本服务项目齐全。尽可能消除市、县两级公共文化"一条腿长、一条腿短"的窘境。只有县级公共文化硬件达标了，才能实现公共文化设施向乡镇级、村级延伸，进而实现商洛公共文化服务的全覆盖、均等化。

（二）加大公共数字资源免费开放范围，尽快缩小数字鸿沟

21世纪是网络时代。网络滞后，无疑会拉大商洛城乡的文化差距和数字鸿沟。要实现商洛公共文化大发展，就必须创新公共文化服务方式，加快数字化建设，提升现代传播能力。具体应做到：第一，利用2~3年时间，加强市、县（区）文化部门服务网站建设，使市级数字图书馆的数字资源量达到30TB以上，县（区）级数字图书馆数字资源达到5TB，实现文化服务部门无线Wifi全覆盖，在2018年为基层群众提供免费上网服务。第二，从实际出发，根据商洛一区五县的实际财力情况，力所能及地推动有条件的农村（社区）建设公共电子阅览室。村一级的网络服务设施建设，不能等，更不能拖。那种亦步亦趋、自上而下建设网络服务设施的传统思维，只会进一步拉大商洛农村和城市社区的数字文化鸿沟。在村级（社区）的公共数字文化建设上，可以吸引社会力量参与，动员热心公共文化事业的社会组织、企业家和群众出资，共建村级（社区）公共数字文化设施。

（三）借鉴"互联网+"，实现商洛地方戏曲创新

在互联网时代，传承发展地方戏任重道远。建议商洛从2017年起，继续加强富有商洛地域文化特色的经典传统剧目排练工作，将新排练的剧目，以政府采购的形式，深入基层村镇，开展免费送戏下乡活动。每个镇每年不少于5场，每个行政村每年不少于3场。同时还要利用"互联网+"，带动商洛花鼓等剧目创新。要彻底打破根深蒂固的观众思维。就必须有受众意识。在互联网时代，应认识到地方戏受众是包括戏曲爱好者在内的一切受地方戏曲影响的人。比如年轻人喜爱地方戏的脸谱、中小学生网上观看商洛地方戏短片或在地

方的网站上融入地方戏曲的图片元素、音视频元素,这是完全可以做到的。事实上,受众的影响力也是相当惊人的。不要认为只有观众进剧场看戏才是认可地方戏。这种观念无疑是片面的。如何让不同年龄段的人群接受地方戏曲,使地方戏曲的生存空间更加广阔,这无疑离不开受众意识。这就要求商洛地方戏不能故步自封,要以开放的胸怀接受不同地域的受众,通过网络这个大平台不断聚集人气,扩大受众范围,从而拓宽商洛戏曲的生存空间。

(四)以广播电视户户通工程为抓手,尽快普及商洛广播电视电影服务

商洛山区村镇现阶段仍未实现广播电视全覆盖。建议在户户通的基础上,推进数字电视,方便城乡群众通过数字电视参与社区管理和村务管理,变看电视为用电视。今后还要降低入户费用,对边远地区农村给予减免。按照陕西省广播电视村村通工程的规定,入户费用每户为350元,农村居民每户至少要负担100元,这个数据仅为总入户费的28%左右,建议对一些盲区给予免除。在"十三五"期间实现城区通过有线、边远山区通过直播卫星提供不少于25套电视节目,通过地面数字电视提供不少于15套电视节目。每个行政村每月必须保证1场免费电影,为中小学生每学期免费提供2部爱国主义教育影片。在2018年完成全市70%以上自然户的有线电视网络覆盖和用户接入任务。每年采取政府购买公共文化服务的形式,投资5200万元为26.2万户特殊群体提供有线电视免费或低收费服务,投资42万元为农村提供集镇广场电影放映服务。

(五)将商洛贫困地区公共文化建设与当地扶贫开发相结合,注重文化扶贫

商洛是全国少有、全省唯一的集中连片特困地区。商洛是全国14个集中连片的贫困地区之一,贫困面大、贫困人口多、贫困程度深。截至2015年底,全市还有16万多户、49万多贫困人口,占全市乡村人口的25.2%,占全省贫困人口的13%,占全国贫困人口的0.8%,贫困发生率分别比全国、全省高出约19个和11个百分点。① 商洛提出到2020年,全市98个镇办、701个贫困

---

① 《商洛市委市政府关于打赢脱贫攻坚战的实施意见》,2016年3月10日。

村、48.9万建档立卡贫困人口全部实现稳定脱贫。要实现上述目标，需要通过公共文化服务建设激发和凝聚贫困地区群众脱贫的正能量。

加强公共文化信息化、数字化建设，帮助群众获取更多致富信息，帮助脱贫。公共文化服务领域自2007年以来一直在全国城乡推广文化信息资源共享工程。这项工程由国家文化部和国家图书馆联合主办。文化信息资源共享工程既有面向城市群众的文艺视听节目，又有面向农村群众的致富信息板块、农产品种养殖技术推广板块、农副产品产供销平台、农民外出务工信息发布等板块。建议在2017年能使上述信息板块与贫困户的信息需求直接对接起来，解决长期困扰贫困户的"信息匮乏""信息不畅"问题，通过公共文化信息化、数字化帮助当地贫困户脱贫。同时，在公共文化建设中，大力宣传社会主义核心价值观，培育贫困户的诚信、友善意识；要大力弘扬陕西精神，增强贫困户的内生动力，使他们做到务实进取、贫不丧志。在农闲时节，县乡文化服务机关可以通过开展集体性群众文化活动，如农民运动会、居民百家宴、社区文化活动展演等活动增强群众的合作意识和互助精神，使他们在战胜贫困的进程中形成合力，拧成一股绳。

同步建设商洛各区县移民安置区的公共文化设施。考虑到商洛各区县移民搬迁点较多，在已安置的移民搬迁小区要同步建设公共文化设施、同步完善公共健身器材。还要通过政府采购、补贴等方式，及时购进演艺节目；鼓励省市戏曲院团多去移民安置区表演节目，以丰富搬迁群众的精神文化生活。

（六）用法治保障商洛现代公共文化服务体系标准化建设

用法治保障商洛现代公共文化服务有法可依，重点应放在保障服务标准上，用法治保障公共文化服务标准更加全面完善。具体应做到以下几方面。

第一，要依法加强对商洛公共文化服务人员的配备。首先，要依法保障公共文化服务领域的人员配备。建议区县公共文化服务场馆，以所在区域人口为基数，按照每服务1万~2.5万人的比例，配备1~3名文化工作人员，人口基数少于10万人的县区文化场馆，工作人员应不少于10人。乡镇综合文化站要依法确保每站配备工作人员1~2人，规模较大的乡镇还可以适当增加。在每个村（社区）设置至少1名专职文化管理员。人员配备齐全后，还要加大考核监督力度，使基层文化服务工作人员不断提升服务质量。

第二，要依法保障全市已纳入免费开放范围的各类公办图书馆、博物馆、艺术馆、科技馆等公共文化设施对所有群体开放。近年来，一些公共文化设施虽然免费开放了，但客流量大、含金量高的景点、设施仍变相收费，饱受群众诟病。因此，必须将场馆的开放时间、服务细则、服务种类等规范化。

第三，用法治保障弱势群体享受基本公共文化服务的权益。在保障全民文化权益的同时，对老年人、残疾人、未成年人和农民工群体的文化权益也要突出关注。具体应做到在公共文化服务领域，及时制定和出台商洛地方性法规，专条写入通过哪些具体措施和手段保障城乡妇女、儿童、老年人、残疾人的文化权益，要在市、县、乡、村四级公共文化设施中，增加老年人活动中心、青少年文化活动中心，为残疾人配备无障碍设施，从而使商洛公共文化服务体系建设更具个性化。

B.21
延安文化产业发展报告

杨梦丹*

摘　要： 近年来，延安市提出了"文化强市"的目标，以"文化引领、旅游带动"为发展路径，使文化产业的发展取得了很大的成就。旅游业、民间艺术业、文化娱乐、文艺演出业、广播电视业等得到长足的发展。然而在发展的同时还存在文化产业基础薄弱、文化人才短缺、文化企业规模小、融资难等问题，报告深入分析了问题的成因并提出了做大做强旅游产业、打造产业链条，提升产业发展水平、培育和扶持知名文化企业、加强文化人才队伍建设，建立多元化投融资渠道解决融资难问题等具有可行性和可操作的对策建议。

关键词： 延安　延安文化产业

"十二五"以来，延安市转方式调结构，提出了"文化强市"的目标，以"文化引领、旅游带动"为发展路径，使全市文化产业由不成熟的初级阶段开始进入快速发展时期，呈现出健康良好的发展态势。

一　延安市文化产业发展的整体状况

近年来，延安市探索和总结文化发展方式，创新和丰富文化载体，加速推动文化旅游业，积极培育民间艺术业、广播电视业等产业，使得延安的文化产业得到很大的发展。

---

* 杨梦丹，陕西省社会科学院文化产业与现代传播研究所助理研究员。

（一）文化产业门类逐步齐全，总量规模不断扩大

文化产业法人单位增长较快。据陕西统计局统计：2013年延安市文化产业法人单位为993家，占全市第二、三产业法人单位（17407个）的5.7%，其中规模以上文化产业单位8家。新闻出版发行服务18家，广播电影电视服务39家，文化艺术服务323家，这些"核心层"的文化产业共有法人单位380家，从业人员5330人。文化信息传输服务33家，文化创意和设计服务255家，文化休闲娱乐服务158家，这些"外围层"的文化产业共有法人单位446家，从业人员3761人。工艺美术品的生产42家，文化产品的生产的辅助生产63家，还有文化用品的生产59家，文化专用设备的生产3家，这些"相关层"的文化产业共有法人单位167家，从业人员2743人。全市文化产业增加值为14.39亿元，占全市GDP比重为1.1%，占第三产业比重为5.2%。核心层、外围层和相关层的从业人员比例为45.2：31.5：23.3。初步形成以文化产业相关层为主体，核心层和外围层为新增长点的产业结构体系。经营性文化单位成为吸纳从业人员的主体。2013年，全市文化产业法人单位从业人员11789人，占全市第二、三产业全部法人单位从业人员（431435人）的2.73%。按行业类别分，在文化产业法人单位中，文化服务业吸纳从业人员最多，达74.5%；文化制造业为1851人，占15.7%；文化批零业从业人员为1158人，占9.8%。文化服务业企业所拥有的资产最多。2013年，全市文化企业资产总计16.37%，占全市第二、三产业全部企业资产总计（6892.82亿元）的0.24%。其中，规模以上文化企业资产总计为11159万元，占全市文化企业资产总计的比重为6.8%。文化企业资产总计中，文化服务业企业资产最多，比重达81.4%，文化制造业资产占9.8%，文化批零业占8.8%。

（二）旅游业快速发展

延安以"中国革命圣地、历史文化名城、优秀旅游城市"为定位，大力实施"文化引领、旅游带动"战略，挖掘延安旅游资源的文化内涵，不断完善项目规划设计，使延安富集的文化旅游资源转化为市场资源、品牌资源和产业资源，推动延安文化旅游产业迅速发展。一是旅游主要经济指标大幅增长。现阶段延安市是陕西省仅次于西安的第二大旅游目的地，2015年，延安市接

待游客3500万人次，增长11.3%；实现旅游综合收入193亿元，增长12.1%。2015年接待游客、旅游综合收入分别比"十一五"期末增长1.4倍和1.5倍。2016年旅游业将成为延安新的经济增长点，接待的旅游人数和旅游收入都在逐年上升，极大带动了全市住宿餐饮、零售等第三产业快速发展，为推进延安旅游业转型升级提供了很大的发展空间。二是重大文化旅游项目建设成效显著。近年来，延安与陕旅、陕文投两大集团合作，实施了圣地河谷、延安1938、文安驿文化园区等一批品质高、规模大的重大项目，扶持发展一批文化旅游龙头企业，系统打造特色文化旅游品牌，并利用社会资本建成了黄陵国家森林公园，延安博物馆、北京知青文化展览馆、陕甘宁边区革命英烈纪念馆、黄河壶口文化景区、黄陵秦直道古城等一批重大项目正在实施。启动实施一批森林探险游、生态避暑游和冬季冰雪运动等旅游项目。《延安保育院》《延安颂》《延安保卫战》等红色旅游演艺走在全省乃至全国的前列，大项目支撑的旅游开发模式在全省具有示范性。三是县域文化旅游发展异军突起。黄陵、宜川成功创建为省级全域旅游示范县，正在创建全国全域旅游示范县。四是乡村旅游扶贫在全国树立了标杆。推进果业、林业等与旅游业融合发展，乡村旅游发展势头强劲。梁家河乡村旅游扶贫的做法在全国树立了典型。五是城市旅游形象大幅提升。通过举办延安红色文化旅游季、延安过大年、公祭民祭黄帝陵等节会活动，以及百名旅游局长走进延安、百家新闻媒体延安采风，以纪念红军长征胜利80周年和举办十一届中国文化艺术节开幕式为契机，精心策划系列文化旅游宣传促销活动，"我要去延安"品牌影响力在海内外不断提升。加快发展智慧旅游，实现重点景区景点公共无线网络全覆盖，启动红色旅游大数据平台建设。开发网上旅游服务平台，持续开展旅游环境大整治，完善旅游配套设施，形成服务旅游、支持旅游的良好环境。2015年延安市在全国60个样本城市中的游客满意度排名由2010年的最后一位稳步上升到第25位。

（三）民间艺术业得到了长足发展

延安黄土风情文化资源十分丰富，遍布全市十三个县区的各个乡镇与村庄。近年来，延安大力实施民间艺术"一艺一品"战略，改善民间文化基础设施，多渠道增加投入，提高居民文化生活水平和文娱活动品位，使民间艺术业得到长足的发展。一是深入挖掘与开发民间艺术。全市共挖掘推出170余种民间艺术，各种门类民间艺人6.7万余人，有12个项目列入国家非物质文化遗产保护名录，64个项目列入省级保护名录，135个项目列入市级保护名录，284个项目列入县级保护名录（其中"陕北民歌"被誉为"人类文化遗产"）。6个县被文化部命名为民间艺术之乡，4位民间艺人被联合国教科文组织命名为民间艺术大师，6位民间艺人被授予全国民间艺术传承人称号，安塞县被确定为全国民间文化产业基地。二是搞好民间艺术的宣传展示和市场促销，提高民间艺术的知名度。积极组织民间艺术出外展览，参加各类庆典演出、影视剧拍摄及对外文化交流活动，将民间艺术推向全国。搜集整理民间故事、民间舞蹈、民间曲艺、民间戏剧、民间音乐、民间乐器、民间方言等资料，分类编目，单独成册，编辑出版《陕北民间艺术系列丛书》。策划举办"中国延安国际民间艺术节"等重大文化活动，推进民间艺术产业化进程，主动参与国内外文化交流与合作，提高竞争能力。以大型晚会《信天游永世唱不完》、腰鼓、唢呐为代表的艺术演出业，以剪纸为代表的民间艺术业初现产业规模，获得较好效益。三是积极培育发展民间艺术拳头产品和优势项目。加强文化与旅游的结合，面向旅游开发产品，逐步开发出了腰鼓、剪纸、刺绣、壁挂等多种特色文化旅游产品，形成了安塞腰鼓、陕北民歌、陕北说书等优势项目，以延安文化艺术中心、安塞文化馆、洛川民俗博物馆为重点，建立民间工艺品营销基地。鼓励支持民间艺人在旅游景点开展民间艺术表演、工艺品销售，促进了民间艺术业快速发展。

（四）文化娱乐和文艺演出业发展势头良好

目前，全市有各类文化生产、营销、服务单位1000余家，从业人员7000多人，经营收入9000多万元，实现利税700多万元。为了发展文艺演出业，不断开拓演出市场，商洛先后举办了二十多场大型商业性演出。投入50万元资本金成立了延安市演出公司。延安演艺集团公司策划推出大型交响音画《信天游》,《延安保育院》《延安颂》《延安保卫战》等红色旅游演艺走在全省乃至全国的前列，各县区相继推出了《山丹丹》《挂红灯》《兰花花》《九月枣儿红》等优秀剧目，文化娱乐和文艺演出业呈现出良好的发展势头。

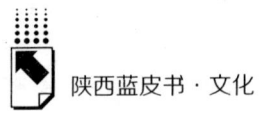

（五）广播电视业发展速度不断加快

为了发展广播电视广告传媒业，延安广播电视台先后举办了首届陕北汽车住宅博览会、陕北民歌大赛、陕北电视歌手大赛、延安青年歌手大赛、首届陕北厨艺大赛、童星大赛等活动，扩大了影响，增加了收入；广电网络产业发展速度不断加快。市、县、区均成立了广电网络公司，有线电视用户达到34.35万户，其中数字电视用户25.96万多户，广电网络数据业务发展集团用户110个，宽带个体用户9318户。加快移动多媒体建设，成立了陕西中广传播延安分公司，延安城区手机电视信号覆盖率达到85%以上。积极发展广电影视节目制作业。采取企业投资、社会融资等市场化运作方式，先后推出《盘龙卧虎高山顶》《黄土人家》《史诗延安》等电视剧、纪录片和专题片。

二 延安文化产业发展的优势

（一）历史文化资源丰富，为文化产业的发展提供了良好的条件

延安地处黄土高原腹地，是黄河文明发祥之地，中国革命的圣地。历史文化资源厚重，红色资源全国历时最长、规模最大、品位最高。黄河资源景观最集中，黄土风情、民俗文化久负盛名。黄帝陵、延安宝塔等是中华文明、中国革命的精神标识和自然标识。目前，延安历史文化遗址达9622处，其中革命遗址455处，红色资源在全国首屈一指，具有唯一性、至高性、垄断性。"各种民间艺术一百多种，其中纳入国家非物质文化遗产保护名录的12个，省级非遗保护项目44个，市级76个。"[1] 其中国家5A级景区1处、4A级6处、3A级14处、2A级3处，国家森林公园5个，14个国家农业旅游示范点，一个省级旅游示范县、两个省级旅游强县、八家省级乡村旅游示范村，乡村旅游经营户近2000家，年接待游客700多万人次、收入4亿多元。因此，延安发展文化产业，有着得天独厚的资源优势。

---

[1] 《延安日报》2014年12月11日。

（二）政府主导，为文化产业发展营造良好的环境

一是政府组织领导有力。市委、市政府高度重视文化产业的发展，把文化建设摆在更加突出的位置，在第四次党代会上提出了"文化引领，旅游带动"战略和全面建设文化强市的目标，把发展文化产业作为全市战略性支柱产业、主导产业、先导产业或龙头产业优先发展，先后出台制定了一系列文化产业发展规划、优惠奖励政策措施，加大文化人才培训培养力度，市政府明确职责分工，定期督察通报，年终考评问责，为延安文化产业发展提供了坚强的后盾。二是加大投入。市财政每年投入50万元打造《延安过大年》文化活动品牌，投资60万元与上海徐汇区联合制作剪纸动漫《延河湾》；为陕文投出资1亿元资本金，投资300万元合作推出了大型情景音画《延安颂》。从2004年起，市财政每年安排1000万元专项资金发展旅游业。同时，加大资金投入民间艺术和文艺演出业，精心策划实施文化服务业项目。三是加快文化基础设施建设。"十二五"以来，延安市加大对文化设施项目的投资，基本改变了"两馆一院"设施落后的状况。"新建了延安市图书馆；志丹、安塞、黄陵、宜川、黄龙县'两馆'合一的文化艺术中心；宝塔区、子长、延川3县新建了县文化馆，延川、甘泉扩建了图书馆"。[①] 实施了"210国道文化长廊建设"，共新建改造乡镇文化站74个，村文化室2716个。延长、宜川、黄龙三县实现了"乡乡有文化站"目标；为13个县级图书馆、88个乡镇文化站、672个村文化室赠送图书二百余万册；向基层文化站、室配送所需的设备器材和服装道具；在全市13个县图书馆、31个乡镇文化站、414个村文化室建立了文化资源共享中心和基层服务点。全市文化基础设施条件不断完善，为文化产业发展创造了有利条件。

（三）抓项目建设，壮大民营企业，增强了文化产业发展的活力和后劲

延安资源厚重、多彩，投资环境好，交通便利，中央和省对延安有很多的扶持政策。延安立足实际，着眼长远，坚持项目带动战略，抓好重大项目的策划包装，先后启动实施了黄土风情文化产业园区、陕北民俗文化村、延川县影视基地开发、

---

① 《延安日报》2014年12月11日。

黄帝文化园区建设。以延安文化艺术中心为依托，发挥其辐射带动作用，打造社会影响大、科技含量高、体现现代文明的文化创意产业园区，扩大与提高文化产业的规模和水平；鼓励民营文化企业发展，落实文化产业财税优惠政策，引导民营资本注入，培育民营文化企业发展壮大，成为发展文化产业的源头活水。目前，以延安信天游影视传媒公司、延安山丹丹文化艺术有限责任公司等为代表的民营文化企业发展势头良好。延安市有各类文化实体1400余家，从业人数15000余人，注册资金近3亿元。经营范围包括文化旅游、文艺演出等各个文化产业领域，形成了配套齐全的文化产业体系，活跃了文化市场，促进了文化产业的发展。

三 延安市文化产业发展存在的主要问题

近年来，延安市政府解放思想、大胆创新，采取一系列的措施发展文化产业，使文化产业取得了可喜的成绩，但仍然存在不少的问题。

（一）旅游产业基础设施薄弱，管理方式粗放，人才匮乏

受地理和气候条件影响，延安市旅游生态环境脆弱，城市"三废"问题较为严重，旅游形象严重受损。旅游从业人员的素质不达标，不注意细节管理，服务质量不高。旅游景点缺少基础设施，并且保护不当；旅游开发力度不够大，内容比较单一且重复，不能满足大多数普通游客的需求。景区类型少，自然类旅游景区、主题公园类旅游景区缺乏，延安的干旱使得水域风光类型的景区很少。红色旅游景点存在质量参差不齐的局面，对外开放的重点景区35处，均处于各自为政的状态。市区重要景点人气旺盛，分布于其他县区的景点整修开发相对落后。受地形条件影响，交通设施不完善，路况不好，出行高峰期容易出现交通拥堵，给游客出行带来不便。延安旅行社数目虽多，但规模小、知名度低、实力弱；旅行社之间竞争激烈，出现恶性竞争，加重了市场无序化程度，阻碍了延安旅游的发展；具备专业素质的人才缺乏，员工流失严重；管理者不注重科学管理，很多制度不够完善和规范。

（二）民间艺术文化资源开发不足、产业运作乏力

由于大量的民间艺术表演、民间工艺得不到有效的开发和利用，丰富的民

间特色文化资源转化不成产业,很有市场效益的、可开发的民间艺术表演项目、民间工艺产品以及休闲娱乐活动没能很好地开发,许多有影响力的民间艺人单体挣扎,甚至远走他乡。另外,由于人才、经费等因素的制约,致使民间艺术生产重点不突出,缺乏创意,制约了民间艺术业的发展。

(三)文化人才短缺

现有文化产业人员年龄偏大、观念落后、知识陈旧;缺乏编剧、导演、文化创意、文化经纪等高级专门人才。由于机构编制所限,难以补充新鲜血液,加之待遇偏低,不仅不能吸引人才反而致使人才严重流失。各类文化服务单位基础设施薄弱,文化服务阵地投入少、设施差、规模小、手段落后。鲁艺作为专门的文化专业人才培训基地,办学层次低、规模小、专业设置不健全,设施设备落后,远远不能满足全市文化人才的培训需求。

(四)文化企业规模小,发展滞后

受经济社会发展水平、文化基础设施条件等因素影响,文化市场机制不活,文化企业发展缺乏资金,底子差、规模小,自我发展能力较差。由于缺乏高端的管理人才和技术人才,大部分企业还停留在小作坊阶段,缺乏骨干龙头企业带动,文化产品的运作还不能适应文化消费市场的需求,无法形成规模化、网络化、品牌化,经济效益和整体发展水平仍很低。

(五)企业融资难

由于企业融资的渠道单一,资信评定偏低,政府、金融机构、文化企业之间缺乏沟通交流和信息共享机制,以及文化与金融之间没有形成融合互惠信用,金融服务的专业化水平低等因素,导致企业融资困难。

四 促进延安文化产业发展的对策建议

(一)做大做强旅游产业

延安应以发展全域旅游为统领,加快打造中国国际旅游目的地。一是树立

"全域旅游、全员培训、游客至上"的理念。为此要变革旅游发展模式，要从单一景点景区建设管理转变为综合目的地统筹发展，从门票经济向产业经济转变，全民参与、共建共享，形成综合产业综合抓的局面。要推动以观光为主向观光与休闲度假并重转变，在全力打造全国红色旅游首选地的同时，立足自然生态和民俗资源，大力开发休闲度假产品。二是多渠道加大资金投入。设立文化旅游产业发展基金和财政专项支持资金，建立完善担保机制，吸引社会资本参与文化旅游产业发展。改善旅游基础设施条件，规划建设重点景区旅游专线，加快新机场建设，完善高速路网，推动高铁建设，整治城市交通拥挤，整顿市容市貌，完成"厕所革命"。完善旅游服务功能，围绕"吃住行游购娱"六要素，推动智慧旅游发展，开展旅游在线服务、网络营销、网上预订、网上支付等旅游服务，方便游客。三是重视发挥政府引导和企业市场主体作用，扶持一批有代表性的文化旅游企业做大做强，创新旅游企业体制，加快培育旅游市场主体，把更多的空间让给民营经济，使民营经济真正成为促进旅游业发展的源头活水。四是加快旅游项目建设。要抓好旅游重大项目的策划包装，制定优惠政策，吸引社会资本投资开发旅游产品，特别是要加强与大企业、大集团的合作，建成一批有特色的大项目，奠定延安未来旅游发展新格局。五是打造精品旅游景区。要整合宝塔山、枣园、杨家岭、革命纪念馆、西北局旧址等资源，搞好统筹协调，抓好对标提升，制订高级景区创建计划，引导低级景区提档升级。延安革命纪念地景区争取创建成国家5A级景区。与山西联手，加快黄河壶口瀑布景区创建5A级景区的步伐。六是抓好旅游宣传营销。全方位、多角度加大延安旅游宣传力度，培育"我要去延安"旅游品牌。打造"全国红色旅游首选目的地"品牌、"全球炎黄子孙朝圣目的地"品牌、"黄河旅游重要目的地"品牌、"研学旅游重要目的地"品牌、"革命圣地文化体验"品牌、"梁家河乡村旅游扶贫"品牌。讲好延安文化旅游小故事，以推形象、出效益为核心开展推广促销，持续提升品牌知名度和美誉度。七是加强区域旅游协作。加强与国内红色根据地城市的合作，联合开发产品、联合推广营销，实现资源共享、信息共用、客源互动。发挥全省红色旅游的牵头作用，加强与省内红色旅游城市合作，全力打造中国革命精神标识之旅。延安拥有黄河瀑布和乾坤湾两大独特自然奇观，黄河、秦岭是陕西的两大旅游经济带，延安应进一步加强与西安、榆林、宝鸡、渭南、汉中等市沟通，协商建立区域旅游合作联盟，整合资源和优势互补，形成覆盖各级政府、涉旅部门和企业等多个层次旅游合作机制，打造区域旅游合作升级版。

（二）打造产业链条，提升产业发展水平

按照大项目引领、大园区承载的思路，抓好一批重大文化项目，发挥重大文化项目的辐射带动作用，把延安的资源优势转化为产业优势。大力发展特色文化产业，发挥资源优势，精心打造特色文化品牌，延伸文化产业链条。培育"五大"文化产业体系，促使产业转型升级。"一是培育红色文化教育培训产业，深入挖掘延安精神、党中央在延安时期发生的重大历史事件、历史人物、历史故事等红色教育资源，探索建立'政府+院校+企业+基地'的培训机制，大力发展红色文化教育培训产业，把延安建成全国最大的红色教育培训基地。二是培育文化出版和影视传媒产业。加快建设中国红色文化数字出版基地，加大与各大影视传媒企业合作拍摄一批优秀的影视剧目。三是培育文化创意与设计服务产业。加强资金、技术、人才等政策扶持，完善创新创业服务体系，全面提升延安文化创意产业发展水平。四是培育文化演艺和数字动漫产业。支持企业通过联营、托管等形式，对大型演出剧目进行资源整合。推出具有延安地方特色的演出剧目，并保持常态化演出。将陕北民俗风情文化以微电影、动画片的形式通过新媒体平台播出发行。五是培育民间艺术品加工贸易产业。建立延安非物质文化遗产数字化档案库，保护传承陕北秧歌、民歌等民间艺术；组建延安民间艺术产业开发公司，通过'公司+农户'的模式，建立民间艺术品交易平台和民间艺术产权交易中心，推动民间艺术品产业化发展。"① 六是搞好陕北民歌、陕北说书、民间工艺品等传统文化优势项目的开发，抓好民族文化、饮食文化的挖掘整理和推陈出新，加快培育集吃、住、行、游、购、娱为一体的文化旅游产业链，推动文化产业加快发展。

（三）培育和扶持知名文化企业

发挥政府宏观管理和扶持引导作用，认真落实文化企业在投资信贷、土地

---

① 《延安着力打造红色文化旅游升级版》，搜狐网，http://mt.sohu.com/20160422/n445519737.shtml，最后访问日期：2016年9月25日。

使用、税收等方面的优惠政策，以建立现代企业制度为重点，推动政企、政事、事企分开，做好转制企业劳动人事工作、衔接好社会保障政策，建立现代企业法人治理结构，让文化企业轻装上阵，放手参与市场竞争。政府通过购买公共文化服务、资本金注入、股权投资等方式，建立健全文化投入稳定增长机制。做大做强延安文化产业投资公司、延安演艺集团等文化骨干企业，打造延安文化企业名牌，示范带动中小民营文化企业发展壮大。加强知识产权保护，强化文化市场监管，树立文化企业品牌意识和精品意识，延伸文化产业链条，增强文化企业的整体实力和竞争力，以此带动全市文化企业的发展壮大。

（四）加快文化人才队伍建设

一是加强延安人才智库建设，高薪聘请国内外知名文化人才、大型企业和高层次人才，为文化产业发展提供智力支持。二是实施"四个一批"人才培养工程和文化名家工程，完善"延安文化艺术人才"信息库，加大文化领军人物和高素质文化人才培养力度，奖励有突出贡献的文化人才。三是健全完善基层文化工作机构，壮大基层文化人才队伍，发现和培养乡土文化能人、民间文化传承人和文化活动积极分子，打造一支专兼搭配、"土洋"结合的文化人才队伍。四是发挥现有文化专业技术人员作用，鼓励引导其参与文化产业的经营和管理，加强文化产业开发技术人才和实用人才的培养，建立文化人才培养基地，并纳入职业教育培训范围，形成多层次、开放式的文化人才培养机制，为文化产业的发展提供有效的人才保障。

（五）建立多元化投融资渠道解决融资难问题

解决文化产业资金难的问题，除了国家财政部、省上支持的文化产业发展专项资金外，促使延安政府成立延安文化产业发展基金，让各类资本参与文化产业发展；加大金融支持力度。设立专门服务文化产业的专营机构、特色支行和文化金融专业服务团队，提高文化金融服务专业化水平。引导金融机构创新金融产品和服务，大力扶持文化企业，特别是加大对中、小、微文化企业的扶持力度，尝试推进符合文化企业特点的贷款审批程序，缩短贷款审批时间，降低文化企业贷款门槛。支持发展文化类小额贷款公司，鼓励文化企业直接融资，加快推动文化企业上市融资。筛选建立一批符合条件的直接融资工具后备文化库，推动文化企业运用非金融机构债务融资工具拓宽融资渠道。建立文化金融合作联系会议制度，促成政府与金融机构签订战略合作协议。创建文化金融融合试点，鼓励有条件的县域和地区建立文化金融集聚区，从点上推动文化金融融合。建立文化金融融合互惠机制，实现文化金融融合互惠共赢、共同发展；鼓励企业、个人、境外资金采取独资、合资等多种途径，组建多种类型的文化投资公司；鼓励企业和个人对文化企业赞助、捐赠或者冠名，形成政府、社会、个人相结合的融资体制，为文化产业的发展提供资金保障。

大 事 记

Chronicle Events

B.22
2016年陕西文化发展*

1月

1月11日 第四届"柳青文学奖"获奖作品及作家名单正式揭晓。王妹英等12名作家的12部作品喜获殊荣。

1月14日 2016"印度·中国旅游年"在印度首都新德里拉开帷幕。

1月18日 由陕西省文化厅主办,澳丰文化集团承办的"2016中国陕西丝绸之路新春音乐会"在澳大利亚成功上演。

1月28日 文化陕西理论研究座谈会在西安召开,同时举办了《文化陕西》期刊首发式。肖云儒等陕西文化界知名专家学者汇聚一堂,共商"十三五"期间文化陕西建设。

1月29日 由陕西省文化厅监制出品、陕西省歌舞剧院制作完成的原创大型舞剧《丝绸之路》在西安人民剧院成功首演。

1月28日至2月2日 陕西传统文化演展团赴意大利参加"国风秦

---

* 陕西省社会科学院文化产业与现代传播研究所邓娟整理。

韵——陕西传统文化罗马展"暨意大利"2016 欢乐春节"活动，这是"国风秦韵"传统文化品牌在境外的一次成功推广。

2月

2月6日 中韩两地携手举办"'唐都上元不夜城'——2016西安城墙新春灯会"，为期36天。

2月6~10日 "2016欢乐春节——国风秦韵陕西传统文化新年庙会"在悉尼举行，给当地市民和游客带去浓浓的中国年味儿。

2月7~14日 西安汉城湖首届春节文化庙会举办，凸显"汉风汉韵"。

2月14日 由陕西省旅游局主办的"看春晚·游陕西"大型采风踩线活动在西安南门瓮城启动。

2月25日 陕西省公祭黄帝陵工作委员会面向全球正式发布黄帝陵标识。

3月

3月7日 全国首届"画出你心中的黄帝陵"少儿绘画大赛在西安启动。旨在以儿童带动家庭、提升黄帝文化影响力，增强民族认同感。

3月10日 首届"华胥文化论坛暨丙申年全球华人恭祭华胥氏"大典举办，为全球华夏儿女架起探索追寻华胥文化的桥梁，奉献一场寻根问祖的文化盛宴。

3月24日 陕西省政府与博鳌亚洲论坛秘书处共同主办"推进'一带一路'交流合作，共享陕西发展新机遇"主题午餐会，省长娄勤俭发表主旨演讲"新陕西、新愿景、新机遇"。

3月25日 2016中国西北旅游营销大会在西安隆重开幕。大会以"神奇大西北，牵手大中华"为主题，设西安主会场与宁夏、青海、甘肃、陕西等地6个分会场，并首次设立"塞上江南，神奇宁夏"旅游主题日。

3月26日 2016"中美旅游年"陕西旅游推介会在西安举行，吸引了来自美国纽约、洛杉矶等地的160余名旅行商参与并考察。陕西以此进一步加强与美国等客源国的旅行商交流互通，全力打造"丝绸之路起点旅游"品牌。

3月27日 陕西英才人物"古丝绸之路、一带一路"座谈会在北京京西宾馆召开。来自北京、重庆、青海、甘肃和陕西等地的近百位陕西英才人物参加,共同为推进"一带一路"建设出谋划策。

3月31日 黄帝陵基金会和中国印钞造币总公司联合开发的《中国传统文化系列之黄帝》纪念册在西安首发。

4月

4月1日 大型纪录片《秦岭主峰太白山》在CCTV-9纪录片频道开始播出。该片通过讲述不同主人公与太白山的故事,全面展现太白山自然、地理、历史、文化等内容。

4月2日 由陕西省人民政府主办、西北大学承办的"黄帝陵是中华文明的精神标识"学术交流会在西安开幕。

4月3~6日 由陕西省台办、省政府新闻办联合承办的两岸新媒体黄陵祭祖文化寻根报道活动举行。以"两岸共始祖,同祭黄帝陵"为主题,展示两岸对华夏文明的文化传承和民族情怀。

4月4日 由陕西省人民政府、国务院台湾事务办公室、国务院侨务办公室联合承办的丙申年清明公祭轩辕黄帝典礼在黄陵县桥山隆重举行。海内外中华儿女齐聚黄帝陵祭祀广场,祭拜中华民族人文初祖轩辕黄帝。

4月6日 由中国作家协会重点作品扶持办公室和陕西省作家协会联合举办的长篇小说《多湾》研讨会在北京举行。《多湾》由陕西知名女作家周瑄璞撰写,讲述了一个家族四代人在七十余年时间跨度中的命运,气势宏大。

4月12~13日 新版现代京剧《风雨老腔》在西安人民剧院上演。

4月14日 陕西加快全省文化产业发展专题调研活动部署会议在西安召开。

4月19日 祭祀文祖仓颉典礼暨"一带一路"年度汉字发布仪式举行。

4月26日 由陕西省委宣传部等5家单位共同举办的"纪念建党95周年、红军长征胜利80周年红色阅读——'文学陕军进高校'大型公益全民阅读活动"启动仪式在西安理工大学金花校区举行。

4月23日 第十届大关中发展论坛在西安举行。本届论坛以"贯彻五大发展理念，建设大西安、带动大关中、促进大西北、加快丝绸之路经济带国内段建设"为主题。

4月29日至5月3日 第二届陕西丝路图书交易博览会在西安大唐西市举行。以"倡导全民阅读风气，传播丝路书香文明"为主题，集图书展览、销售、订货、宣传于一体。

5月

5月9日 由文化部主办的2016年全国艺术创作工作会议在西安召开，"文化陕军"引关注。

5月10日 陕西百所高校大学生争做"中国好网民"暨优秀网络文化进校园系列活动启动。以"发掘身边感动、播散善语良言、传承优秀文化、弘扬网络正气、让文明之花绽放校园"为主题。

5月10日 由中国口岸协会、中国商业联合会主办，省贸促会等单位共同承办的"一带一路"口岸经济合作与文化发展论坛在西安举办。

5月12日 陕闽"一带一路"建设合作交流座谈会在陕西大会堂举行。

5月13~17日 2016丝绸之路国际博览会暨第二十届中国东西部合作与投资贸易洽谈会在西安举办。大会的主题"共建新平台共促新发展"，展会的主宾国为韩国和哈萨克斯坦，主宾为西藏自治区人民政府和福建省人民政府，共设置1个主会场和3个分会场，总展示面积30万平方米，举办30多项主要活动。

5月14日 "一带一路"商标品牌建设交流合作论坛在西安曲江国际会议中心举行。活动主题为"加强商标品牌建设合作，促进'一带一路'经贸共享发展"。

5月14日 2016丝绸之路国际商协会（西安）圆桌会议在西安召开。签署了《关于共同发起成立丝绸之路商务理事会的谅解备忘录》，正式宣布丝绸之路商务理事会成立。

5月15日 2016"三秦书月"全民阅读活动在陕西广电大剧院启动。"三秦书月"全民阅读银联卡同时发布，主要是支持和方便广大群众开展阅读活动。

5月15日 由陕西省委宣传部、省作协、中国文艺评论基地（西北大学）主办的，"纪念柳青诞辰一百周年暨柳青与中国当代现实主义文学学术研讨会"在西安召开。

5月18日 陕西省首届高校法治文化节在西北政法大学长安校区开幕。文化节以"弘扬法治、舞动青春"为主题，旨在深化"法律进校园"活动。

5月21~23日 陕西省文化厅特别推出的歌剧《白鹿原》在西安人民剧院首演，是陈忠实先生现实主义巨著《白鹿原》首次被改编为歌剧作品搬上舞台。

5月23~27日 中共陕西省委宣传部、省文联共同举办"到人民中去"陕西文联文艺志愿服务活动。

5月23日 中影国际丝路电影城项目签约仪式在西安举行。《中影国际丝路电影城战略合作框架协议》、《中影国际丝路电影城经营管理战略合作协议》签订，标志着中影国际丝路电影城项目落户陕西并启动实施。

5月26~27日 第六届陕西省互联网大会在西安曲江国际会议中心举办，以"互联丝路新动力·互通陕西新未来"为主题。

5月31日 全省文化产业发展专题调研成果汇报会举行。

6月

6月3日 "2016丝绸之路中哈国际文化经济交流活动"正式启动，沿古丝绸之路到哈萨克斯坦，途经2国3省16个市、县，历时9个月。

6月7日 陕西省军工题材话剧《秦岭深处》在西安人民剧院首演。该剧以秦岭深处的军工科研生产为背景，以军工人的情感、追求和奉献为主线，生动地刻画了一批在秦岭深处奉献青春、爱情甚至生命的新时代的最可爱的军工人形象，反映了今日中国的宏大主题。

6月16日 陕西人艺版话剧《白鹿原》在西安火爆首演，拉开了全国巡演的序幕。

6月17日 第八届亚太翻译论坛开幕式在西安举行。

6月17日 重大党史类纪录片《重生》在北京举行首播发布会。纪录片由国防大学、中共陕西省委宣传部联合推出，陕西广电影视文化产业发展有限公司、北京伯璟文化传播有限公司等联合摄制。

6月17日 以"弘扬中华传统文化促进文化交流"为主题的"一带一路"国家师生"仰慕字圣仓颉礼敬中华文化"活动在陕西白水仓颉庙广场举行。

6月19日 第七届冰心散文奖揭晓,陕西省六位作家获此殊荣。吕向阳的《神态度》、白忠德的《我的秦岭邻居》、扶小风的《漳川笔记》、崔子美的《崔子美散文选集》分获散文集奖;孙天才的《风追司马》、史鹏钊的《喊一声大地我热泪盈眶》分获散文单篇奖。

6月20日 首届《陕西文学》小说奖揭晓。阴济军的《四斤》、卢苇的《边鼓王》、王向力的《净土》等作品获优秀小说奖。

6月21日 陕西省曲艺家协会、电影家协会和电视艺术家协会会员代表大会在西安隆重开幕。

6月26日 第五届宝鸡市文化旅游节在太白县青峰峡景区拉开帷幕。以"游宝鸡、赏山水、知古今""浪漫休闲之旅,尽在神奇宝鸡"为主题,从2016年6月开始至12月结束。

6月27日 《中共中央在延安十三年史》出版座谈会在西安召开。该书由省委党史研究室编撰,中央文献出版社出版。

6月28日 陕西广播电视台与中国战略文化促进会战略合作签约仪式举行。

6月29日 中国作家协会、陕西省委宣传部在中国现代文学馆联合举办柳青百年诞辰纪念座谈会。

7月

7月4日 "发现陕西之美"——凤凰全媒体陕西行在西安浐灞生态区启动。此次活动由省委网信办联合凤凰网主办,立体展现陕西在"一带一路"国家战略上的强劲发展动力及所取得的成绩,在"十三五"开局之年为陕西发出最强音。

7月5日 以"开放的中国:迈向世界的陕西"为主题的外交部陕西全球推介会在京隆重举行。外交部部长王毅、省委书记娄勤俭致辞,省长胡和平进行推介,外交部党委书记、副部长张业遂出席活动。

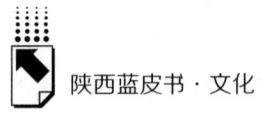

7月9~10日 "五大发展理念的陕西实践"研讨会在渭南召开。

7月13日 陕西省政府召开"一院一所模式"复制推广工作座谈会。近年来,中国科学院西安光机所、西北有色金属研究院坚持解放思想、不断深化改革,探索出的创新模式已成为陕西省实施创新驱动发展战略的成功典范。

7月15日 西安市委、市政府在南门举行创建"中华古都文化国际旅游目的地"启动仪式。

7月18日 陕西—布哈拉文物考古合作座谈会在乌兹别克斯坦古城——布哈拉举行。

7月18~8月18日 陕西省旅游局联合腾讯大秦网开展"第二届探访大秦岭系列活动",拍摄制作《寻秦记》,开展微信运营讲座等。

7月20~24日 由陕西省戏剧家协会、宝鸡市文化广电新闻出版局主办的"2016陕西戏剧创作研修班"在宝鸡市眉县举办。

7月22日 由陕西省委农村工作领导小组办公室和省社会科学院联合举行的"陕西省统筹城乡发展研究院"揭牌仪式在省社科院举行。

7月30日 韩城古城文化街区盛大开放。开放仪式上,由韩城市政府发起的总规模1亿元的韩城古城保护基金正式设立。2016韩城古城旅游文化系列活动与开街同步举行。

8月

8月10日 西安市碑林区第五届社区文化艺术节拉开帷幕,为期五个多月。

8月11日 陕西省文联组织召开了全省文艺精品创作座谈会,落实"三项任务",树立"四大品牌",讲好陕西故事,以文化自信,打造陕西文艺精品创作高峰之作。

8月16日起到11月底 陕西安康以"弘扬长征精神,决胜全面小康"为主题,开展纪念红军长征胜利80周年群众教育活动。

8月20日 由西安秦腔剧院易俗社创排的大型秦腔现代戏《易俗社》,新改版后在西安广电大剧院亮相。

8月20日 中国文艺长安论坛在陕西西安正式揭牌并举行首届论坛。论坛由中国文艺评论家协会、陕西省委宣传部、西北大学主办，西北大学中国文艺评论基地承办。

8月25日 以"弘扬先秦文化共谋凤翔发展"为主题的辉煌雍城·全国（凤翔）秦文化学术研讨会在陕西省宝鸡市凤翔县举行。

8月26日 2016西安丝绸之路国际旅游博览会陕西旅游项目推介会暨签约仪式在西安举行，以"丝路互联，创造机遇"为主题。

8月27日 西安市开展纪念红军长征胜利80周年名家书画展。

8月29日 由省慈善协会主办，陕西慈善文化研究中心、华山论剑西凤酒品牌运营公司承办的"华山论剑·慈善中国"第三届中国（陕西）慈善高峰论坛在西安召开。

9月

9月3日 "一带一路"沿线城市旅游产业发展与合作论坛在宝鸡召开。论坛以"对话'一带一路'建设，促进区域旅游经济合作"为主题。

9月5日 全国省级党报总编辑新闻出版工作研讨会暨"寻根革命圣地·传承红色血脉"采访活动在西安启动。

9月6~7日 "丝绸之路工商领导人（西安）峰会·丝绸之路国际总商会合作发展大会"在西安举行。以"构筑工商合作平台，共推'一带一路'建设"为主题。

9月7日 第三届丝绸之路国际艺术节在西安隆重开幕。本届艺术节肩负"文化自信"重要使命，秉承和平、和谐、合作的价值理念。

9月7日 中国高校"一带一路"研究机构负责人联席会议在西北大学丝绸之路研究院召开。

9月9日 以"改革·创新·融合·发展"为主题的第八届中国西部文化产业博览会在西安曲江国际会展中心隆重开幕。

9月10日 丝路影像文化论坛在西安举行，丝路影像文化联盟同时成立。

9月13日 由陕西省委宣传部、省教育厅联合举办全省中小学培育和践行社会主义核心价值观推进优秀文化进校园现场会在咸阳召开。

9月15日 2016年央视中秋晚会在西安大唐芙蓉园精彩上演，陕西元素成为整场晚会最大的亮点。

9月19日 为期5天的第三届丝绸之路国际电影节在西安开幕。本届电影节以"发展中的电影，多样性的文化"为主题。

9月20日 第四届丝绸之路经济带城市圆桌会暨友好合作周在西安开幕，与会中外代表团共同签署了《深化文化交流，加速产业合作》备忘录。

9月20日 由延安市委宣传部策划实施的大型文献纪录片《延安记忆》在宝塔山下举行开机仪式。

9月22日 以"丝绸之路起点·兵马俑的故乡"为主题的陕西旅游推介会在法国巴黎成功举行，是近年来陕西首次面向欧洲举办的一场高规格的大型旅游对外宣传推广活动。

9月26~27日 "一带一路"国际研讨会在西安开幕。大会主题为"'一带一路'——共同的记忆和共赢的发展"。大会分论坛分为智库分论坛、媒体分论坛及企业分论坛。中共中央政治局委员、中央书记处书记、中宣部部长刘奇葆出席会议并作主旨演讲，陕西省委书记娄勤俭致辞。

9月26日 第四届陕西省阅读文化节馆藏图书展销会暨第三届丝绸之路陕西图书交易博览会在西安开幕。

9月27日 "行进'一带一路'对话中华文明"国际论坛在西安市举行。来自美国、俄罗斯、乌兹别克斯坦、巴基斯坦、法国等国家的专家学者就丝绸之路沿线国家区域文化、文明形态进行研讨。

9月28日 陕西卫视"丝绸之路品牌万里行"全媒体车队在陕西西咸新区举行发车仪式。全媒体团将在丝路沿线探访名城，专访政要领袖，以文化活动带动中国品牌国际化，全媒体融合发力，全方位多角度聚焦"一带一路"建设。

9月28日 由中国延安精神研究会、中国延安干部学院、省委党校、省延安精神研究会等8家单位联合举办的纪念红军长征胜利80周年理论研讨会在延安召开。

9月28日 陕西省佛道教活动场所标识牌挂牌启动仪式在西安大慈恩寺举行。

社会科学文献出版社　　　　　　　　　　　　　**皮书系列**

❖ 皮书起源 ❖

"皮书"起源于十七、十八世纪的英国,主要指官方或社会组织正式发表的重要文件或报告,多以"白皮书"命名。在中国,"皮书"这一概念被社会广泛接受,并被成功运作、发展成为一种全新的出版形态,则源于中国社会科学院社会科学文献出版社。

❖ 皮书定义 ❖

皮书是对中国与世界发展状况和热点问题进行年度监测,以专业的角度、专家的视野和实证研究方法,针对某一领域或区域现状与发展态势展开分析和预测,具备原创性、实证性、专业性、连续性、前沿性、时效性等特点的公开出版物,由一系列权威研究报告组成。

❖ 皮书作者 ❖

皮书系列的作者以中国社会科学院、著名高校、地方社会科学院的研究人员为主,多为国内一流研究机构的权威专家学者,他们的看法和观点代表了学界对中国与世界的现实和未来最高水平的解读与分析。

❖ 皮书荣誉 ❖

皮书系列已成为社会科学文献出版社的著名图书品牌和中国社会科学院的知名学术品牌。2016年,皮书系列正式列入"十三五"国家重点出版规划项目;2012~2016年,重点皮书列入中国社会科学院承担的国家哲学社会科学创新工程项目;2017年,55种院外皮书使用"中国社会科学院创新工程学术出版项目"标识。

中国皮书网

发布皮书研创资讯，传播皮书精彩内容
引领皮书出版潮流，打造皮书服务平台

栏目设置

关于皮书：何谓皮书、皮书分类、皮书大事记、皮书荣誉、
皮书出版第一人、皮书编辑部

最新资讯：通知公告、新闻动态、媒体聚焦、网站专题、视频直播、下载专区

皮书研创：皮书规范、皮书选题、皮书出版、皮书研究、研创团队

皮书评奖评价：指标体系、皮书评价、皮书评奖

互动专区：皮书说、皮书智库、皮书微博、数据库微博

所获荣誉

2008年、2011年，中国皮书网均在全国新闻出版业网站荣誉评选中获得"最具商业价值网站"称号；

2012年，获得"出版业网站百强"称号。

网库合一

2014年，中国皮书网与皮书数据库端口合一，实现资源共享。更多详情请登录www.pishu.cn。

权威报告·热点资讯·特色资源

皮书数据库
ANNUAL REPORT(YEARBOOK) DATABASE

当代中国与世界发展高端智库平台

所获荣誉

- 2016年，入选"国家'十三五'电子出版物出版规划骨干工程"
- 2015年，荣获"搜索中国正能量 点赞2015""创新中国科技创新奖"
- 2013年，荣获"中国出版政府奖·网络出版物奖"提名奖
- 连续多年荣获中国数字出版博览会"数字出版·优秀品牌"奖

成为会员

通过网址www.pishu.com.cn或使用手机扫描二维码进入皮书数据库网站，进行手机号码验证或邮箱验证即可成为皮书数据库会员（建议通过手机号码快速验证注册）。

会员福利

- 使用手机号码首次注册会员可直接获得100元体验金，不需充值即可购买和查看数据库内容（仅限使用手机号码快速注册）。
- 已注册用户购书后可免费获赠100元皮书数据库充值卡。刮开充值卡涂层获取充值密码，登录并进入"会员中心"—"在线充值"—"充值卡充值"，充值成功后即可购买和查看数据库内容。

数据库服务热线：400-008-6695
数据库服务QQ：2475522410
数据库服务邮箱：database@ssap.cn
图书销售热线：010-59367070/7028
图书服务QQ：1265056568
图书服务邮箱：duzhe@ssap.cn

社会科学文献出版社 皮书系列
卡号：3743979228972721
密码：

子库介绍
Sub-Database Introduction

中国经济发展数据库

涵盖宏观经济、农业经济、工业经济、产业经济、财政金融、交通旅游、商业贸易、劳动经济、企业经济、房地产经济、城市经济、区域经济等领域，为用户实时了解经济运行态势、把握经济发展规律、洞察经济形势、做出经济决策提供参考和依据。

中国社会发展数据库

全面整合国内外有关中国社会发展的统计数据、深度分析报告、专家解读和热点资讯构建而成的专业学术数据库。涉及宗教、社会、人口、政治、外交、法律、文化、教育、体育、文学艺术、医药卫生、资源环境等多个领域。

中国行业发展数据库

以中国国民经济行业分类为依据，跟踪分析国民经济各行业市场运行状况和政策导向，提供行业发展最前沿的资讯，为用户投资、从业及各种经济决策提供理论基础和实践指导。内容涵盖农业，能源与矿产业，交通运输业，制造业，金融业，房地产业，租赁和商务服务业，科学研究，环境和公共设施管理，居民服务业，教育，卫生和社会保障，文化、体育和娱乐业等100余个行业。

中国区域发展数据库

对特定区域内的经济、社会、文化、法治、资源环境等领域的现状与发展情况进行分析和预测。涵盖中部、西部、东北、西北等地区，长三角、珠三角、黄三角、京津冀、环渤海、合肥经济圈、长株潭城市群、关中一天水经济区、海峡经济区等区域经济体和城市圈，北京、上海、浙江、河南、陕西等34个省份及中国台湾地区。

中国文化传媒数据库

包括文化事业、文化产业、宗教、群众文化、图书馆事业、博物馆事业、档案事业、语言文字、文学、历史地理、新闻传播、广播电视、出版事业、艺术、电影、娱乐等多个子库。

世界经济与国际关系数据库

以皮书系列中涉及世界经济与国际关系的研究成果为基础，全面整合国内外有关世界经济与国际关系的统计数据、深度分析报告、专家解读和热点资讯构建而成的专业学术数据库。包括世界经济、国际政治、世界文化与科技、全球性问题、国际组织与国际法、区域研究等多个子库。

法律声明

"皮书系列"(含蓝皮书、绿皮书、黄皮书)之品牌由社会科学文献出版社最早使用并持续至今,现已被中国图书市场所熟知。"皮书系列"的LOGO(　)与"经济蓝皮书""社会蓝皮书"均已在中华人民共和国国家工商行政管理总局商标局登记注册。"皮书系列"图书的注册商标专用权及封面设计、版式设计的著作权均为社会科学文献出版社所有。未经社会科学文献出版社书面授权许可,任何使用与"皮书系列"图书注册商标、封面设计、版式设计相同或者近似的文字、图形或其组合的行为均系侵权行为。

经作者授权,本书的专有出版权及信息网络传播权为社会科学文献出版社享有。未经社会科学文献出版社书面授权许可,任何就本书内容的复制、发行或以数字形式进行网络传播的行为均系侵权行为。

社会科学文献出版社将通过法律途径追究上述侵权行为的法律责任,维护自身合法权益。

欢迎社会各界人士对侵犯社会科学文献出版社上述权利的侵权行为进行举报。电话:010-59367121,电子邮箱:fawubu@ssap.cn。

社会科学文献出版社

皮书品牌20年
YEAR BOOKS

皮书系列

2017年

智库成果出版与传播平台

社会科学文献出版社
SOCIAL SCIENCES ACADEMIC PRESS (CHINA)

社长致辞

伴随着今冬的第一场雪,2017年很快就要到了。世界每天都在发生着让人眼花缭乱的变化,而唯一不变的,是面向未来无数的可能性。作为个体,如何获取专业信息以备不时之需?作为行政主体或企事业主体,如何提高决策的科学性让这个世界变得更好而不是更糟?原创、实证、专业、前沿、及时、持续,这是1997年"皮书系列"品牌创立的初衷。

1997~2017,从最初一个出版社的学术产品名称到媒体和公众使用频率极高的热点词语,从专业术语到大众话语,从官方文件到独特的出版型态,作为重要的智库成果,"皮书"始终致力于成为海量信息时代的信息过滤器,成为经济社会发展的记录仪,成为政策制定、评估、调整的智力源,社会科学研究的资料集成库。"皮书"的概念不断延展,"皮书"的种类更加丰富,"皮书"的功能日渐完善。

1997~2017,皮书及皮书数据库已成为中国新型智库建设不可或缺的抓手与平台,成为政府、企业和各类社会组织决策的利器,成为人文社科研究最基本的资料库,成为世界系统完整及时认知当代中国的窗口和通道!"皮书"所具有的凝聚力正在形成一种无形的力量,吸引着社会各界关注中国的发展,参与中国的发展。

二十年的"皮书"正值青春,愿每一位皮书人付出的年华与智慧不辜负这个时代!

社会科学文献出版社社长
中国社会学会秘书长

2016年11月

社会科学文献出版社简介

社会科学文献出版社成立于1985年,是直属于中国社会科学院的人文社会科学专业学术出版机构。

成立以来,社科文献依托于中国社会科学院丰厚的学术出版和专家学者资源,坚持"创社科经典,出传世文献"的出版理念和"权威、前沿、原创"的产品定位,逐步走上了智库产品与专业学术成果系列化、规模化、数字化、国际化、市场化发展的经营道路,取得了令人瞩目的成绩。

学术出版 社科文献先后策划出版了"皮书"系列、"列国志"、"社科文献精品译库"、"全球化译丛"、"全面深化改革研究书系"、"近世中国"、"甲骨文"、"中国史话"等一大批既有学术影响又有市场价值的图书品牌和学术品牌,形成了较强的学术出版能力和资源整合能力。2016年社科文献发稿5.5亿字,出版图书2000余种,承印发行中国社会科学院院属期刊72种。

数字出版 凭借着雄厚的出版资源整合能力,社科文献长期以来一直致力于从内容资源和数字平台两个方面实现传统出版的再造,并先后推出了皮书数据库、列国志数据库、中国田野调查数据库等一系列数字产品。2016年数字化加工图书近4000种,文字处理量达10亿字。数字出版已经初步形成了产品设计、内容开发、编辑标引、产品运营、技术支持、营销推广等全流程体系。

国际出版 社科文献通过学术交流和国际书展等方式积极参与国际学术和国际出版的交流合作,努力将中国优秀的人文社会科学研究成果推向世界,从构建国际话语体系的角度推动学术出版国际化。目前已与英、荷、法、德、美、日、韩等国及港澳台地区近40家出版和学术文化机构建立了长期稳定的合作关系。

融合发展 紧紧围绕融合发展战略,社科文献全面布局融合发展和数字化转型升级,成效显著。以核心资源和重点项目为主的社科文献数据库产品群和数字出版体系日臻成熟,"一带一路"系列研究成果与专题数据库、阿拉伯问题研究国别基础库及中阿文化交流数据库平台等项目开启了社科文献向专业知识服务商转型的新篇章,成为行业领先。

此外,社科文献充分利用网络媒体平台,积极与各类媒体合作,并联合大型书店、学术书店、机场书店、网络书店、图书馆,构建起强大的学术图书内容传播平台,学术图书的媒体曝光率居全国之首,图书馆藏率居于全国出版机构前十位。

有温度,有情怀,有视野,更有梦想。未来社科文献将继续坚持专业化学术出版之路不动摇,着力搭建最具影响力的智库产品整合及传播平台、学术资源共享平台,为实现"社科文献梦"奠定坚实基础。

经济类　　 皮书系列 重点推荐

经　济　类

经济类皮书涵盖宏观经济、城市经济、大区域经济，提供权威、前沿的分析与预测

经济蓝皮书
2017年中国经济形势分析与预测

李扬/主编　2016年12月出版　定价：89.00元

◆ 本书为总理基金项目，由著名经济学家李扬领衔，联合中国社会科学院等数十家科研机构、国家部委和高等院校的专家共同撰写，系统分析了2016年的中国经济形势并预测2017年我国经济运行情况。

中国省域竞争力蓝皮书
中国省域经济综合竞争力发展报告（2015～2016）

李建平　李闽榕　高燕京/主编　2017年2月出版　估价：198.00元

◆ 本书融多学科的理论为一体，深入追踪研究了省域经济发展与中国国家竞争力的内在关系，为提升中国省域经济综合竞争力提供有价值的决策依据。

城市蓝皮书
中国城市发展报告 No.10

潘家华　单菁菁/主编　2017年9月出版　估价：89.00元

◆ 本书是由中国社会科学院城市发展与环境研究中心编著的，多角度、全方位地立体展示了中国城市的发展状况，并对中国城市的未来发展提出了许多建议。该书有强烈的时代感，对中国城市发展实践有重要的参考价值。

经济类

人口与劳动绿皮书
中国人口与劳动问题报告 No.18

蔡昉　张车伟 / 主编　2017 年 10 月出版　估价：89.00 元

◆ 本书为中国社科院人口与劳动经济研究所主编的年度报告，对当前中国人口与劳动形势做了比较全面和系统的深入讨论，为研究我国人口与劳动问题提供了一个专业性的视角。

世界经济黄皮书
2017 年世界经济形势分析与预测

张宇燕 / 主编　2016 年 12 月出版　定价：89.00 元

◆ 本书由中国社会科学院世界经济与政治研究所的研究团队撰写，2016 年世界经济增速进一步放缓，就业增长放慢。世界经济面临许多重大挑战同时，地缘政治风险、难民危机、大国政治周期、恐怖主义等问题也仍然在影响世界经济的稳定与发展。预计 2017 年按 PPP 计算的世界 GDP 增长率约为 3.0%。

国际城市蓝皮书
国际城市发展报告（2017）

屠启宇 / 主编　2017 年 2 月出版　估价：89.00 元

◆ 本书作者以上海社会科学院从事国际城市研究的学者团队为核心，汇集同济大学、华东师范大学、复旦大学、上海交通大学、南京大学、浙江大学相关城市研究专业学者。立足动态跟踪介绍国际城市发展时间中，最新出现的重大战略、重大理念、重大项目、重大报告和最佳案例。

金融蓝皮书
中国金融发展报告（2017）

李扬　王国刚 / 主编　2017 年 1 月出版　估价：89.00 元

◆ 本书由中国社会科学院金融研究所组织编写，概括和分析了 2016 年中国金融发展和运行中的各方面情况，研讨和评论了 2016 年发生的主要金融事件，有利于读者了解掌握 2016 年中国的金融状况，把握 2017 年中国金融的走势。

经济类 皮书系列 重点推荐

农村绿皮书
中国农村经济形势分析与预测（2016～2017）

魏后凯 杜志雄 黄秉信/著　2017年4月出版　估价：89.00元

◆ 本书描述了2016年中国农业农村经济发展的一些主要指标和变化，并对2017年中国农业农村经济形势的一些展望和预测，提出相应的政策建议。

西部蓝皮书
中国西部发展报告（2017）

姚慧琴 徐璋勇/主编　2017年9月出版　估价：89.00元

◆ 本书由西北大学中国西部经济发展研究中心主编，汇集了源自西部本土以及国内研究西部问题的权威专家的第一手资料，对国家实施西部大开发战略进行年度动态跟踪，并对2017年西部经济、社会发展态势进行预测和展望。

经济蓝皮书·夏季号
中国经济增长报告（2016～2017）

李扬/主编　2017年9月出版　估价：98.00元

◆ 中国经济增长报告主要探讨2016~2017年中国经济增长问题，以专业视角解读中国经济增长，力求将其打造成一个研究中国经济增长、服务宏微观各级决策的周期性、权威性读物。

就业蓝皮书
2017年中国本科生就业报告

麦可思研究院/编著　2017年6月出版　估价：98.00元

◆ 本书基于大量的数据和调研，内容翔实，调查独到，分析到位，用数据说话，对我国大学生教育与发展起到了很好的建言献策作用。

皮书系列 重点推荐　社会政法类

社 会 政 法 类

社会政法类皮书聚焦社会发展领域的热点、难点问题，
提供权威、原创的资讯与视点

社会蓝皮书
2017年中国社会形势分析与预测

李培林　陈光金　张翼/主编　2016年12月出版　定价：89.00元

◆ 本书由中国社会科学院社会学研究所组织研究机构专家、高校学者和政府研究人员撰写，聚焦当下社会热点，对2016年中国社会发展的各个方面内容进行了权威解读，同时对2017年社会形势发展趋势进行了预测。

法治蓝皮书
中国法治发展报告 No.15（2017）

李林　田禾/主编　2017年3月出版　估价：118.00元

◆ 本年度法治蓝皮书回顾总结了2016年度中国法治发展取得的成就和存在的不足，并对2017年中国法治发展形势进行了预测和展望。

社会体制蓝皮书
中国社会体制改革报告 No.5（2017）

龚维斌/主编　2017年4月出版　估价：89.00元

◆ 本书由国家行政学院社会治理研究中心和北京师范大学中国社会管理研究院共同组织编写，主要对2016年社会体制改革情况进行回顾和总结，对2017年的改革走向进行分析，提出相关政策建议。

社会政法类 皮书系列 重点推荐

社会心态蓝皮书
中国社会心态研究报告（2017）
王俊秀 杨宜音/主编　2017年12月出版　估价：89.00元

◆ 本书是中国社会科学院社会学研究所社会心理研究中心"社会心态蓝皮书课题组"的年度研究成果，运用社会心理学、社会学、经济学、传播学等多种学科的方法进行了调查和研究，对于目前我国社会心态状况有较广泛和深入的揭示。

生态城市绿皮书
中国生态城市建设发展报告（2017）
刘举科　孙伟平　胡文臻/主编　2017年7月出版　估价：118.00元

◆ 报告以绿色发展、循环经济、低碳生活、民生宜居为理念，以更新民众观念、提供决策咨询、指导工程实践、引领绿色发展为宗旨，试图探索一条具有中国特色的城市生态文明建设新路。

城市生活质量蓝皮书
中国城市生活质量报告（2017）
中国经济实验研究院/主编　2017年7月出版　估价：89.00元

◆ 本书对全国35个城市居民的生活质量主观满意度进行了电话调查，同时对35个城市居民的客观生活质量指数进行了计算，为我国城市居民生活质量的提升，提出了针对性的政策建议。

公共服务蓝皮书
中国城市基本公共服务力评价（2017）
钟君　吴正杲/主编　2017年12月出版　估价：89.00元

◆ 中国社会科学院经济与社会建设研究室与华图政信调查组成联合课题组，从2010年开始对基本公共服务力进行研究，研创了基本公共服务力评价指标体系，为政府考核公共服务与社会管理工作提供了理论工具。

行业报告类

行业报告类

行业报告类皮书立足重点行业、新兴行业领域，提供及时、前瞻的数据与信息

企业社会责任蓝皮书
中国企业社会责任研究报告（2017）

黄群慧　钟宏武　张蒽　翟利峰 / 著　　2017年10月出版　　估价：89.00元

◆ 本书剖析了中国企业社会责任在2016～2017年度的最新发展特征，详细解读了省域国有企业在社会责任方面的阶段性特征，生动呈现了国内外优秀企业的社会责任实践。对了解中国企业社会责任履行现状、未来发展，以及推动社会责任建设有重要的参考价值。

新能源汽车蓝皮书
中国新能源汽车产业发展报告（2017）

黄中国汽车技术研究中心　日产（中国）投资有限公司
东风汽车有限公司 / 编著　　2017年7月出版　　估价：98.00元

◆ 本书对我国2016年新能源汽车产业发展进行了全面系统的分析，并介绍了国外的发展经验。有助于相关机构、行业和社会公众等了解中国新能源汽车产业发展的最新动态，为政府部门出台新能源汽车产业相关政策法规、企业制定相关战略规划，提供必要的借鉴和参考。

杜仲产业绿皮书
中国杜仲橡胶资源与产业发展报告（2016～2017）

杜红岩　胡文臻　俞锐 / 主编　　2017年1月出版　　估价：85.00元

◆ 本书对2016年来的杜仲产业的发展情况、研究团队在杜仲研究方面取得的重要成果、部分地区杜仲产业发展的具体情况、杜仲新标准的制定情况等进行了较为详细的分析与介绍，使广大关心杜仲产业发展的读者能够及时跟踪产业最新进展。

行业报告类 | 皮书系列 重点推荐

企业蓝皮书
中国企业绿色发展报告 No.2（2017）
李红玉　朱光辉 / 主编　　2017 年 8 月出版　　估价：89.00 元

◆ 本书深入分析中国企业能源消费、资源利用、绿色金融、绿色产品、绿色管理、信息化、绿色发展政策及绿色文化方面的现状，并对目前存在的问题进行研究，剖析因果，谋划对策。为企业绿色发展提供借鉴，为我国生态文明建设提供支撑。

中国上市公司蓝皮书
中国上市公司发展报告（2017）
张平　王宏淼 / 主编　　2017 年 10 月出版　　估价：98.00 元

◆ 本书由中国社会科学院上市公司研究中心组织编写的，着力于全面、真实、客观反映当前中国上市公司财务状况和价值评估的综合性年度报告。本书详尽分析了 2016 年中国上市公司情况，特别是现实中暴露出的制度性、基础性问题，并对资本市场改革进行了探讨。

资产管理蓝皮书
中国资产管理行业发展报告（2017）
智信资产管理研究院 / 编著　　2017 年 6 月出版　　估价：89.00 元

◆ 中国资产管理行业刚刚兴起，未来将中国金融市场最有看点的行业。本书主要分析了 2016 年度资产管理行业的发展情况，同时对资产管理行业的未来发展做出科学的预测。

体育蓝皮书
中国体育产业发展报告（2017）
阮伟　钟秉枢 / 主编　　2017 年 12 月出版　　估价：89.00 元

◆ 本书运用多种研究方法，在对于体育竞赛业、体育用品业、体育场馆业、体育传媒业等传统产业研究的基础上，紧紧围绕 2016 年体育领域内的各种热点事件进行研究和梳理，进一步拓宽了研究的广度、提升了研究的高度、挖掘了研究的深度。

国别与地区类

国别与地区类皮书关注全球重点国家与地区，提供全面、独特的解读与研究

美国蓝皮书
美国研究报告（2017）

郑秉文　黄平/主编　2017年6月出版　估价：89.00元

◆ 本书是由中国社会科学院美国所主持完成的研究成果，它回顾了美国2016年的经济、政治形势与外交战略，对2017年以来美国内政外交发生的重大事件及重要政策进行了较为全面的回顾和梳理。

日本蓝皮书
日本研究报告（2017）

杨伯江/主编　2017年5月出版　估价：89.00元

◆ 本书对2016年拉丁美洲和加勒比地区诸国的政治、经济、社会、外交等方面的发展情况做了系统介绍，对该地区相关国家的热点及焦点问题进行了总结和分析，并在此基础上对该地区各国2017年的发展前景做出预测。

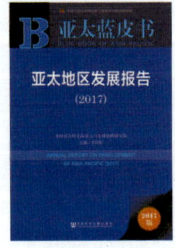

亚太蓝皮书
亚太地区发展报告（2017）

李向阳/主编　2017年3月出版　估价：89.00元

◆ 本书是中国社会科学院亚太与全球战略研究院的集体研究成果。2016年的"亚太蓝皮书"继续关注中国周边环境的变化。该书盘点了2016年亚太地区的焦点和热点问题，为深入了解2016年及未来中国与周边环境的复杂形势提供了重要参考。

德国蓝皮书
德国发展报告（2017）

郑春荣 / 主编　2017年6月出版　估价：89.00元

◆ 本报告由同济大学德国研究所组织编撰，由该领域的专家学者对德国的政治、经济、社会文化、外交等方面的形势发展情况，进行全面的阐述与分析。

日本经济蓝皮书
日本经济与中日经贸关系研究报告（2017）

王洛林　张季风 / 编著　2017年5月出版　估价：89.00元

◆ 本书系统、详细地介绍了2016年日本经济以及中日经贸关系发展情况，在进行了大量数据分析的基础上，对2017年日本经济以及中日经贸关系的大致发展趋势进行了分析与预测。

俄罗斯黄皮书
俄罗斯发展报告（2017）

李永全 / 编著　2017年7月出版　估价：89.00元

◆ 本书系统介绍了2016年俄罗斯经济政治情况，并对2016年该地区发生的焦点、热点问题进行了分析与回顾；在此基础上，对该地区2017年的发展前景进行了预测。

非洲黄皮书
非洲发展报告 No.19（2016~2017）

张宏明 / 主编　2017年8月出版　估价：89.00元

◆ 本书是由中国社会科学院西亚非洲研究所组织编撰的非洲形势年度报告，比较全面、系统地分析了2016年非洲政治形势和热点问题，探讨了非洲经济形势和市场走向，剖析了大国对非洲关系的新动向；此外，还介绍了国内非洲研究的新成果。

地方发展类

地方发展类皮书关注中国各省份、经济区域，提供科学、多元的预判与资政信息

北京蓝皮书
北京公共服务发展报告（2016~2017）
施昌奎 / 主编　2017年2月出版　估价：89.00元

◆ 本书是由北京市政府职能部门的领导、首都著名高校的教授、知名研究机构的专家共同完成的关于北京市公共服务发展与创新的研究成果。

河南蓝皮书
河南经济发展报告（2017）
张占仓 / 编著　2017年3月出版　估价：89.00元

◆ 本书以国内外经济发展环境和走向为背景，主要分析当前河南经济形势，预测未来发展趋势，全面反映河南经济发展的最新动态、热点和问题，为地方经济发展和领导决策提供参考。

广州蓝皮书
2017年中国广州经济形势分析与预测
庾建设　陈浩钿　谢博能 / 主编　2017年7月出版　估价：85.00元

◆ 本书由广州大学与广州市委政策研究室、广州市统计局联合主编，汇集了广州科研团体、高等院校和政府部门诸多经济问题研究专家、学者和实际部门工作者的最新研究成果，是关于广州经济运行情况和相关专题分析、预测的重要参考资料。

 皮书系列 重点推荐

文化传媒类

文化传媒类皮书透视文化领域、文化产业，探索文化大繁荣、大发展的路径

新媒体蓝皮书
中国新媒体发展报告 No.8（2017）

唐绪军/主编　2017年6月出版　估价：89.00元

◆ 本书是由中国社会科学院新闻与传播研究所组织编写的关于新媒体发展的最新年度报告，旨在全面分析中国新媒体的发展现状，解读新媒体的发展趋势，探析新媒体的深刻影响。

移动互联网蓝皮书
中国移动互联网发展报告（2017）

官建文/编著　2017年6月出版　估价：89.00元

◆ 本书着眼于对中国移动互联网2016年度的发展情况做深入解析，对未来发展趋势进行预测，力求从不同视角、不同层面全面剖析中国移动互联网发展的现状、年度突破及热点趋势等。

传媒蓝皮书
中国传媒产业发展报告（2017）

崔保国/主编　2017年5月出版　估价：98.00元

◆ "传媒蓝皮书"连续十多年跟踪观察和系统研究中国传媒产业发展。本报告在对传媒产业总体以及各细分行业发展状况与趋势进行深入分析基础上，对年度发展热点进行跟踪，剖析新技术引领下的商业模式，对传媒各领域发展趋势、内体经营、传媒投资进行解析，为中国传媒产业正在发生的变革提供前瞻行参考。

经济类

"三农"互联网金融蓝皮书
中国"三农"互联网金融发展报告（2017）
著(编)者：李勇坚 王弢　　2017年8月出版 / 估价：98.00元
PSN B-2016-561-1/1

G20国家创新竞争力黄皮书
二十国集团（G20）国家创新竞争力发展报告（2016~2017）
著(编)者：李建平 李闽榕 赵新力　周天勇
2017年8月出版　估价：158.00元
PSN Y-2011-229-1/1

产业蓝皮书
中国产业竞争力报告（2017）No.7
著(编)者：张其仔　　2017年12月出版 / 估价：98.00元
PSN B-2010-175-1/1

城市创新蓝皮书
中国城市创新报告（2017）
著(编)者：周天勇 旷建伟　2017年11月出版 / 估价：89.00元
PSN B-2013-340-1/1

城市蓝皮书
中国城市发展报告 No.10
著(编)者：潘家华 单菁菁　2017年9月出版 / 估价：89.00元
PSN B-2007-091-1/1

城乡一体化蓝皮书
中国城乡一体化发展报告（2016～2017）
著(编)者：汝信 付崇兰　　2017年7月出版 / 估价：85.00元
PSN B-2011-226-1/2

城镇化蓝皮书
中国新型城镇化健康发展报告（2017）
著(编)者：张占斌　　2017年8月出版 / 估价：89.00元
PSN B-2014-396-1/1

创新蓝皮书
创新型国家建设报告（2016～2017）
著(编)者：詹正茂　　2017年12月出版 / 估价：89.00元
PSN B-2009-140-1/1

创业蓝皮书
中国创业发展报告（2016～2017）
著(编)者：黄群慧 赵卫星 钟宏武等
2017年11月出版 / 估价：89.00元
PSN B-2016-578-1/1

低碳发展蓝皮书
中国低碳发展报告（2016~2017）
著(编)者：齐晔 张希良　　2017年3月出版 / 估价：98.00元
PSN B-2011-223-1/1

低碳经济蓝皮书
中国低碳经济发展报告（2017）
著(编)者：薛进军 赵忠秀　　2017年6月出版 / 估价：85.00元
PSN B-2011-194-1/1

东北蓝皮书
中国东北地区发展报告（2017）
著(编)者：朱宇 张新颖　　2017年12月出版 / 估价：89.00元
PSN B-2006-067-1/1

发展与改革蓝皮书
中国经济发展和体制改革报告No.8
著(编)者：邹东涛 王再文　2017年1月出版 / 估价：98.00元
PSN B-2008-122-1/1

工业化蓝皮书
中国工业化进程报告（2017）
著(编)者：黄群慧　　2017年12月出版 / 估价：158.00元
PSN B-2007-095-1/1

管理蓝皮书
中国管理发展报告（2017）
著(编)者：张晓东　　2017年10月出版 / 估价：98.00元
PSN B-2014-416-1/1

国际城市蓝皮书
国际城市发展报告（2017）
著(编)者：屠启宇　　2017年2月出版 / 估价：89.00元
PSN B-2012-260-1/1

国家创新蓝皮书
中国创新发展报告（2017）
著(编)者：陈劲　　2017年12月出版 / 估价：89.00元
PSN B-2014-370-1/1

金融蓝皮书
中国金融发展报告（2017）
著(编)者：李扬 王国刚　2017年12月出版 / 估价：89.00元
PSN B-2004-031-1/6

京津冀金融蓝皮书
京津冀金融发展报告（2017）
著(编)者：王爱俭 李向前
2017年3月出版 / 估价：89.00元
PSN B-2016-528-1/1

京津冀蓝皮书
京津冀发展报告（2017）
著(编)者：文魁 祝尔娟　2017年4月出版 / 估价：89.00元
PSN B-2012-262-1/1

经济蓝皮书
2017年中国经济形势分析与预测
著(编)者：李扬　　2016年12月出版 / 定价：89.00元
PSN B-1996-001-1/1

经济蓝皮书·春季号
2017年中国经济前景分析
著(编)者：李扬　　2017年6月出版 / 估价：89.00元
PSN B-1999-008-1/1

经济蓝皮书·夏季号
中国经济增长报告（2016～2017）
著(编)者：李扬　　2017年9月出版 / 估价：98.00元
PSN B-2010-176-1/1

经济信息绿皮书
中国与世界经济发展报告（2017）
著(编)者：杜平　　2017年12月出版 / 估价：89.00元
PSN G-2003-023-1/1

就业蓝皮书
2017年中国本科生就业报告
著(编)者：麦可思研究院　2017年6月出版 / 估价：98.00元
PSN B-2009-146-1/2

经济类 皮书系列 2017全品种

就业蓝皮书
2017年中国高职高专生就业报告
著(编)者：麦可思研究院　2017年6月出版 / 估价：98.00元
PSN B-2015-472-2/2

科普能力蓝皮书
中国科普能力评价报告（2017）
著(编)者：李富强 李群　2017年8月出版 / 估价：89.00元
PSN B-2016-556-1/1

临空经济蓝皮书
中国临空经济发展报告（2017）
著(编)者：连玉明　2017年9月出版 / 估价：89.00元
PSN B-2014-421-1/1

农村绿皮书
中国农村经济形势分析与预测（2016~2017）
著(编)者：魏后凯 杜志雄 黄秉信
2017年4月出版 / 估价：89.00元
PSN G-1998-003-1/1

农业应对气候变化蓝皮书
气候变化对中国农业影响评估报告 No.3
著(编)者：矫梅燕　2017年8月出版 / 估价：98.00元
PSN B-2014-413-1/1

气候变化绿皮书
应对气候变化报告（2017）
著(编)者：王伟光 郑国光　2017年6月出版 / 估价：89.00元
PSN G-2009-144-1/1

区域蓝皮书
中国区域经济发展报告（2016~2017）
著(编)者：赵弘　2017年6月出版 / 估价：89.00元
PSN B-2004-034-1/1

全球环境竞争力绿皮书
全球环境竞争力报告（2017）
著(编)者：李建平 李闽榕 王金南
2017年12月出版 / 估价：198.00元
PSN G-2013-363-1/1

人口与劳动绿皮书
中国人口与劳动问题报告 No.18
著(编)者：蔡昉 张车伟　2017年11月出版 / 估价：89.00元
PSN G-2000-012-1/1

商务中心区蓝皮书
中国商务中心区发展报告 No.3（2016）
著(编)者：李国红 单菁菁　2017年1月出版 / 估价：89.00元
PSN B-2015-444-1/1

世界经济黄皮书
2017年世界经济形势分析与预测
著(编)者：张宇燕　2016年12月出版 / 定价：89.00元
PSN Y-1999-006-1/1

世界旅游城市绿皮书
世界旅游城市发展报告（2017）
著(编)者：宋宇　2017年1月出版 / 估价：128.00元
PSN G-2014-400-1/1

土地市场蓝皮书
中国农村土地市场发展报告（2016~2017）
著(编)者：李光荣　2017年3月出版 / 估价：89.00元
PSN B-2016-527-1/1

西北蓝皮书
中国西北发展报告（2017）
著(编)者：高建龙　2017年3月出版 / 估价：89.00元
PSN B-2012-261-1/1

西部蓝皮书
中国西部发展报告（2017）
著(编)者：姚慧琴 徐璋勇　2017年9月出版 / 估价：89.00元
PSN B-2005-039-1/1

新型城镇化蓝皮书
新型城镇化发展报告（2017）
著(编)者：李伟 宋敏 沈体雁　2017年3月出版 / 估价：98.00元
PSN B-2014-431-1/1

新兴经济体蓝皮书
金砖国家发展报告（2017）
著(编)者：林跃勤 周文　2017年12月出版 / 估价：89.00元
PSN B-2011-195-1/1

长三角蓝皮书
2017年新常态下深化一体化的长三角
著(编)者：王庆五　2017年12月出版 / 估价：88.00元
PSN B-2005-038-1/1

中部竞争力蓝皮书
中国中部经济社会竞争力报告（2017）
著(编)者：教育部人文社会科学重点研究基地
南昌大学中国中部经济社会发展研究中心
2017年12月出版 / 估价：89.00元
PSN B-2012-276-1/1

中部蓝皮书
中国中部地区发展报告（2017）
著(编)者：宋亚平　2017年12月出版 / 估价：88.00元
PSN B-2007-089-1/1

中国省域竞争力蓝皮书
中国省域经济综合竞争力发展报告（2017）
著(编)者：李建平 李闽榕 高燕京
2017年2月出版 / 估价：198.00元
PSN B-2007-088-1/1

中三角蓝皮书
长江中游城市群发展报告（2017）
著(编)者：秦尊文　2017年9月出版 / 估价：89.00元
PSN B-2014-417-1/1

中小城市绿皮书
中国中小城市发展报告（2017）
著(编)者：中国城市经济学会中小城市经济发展委员会
中国城镇化促进会中小城市发展委员会
《中国中小城市发展报告》编纂委员会
中小城市发展战略研究院
2017年11月出版 / 估价：128.00元
PSN G-2010-161-1/1

中原蓝皮书
中原经济区发展报告（2017）
著(编)者：李英杰　2017年6月出版 / 估价：88.00元
PSN B-2011-192-1/1

自贸区蓝皮书
中国自贸区发展报告（2017）
著(编)者：王力　2017年7月出版 / 估价：89.00元
PSN B-2016-559-1/1

社会政法类

北京蓝皮书
中国社区发展报告（2017）
著(编)者：于燕燕　　2017年2月出版 / 估价：89.00元
PSN B-2007-083-5/8

殡葬绿皮书
中国殡葬事业发展报告（2017）
著(编)者：李伯森　　2017年4月出版 / 估价：158.00元
PSN G-2010-180-1/1

城市管理蓝皮书
中国城市管理报告（2016~2017）
著(编)者：刘林　刘承水　2017年5月出版 / 估价：158.00元
PSN B-2013-336-1/1

城市生活质量蓝皮书
中国城市生活质量报告（2017）
著(编)者：中国经济实验研究院
2017年7月出版 / 估价：89.00元
PSN B-2013-326-1/1

城市政府能力蓝皮书
中国城市政府公共服务能力评估报告（2017）
著(编)者：何艳玲　　2017年4月出版 / 估价：89.00元
PSN B-2013-338-1/1

慈善蓝皮书
中国慈善发展报告（2017）
著(编)者：杨团　　2017年6月出版 / 估价：89.00元
PSN B-2009-142-1/1

党建蓝皮书
党的建设研究报告 No.2（2017）
著(编)者：崔建民　陈东平　2017年2月出版 / 估价：89.00元
PSN B-2016-524-1/1

地方法治蓝皮书
中国地方法治发展报告 No.3（2017）
著(编)者：李林　田禾　2017年3出版 / 估价：108.00元
PSN B-2015-442-1/1

法治蓝皮书
中国法治发展报告 No.15（2017）
著(编)者：李林　田禾　2017年3月出版 / 估价：118.00元
PSN B-2004-027-1/1

法治政府蓝皮书
中国法治政府发展报告（2017）
著(编)者：中国政法大学法治政府研究院
2017年2月出版 / 估价：98.00元
PSN B-2015-502-1/2

法治政府蓝皮书
中国法治政府评估报告（2017）
著(编)者：中国政法大学法治政府研究院
2016年11月出版 / 估价：98.00元
PSN B-2016-577-2/2

反腐倡廉蓝皮书
中国反腐倡廉建设报告 No.7
著(编)者：张英伟　　2017年12月出版 / 估价：89.00元
PSN B-2012-259-1/1

非传统安全蓝皮书
中国非传统安全研究报告（2016~2017）
著(编)者：余潇枫　魏志江　2017年6月出版 / 估价：89.00元
PSN B-2012-273-1/1

妇女发展蓝皮书
中国妇女发展报告 No.7
著(编)者：王金玲　　2017年9月出版 / 估价：148.00元
PSN B-2006-069-1/1

妇女教育蓝皮书
中国妇女教育发展报告 No.4
著(编)者：张李玺　　2017年10月出版 / 估价：78.00元
PSN B-2008-121-1/1

妇女绿皮书
中国性别平等与妇女发展报告（2017）
著(编)者：谭琳　　2017年12月出版 / 估价：99.00元
PSN G-2006-073-1/1

公共服务蓝皮书
中国城市基本公共服务力评价（2017）
著(编)者：钟君　吴正杲　2017年12月出版 / 估价：89.00元
PSN B-2011-214-1/1

公民科学素质蓝皮书
中国公民科学素质报告（2016~2017）
著(编)者：李群　陈雄　马宗文
2017年1月出版 / 估价：89.00元
PSN B-2014-379-1/1

公共关系蓝皮书
中国公共关系发展报告（2017）
著(编)者：柳斌杰　　2017年11月出版 / 估价：89.00元
PSN B-2016-580-1/1

公益蓝皮书
中国公益慈善发展报告（2017）
著(编)者：朱健刚　　2017年4月出版 / 估价：118.00元
PSN B-2012-283-1/1

国际人才蓝皮书
海外华侨华人专业人士报告（2017）
著(编)者：王辉耀　苗绿　2017年8月出版 / 估价：89.00元
PSN B-2014-409-4/4

国际人才蓝皮书
中国国际移民报告（2017）
著(编)者：王辉耀　　2017年2月出版 / 估价：89.00元
PSN B-2012-304-3/4

国际人才蓝皮书
中国留学发展报告（2017）No.5
著(编)者：王辉耀　苗绿　2017年10月出版 / 估价：89.00元
PSN B-2012-244-2/4

海洋社会蓝皮书
中国海洋社会发展报告（2017）
著(编)者：崔凤　宋宁而　2017年7月出版 / 估价：89.00元
PSN B-2015-478-1/1

社会政法类 皮书系列 2017全品种

行政改革蓝皮书
中国行政体制改革报告（2017）No.6
著(编)者：魏礼群　2017年5月出版 / 估价：98.00元
PSN B-2011-231-1/1

华侨华人蓝皮书
华侨华人研究报告（2017）
著(编)者：贾益民　2017年12月出版 / 估价：128.00元
PSN B-2011-204-1/1

环境竞争力绿皮书
中国省域环境竞争力发展报告（2017）
著(编)者：李建平　李闽榕　王金南
2017年11月出版 / 估价：198.00元
PSN G-2010-165-1/1

环境绿皮书
中国环境发展报告（2017）
著(编)者：刘鉴强　2017年11月出版 / 估价：89.00元
PSN G-2006-048-1/1

基金会蓝皮书
中国基金会发展报告（2016~2017）
著(编)者：中国基金会发展报告课题组
2017年4月出版 / 估价：85.00元
PSN B-2013-388-1/1

基金会绿皮书
中国基金会发展独立研究报告（2017）
著(编)者：基金会中心网　中央民族大学基金会研究中心
2017年6月出版 / 估价：88.00元
PSN G-2011-213-1/1

基金会透明度蓝皮书
中国基金会透明度发展研究报告（2017）
著(编)者：基金会中心网　清华大学廉政与治理研究中心
2017年12月出版 / 估价：89.00元
PSN B-2015-509-1/1

家庭蓝皮书
中国"创建幸福家庭活动"评估报告（2017）
国务院发展研究中心"创建幸福家庭活动评估"课题组著
2017年8月出版 / 估价：89.00元
PSN B-2012-261-1/1

健康城市蓝皮书
中国健康城市建设研究报告（2017）
著(编)者：王鸿春　解树江　盛继洪
2017年9月出版 / 估价：89.00元
PSN B-2016-565-2/2

教师蓝皮书
中国中小学教师发展报告（2017）
著(编)者：曾晓东　鱼霞　2017年6月出版 / 估价：89.00元
PSN B-2012-289-1/1

教育蓝皮书
中国教育发展报告（2017）
著(编)者：杨东平　2017年4月出版 / 估价：89.00元
PSN B-2006-047-1/1

科普蓝皮书
中国基层科普发展报告（2016~2017）
著(编)者：赵立　新陈玲　2017年9月出版 / 估价：89.00元
PSN B-2016-569-3/3

科普蓝皮书
中国科普基础设施发展报告（2017）
著(编)者：任福君　2017年6月出版 / 估价：89.00元
PSN B-2010-174-1/3

科普蓝皮书
中国科普人才发展报告（2017）
著(编)者：郑念　任嵘嵘　2017年4月出版 / 估价：98.00元
PSN B-2015-513-2/3

科学教育蓝皮书
中国科学教育发展报告（2017）
著(编)者：罗晖　王康友　2017年10月出版 / 估价：89.00元
PSN B-2015-487-1/1

劳动保障蓝皮书
中国劳动保障发展报告（2017）
著(编)者：刘燕斌　2017年9月出版 / 估价：188.00元
PSN B-2014-415-1/1

老龄蓝皮书
中国老年宜居环境发展报告（2017）
著(编)者：党俊武　周燕珉　2017年1月出版 / 估价：89.00元
PSN B-2013-320-1/1

连片特困区蓝皮书
中国连片特困区发展报告（2017）
著(编)者：游俊　冷志明　丁建军
2017年3月出版 / 估价：98.00元
PSN B-2013-321-1/1

民间组织蓝皮书
中国民间组织报告（2017）
著(编)者：黄晓勇　2017年12月出版 / 估价：89.00元
PSN D-2008-118-1/1

民调蓝皮书
中国民生调查报告（2017）
著(编)者：谢耘耕　2017年12月出版 / 估价：98.00元
PSN B-2014-398-1/1

民族发展蓝皮书
中国民族发展报告（2017）
著(编)者：郝时远　王延中　王希恩
2017年4月出版 / 估价：98.00元
PSN B-2006-070-1/1

女性生活蓝皮书
中国女性生活状况报告 No.11（2017）
著(编)者：韩湘景　2017年10月出版 / 估价：98.00元
PSN B-2006-071-1/1

汽车社会蓝皮书
中国汽车社会发展报告（2017）
著(编)者：王俊秀　2017年1月出版 / 估价：89.00元
PSN B-2011-224-1/1

皮书系列 2017全品种

社会政法类

青年蓝皮书
中国青年发展报告（2017）No.3
著(编)者：廉思 等　2017年4月出版 / 估价：89.00元
PSN B-2013-333-1/1

青少年蓝皮书
中国未成年人互联网运用报告（2017）
著(编)者：李文革 沈杰 季为民
2017年11月出版 / 估价：89.00元
PSN B-2010-156-1/1

青少年体育蓝皮书
中国青少年体育发展报告（2017）
著(编)者：郭建军 杨桦　2017年9月出版 / 估价：89.00元
PSN B-2015-482-1/1

群众体育蓝皮书
中国群众体育发展报告（2017）
著(编)者：刘国永 杨桦　2017年12月出版 / 估价：89.00元
PSN B-2016-519-2/3

人权蓝皮书
中国人权事业发展报告 No.7（2017）
著(编)者：李君如　2017年9月出版 / 估价：98.00元
PSN B-2011-215-1/1

社会保障绿皮书
中国社会保障发展报告（2017）No.9
著(编)者：王延中　2017年4月出版 / 估价：89.00元
PSN G-2001-014-1/1

社会风险评估蓝皮书
风险评估与危机预警评估报告（2017）
著(编)者：唐钧　2017年8月出版 / 估价：85.00元
PSN B-2016-521-1/1

社会工作蓝皮书
中国社会工作发展报告（2017）
著(编)者：民政部社会工作研究中心
2017年8月出版 / 估价：89.00元
PSN B-2009-141-1/1

社会管理蓝皮书
中国社会管理创新报告 No.5
著(编)者：连玉明　2017年11月出版 / 估价：89.00元
PSN B-2012-300-1/1

社会蓝皮书
2017年中国社会形势分析与预测
著(编)者：李培林 陈光金 张翼
2016年12月出版 / 定价：89.00元
PSN B-1998-002-1/1

社会体制蓝皮书
中国社会体制改革报告 No.5（2017）
著(编)者：龚维斌　2017年4月出版 / 估价：89.00元
PSN B-2013-330-1/1

社会心态蓝皮书
中国社会心态研究报告（2017）
著(编)者：王俊秀 杨宜音　2017年12月出版 / 估价：89.00元
PSN B-2011-199-1/1

社会组织蓝皮书
中国社会组织评估发展报告（2017）
著(编)者：徐家良 廖鸿　2017年12月出版 / 估价：89.00元
PSN B-2013-366-1/1

生态城市绿皮书
中国生态城市建设发展报告（2017）
著(编)者：刘举科 孙伟平 胡文臻
2017年9月出版 / 估价：118.00元
PSN G-2012-269-1/1

生态文明绿皮书
中国省域生态文明建设评价报告（ECI 2017）
著(编)者：严耕　2017年12月出版 / 估价：98.00元
PSN G-2010-170-1/1

体育蓝皮书
中国公共体育服务发展报告（2017）
著(编)者：戴健　2017年12月出版 / 估价：89.00元
PSN B-2013-367-2/4

土地整治蓝皮书
中国土地整治发展研究报告 No.4
著(编)者：国土资源部土地整治中心
2017年7月出版 / 估价：89.00元
PSN B-2014-401-1/1

土地政策蓝皮书
中国土地政策研究报告（2017）
著(编)者：高延利 李宪文
2017年12月出版 / 估价：89.00元
PSN B-2015-506-1/1

医改蓝皮书
中国医药卫生体制改革报告（2017）
著(编)者：文学国 房志武　2017年11月出版 / 估价：98.00元
PSN B-2014-432-1/1

医疗卫生绿皮书
中国医疗卫生发展报告 No.7（2017）
著(编)者：申宝忠 韩玉珍　2017年4月出版 / 估价：85.00元
PSN G-2004-033-1/1

应急管理蓝皮书
中国应急管理报告（2017）
著(编)者：宋英华　2017年9月出版 / 估价：98.00元
PSN B-2016-563-1/1

政治参与蓝皮书
中国政治参与报告（2017）
著(编)者：房宁　2017年9月出版 / 估价：118.00元
PSN B-2011-200-1/1

中国农村妇女发展蓝皮书
农村流动女性城市生活发展报告（2017）
著(编)者：谢丽华　2017年12月出版 / 估价：89.00元
PSN B-2014-434-1/1

宗教蓝皮书
中国宗教报告（2017）
著(编)者：邱永辉　2017年4月出版 / 估价：89.00元
PSN B-2008-117-1/1

行业报告类

SUV蓝皮书
中国SUV市场发展报告（2016~2017）
著(编)者：靳军　2017年9月出版／估价：89.00元
PSN B-2016-572-1/1

保健蓝皮书
中国保健服务产业发展报告 No.2
著(编)者：中国保健协会　中共中央党校
2017年7月出版／估价：198.00元
PSN B-2012-272-3/3

保健蓝皮书
中国保健食品产业发展报告 No.2
著(编)者：中国保健协会
　　　　中国社会科学院食品药品产业发展与监管研究中心
2017年7月出版／估价：198.00元
PSN B-2012-271-2/3

保健蓝皮书
中国保健用品产业发展报告 No.2
著(编)者：中国保健协会
　　　　国务院国有资产监督管理委员会研究中心
2017年3月出版／估价：198.00元
PSN B-2012-270-1/3

保险蓝皮书
中国保险业竞争力报告（2017）
著(编)者：项俊波　2017年12月出版／估价：99.00元
PSN B-2013-311-1/1

冰雪蓝皮书
中国滑雪产业发展报告（2017）
著(编)者：孙承华　伍斌　魏庆华　张鸿俊
2017年8月出版／估价：89.00元
PSN B-2016-560-1/1

彩票蓝皮书
中国彩票发展报告（2017）
著(编)者：益彩基金　2017年4月出版／估价：98.00元
PSN B-2015-462-1/1

餐饮产业蓝皮书
中国餐饮产业发展报告（2017）
著(编)者：邢颖　2017年6月出版／估价：98.00元
PSN B-2009-151-1/1

测绘地理信息蓝皮书
新常态下的测绘地理信息研究报告（2017）
著(编)者：库热西·买合苏提
2017年12月出版／估价：118.00元
PSN B-2009-145-1/1

茶业蓝皮书
中国茶产业发展报告（2017）
著(编)者：杨江帆　李闽榕　2017年10月出版／估价：88.00元
PSN B-2010-164-1/1

产权市场蓝皮书
中国产权市场发展报告（2016～2017）
著(编)者：曹和平　2017年5月出版／估价：89.00元
PSN B-2009-147-1/1

产业安全蓝皮书
中国出版传媒产业安全报告（2016~2017）
著(编)者：北京印刷学院文化产业安全研究院
2017年3月出版／估价：89.00元
PSN B-2014-384-13/14

产业安全蓝皮书
中国文化产业安全报告（2017）
著(编)者：北京印刷学院文化产业安全研究院
2017年12月出版／估价：89.00元
PSN B-2014-378-12/14

产业安全蓝皮书
中国新媒体产业安全报告（2017）
著(编)者：北京印刷学院文化产业安全研究院
2017年12月出版／估价：89.00元
PSN B-2015-500-14/14

城投蓝皮书
中国城投行业发展报告（2017）
著(编)者：王晨地　丁伯康　2017年11月出版／估价：300.00元
PSN B-2016-514-1/1

电子政务蓝皮书
中国电子政务发展报告（2016~2017）
著(编)者：李季　杜平　2017年7月出版／估价：89.00元
PSN B-2003-022-1/1

杜仲产业绿皮书
中国杜仲橡胶资源与产业发展报告（2016～2017）
著(编)者：杜红岩　胡文臻　俞锐
2017年1月出版／估价：85.00元
PSN G-2013-350-1/1

房地产蓝皮书
中国房地产发展报告 No.14（2017）
著(编)者：李春华　王业强　2017年5月出版／估价：89.00元
PSN B-2004-028-1/1

服务外包蓝皮书
中国服务外包产业发展报告（2017）
著(编)者：王晓红　刘德军
2017年6月出版／估价：89.00元
PSN B-2013-331-2/2

服务外包蓝皮书
中国服务外包竞争力报告（2017）
著(编)者：王力　刘春生　黄育华
2017年11月出版／估价：85.00元
PSN B-2011-216-1/2

工业和信息化蓝皮书
世界网络安全发展报告（2016~2017）
著(编)者：洪京一　2017年4月出版／估价：89.00元
PSN B-2015-452-5/5

工业和信息化蓝皮书
世界信息化发展报告（2016~2017）
著(编)者：洪京一　2017年4月出版／估价：89.00元
PSN B-2015-451-4/5

皮书系列 2017全品种
行业报告类

工业和信息化蓝皮书
世界信息技术产业发展报告（2016~2017）
著（编）者：洪京一　2017年4月出版／估价：89.00元
PSN B-2015-449-2/5

工业和信息化蓝皮书
移动互联网产业发展报告（2016~2017）
著（编）者：洪京一　2017年4月出版／估价：89.00元
PSN B-2015-448-1/5

工业和信息化蓝皮书
战略性新兴产业发展报告（2016~2017）
著（编）者：洪京一　2017年4月出版／估价：89.00元
PSN B-2015-450-3/5

工业设计蓝皮书
中国工业设计发展报告（2017）
著（编）者：王晓红　于炜　张立群
2017年9月出版／估价：138.00元
PSN B-2014-420-1/1

黄金市场蓝皮书
中国商业银行黄金业务发展报告（2016~2017）
著（编）者：平安银行　2017年3月出版／估价：98.00元
PSN B-2016-525-1/1

互联网金融蓝皮书
中国互联网金融发展报告（2017）
著（编）者：李东荣　2017年9月出版／估价：128.00元
PSN B-2014-374-1/1

互联网医疗蓝皮书
中国互联网医疗发展报告（2017）
著（编）者：宫晓东　2017年9月出版／估价：89.00元
PSN B-2016-568-1/1

会展蓝皮书
中外会展业动态评估年度报告（2017）
著（编）者：张敏　2017年1月出版／估价：88.00元
PSN B-2013-327-1/1

金融监管蓝皮书
中国金融监管报告（2017）
著（编）者：胡滨　2017年6月出版／估价：89.00元
PSN B-2012-281-1/1

金融蓝皮书
中国金融中心发展报告（2017）
著（编）者：王力　黄育华　2017年11月出版／估价：85.00元
PSN B-2011-186-6/6

建筑装饰蓝皮书
中国建筑装饰行业发展报告（2017）
著（编）者：刘晓一　葛顺道　2017年7月出版／估价：198.00元
PSN B-2016-554-1/1

客车蓝皮书
中国客车产业发展报告（2016~2017）
著（编）者：姚蔚　2017年10月出版／估价：85.00元
PSN B-2013-361-1/1

旅游安全蓝皮书
中国旅游安全报告（2017）
著（编）者：郑向敏　谢朝武　2017年5月出版／估价：128.00元
PSN B-2012-280-1/1

旅游绿皮书
2016～2017年中国旅游发展分析与预测
著（编）者：张广瑞　刘德谦　2017年4月出版／估价：89.00元
PSN G-2002-018-1/1

煤炭蓝皮书
中国煤炭工业发展报告（2017）
著（编）者：岳福斌　2017年12月出版／估价：85.00元
PSN B-2008-123-1/1

民营企业社会责任蓝皮书
中国民营企业社会责任报告（2017）
著（编）者：中华全国工商业联合会
2017年12月出版／估价：89.00元
PSN B-2015-511-1/1

民营医院蓝皮书
中国民营医院发展报告（2017）
著（编）者：庄一强　2017年10月出版／估价：85.00元
PSN B-2012-299-1/1

闽商蓝皮书
闽商发展报告（2017）
著（编）者：李闽榕　王日根　林琛
2017年12月出版／估价：89.00元
PSN B-2012-298-1/1

能源蓝皮书
中国能源发展报告（2017）
著（编）者：崔民选　王军生　陈义和
2017年10月出版／估价：98.00元
PSN B-2006-049-1/1

农产品流通蓝皮书
中国农产品流通产业发展报告（2017）
著（编）者：贾敬敦　张东科　张玉玺　张鹏毅　周伟
2017年1月出版／估价：89.00元
PSN B-2012-288-1/1

企业公益蓝皮书
中国企业公益研究报告（2017）
著（编）者：钟宏武　汪杰　顾一　黄晓娟　等
2017年12月出版／估价：89.00元
PSN B-2015-501-1/1

企业国际化蓝皮书
中国企业国际化报告（2017）
著（编）者：王辉耀　2017年11月出版／估价：98.00元
PSN B-2014-427-1/1

企业蓝皮书
中国企业绿色发展报告No.2（2017）
著（编）者：李红玉　朱光辉　2017年8月出版／估价：89.00元
PSN B-2015-481-2/2

企业社会责任蓝皮书
中国企业社会责任研究报告（2017）
著（编）者：黄群慧　钟宏武　张蒽　翟利峰
2017年11月出版／估价：89.00元
PSN B-2009-149-1/1

汽车安全蓝皮书
中国汽车安全发展报告（2017）
著（编）者：中国汽车技术研究中心
2017年7月出版／估价：89.00元
PSN B-2014-385-1/1

行业报告类

皮书系列 2017全品种

汽车电子商务蓝皮书
中国汽车电子商务发展报告（2017）
著(编)者：中华全国工商业联合会汽车经销商商会
北京易观智库网络科技有限公司
2017年10月出版 / 估价：128.00元
PSN B-2015-485-1/1

汽车工业蓝皮书
中国汽车工业发展年度报告（2017）
著(编)者：中国汽车工业协会 中国汽车技术研究中心
丰田汽车（中国）投资有限公司
2017年4月出版 / 估价：128.00元
PSN B-2015-463-1/2

汽车工业蓝皮书
中国汽车零部件产业发展报告（2017）
著(编)者：中国汽车工业协会 中国汽车工程研究院
2017年10月出版 / 估价：98.00元
PSN B-2016-515-2/2

汽车蓝皮书
中国汽车产业发展报告（2017）
著(编)者：国务院发展研究中心产业经济研究部
中国汽车工程学会 大众汽车集团（中国）
2017年8月出版 / 估价：98.00元
PSN B-2008-124-1/1

人力资源蓝皮书
中国人力资源发展报告（2017）
著(编)者：余兴安 2017年11月出版 / 估价：89.00元
PSN B-2012-287-1/1

融资租赁蓝皮书
中国融资租赁业发展报告（2016～2017）
著(编)者：李光荣 王力 2017年8月出版 / 估价：89.00元
PSN B-2015-443-1/1

商会蓝皮书
中国商会发展报告No.5（2017）
著(编)者：王钦敏 2017年7月出版 / 估价：89.00元
PSN B-2008-125-1/1

输血服务蓝皮书
中国输血行业发展报告（2017）
著(编)者：朱永明 耿鸿武 2016年8月出版 / 估价：89.00元
PSN B-2016-583-1/1

上市公司蓝皮书
中国上市公司社会责任信息披露报告（2017）
著(编)者：张旺 张杨 2017年11月出版 / 估价：89.00元
PSN B-2011-234-1/1

社会责任管理蓝皮书
中国上市公司社会责任能力成熟度报告（2017）No.2
著(编)者：肖红军 王晓光 李伟阳
2017年12月出版 / 估价：98.00元
PSN B-2015-507-2/2

社会责任管理蓝皮书
中国企业公众透明度报告（2017）No.3
著(编)者：黄速建 熊梦 王晓光 肖红军
2017年1月出版 / 估价：98.00元
PSN B-2015-440-1/2

食品药品蓝皮书
食品药品安全与监管政策研究报告（2016～2017）
著(编)者：唐民皓 2017年6月出版 / 估价：89.00元
PSN B-2009-129-1/1

世界能源蓝皮书
世界能源发展报告（2017）
著(编)者：黄晓勇 2017年6月出版 / 估价：99.00元
PSN B-2013-349-1/1

水利风景区蓝皮书
中国水利风景区发展报告（2017）
著(编)者：谢婵才 兰思仁 2017年5月出版 / 估价：89.00元
PSN B-2015-480-1/1

私募市场蓝皮书
中国私募股权市场发展报告（2017）
著(编)者：曹和平 2017年12月出版 / 估价：89.00元
PSN B-2010-162-1/1

碳市场蓝皮书
中国碳市场报告（2017）
著(编)者：定金彪 2017年11月出版 / 估价：89.00元
PSN B-2014-430-1/1

体育蓝皮书
中国体育产业发展报告（2017）
著(编)者：阮伟 钟秉枢 2017年12月出版 / 估价：89.00元
PSN B-2010-170-1/4

网络空间安全蓝皮书
中国网络空间安全发展报告（2017）
著(编)者：惠志斌 唐涛 2017年4月出版 / 估价：89.00元
PSN B-2015-466-1/1

西部金融蓝皮书
中国西部金融发展报告（2017）
著(编)者：李忠民 2017年8月出版 / 估价：85.00元
PSN B-2010-160-1/1

协会商会蓝皮书
中国行业协会商会发展报告（2017）
著(编)者：景朝阳 亦勇 2017年4月出版 / 估价：99.00元
PSN B-2015-461-1/1

新能源汽车蓝皮书
中国新能源汽车产业发展报告（2017）
著(编)者：中国汽车技术研究中心
日产（中国）投资有限公司 东风汽车有限公司
2017年7月出版 / 估价：98.00元
PSN B-2013-347-1/1

新三板蓝皮书
中国新三板市场发展报告（2017）
著(编)者：王力 2017年6月出版 / 估价：89.00元
PSN B-2016-534-1/1

信托市场蓝皮书
中国信托业市场报告（2016～2017）
著(编)者：用益信托工作室
2017年1月出版 / 估价：198.00元
PSN B-2014-371-1/1

皮书系列 2017全品种 — 行业报告类

信息化蓝皮书
中国信息化形势分析与预测（2016~2017）
著（编）者：周宏仁　2017年8月出版／估价：98.00元
PSN B-2010-168-1/1

信用蓝皮书
中国信用发展报告（2017）
著（编）者：章政　田侃　2017年4月出版／估价：99.00元
PSN B-2013-328-1/1

休闲绿皮书
2017年中国休闲发展报告
著（编）者：宋瑞　2017年10月出版／估价：89.00元
PSN G-2010-158-1/1

休闲体育蓝皮书
中国休闲体育发展报告（2016~2017）
著（编）者：李相如　钟炳枢　2017年10月出版／估价：89.00元
PSN G-2016-516-1/1

养老金融蓝皮书
中国养老金融发展报告（2017）
著（编）者：董克用　姚余栋
2017年6月出版／估价：89.00元
PSN B-2016-584-1/1

药品流通蓝皮书
中国药品流通行业发展报告（2017）
著（编）者：佘鲁林　温再兴　2017年8月出版／估价：158.00元
PSN B-2014-429-1/1

医院蓝皮书
中国医院竞争力报告（2017）
著（编）者：庄一强　曾益新　2017年3月出版／估价：128.00元
PSN B-2016-529-1/1

医药蓝皮书
中国中医药产业园战略发展报告（2017）
著（编）者：裴长洪　房书亭　吴滌心
2017年8月出版／估价：89.00元
PSN B-2012-305-1/1

邮轮绿皮书
中国邮轮产业发展报告（2017）
著（编）者：汪泓　2017年10月出版／估价：89.00元
PSN G-2014-419-1/1

智能养老蓝皮书
中国智能养老产业发展报告（2017）
著（编）者：朱勇　2017年10月出版／估价：89.00元
PSN B-2015-488-1/1

债券市场蓝皮书
中国债券市场发展报告（2016~2017）
著（编）者：杨农　2017年10月出版／估价：89.00元
PSN B-2016-573-1/1

中国节能汽车蓝皮书
中国节能汽车发展报告（2016~2017）
著（编）者：中国汽车工程研究院股份有限公司
2017年9月出版／估价：98.00元
PSN B-2016-566-1/1

中国上市公司蓝皮书
中国上市公司发展报告（2017）
著（编）者：张平　王宏淼
2017年10月出版／估价：98.00元
PSN B-2014-414-1/1

中国陶瓷产业蓝皮书
中国陶瓷产业发展报告（2017）
著（编）者：左和平　黄速建　2017年10月出版／估价：98.00元
PSN B-2016-574-1/1

中国总部经济蓝皮书
中国总部经济发展报告（2016~2017）
著（编）者：赵弘　2017年9月出版／估价：89.00元
PSN B-2005-036-1/1

中医文化蓝皮书
中国中医药文化传播发展报告（2017）
著（编）者：毛嘉陵　2017年7月出版／估价：89.00元
PSN B-2015-468-1/1

装备制造业蓝皮书
中国装备制造业发展报告（2017）
著（编）者：徐东华　2017年12月出版／估价：148.00元
PSN B-2015-505-1/1

资本市场蓝皮书
中国场外交易市场发展报告（2016~2017）
著（编）者：高峦　2017年3月出版／估价：89.00元
PSN B-2009-153-1/1

资产管理蓝皮书
中国资产管理行业发展报告（2017）
著（编）者：智信资产管理研究院
2017年6月出版／估价：89.00元
PSN B-2014-407-2/2

文化传媒类

传媒竞争力蓝皮书
中国传媒国际竞争力研究报告（2017）
著(编)者：李本乾 刘强
2017年11月出版 / 估价：148.00元
PSN B-2013-356-1/1

传媒蓝皮书
中国传媒产业发展报告（2017）
著(编)者：崔保国 2017年5月出版 / 估价：98.00元
PSN B-2005-035-1/1

传媒投资蓝皮书
中国传媒投资发展报告（2017）
著(编)者：张向东 谭云明
2017年6月出版 / 估价：128.00元
PSN B-2015-474-1/1

动漫蓝皮书
中国动漫产业发展报告（2017）
著(编)者：卢斌 郑玉明 牛兴侦
2017年9月出版 / 估价：89.00元
PSN B-2011-198-1/1

非物质文化遗产蓝皮书
中国非物质文化遗产发展报告（2017）
著(编)者：陈平 2017年5月出版 / 估价：90.00元
PSN B-2015-469-1/1

广电蓝皮书
中国广播电影电视发展报告（2017）
著(编)者：国家新闻出版广电总局发展研究中心
2017年7月出版 / 估价：98.00元
PSN B-2006-072-1/1

广告主蓝皮书
中国广告主营销传播趋势报告 No.9
著(编)者：黄升民 杜国清 邵华冬 等
2017年10月出版 / 估价：148.00元
PSN B-2005-041-1/1

国际传播蓝皮书
中国国际传播发展报告（2017）
著(编)者：胡正荣 李继东 姬德强
2017年11月出版 / 估价：89.00元
PSN B-2014-408-1/1

纪录片蓝皮书
中国纪录片发展报告（2017）
著(编)者：何苏六 2017年9月出版 / 估价：89.00元
PSN B-2011-222-1/1

科学传播蓝皮书
中国科学传播报告（2017）
著(编)者：詹正茂 2017年7月出版 / 估价：89.00元
PSN B-2008-120-1/1

两岸创意经济蓝皮书
两岸创意经济研究报告（2017）
著(编)者：罗昌智 林咏能
2017年10月出版 / 估价：98.00元
PSN B-2014-437-1/1

两岸文化蓝皮书
两岸文化产业合作发展报告（2017）
著(编)者：胡惠林 李保宗 2017年7月出版 / 估价：89.00元
PSN B-2012-285-1/1

媒介与女性蓝皮书
中国媒介与女性发展报告(2016~2017)
著(编)者：刘利群 2017年9月出版 / 估价：118.00元
PSN B-2013-345-1/1

媒体融合蓝皮书
中国媒体融合发展报告（2017）
著(编)者：梅宁华 宋建武 2017年7月出版 / 估价：89.00元
PSN B-2015-479-1/1

全球传媒蓝皮书
全球传媒发展报告（2017）
著(编)者：胡正荣 李继东 唐晓芬
2017年11月出版 / 估价：89.00元
PSN B-2012-237-1/1

少数民族非遗蓝皮书
中国少数民族非物质文化遗产发展报告（2017）
著(编)者：肖远平（彝）柴立（满）
2017年8月出版 / 估价：98.00元
PSN B-2015-467-1/1

视听新媒体蓝皮书
中国视听新媒体发展报告（2017）
著(编)者：国家新闻出版广电总局发展研究中心
2017年7月出版 / 估价：98.00元
PSN B-2011-184-1/1

文化创新蓝皮书
中国文化创新报告（2017）No.7
著(编)者：于平 傅才武 2017年7月出版 / 估价：98.00元
PSN B-2009-143-1/1

文化建设蓝皮书
中国文化发展报告（2016~2017）
著(编)者：江畅 孙伟平 戴茂堂
2017年6月出版 / 估价：116.00元
PSN B-2014-392-1/1

文化科技蓝皮书
文化科技创新发展报告（2017）
著(编)者：于平 李凤亮 2017年11月出版 / 估价：89.00元
PSN B-2013-342-1/1

文化蓝皮书
中国公共文化服务发展报告（2017）
著(编)者：刘新成 张永新 张旭
2017年12月出版 / 估价：98.00元
PSN B-2007-093-2/10

文化蓝皮书
中国公共文化投入增长测评报告（2017）
著(编)者：王亚南 2017年4月出版 / 估价：89.00元
PSN B-2014-435-10/10

皮书系列 2017全品种

文化传媒类·地方发展类

文化蓝皮书
中国少数民族文化发展报告（2016~2017）
著(编)者：武翠英 张晓明 任乌晶
2017年9月出版 / 估价：89.00元
PSN B-2013-369-9/10

文化蓝皮书
中国文化产业发展报告（2016~2017）
著(编)者：张晓明 王家新 章建刚
2017年2月出版 / 估价：89.00元
PSN B-2002-019-1/10

文化蓝皮书
中国文化产业供需协调检测报告（2017）
著(编)者：王亚南 2017年2月出版 / 估价：89.00元
PSN B-2013-323-8/10

文化蓝皮书
中国文化消费需求景气评价报告（2017）
著(编)者：王亚南 2017年4月出版 / 估价：89.00元
PSN B-2011-236-4/10

文化品牌蓝皮书
中国文化品牌发展报告（2017）
著(编)者：欧阳友权 2017年5月出版 / 估价：98.00元
PSN B-2012-277-1/1

文化遗产蓝皮书
中国文化遗产事业发展报告（2017）
著(编)者：苏杨 张颖岚 王宇飞
2017年8月出版 / 估价：98.00元
PSN B-2008-119-1/1

文学蓝皮书
中国文情报告（2016~2017）
著(编)者：白烨 2017年5月出版 / 估价：49.00元
PSN B-2011-221-1/1

新媒体蓝皮书
中国新媒体发展报告No.8（2017）
著(编)者：唐绪军 2017年6月出版 / 估价：89.00元
PSN B-2010-169-1/1

新媒体社会责任蓝皮书
中国新媒体社会责任研究报告（2017）
著(编)者：钟瑛 2017年11月出版 / 估价：89.00元
PSN B-2014-423-1/1

移动互联网蓝皮书
中国移动互联网发展报告（2017）
著(编)者：官建文 2017年6月出版 / 估价：89.00元
PSN B-2012-282-1/1

舆情蓝皮书
中国社会舆情与危机管理报告（2017）
著(编)者：谢耘耕 2017年9月出版 / 估价：128.00元
PSN B-2011-235-1/1

影视风控蓝皮书
中国影视舆情与风控报告（2017）
著(编)者：司若 2017年4月出版 / 估价：138.00元
PSN B-2016-530-1/1

地方发展类

安徽经济蓝皮书
合芜蚌国家自主创新综合示范区研究报告（2016~2017）
著(编)者：王开玉 2017年11月出版 / 估价：89.00元
PSN B-2014-383-1/1

安徽蓝皮书
安徽社会发展报告（2017）
著(编)者：程桦 2017年4月出版 / 估价：89.00元
PSN B-2013-325-1/1

安徽社会建设蓝皮书
安徽社会建设分析报告（2016~2017）
著(编)者：黄家海 王开玉 蔡宪
2016年4月出版 / 估价：89.00元
PSN B-2013-322-1/1

澳门蓝皮书
澳门经济社会发展报告（2016~2017）
著(编)者：吴志良 郝雨凡 2017年6月出版 / 估价：98.00元
PSN B-2009-138-1/1

北京蓝皮书
北京公共服务发展报告（2016~2017）
著(编)者：施昌奎 2017年2月出版 / 估价：89.00元
PSN B-2008-103-7/8

北京蓝皮书
北京经济发展报告（2016~2017）
著(编)者：杨松 2017年6月出版 / 估价：89.00元
PSN B-2006-054-2/8

北京蓝皮书
北京社会发展报告（2016~2017）
著(编)者：李伟东 2017年6月出版 / 估价：89.00元
PSN B-2006-055-3/8

北京蓝皮书
北京社会治理发展报告（2016~2017）
著(编)者：殷星辰 2017年5月出版 / 估价：89.00元
PSN B-2014-391-8/8

北京蓝皮书
北京文化发展报告（2016~2017）
著(编)者：李建盛 2017年4月出版 / 估价：89.00元
PSN B-2007-082-4/8

北京律师绿皮书
北京律师发展报告No.3（2017）
著(编)者：王隽 2017年7月出版 / 估价：88.00元
PSN G-2012-301-1/1

地方发展类 皮书系列 2017全品种

北京旅游蓝皮书
北京旅游发展报告（2017）
著（编）者：北京旅游学会　2017年1月出版／估价：88.00元
PSN B-2011-217-1/1

北京人才蓝皮书
北京人才发展报告（2017）
著（编）者：于淼　2017年12月出版／估价：128.00元
PSN B-2011-201-1/1

北京社会心态蓝皮书
北京社会心态分析报告（2016～2017）
著（编）者：北京社会心理研究所
2017年8月出版／估价：89.00元
PSN B-2014-422-1/1

北京社会组织管理蓝皮书
北京社会组织发展与管理（2016～2017）
著（编）者：黄江松　2017年4月出版／估价：88.00元
PSN B-2015-446-1/1

北京体育蓝皮书
北京体育产业发展报告（2016～2017）
著（编）者：钟秉枢　陈杰　杨铁黎
2017年9月出版／估价：89.00元
PSN B-2015-475-1/1

北京养老产业蓝皮书
北京养老产业发展报告（2017）
著（编）者：周明明　马嘉良　2017年8月出版／估价：89.00元
PSN B-2015-465-1/1

滨海金融蓝皮书
滨海新区金融发展报告（2017）
著（编）者：王爱俭　张锐钢　2017年12月出版／估价：89.00元
PSN B-2014-424-1/1

城乡一体化蓝皮书
中国城乡一体化发展报告·北京卷（2016～2017）
著（编）者：张宝秀　黄序　2017年5月出版／估价：89.00元
PSN B-2012-258-2/2

创意城市蓝皮书
北京文化创意产业发展报告（2017）
著（编）者：张京成　王国华　2017年10月出版／估价：89.00元
PSN B-2012-263-1/7

创意城市蓝皮书
青岛文化创意产业发展报告（2017）
著（编）者：马达　张丹妮　2017年8月出版／估价：89.00元
PSN B-2011-235-1/1

创意城市蓝皮书
天津文化创意产业发展报告（2016～2017）
著（编）者：谢思全　2017年6月出版／估价：89.00元
PSN B-2016-537-7/7

创意城市蓝皮书
无锡文化创意产业发展报告（2017）
著（编）者：厉军　张鸣年　2017年10月出版／估价：80.00元
PSN B-2013-346-3/7

创意城市蓝皮书
武汉文化创意产业发展报告（2017）
著（编）者：黄永林　陈汉桥　2017年9月出版／估价：99.00元
PSN B-2013-354-4/7

创意上海蓝皮书
上海文化创意产业发展报告（2016～2017）
著（编）者：王慧敏　王兴全　2017年8月出版／估价：89.00元
PSN B-2016-562-1/1

福建妇女发展蓝皮书
福建省妇女发展报告（2017）
著（编）者：刘群英　2017年11月出版／估价：88.00元
PSN B-2011-220-1/1

福建自贸区蓝皮书
中国（福建）自由贸易实验区发展报告（2016～2017）
著（编）者：黄茂兴　2017年4月出版／估价：108.00元
PSN B-2017-532-1/1

甘肃蓝皮书
甘肃经济发展分析与预测（2017）
著（编）者：朱智文　罗哲　2017年1月出版／估价：89.00元
PSN B-2013-312-1/6

甘肃蓝皮书
甘肃社会发展分析与预测（2017）
著（编）者：安文华　包晓霞　谢增虎
2017年1月出版／估价：89.00元
PSN B-2013-313-2/6

甘肃蓝皮书
甘肃文化发展分析与预测（2017）
著（编）者：安文华　周小华　2017年1月出版／估价：89.00元
PSN B-2013-314-3/6

甘肃蓝皮书
甘肃县域和农村发展报告（2017）
著（编）者：刘进军　柳民　王建兵
2017年1月出版／估价：89.00元
PSN B-2013-316-5/6

甘肃蓝皮书
甘肃舆情分析与预测（2017）
著（编）者：陈双梅　郝树声　2017年1月出版／估价：89.00元
PSN B-2013-315-4/6

甘肃蓝皮书
甘肃商贸流通发展报告（2017）
著（编）者：杨志武　王ુ生　王晓芳
2017年1月出版／估价：89.00元
PSN B-2016-523-6/6

广东蓝皮书
广东全面深化改革发展报告（2017）
著（编）者：周林生　涂成林　2017年12月出版／估价：89.00元
PSN B-2015-504-3/3

广东蓝皮书
广东社会工作发展报告（2017）
著（编）者：罗观翠　2017年6月出版／估价：89.00元
PSN B-2014-402-2/3

广东蓝皮书
广东省电子商务发展报告（2017）
著（编）者：程晓　邓顺国　2017年7月出版／估价：89.00元
PSN B-2013-360-1/3

皮书系列 2017全品种 — 地方发展类

广东社会建设蓝皮书
广东省社会建设发展报告（2017）
著(编)者：广东省社会工作委员会
2017年12月出版 / 估价：99.00元
PSN B-2014-436-1/1

广东外经贸蓝皮书
广东对外经济贸易发展研究报告（2016~2017）
著(编)者：陈万灵　2017年8月出版 / 估价：98.00元
PSN B-2012-286-1/1

广西北部湾经济区蓝皮书
广西北部湾经济区开放开发报告（2017）
著(编)者：广西北部湾经济区规划建设管理委员会办公室　广西社会科学院广西北部湾发展研究院
2017年2月出版 / 估价：89.00元
PSN B-2010-181-1/1

巩义蓝皮书
巩义经济社会发展报告（2017）
著(编)者：丁同民　朱军　2017年4月出版 / 估价：58.00元
PSN B-2016-533-1/1

广州蓝皮书
2017年中国广州经济形势分析与预测
著(编)者：庾建设　陈浩钿　谢博能
2017年7月出版 / 估价：85.00元
PSN B-2011-185-9/14

广州蓝皮书
2017年中国广州社会形势分析与预测
著(编)者：张强　陈怡霓　杨秦　2017年6月出版 / 估价：85.00元
PSN B-2008-110-5/14

广州蓝皮书
广州城市国际化发展报告（2017）
著(编)者：朱名宏　2017年8月出版 / 估价：79.00元
PSN B-2012-246-11/14

广州蓝皮书
广州创新型城市发展报告（2017）
著(编)者：尹涛　2017年7月出版 / 估价：79.00元
PSN B-2012-247-12/14

广州蓝皮书
广州经济发展报告（2017）
著(编)者：朱名宏　2017年7月出版 / 估价：79.00元
PSN B-2005-040-1/14

广州蓝皮书
广州农村发展报告（2017）
著(编)者：朱名宏　2017年8月出版 / 估价：79.00元
PSN B-2010-167-8/14

广州蓝皮书
广州汽车产业发展报告（2017）
著(编)者：杨再高　冯兴亚　2017年7月出版 / 估价：79.00元
PSN B-2006-066-3/14

广州蓝皮书
广州青年发展报告（2016~2017）
著(编)者：徐柳　张强　2017年9月出版 / 估价：79.00元
PSN B-2013-352-13/14

广州蓝皮书
广州商贸业发展报告（2017）
著(编)者：李江涛　肖振宇　荀振英
2017年7月出版 / 估价：79.00元
PSN B-2012-245-10/14

广州蓝皮书
广州社会保障发展报告（2017）
著(编)者：蔡国萱　2017年8月出版 / 估价：79.00元
PSN B-2014-425-14/14

广州蓝皮书
广州文化创意产业发展报告（2017）
著(编)者：徐咏虹　2017年7月出版 / 估价：79.00元
PSN B-2008-111-6/14

广州蓝皮书
中国广州城市建设与管理发展报告（2017）
著(编)者：董皞　陈小钢　李江涛
2017年7月出版 / 估价：85.00元
PSN B-2007-087-4/14

广州蓝皮书
中国广州科技创新发展报告（2017）
著(编)者：邹采荣　马正勇　陈爽
2017年7月出版 / 估价：79.00元
PSN B-2006-065-2/14

广州蓝皮书
中国广州文化发展报告（2017）
著(编)者：徐俊忠　陆志强　顾涧清
2017年7月出版 / 估价：79.00元
PSN B-2009-134-7/14

贵阳蓝皮书
贵阳城市创新发展报告No.2（白云篇）
著(编)者：连玉明　2017年10月出版 / 估价：89.00元
PSN B-2015-491-3/10

贵阳蓝皮书
贵阳城市创新发展报告No.2（观山湖篇）
著(编)者：连玉明　2017年10月出版 / 估价：89.00元
PSN B-2011-235-1/1

贵阳蓝皮书
贵阳城市创新发展报告No.2（花溪篇）
著(编)者：连玉明　2017年10月出版 / 估价：89.00元
PSN B-2015-490-2/10

贵阳蓝皮书
贵阳城市创新发展报告No.2（开阳篇）
著(编)者：连玉明　2017年10月出版 / 估价：89.00元
PSN B-2015-492-4/10

贵阳蓝皮书
贵阳城市创新发展报告No.2（南明篇）
著(编)者：连玉明　2017年10月出版 / 估价：89.00元
PSN B-2015-496-8/10

贵阳蓝皮书
贵阳城市创新发展报告No.2（清镇篇）
著(编)者：连玉明　2017年10月出版 / 估价：89.00元
PSN B-2015-489-1/10

皮书系列 2017全品种
地方发展类

贵阳蓝皮书
贵阳城市创新发展报告No.2（乌当篇）
著(编)者：连玉明　2017年10月出版 / 估价：89.00元
PSN B-2015-495-7/10

贵阳蓝皮书
贵阳城市创新发展报告No.2（息烽篇）
著(编)者：连玉明　2017年10月出版 / 估价：89.00元
PSN B-2015-493-5/10

贵阳蓝皮书
贵阳城市创新发展报告No.2（修文篇）
著(编)者：连玉明　2017年10月出版 / 估价：89.00元
PSN B-2015-494-6/10

贵阳蓝皮书
贵阳城市创新发展报告No.2（云岩篇）
著(编)者：连玉明　2017年10月出版 / 估价：89.00元
PSN B-2015-498-10/10

贵州房地产蓝皮书
贵州房地产发展报告No.4（2017）
著(编)者：武廷方　2017年7月出版 / 估价：89.00元
PSN B-2014-426-1/1

贵州蓝皮书
贵州册亨经济社会发展报告（2017）
著(编)者：黄德林　2017年3月出版 / 估价：89.00元
PSN B-2016-528-8/9

贵州蓝皮书
贵安新区发展报告（2016~2017）
著(编)者：马长青　吴大华　2017年6月出版 / 估价：89.00元
PSN B-2015-459-4/9

贵州蓝皮书
贵州法治发展报告（2017）
著(编)者：吴大华　2017年5月出版 / 估价：89.00元
PSN B-2012-254-2/9

贵州蓝皮书
贵州国有企业社会责任发展报告（2016~2017）
著(编)者：郭丽　周航　万强
2017年12月出版 / 估价：89.00元
PSN B-2015-512-6/9

贵州蓝皮书
贵州民航业发展报告（2017）
著(编)者：申振东　吴大华　2017年10月出版 / 估价：89.00元
PSN B-2015-471-5/9

贵州蓝皮书
贵州民营经济发展报告（2017）
著(编)者：杨静　吴大华　2017年3月出版 / 估价：89.00元
PSN B-2016-531-9/9

贵州蓝皮书
贵州人才发展报告（2017）
著(编)者：于杰　吴大华　2017年9月出版 / 估价：89.00元
PSN B-2014-382-3/9

贵州蓝皮书
贵州社会发展报告（2017）
著(编)者：王兴骥　2017年6月出版 / 估价：89.00元
PSN B-2010-166-1/9

贵州蓝皮书
贵州国家级开放创新平台发展报告（2017）
著(编)者：申晓庆　吴大华　李泓
2017年6月出版 / 估价：89.00元
PSN B-2016-518-1/9

海淀蓝皮书
海淀区文化和科技融合发展报告（2017）
著(编)者：陈名杰　孟景伟　2017年5月出版 / 估价：85.00元
PSN B-2013-329-1/1

杭州都市圈蓝皮书
杭州都市圈发展报告（2017）
著(编)者：沈翔　戚建国　2017年5月出版 / 估价：128.00元
PSN B-2012-302-1/1

杭州蓝皮书
杭州妇女发展报告（2017）
著(编)者：魏颖　2017年6月出版 / 估价：89.00元
PSN B-2014-403-1/1

河北经济蓝皮书
河北省经济发展报告（2017）
著(编)者：马树强　金浩　张贵
2017年4月出版 / 估价：89.00元
PSN B-2014-380-1/1

河北蓝皮书
河北经济社会发展报告（2017）
著(编)者：郭金平　2017年1月出版 / 估价：89.00元
PSN B-2014-372-1/1

河北食品药品安全蓝皮书
河北食品药品安全研究报告（2017）
著(编)者：丁锦霞　2017年6月出版 / 估价：89.00元
PSN B-2015-473-1/1

河南经济蓝皮书
2017年河南经济形势分析与预测
著(编)者：胡五岳　2017年2月出版 / 估价：89.00元
PSN B-2007-086-1/1

河南蓝皮书
2017年河南社会形势分析与预测
著(编)者：刘道兴　牛苏林　2017年4月出版 / 估价89.00元
PSN B-2005-043-1/8

河南蓝皮书
河南城市发展报告（2017）
著(编)者：张占仓　王建国　2017年5月出版 / 估价：89.00元
PSN B-2009-131-3/8

河南蓝皮书
河南法治发展报告（2017）
著(编)者：丁同民　张林海　2017年5月出版 / 估价：89.00元
PSN B-2014-376-6/8

河南蓝皮书
河南工业发展报告（2017）
著(编)者：张占仓　丁同民　2017年5月出版 / 估价：89.00元
PSN B-2013-317-5/8

河南蓝皮书
河南金融发展报告（2017）
著(编)者：河南省社会科学院
2017年6月出版 / 估价：89.00元
PSN B-2014-390-7/8

皮书系列重点推荐 — 地方发展类

河南蓝皮书
河南经济发展报告（2017）
著(编)者：张占仓　2017年3月出版／估价：89.00元
PSN B-2010-157-4/8

河南蓝皮书
河南农业农村发展报告（2017）
著(编)者：吴海峰　2017年4月出版／估价：89.00元
PSN B-2015-445-8/8

河南蓝皮书
河南文化发展报告（2017）
著(编)者：卫绍生　2017年3月出版／估价：88.00元
PSN B-2008-106-2/8

河南商务蓝皮书
河南商务发展报告（2017）
著(编)者：焦锦淼　穆荣国　2017年6月出版／估价：88.00元
PSN B-2014-399-1/1

黑龙江蓝皮书
黑龙江经济发展报告（2017）
著(编)者：朱宇　2017年1月出版／估价：89.00元
PSN B-2011-190-2/2

黑龙江蓝皮书
黑龙江社会发展报告（2017）
著(编)者：谢宝禄　2017年1月出版／估价：89.00元
PSN B-2011-189-1/2

湖北文化蓝皮书
湖北文化发展报告（2017）
著(编)者：吴成国　2017年10月出版／估价：95.00元
PSN B-2016-567-1/1

湖南城市蓝皮书
区域城市群整合
著(编)者：童中贤　韩未名
2017年12月出版／估价：89.00元
PSN B-2006-064-1/1

湖南蓝皮书
2017年湖南产业发展报告
著(编)者：梁志峰　2017年5月出版／估价：128.00元
PSN B-2011-207-2/8

湖南蓝皮书
2017年湖南电子政务发展报告
著(编)者：梁志峰　2017年5月出版／估价：128.00元
PSN B-2014-394-6/8

湖南蓝皮书
2017年湖南经济展望
著(编)者：梁志峰　2017年5月出版／估价：128.00元
PSN B-2011-206-1/8

湖南蓝皮书
2017年湖南两型社会与生态文明发展报告
著(编)者：梁志峰　2017年5月出版／估价：128.00元
PSN B-2011-208-3/8

湖南蓝皮书
2017年湖南社会发展报告
著(编)者：梁志峰　2017年5月出版／估价：128.00元
PSN B-2014-393-5/8

湖南蓝皮书
2017年湖南县域经济社会发展报告
著(编)者：梁志峰　2017年5月出版／估价：128.00元
PSN B-2014-395-7/8

湖南蓝皮书
湖南城乡一体化发展报告（2017）
著(编)者：陈文胜　王文强　陆福兴　邝奕轩
2017年6月出版／估价：89.00元
PSN B-2015-477-8/8

湖南县域绿皮书
湖南县域发展报告No.3
著(编)者：袁准　周小毛　2017年9月出版／估价：89.00元
PSN G-2012-274-1/1

沪港蓝皮书
沪港发展报告（2017）
著(编)者：尤安山　2017年9月出版／估价：89.00元
PSN B-2013-362-1/1

吉林蓝皮书
2017年吉林经济社会形势分析与预测
著(编)者：马克　2015年12月出版／估价：89.00元
PSN B-2013-319-1/1

吉林省城市竞争力蓝皮书
吉林省城市竞争力报告（2017）
著(编)者：崔岳春　张磊　2017年3月出版／估价：89.00元
PSN B-2015-508-1/1

济源蓝皮书
济源经济社会发展报告（2017）
著(编)者：喻新安　2017年4月出版／估价：89.00元
PSN B-2014-387-1/1

健康城市蓝皮书
北京健康城市建设研究报告（2017）
著(编)者：王鸿春　2017年8月出版／估价：89.00元
PSN B-2015-460-1/2

江苏法治蓝皮书
江苏法治发展报告No.6（2017）
著(编)者：蔡道通　龚廷泰　2017年8月出版／估价：98.00元
PSN B-2012-290-1/1

江西蓝皮书
江西经济社会发展报告（2017）
著(编)者：张勇　姜玮　梁勇　2017年10月出版／估价：89.00元
PSN B-2015-484-1/2

江西蓝皮书
江西设区市发展报告（2017）
著(编)者：姜玮　梁勇　2017年10月出版／估价：79.00元
PSN B-2016-517-2/2

江西文化蓝皮书
江西文化产业发展报告（2017）
著(编)者：张圣才　汪春翔
2017年10月出版／估价：128.00元
PSN B-2015-499-1/1

地方发展类 | 皮书系列 重点推荐

街道蓝皮书
北京街道发展报告No.2（白纸坊篇）
著(编)者：连玉明　2017年8月出版 / 估价：98.00元
PSN B-2016-544-7/15

街道蓝皮书
北京街道发展报告No.2（椿树篇）
著(编)者：连玉明　2017年8月出版 / 估价：98.00元
PSN B-2016-548-11/15

街道蓝皮书
北京街道发展报告No.2（大栅栏篇）
著(编)者：连玉明　2017年8月出版 / 估价：98.00元
PSN B-2016-552-15/15

街道蓝皮书
北京街道发展报告No.2（德胜篇）
著(编)者：连玉明　2017年8月出版 / 估价：98.00元
PSN B-2016-551-14/15

街道蓝皮书
北京街道发展报告No.2（广安门内篇）
著(编)者：连玉明　2017年8月出版 / 估价：98.00元
PSN B-2016-540-3/15

街道蓝皮书
北京街道发展报告No.2（广安门外篇）
著(编)者：连玉明　2017年8月出版 / 估价：98.00元
PSN B-2016-547-10/15

街道蓝皮书
北京街道发展报告No.2（金融街篇）
著(编)者：连玉明　2017年8月出版 / 估价：98.00元
PSN B-2016-538-1/15

街道蓝皮书
北京街道发展报告No.2（牛街篇）
著(编)者：连玉明　2017年8月出版 / 估价：98.00元
PSN B-2016-545-8/15

街道蓝皮书
北京街道发展报告No.2（什刹海篇）
著(编)者：连玉明　2017年8月出版 / 估价：98.00元
PSN B-2016-546-9/15

街道蓝皮书
北京街道发展报告No.2（陶然亭篇）
著(编)者：连玉明　2017年8月出版 / 估价：98.00元
PSN B-2016-542-5/15

街道蓝皮书
北京街道发展报告No.2（天桥篇）
著(编)者：连玉明　2017年8月出版 / 估价：98.00元
PSN B-2016-549-12/15

街道蓝皮书
北京街道发展报告No.2（西长安街篇）
著(编)者：连玉明　2017年8月出版 / 估价：98.00元
PSN B-2016-543-6/15

街道蓝皮书
北京街道发展报告No.2（新街口篇）
著(编)者：连玉明　2017年8月出版 / 估价：98.00元
PSN B-2016-541-4/15

街道蓝皮书
北京街道发展报告No.2（月坛篇）
著(编)者：连玉明　2017年8月出版 / 估价：98.00元
PSN B-2016-539-2/15

街道蓝皮书
北京街道发展报告No.2（展览路篇）
著(编)者：连玉明　2017年8月出版 / 估价：98.00元
PSN B-2016-550-13/15

经济特区蓝皮书
中国经济特区发展报告（2017）
著(编)者：陶一桃　2017年12月出版 / 估价：98.00元
PSN B-2009-139-1/1

辽宁蓝皮书
2017年辽宁经济社会形势分析与预测
著(编)者：曹晓峰　梁启东
2017年1月出版 / 估价：79.00元
PSN B-2006-053-1/1

洛阳蓝皮书
洛阳文化发展报告（2017）
著(编)者：刘福兴　陈启明　2017年7月出版 / 估价：89.00元
PSN B-2015-476-1/1

南京蓝皮书
南京文化发展报告（2017）
著(编)者：徐宁　2017年10月出版 / 估价：89.00元
PSN B-2014-439-1/1

南宁蓝皮书
南宁经济发展报告（2017）
著(编)者：胡建华　2017年9月出版 / 估价：79.00元
PSN B-2016-570-2/3

南宁蓝皮书
南宁社会发展报告（2017）
著(编)者：胡建华　2017年9月出版 / 估价：79.00元
PSN B-2016-571-3/3

内蒙古蓝皮书
内蒙古反腐倡廉建设报告No.2
著(编)者：张志华　无极　2017年12月出版 / 估价：79.00元
PSN B-2013-365-1/1

浦东新区蓝皮书
上海浦东经济发展报告（2017）
著(编)者：沈开艳　周奇　2017年1月出版 / 估价：89.00元
PSN B-2011-225-1/1

青海蓝皮书
2017年青海经济社会形势分析与预测
著(编)者：陈玮　2015年12月出版 / 估价：79.00元
PSN B-2012-275-1/1

人口与健康蓝皮书
深圳人口与健康发展报告（2017）
著(编)者：陆杰华　罗乐宣　苏杨
2017年11月出版 / 估价：89.00元
PSN B-2011-220-1/1

皮书系列重点推荐 — 地方发展类

山东蓝皮书
山东经济形势分析与预测（2017）
著(编)者：李广杰　2017年7月出版 / 估价：89.00元
PSN B-2014-404-1/4

山东蓝皮书
山东社会形势分析与预测（2017）
著(编)者：张华　唐洲雁　2017年6月出版 / 估价：89.00元
PSN B-2014-405-2/4

山东蓝皮书
山东文化发展报告（2017）
著(编)者：涂可国　2017年11月出版 / 估价：98.00元
PSN B-2014-406-3/4

山西蓝皮书
山西资源型经济转型发展报告（2017）
著(编)者：李志强　2017年7月出版 / 估价：89.00元
PSN B-2011-197-1/1

陕西蓝皮书
陕西经济发展报告（2017）
著(编)者：任宗哲　白宽犁　裴成荣
2015年12月出版 / 估价：89.00元
PSN B-2009-135-1/5

陕西蓝皮书
陕西社会发展报告（2017）
著(编)者：任宗哲　白宽犁　牛昉
2015年12月出版 / 估价：89.00元
PSN B-2009-136-2/5

陕西蓝皮书
陕西文化发展报告（2017）
著(编)者：任宗哲　白宽犁　王长寿
2015年12月出版 / 估价：89.00元
PSN B-2009-137-3/5

上海蓝皮书
上海传媒发展报告（2017）
著(编)者：强荧　焦雨虹　2017年1月出版 / 估价：89.00元
PSN B-2012-295-5/7

上海蓝皮书
上海法治发展报告（2017）
著(编)者：叶青　2017年6月出版 / 估价：89.00元
PSN B-2012-296-6/7

上海蓝皮书
上海经济发展报告（2017）
著(编)者：沈开艳　2017年1月出版 / 估价：89.00元
PSN B-2006-057-1/7

上海蓝皮书
上海社会发展报告（2017）
著(编)者：杨雄　周海旺　2017年1月出版 / 估价：89.00元
PSN B-2006-058-2/7

上海蓝皮书
上海文化发展报告（2017）
著(编)者：荣跃明　2017年1月出版 / 估价：89.00元
PSN B-2006-059-3/7

上海蓝皮书
上海文学发展报告（2017）
著(编)者：陈圣来　2017年6月出版 / 估价：89.00元
PSN B-2012-297-7/7

上海蓝皮书
上海资源环境发展报告（2017）
著(编)者：周冯琦　汤庆合　任文伟
2017年1月出版 / 估价：89.00元
PSN B-2006-060-4/7

社会建设蓝皮书
2017年北京社会建设分析报告
著(编)者：宋贵伦　冯虹　2017年10月出版 / 估价：89.00元
PSN B-2010-173-1/1

深圳蓝皮书
深圳法治发展报告（2017）
著(编)者：张骁儒　2017年6月出版 / 估价：89.00元
PSN B-2015-470-6/7

深圳蓝皮书
深圳经济发展报告（2017）
著(编)者：张骁儒　2017年7月出版 / 估价：89.00元
PSN B-2008-112-3/7

深圳蓝皮书
深圳劳动关系发展报告（2017）
著(编)者：汤庭芬　2017年6月出版 / 估价：89.00元
PSN B-2007-097-2/7

深圳蓝皮书
深圳社会建设与发展报告（2017）
著(编)者：张骁儒　陈东平　2017年7月出版 / 估价：89.00元
PSN B-2008-113-4/7

深圳蓝皮书
深圳文化发展报告(2017)
著(编)者：张骁儒　2017年7月出版 / 估价：89.00元
PSN B-2016-555-7/7

四川法治蓝皮书
丝绸之路经济带发展报告（2016～2017）
著(编)者：任宗哲　白宽犁　谷孟宾
2017年12月出版 / 估价：85.00元
PSN B-2014-410-1/1

四川法治蓝皮书
四川依法治省年度报告No.3（2017）
著(编)者：李林　杨天宗　田禾
2017年3月出版 / 估价：108.00元
PSN B-2015-447-1/1

四川蓝皮书
2017年四川经济形势分析与预测
著(编)者：杨钢　2017年1月出版 / 估价：98.00元
PSN B-2007-098-2/7

四川蓝皮书
四川城镇化发展报告（2017）
著(编)者：侯水平　陈炜　2017年4月出版 / 估价：85.00元
PSN B-2015-456-7/7

地方发展类 · 国际问题类

皮书系列重点推荐

四川蓝皮书
四川法治发展报告（2017）
著(编)者：郑泰安　2017年1月出版 / 估价：89.00元
PSN B-2015-441-5/7

四川蓝皮书
四川企业社会责任研究报告（2016~2017）
著(编)者：侯水平　盛毅　翟刚
2017年4月出版 / 估价：89.00元
PSN B-2014-386-4/7

四川蓝皮书
四川社会发展报告（2017）
著(编)者：李羚　2017年5月出版 / 估价：89.00元
PSN B-2008-127-3/7

四川蓝皮书
四川生态建设报告（2017）
著(编)者：李晟之　2017年4月出版 / 估价：85.00元
PSN B-2015-455-6/7

四川蓝皮书
四川文化产业发展报告（2017）
著(编)者：向宝云　张立伟
2017年4月出版 / 估价：89.00元
PSN B-2006-074-1/7

体育蓝皮书
上海体育产业发展报告（2016~2017）
著(编)者：张林　黄海燕
2017年10月出版 / 估价：89.00元
PSN B-2015-454-4/4

体育蓝皮书
长三角地区体育产业发展报告（2016~2017）
著(编)者：张林　2017年4月出版 / 估价：89.00元
PSN B-2015-453-3/4

天津金融蓝皮书
天津金融发展报告（2017）
著(编)者：王爱俭　孔德昌
2017年12月出版 / 估价：98.00元
PSN B-2014-418-1/1

图们江区域合作蓝皮书
图们江区域合作发展报告（2017）
著(编)者：李铁　2017年6月出版 / 估价：98.00元
PSN B-2015-464-1/1

温州蓝皮书
2017年温州经济社会形势分析与预测
著(编)者：潘忠强　王春光　金浩
2017年4月出版 / 估价：89.00元
PSN B-2008-105-1/1

西咸新区蓝皮书
西咸新区发展报告（2016~2017）
著(编)者：李扬　王军　2017年6月出版 / 估价：89.00元
PSN B-2016-535-1/1

扬州蓝皮书
扬州经济社会发展报告（2017）
著(编)者：丁纯　2017年12月出版 / 估价：98.00元
PSN B-2011-191-1/1

长株潭城市群蓝皮书
长株潭城市群发展报告（2017）
著(编)者：张萍　2017年12月出版 / 估价：89.00元
PSN B-2008-109-1/1

中医文化蓝皮书
北京中医文化传播发展报告（2017）
著(编)者：毛嘉陵　2017年5月出版 / 估价：79.00元
PSN B-2015-468-1/2

珠三角流通蓝皮书
珠三角商圈发展研究报告（2017）
著(编)者：王先庆　林至颖
2017年7月出版 / 估价：98.00元
PSN B-2012-292-1/1

遵义蓝皮书
遵义发展报告（2017）
著(编)者：曾征　龚永育　雍思强
2017年12月出版 / 估价：89.00元
PSN B-2014-433-1/1

国际问题类

"一带一路"跨境通道蓝皮书
"一带一路"跨境通道建设研究报告（2017）
著(编)者：郭业洲　2017年8月出版 / 估价：89.00元
PSN B-2016-558-1/1

"一带一路"蓝皮书
"一带一路"建设发展报告（2017）
著(编)者：孔丹　李永全　2017年/月出版 / 估价：89.00元
PSN B-2016-553-1/1

阿拉伯黄皮书
阿拉伯发展报告（2016~2017）
著(编)者：罗林　2017年11月出版 / 估价：89.00元
PSN Y-2014-381-1/1

北部湾蓝皮书
泛北部湾合作发展报告（2017）
著(编)者：吕余生　2017年12月出版 / 估价：85.00元
PSN B-2008-114-1/1

大湄公河次区域蓝皮书
大湄公河次区域合作发展报告（2017）
著(编)者：刘稚　2017年8月出版 / 估价：89.00元
PSN B-2011-196-1/1

大洋洲蓝皮书
大洋洲发展报告（2017）
著(编)者：喻常森　2017年10月出版 / 估价：89.00元
PSN B-2013-341-1/1

皮书系列重点推荐 国际问题类

德国蓝皮书
德国发展报告（2017）
著(编)者：郑春荣　2017年6月出版 / 估价：89.00元
PSN B-2012-278-1/1

东盟黄皮书
东盟发展报告（2017）
著(编)者：杨晓强　庄国土
2017年3月出版 / 估价：89.00元
PSN Y-2012-303-1/1

东南亚蓝皮书
东南亚地区发展报告（2016～2017）
著(编)者：厦门大学东南亚研究中心　王勤
2017年12月出版 / 估价：89.00元
PSN B-2012-240-1/1

俄罗斯黄皮书
俄罗斯发展报告（2017）
著(编)者：李永全　2017年7月出版 / 估价：89.00元
PSN Y-2006-061-1/1

非洲黄皮书
非洲发展报告 No.19（2016～2017）
著(编)者：张宏明　2017年8月出版 / 估价：89.00元
PSN Y-2012-239-1/1

公共外交蓝皮书
中国公共外交发展报告（2017）
著(编)者：赵启正　雷蔚真
2017年4月出版 / 估价：89.00元
PSN B-2015-457-1/1

国际安全蓝皮书
中国国际安全研究报告（2017）
著(编)者：刘慧　2017年7月出版 / 估价：98.00元
PSN B-2016-522-1/1

国际形势黄皮书
全球政治与安全报告（2017）
著(编)者：李慎明　张宇燕
2016年12月出版 / 估价：89.00元
PSN Y-2001-016-1/1

韩国蓝皮书
韩国发展报告（2017）
著(编)者：牛林杰　刘宝全
2017年11月出版 / 估价：89.00元
PSN B-2010-155-1/1

加拿大蓝皮书
加拿大发展报告（2017）
著(编)者：仲伟合　2017年9月出版 / 估价：89.00元
PSN B-2014-389-1/1

拉美黄皮书
拉丁美洲和加勒比发展报告（2016～2017）
著(编)者：吴白乙　2017年6月出版 / 估价：89.00元
PSN Y-1999-007-1/1

美国蓝皮书
美国研究报告（2017）
著(编)者：郑秉文　黄平　2017年6月出版 / 估价：89.00元
PSN B-2011-210-1/1

缅甸蓝皮书
缅甸国情报告（2017）
著(编)者：李晨阳　2017年12月出版 / 估价：86.00元
PSN B-2013-343-1/1

欧洲蓝皮书
欧洲发展报告（2016～2017）
著(编)者：黄平　周弘　江时学
2017年6月出版 / 估价：89.00元
PSN B-1999-009-1/1

葡语国家蓝皮书
葡语国家发展报告（2017）
著(编)者：王成安　张敏　2017年12月出版 / 估价：89.00元
PSN B-2015-503-1/2

葡语国家蓝皮书
中国与葡语国家关系发展报告·巴西（2017）
著(编)者：张曙光　2017年8月出版 / 估价：89.00元
PSN B-2016-564-2/2

日本经济蓝皮书
日本经济与中日经贸关系研究报告（2017）
著(编)者：张季风　2017年5月出版 / 估价：89.00元
PSN B-2008-102-1/1

日本蓝皮书
日本研究报告（2017）
著(编)者：杨柏江　2017年5月出版 / 估价：89.00元
PSN B-2002-020-1/1

上海合作组织黄皮书
上海合作组织发展报告（2017）
著(编)者：李进峰　吴宏伟　李少捷
2017年6月出版 / 估价：89.00元
PSN Y-2009-130-1/1

世界创新竞争力黄皮书
世界创新竞争力发展报告（2017）
著(编)者：李闽榕　李建平　赵新力
2017年1月出版 / 估价：148.00元
PSN Y-2013-318-1/1

泰国蓝皮书
泰国研究报告（2017）
著(编)者：庄国土　张禹东
2017年8月出版 / 估价：118.00元
PSN B-2016-557-1/1

土耳其蓝皮书
土耳其发展报告（2017）
著(编)者：郭长刚　刘义　2017年9月出版 / 估价：89.00元
PSN B-2014-412-1/1

亚太蓝皮书
亚太地区发展报告（2017）
著(编)者：李向阳　2017年3月出版 / 估价：89.00元
PSN B-2001-015-1/1

印度蓝皮书
印度国情报告（2017）
著(编)者：吕昭义　2017年12月出版 / 估价：89.00元
PSN B-2012-241-1/1

国际问题类 皮书系列重点推荐

印度洋地区蓝皮书
印度洋地区发展报告（2017）
著（编）者：汪戎　　2017年6月出版 / 估价：89.00元
PSN B-2013-334-1/1

英国蓝皮书
英国发展报告（2016～2017）
著（编）者：王展鹏　　2017年11月出版 / 估价：89.00元
PSN B-2015-486-1/1

越南蓝皮书
越南国情报告（2017）
著（编）者：广西社会科学院　罗梅　李碧华
2017年12月出版 / 估价：89.00元
PSN B-2006-056-1/1

以色列蓝皮书
以色列发展报告（2017）
著（编）者：张倩红　　2017年8月出版 / 估价：89.00元
PSN B-2015-483-1/1

伊朗蓝皮书
伊朗发展报告（2017）
著（编）者：冀开远　　2017年10月出版 / 估价：89.00元
PSN B-2016-575-1/1

中东黄皮书
中东发展报告No.19（2016～2017）
著（编）者：杨光　　2017年10月出版 / 估价：89.00元
PSN Y-1998-004-1/1

中亚黄皮书
中亚国家发展报告（2017）
著（编）者：孙力　吴宏伟　　2017年7月出版 / 估价：98.00元
PSN Y-2012-238-1/1

　　皮书序列号是社会科学文献出版社专门为识别皮书、管理皮书而设计的编号。皮书序列号是出版皮书的许可证号，是区别皮书与其他图书的重要标志。

　　它由一个前缀和四部分构成。这四部分之间用连字符"-"连接。前缀和这四部分之间空半个汉字（见示例）。

《国际人才蓝皮书：中国留学发展报告》序列号示例

　　从示例中可以看出，《国际人才蓝皮书：中国留学发展报告》的首次出版年份是2012年，是社科文献出版社出版的第244个皮书品种，是"国际人才蓝皮书"系列的第2个品种（共4个品种）。

社会科学文献出版社　　　　　　　　　　　　　**皮书系列**

❖ 皮书起源 ❖

"皮书"起源于十七、十八世纪的英国，主要指官方或社会组织正式发表的重要文件或报告，多以"白皮书"命名。在中国，"皮书"这一概念被社会广泛接受，并被成功运作、发展成为一种全新的出版形态，则源于中国社会科学院社会科学文献出版社。

❖ 皮书定义 ❖

皮书是对中国与世界发展状况和热点问题进行年度监测，以专业的角度、专家的视野和实证研究方法，针对某一领域或区域现状与发展态势展开分析和预测，具备原创性、实证性、专业性、连续性、前沿性、时效性等特点的公开出版物，由一系列权威研究报告组成。

❖ 皮书作者 ❖

皮书系列的作者以中国社会科学院、著名高校、地方社会科学院的研究人员为主，多为国内一流研究机构的权威专家学者，他们的看法和观点代表了学界对中国与世界的现实和未来最高水平的解读与分析。

❖ 皮书荣誉 ❖

皮书系列已成为社会科学文献出版社的著名图书品牌和中国社会科学院的知名学术品牌。2016年，皮书系列正式列入"十三五"国家重点出版规划项目；2012~2016年，重点皮书列入中国社会科学院承担的国家哲学社会科学创新工程项目；2017年，55种院外皮书使用"中国社会科学院创新工程学术出版项目"标识。

中国皮书网
www.pishu.cn

发布皮书研创资讯，传播皮书精彩内容
引领皮书出版潮流，打造皮书服务平台

栏目设置

关于皮书：何谓皮书、皮书分类、皮书大事记、皮书荣誉、
皮书出版第一人、皮书编辑部

最新资讯：通知公告、新闻动态、媒体聚焦、网站专题、视频直播、下载专区

皮书研创：皮书规范、皮书选题、皮书出版、皮书研究、研创团队

皮书评奖评价：指标体系、皮书评价、皮书评奖

互动专区：皮书说、皮书智库、皮书微博、数据库微博

所获荣誉

2008年、2011年，中国皮书网均在全国新闻出版业网站荣誉评选中获得"最具商业价值网站"称号；

2012年，获得"出版业网站百强"称号。

网库合一

2014年，中国皮书网与皮书数据库端口合一，实现资源共享。更多详情请登录www.pishu.cn。

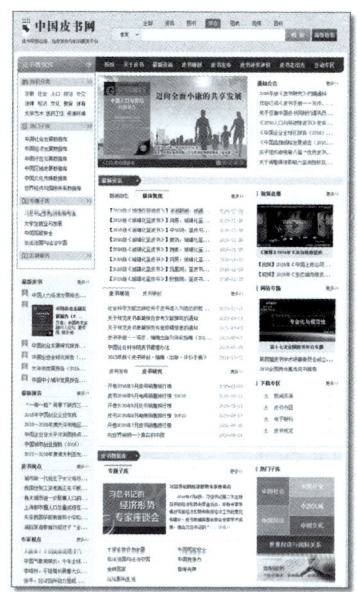

权威报告·热点资讯·特色资源

皮书数据库
ANNUAL REPORT(YEARBOOK) DATABASE

当代中国与世界发展高端智库平台

所获荣誉

- 2016年，入选"国家'十三五'电子出版物出版规划骨干工程"
- 2015年，荣获"搜索中国正能量 点赞2015""创新中国科技创新奖"
- 2013年，荣获"中国出版政府奖·网络出版物奖"提名奖
- 连续多年荣获中国数字出版博览会"数字出版·优秀品牌"奖

成为会员

通过网址www.pishu.com.cn或使用手机扫描二维码进入皮书数据库网站，进行手机号码验证或邮箱验证即可成为皮书数据库会员（建议通过手机号码快速验证注册）。

会员福利

- 使用手机号码首次注册会员可直接获得100元体验金，不需充值即可购买和查看数据库内容（仅限使用手机号码快速注册）。
- 已注册用户购书后可免费获赠100元皮书数据库充值卡。刮开充值卡涂层获取充值密码，登录并进入"会员中心"—"在线充值"—"充值卡充值"，充值成功后即可购买和查看数据库内容。

数据库服务热线：400-008-6695　　　图书销售热线：010-59367070/7028
数据库服务QQ：2475522410　　　　图书服务QQ：1265056568
数据库服务邮箱：database@ssap.cn　　图书服务邮箱：duzhe@ssap.cn

更多信息请登录

皮书数据库
http://www.pishu.com.cn

中国皮书网
http://www.pishu.cn

皮书微博
http://weibo.com/pishu

皮书博客
http://blog.sina.com.cn/pishu

皮书微信"皮书说"

请到当当、亚马逊、京东或各地书店购买，也可办理邮购

咨询 / 邮购电话：010-59367028　59367070
邮　　箱：duzhe@ssap.cn
邮购地址：北京市西城区北三环中路甲29号院3号
　　　　　楼华龙大厦13层读者服务中心
邮　　编：100029
银行户名：社会科学文献出版社
开户银行：中国工商银行北京北太平庄支行
账　　号：0200010019200365434